Latente Steuern nach US-GAAP
für deutsche Unternehmen

AF799280

Betriebswirtschaftliche Studien
Rechnungs- und Finanzwesen, Organisation und Institution

Herausgegeben von
Prof. Dr. Wolfgang Ballwieser, München
Prof. Dr. Dr. h.c. Dieter Ordelheide, Frankfurt

Band 49

Peter Lang
Frankfurt am Main · Berlin · Bern · Bruxelles · New York · Oxford · Wien

Ursula Schäffeler

Latente Steuern nach US-GAAP für deutsche Unternehmen

Peter Lang
Europäischer Verlag der Wissenschaften

Die Deutsche Bibliothek - CIP-Einheitsaufnahme

Schäffeler, Ursula:

Latente Steuern nach US-GAAP für deutsche Unternehmen / Ursula Schäffeler. - Frankfurt am Main ; Berlin ; Bern ; Bruxelles ; New York ; Oxford ; Wien : Lang, 2000
(Betriebswirtschaftliche Studien. Rechnungs- und Finanzwesen, Organisation und Institution ; Bd. 49)
Zugl.: München, Univ., Diss., 2000
ISBN 3-631-36864-X

D 19
ISSN 1176-716X
ISBN 3-631-36864-X

© Peter Lang GmbH
Europäischer Verlag der Wissenschaften
Frankfurt am Main 2000
Alle Rechte vorbehalten.

Das Werk einschließlich aller seiner Teile ist urheberrechtlich geschützt. Jede Verwertung außerhalb der engen Grenzen des Urheberrechtsgesetzes ist ohne Zustimmung des Verlages unzulässig und strafbar. Das gilt insbesondere für Vervielfältigungen, Übersetzungen, Mikroverfilmungen und die Einspeicherung und Verarbeitung in elektronischen Systemen.

Geleitwort

In den USA notierte Unternehmen und Unternehmen, die den Neuen Markt oder die Befreiungsregelung des § 292a HGB mit US-GAAP beanspruchen, müssen latente Steuern nach SFAS No. 109 bilanzieren. Für dem deutschen Steuerrecht unterliegende Unternehmen ergeben sich Auslegungsprobleme, weil die amerikanische Regelung institutionelle Details des deutschen Steuerrechts nicht explizit behandelt. Von einer Stellungnahme der Emerging Issues Task Force (EITF 95-10) abgesehen, fehlt Hilfestellung, die mit der vorliegenden Arbeit erstmals geleistet wird.

Die Verfasserin entwickelt die These, daß Unternehmen am Neuen Markt die SEC-Vorschriften einhalten müssen, wenn sie nach US-GAAP bilanzieren. Für die in § 292a HGB geforderte Richtlinienkonformität der US-GAAP erlangt sie ein zweideutiges Ergebnis: Während ihr die liabilities method der Steuerabgrenzung und die Aktivierung latenter Steuern aus Verlustvorträgen richtlinienkonform erscheint, ist die Vereinbarkeit des maßgebenden Abgrenzungskonzepts der temporary differences und der Ausweisvorschriften fraglich. Sie sieht Klärungsbedarf beim EuGH.

Die Verfasserin klärt weiterhin, welche Steuern durch SFAS No. 109 berührt sind, wie die Körperschaftsteuer zu behandeln ist und was den gesetzlich maßgebenden Steuersatz in der Steuerüberleitungsrechnung darstellt. Hierbei kommt sie erstens zu dem Ergebnis, daß Körperschaftsteuer, Gewerbeertragsteuer und Solidariätszuschlag einzubeziehen sind. Zweitens schließt sie sich EITF No. 95-10 an, wonach der Thesaurierungssatz für die Körperschaftsteuer zu verwenden ist. Drittens gelangt sie - anders als die EITF - zu dem Ergebnis, daß mit zukünftiger Ausschüttungspolitik verbundene Körperschaftsteuererstattungsansprüche und -erhöhungsverpflichtungen als latente Steuern abzugrenzen sind. Überzeugend zeigt sie, daß man die Zielsetzung der amerikanischen Rechnungslegung aufrecht erhalten kann und die latenten Steuern aufgrund dieser Vorgänge dennoch auszuweisen vermag, wenn man die Gegenbuchung im „other comprehensive income“ vornimmt. Viertens zeigt sie, daß in der Überleitungsrechnung unter dem Gesichtspunkt der Prognoseeignung zukünftiger Cash Flows ein Mischsteuersatz vorzuziehen ist.

Die Arbeit klärt eine nicht nur technisch wichtige Frage aufgrund sauberer konzeptioneller Argumentation und wird selbst bei denkbarer Umstellung auf das Halbeinkünfteverfahren noch lange relevant sein. Ich wünsche ihr eine gute Aufnahme.

München, den 26. Juni 2000 Prof. Dr. Wolfgang Ballwieser

Vorwort

Die Veröffentlichung meiner Dissertation beschließt ein Projekt, das in den vergangenen Jahren mein Leben wesentlich bestimmt hat. Ausgangspunkt war meine Tätigkeit als wissenschaftliche Assistentin am Seminar für Rechnungswesen und Prüfung der Ludwig-Maximilians-Universität München, bei der die vorliegende Arbeit entstanden ist. Sie wurde von der Fakultät für Betriebswirtschaft im Sommersemester 2000 mit dem Titel „Bilanzierung und Ausweis latenter Steuern nach SFAS No. 109 für deutsche Unternehmen“ als Dissertation angenommen.

An dieser Stelle möchte ich mich bei all jenen bedanken, die mich auf meinem Weg begleitet und auf vielfache Weise unterstützt haben. Ein besonderer Dank gebührt meinem akademischen Lehrer Herrn Prof. Dr. Wolfgang Ballwieser für die wissenschaftliche Betreuung. Durch seinen Zuspruch, seine wertwollen Ratschläge und seine konstruktive Kritik hat er zur Entstehung der Arbeit in besonderem Maße beigetragen. Danken möchte ich ferner Herrn Prof. Dr. Dr. Manuel René Theisen für die freundliche Übernahme des Korreferats.

Für die gute und angenehme Zusammenarbeit am Lehrstuhl bedanke ich mich bei meinen Kollegen. Insbesondere Herr Dr. Dirk Hachmeister, Herr Dr. Christoph Kuhner, Herr Dr. Stefan Rammert und Herr Dr. Wolfgang Salzberger standen mir während des Entstehungsphase der Arbeit mit ihrer steten Diskussionsbereitschaft und zahlreichen Anregungen hilfreich zur Seite. An sie richtet sich ein herzliches Dankeschön. Darüber hinaus danke ich Frau Dr. Angelika Thies und Herrn Dipl.-Kfm. Bastian Danesitz für die kritische Durchsicht früherer Fassungen sowie Frau Eva Lebert und Herrn Lorenz Fichter für die Unterstützung bei der redaktionellen Überarbeitung.

In den nicht selten einsamen Stunden der Dissertationszeit waren mir das stets offene Ohr und die aufmunternden Worte meiner Familie und Freunde eine wertvolle Hilfe. Ihnen danke ich dafür herzlich. Besonderen Dank möchte ich Herrn Gregor Staltmaier sagen. Er hat mir durch sein Verständnis und seinen motivierenden Zuspruch den notwendigen Rückhalt gegeben.

Durch ihre fürsorgliche Unterstützung haben mir meine Eltern die Ausbildung ermöglicht. In Dankbarkeit widme ich ihnen diese Arbeit.

München, im Juli 2000 Ursula Schäffeler

Inhaltsverzeichnis

Abbildungsverzeichnis

Abkürzungsverzeichnis

a.	am
a.A.	anderer Ansicht
a.a.O.	am angegebenen Ort
a.M.	am Main
Abb.	Abbildung
Abs.	Absatz
Abschn.	Abschnitt
Abschr.	Abschreibung
Acc.	Accumulated
AG	Die Aktiengesellschaft / Aktiengesellschaft
AIA	American Institute of Accountants
AICPA	American Institute of Certified Public Accountants
AK	Anschaffungskosten
AktG	Aktiengesetz
APB	Accounting Principles Board
ARB	Accounting Research Bulletin
Art.	Artikel
ASC	Accounting Standards Committee
ASR	Accounting Series Releases
Aufl.	Auflage
BB	Betriebs-Berater
Bd.	Band
bearb.	bearbeitet
BFuP	Betriebswirtschaftliche Forschung und Praxis
BiRiLiG	Bilanzrichtlinien-Gesetz
BMG	Bemessungsgrundlage
BStBl.	Bundessteuerblatt
bzw.	beziehungsweise
CA	Certified Accountant
CAP	Committee on Accounting Procedure
Ch.	Chapter
Co.	Company
CPA	Certified Public Accountant
CT	Connecticut

d.	der
d.h.	das heißt
DB	Der Betrieb
DBW	Die Betriebswirtschaft
DE	Deutsch
Diss.	Dissertation
DM	Deutsche Mark
DRS	Deutscher Rechnungslegungsstandard
DRSC	Deutsches Rechnungslegungs Standards Committee
DSR	Deutscher Standardisierungsrat
DStR	Deutsches Steuerrecht
dt.	deutsche
e.V.	eingetragener Verein
EC	European Community
E-DRS	Entwurf Deutscher Rechnungslegungsstandard
EG	Europäische Gemeinschaft
EGHGB	Einführungsgesetz zum Handelsgesetzbuch
EGR	EG-Richtlinie
EITF	Emerging Issues Task Force
EK	Eigenkapital
EN	Englisch
erw.	erweiterte
EStG	Einkommensteuergesetz
E-StSenkG	Entwurf Steuersenkungsgesetz
EU	Europäische Union
EuGH	Europäischer Gerichtshof
evtl.	eventuell
EWS	Europäisches Wirtschafts- und Steuerrecht
f.	folgende
fakt.	faktische
FAS	Financial Accounting Standard
FASB	Financial Accounting Standards Board
FAZ	Frankfurter Allgemeine Zeitung
FIFO	first in first out
FIN	FASB Interpretation
Fn.	Fußnote

FRR	Financial Reporting Releases
FS	Festschrift
GAAP	Generally Accepted Accounting Principles
GE	Geldeinheiten
gem.	gemäß
gesetzl.	gesetzlich
GewSt	Gewerbesteuer
GewStG	Gewerbesteuergesetz
gewstl.	gewerbesteuerlich
GG	Grundgesetz
GmbH	Gesellschaft mit beschränkter Haftung
GuV	Gewinn- und Verlustrechnung
HB	Handelsbilanz
HFA	Hauptfachausschuß
HGB	Handelsgesetzbuch
Hrsg.	Herausgeber
i.d.F.	in der Fassung
i.V.m.	in Verbindung mit
IAS	International Accounting Standards
IASC	International Accounting Standards Committee
IDW	Institut der Wirtschaftsprüfer in Deutschland e.V.
IDW-FN	IDW-Fachnachrichten
InvZulG	Investitionszulagengesetz
IRC	Internal Revenue Code
Iss.	Issue
IStR	Internationales Steuerrecht
IWB	Internationale Wirtschafts-Briefe
Jg.	Jahrgang
Jr.	Junior
KapAEG	Kapitalaufnahmeerleichterungsgesetz
KapCoRiLiG	Kapitalgesellschaften- und Co.-Richtlinie-Gesetz
kfr.	kurzfristig
KonTraG	Gesetz zur Kontrolle und Transparenz im Unternehmensbereich
KPMG	Klynveld Peat Marwick Goerdeler
KSt	Körperschaftsteuer

KStG	Körperschaftsteuergesetz
kstl.	körperschaftsteuerlich
KStR	Körperschaftsteuerrichtlinie
lfr.	langfristig
LIFO	last in first out
MI	Michigan
MN	Minnesota
MU	Mutterunternehmen
NJ	New Jersey
No.	Number
Nr.	Nummer
NYSE	New York Stock Exchange
o.Jg.	ohne Jahrgang
o.O.	ohne Erscheinungsort
o.V.	ohne Verfasser
Par.	Paragraph
Reg	Regulation
rev.	revidierte
RIW	Recht der internationalen Wirtschaft
RS	Rechnungslegungsstandard
Rs	Rechtssache
Rz.	Randziffer
S.	Satz / Seite
SA	Securities Act
SAB	Staff Accounting Bulletins
SABI	Sonderausschuß Bilanzrichtlinien-Gesetz
SAS	Statement on Auditing Standards
SEA	Securities Exchange Act
SEC	Securities of Exchange Commission
Sec.	Section
SFAC	Statement of Financial Accounting Concepts
SFAS	Statement of Financial Accounting Standards
SolZ	Solidaritätszuschlag

SolZG	Solidaritätszuschlaggesetz
SOP	Statement of Position
St.	Sankt / Saint
StB	Steuerbilanz
steuerrechtl.	steuerrechtlich
STH	Der Schweizer Treuhänder
StR	Steuerrecht
TDM	Tausend DM
TU	Tochterunternehmen
u.	und
u.a.	und andere / unter anderem
u.U.	unter Umständen
überarb.	überarbeitet
Urt.	Urteil
US	United States
USA	United States of America
USTC	US Tax Cases
usw.	und so weiter
v.	von / vom
v.d.	van der
vEK	verwendbares Eigenkapital
Vgl.	Vergleiche
Vol.	Volume
vollst.	vollständig
vs.	versus
WiSt	Wirtschaftswissenschaftliches Studium
WPg	Die Wirtschaftsprüfung
WpHG	Wertpapierhandelsgesetz
WPK-Mitt.	Wirtschaftsprüferkammer Mitteilungen
z.B.	zum Beispiel
ZfB	Zeitschrift für Betriebswirtschaft
ZfbF	Zeitschrift für betriebswirtschaftliche Forschung
ZfRV	Zeitschrift für Rechtsvergleichung
ZGR	Zeitschrift für Unternehmens- und Gesellschaftsrecht
ZIP	Zeitschrift für Wirtschaftsrecht

Amerika, Du hast es besser als unser Kontinent, der alte...
(Johann Wolfgang Goethe)

1 Problemstellung

Das zunehmende Interesse deutscher Unternehmen an der Bilanzierung nach US-GAAP, welches mit der Öffnung des deutschen Bilanzrechts für internationale Rechnungslegungsgrundsätze durch § 292a HGB seinen vorläufigen Höhepunkt erreicht hat, und das Auftreten von Anwendungsproblemen bei der Übernahme der Rechnungslegung nach US-GAAP verlangen die theoretische Auseinandersetzung mit den US-amerikanischen Rechnungslegungsnormen.[1] Vor diesem Hintergrund wird in der vorliegenden Arbeit die Bilanzierung latenter Steuern und der Ertragsteuerausweis nach SFAS No. 109 ‚Accounting for Income Taxes' diskutiert. Dabei sind zwei Problembereiche zu differenzieren. Probleme erwachsen einerseits durch das Zusammentreffen von SFAS No. 109 mit den Bilanzrichtlinien der Europäischen Gemeinschaft, andererseits durch dessen konkrete Anwendung vor dem Hintergrund des deutschen Steuerrechts.

Der erste Problembereich ergibt sich aus der Befreiungsregelung des § 292a HGB, wonach ein nach international anerkannten Rechnungslegungsnormen aufgestellter Konzernabschluß nur dann befreiende Wirkung entfaltet, wenn er im Einklang mit den Bilanzrichtlinien steht und seine Aussagekraft derjenigen eines nach HGB-Normen aufgestellten Konzernabschlusses gleichwertig ist.[2] Über die Erfüllung der Voraussetzungen wird derzeit eine kontroverse Debatte geführt, die sich im wesentlichen auf die Konformität von IAS und EG-Richtlinien konzentriert und von gegensätzlichen Interpretationen der Bilanzrichtlinien geprägt ist.[3] In diesem Zusammenhang setzt sich die Arbeit zum Ziel, die angeführten Argumente erstmals zu bündeln und gegenüberzustellen. Ausgehend davon soll geprüft werden, ob bzw. inwieweit die konkreten US-amerikanischen Bestimmungen aus SFAS No. 109 zur Behandlung der Ertragsteuern den Voraussetzungen des § 292a HGB genügen. Hierfür sind die Begriffe Einklangser-

---

1 Vgl. *Ballwieser, Wolfgang* [Rechnungslegungsgremium, 1999], S. 434 f. und S. 443; *Böcking, Hans-Joachim/Orth, Christian* [KapAEG, 1998], S. 1246; *Mayer-Wegelin, Eberhard* [Konzernabschlüsse, 1999], S. 530.

2 Vgl. § 292a Abs. 2, Nr. 2b und Nr. 3 HGB; *Busse von Colbe, Walther* [Internationalisierung, 1999], S. 470-472; *Reker, Jürgen/Pahl, Andreas/Löcke, Jürgen* [Konzernabschluß, 1998], S. 529.

3 Vgl. *Fédération des Experts Comptables Européens* [Comparison, 1999]; *DSR* [E-DRS Nr. 1, 1999]; *IDW* [Abweichungen, 1998]; *Hulle, Karel v.* [Rechnungslegung, 1998], S. 140-147; *Mujkanovic, Robin* [Konzernabschlüsse, 1999], S. 1001 f.; *Scheffler, Eberhard* [Rechnungslegung, 1999], S. 1288 f.

fordernis und Gleichwertigkeit als auch das Selbstverständnis der Bilanzrichtlinien zu klären.

Der zweite Problembereich ergibt sich aus der Tatsache, daß die US-GAAP auf die amerikanischen Bedürfnisse zugeschnitten sind. Die Regeln aus SFAS No. 109 wurden dementsprechend an den spezifischen Anforderungen des nationalen US-amerikanischen Steuerrechts, dem sogenannten Internal Revenue Code (IRC), ausgerichtet und sind mit diesem kompatibel. Deutsche Unternehmen, die nach US-GAAP bilanzieren, sind dem deutschen Fiskus gegenüber steuerpflichtig und unterliegen dem deutschen Steuerrecht. Es ist zu fragen, ob die Vorgaben aus SFAS No. 109 mit dem deutschen Steuerrecht ebenso kompatibel sind. Da die Steuerpolitik als essentiell nationale Angelegenheit gilt,[4] weisen die Steuergesetze über die Grenzen hinweg unterschiedliche Ausgestaltungen auf. Entsprechend lassen sich im deutschen Steuerrecht Besonderheiten ausmachen, die das US-amerikanische Steuerrecht nicht kennt und folglich durch SFAS No. 109 nicht bzw. nicht hinreichend geregelt sind. Wie Abbildung 1.1 verdeutlicht, leistet SFAS No. 109 zwar eine vollständige Abdeckung des US-amerianischen, jedoch nicht des deutschen Steuerrechts.

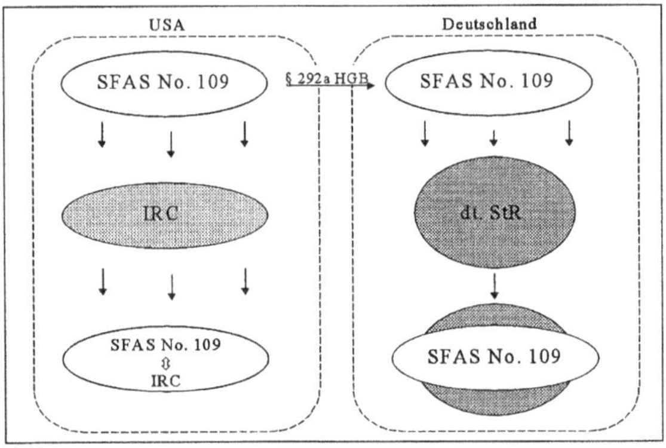

Abbildung 1.1: Kompatibilität: SFAS No. 109 und nationales Steuerrecht

Zielsetzung der Arbeit in diesem Zusammenhang ist die Identifizierung derartiger steuerrechtlicher Besonderheiten. Für die dadurch hervorgerufenen Bilanzierungs- und Ausweisprobleme sollen alternative Lösungsvorschläge entwickelt und bezüglich ihrer Vorziehenswürdigkeit diskutiert werden. Da einzelne Bilanzierungsregeln nicht dem Selbstzweck dienen, sondern in einer Ziel-Mittel-Beziehung stehen, muß hierfür zu-

4 Vgl. *Schreiber, Ulrich* [Steuerwettbewerb, 1998], S. 106; *Pellens, Bernhard/Bonse, Andreas/ Schremper, Ralf* [Körperschaftsteuersätze, 1998], S. 899.

nächst das übergeordnete Bilanzierungsziel aufgezeigt werden.[5] Jegliche Empfehlung für die Behandlung von Ertragsteuern ist dann im Hinblick auf die Unterstützung des übergeordenten Rechnungslegungsziels hin zu überprüfen.[6]

Die Diskussion konzentriert sich auf Probleme, die durch das körperschaftsteuerliche Anrechnungsverfahren und die dreifache Ertragsbesteuerung mit der Körperschaftsteuer, der Gewerbesteuer sowie dem Solidaritätszuschlag hervorgerufen werden. Die deutsche Körperschaftsteuer verlangt mit dem Anrechnungsverfahren eine unterschiedliche Besteuerung thesaurierter und auszuschüttender Gewinne. Das Vorgehen begründet Körperschaftsteuerminderungsansprüche bzw. Körperschaftsteuererhöhungsverpflichtungen gegenüber dem Fiskus, deren Bilanzierungsfähigkeit zu prüfen ist. Das FASB hat hierzu mit EITF No. 95-10 Stellung genommen und die Bilanzierung der Ansprüche und Verpflichtungen unter Darlegung der Gründe abgelehnt.[7] In der Praxis wird dem gefolgt. In der Literatur wird die Haltung des FASB vor dem Hintergrund des übergeordneten Rechnungslegungsziels zwar kritisiert,[8] jedoch kein die Gründe der EITF-Stellungnahme beachtender Bilanzierungsvorschlag unterbreitet. Dies soll in der vorliegenden Arbeit erstmals geleistet werden.

Ziel der Bilanzierung latenter Steuern nach SFAS No. 109 ist die zutreffende Darstellung der Vermögenslage durch Periodisierung des Steueraufwands.[9] Nicht angestrebt ist die Herstellung eines funktionalen Zusammenhangs zwischen dem Ergebnis vor Steuern und dem ausgewiesenen Steueraufwand. Der ausgewiesene Steueraufwand kann daher nicht unmittelbar nachvollzogen werden und ist erklärungsbedürftig. Von besonderer Bedeutung ist deshalb die nach SFAS No. 109 verlangte Erstellung der sogenannten ‚tax reconciliation', welche als Überleitungsrechnung das Zustandekommen des ausgewiesenen Steueraufwands aufzuzeigen hat.[10] Ausgangspunkt der im Anhang offenzulegenden ‚tax reconciliation' bildet der rechnerische Steueraufwand, der durch Multiplikation des Ergebnisses vor Steuern mit dem gesetzlich maßgebenden Steuersatz zu ermitteln ist und die erwartete Steuerbelastung angibt.[11] Auf die Frage, welcher Steuersatz vor dem Hintergrund der dreifachen Ertragsbesteuerung in Deutschland als ‚gesetzlich maßgebend' anzusehen ist, gibt SFAS No. 109 keine Antwort. Entsprechend lassen sich in praxi unterschiedliche Vorgehensweisen beobachten, was die Vergleichbarkeit der Angaben beeinträchtigt. In der deutschsprachigen Literatur wird

---

5 Vgl. *Ballwieser, Wolfgang* [Entwicklung, 1993], S. 111; *Hennig, Bettina* [Steuern, 1982], S. 14.

6 Vgl. *Ritchie, P. C./Rowcroft, J. E./Trenholm, B. A.* [Treatment, 1988], S. 29.

7 Vgl. *FASB* [EITF No. 95-10, 1995], Abs. 811.

8 Vgl. *IDW* [RS HFA 2, 1999], Abs. 57; *Förschle, Gerhart/Hoffmann, Karl* [Körperschaftsteuersystem, 1998], S. 2125 f.; *Pellens, Bernhard/Bonse, Andreas/Schremper, Ralf* [Körperschaftsteuersätze, 1998], S. 899-907; *Wagenhofer, Alfred* [IAS, 1999], S. 269.

9 Vgl. *Simpson, Raymond E.* [Taxes, 1999], Ch. 19, S. 5; *Parks, James T.* [Guide, 1988], S. 25.

10 Vgl. *FASB* [SFAS No. 109, 1992], Abs. 47; *Weber, Richard P./Wheeler, James E.* [Disclosure, 1992], S. 16.

11 Vgl. *FASB* [SFAS No. 109, 1992], Abs. 47; *KPMG Peat Marwick* [Income Taxes, 1992], S. 169.

die Problematik bislang nicht diskutiert. Sie bietet daher keine Hilfestellung auf die Frage nach der Zusammensetzung des Steuersatzes. Im Rahmen der Arbeit gilt es erstmals, die alternativen Möglichkeiten darzustellen und in einer kritischen Analyse unter Beachtung des übergeordneten Rechnungslegungsziels hinsichtlich ihrer Vorziehenswürdigkeit zu diskutieren.

Die vorliegende Untersuchung ist in zweierlei Hinsicht neu. Zum einen wird die Thematik der Steuerabgrenzung durch die Annahme der Bilanzierung eines deutschen Unternehmens nach US-GAAP vor dem Hintergrund der US-amerikanischen Rechnungslegung problematisiert. Dies ist in den bisher erschienenen Dissertationen zur Problematik der Steuerabgrenzung nicht geschehen. Gemeinsamer Nenner der Auseinandersetzung dieser Arbeiten bildet der vom HGB aufgespannte Rechnungslegungsrahmen,[12] der hier verlassen wird.

Neu ist zum anderen die Ausrichtung der Fragestellung. Sie zielt auf die Darstellung der konkreten Vorschriften aus SFAS No. 109 ab, um ausgehend davon die aufgezeigten Probleme aus deren Anwendung im Zusammenhang mit dem deutschen Steuerrecht zu diskutieren. Die von der Einzelfallorientierung des US-amerikanischen Rechts geprägte Norm weist im Detail einen hohen Präzisionsgrad auf und schreibt die maßgebende Steuerabgrenzungskonzeption explizit vor. Sie legt den Umfang der Steuerabgrenzung fest, verlangt eine konkrete Bewertungsmethode und definiert die Menge der abzugrenzenden Differenzen genau. Zusammen mit weiteren Detailregelungen wird schließlich eine präzise Anleitung für die Bilanzierung latenter Steuern gegeben. Darüber hinaus schreibt SFAS No. 109 eine Vielzahl von Anhangsangaben zur Erläuterung der in Bilanz und GuV ausgewiesenen Ertragsteuern vor. Aufgrund der detaillierten Vorgabe der Steuerabgrenzungskonzeption durch SFAS No. 109 bedarf es keiner konzeptionellen Diskussion der Vorziehenswürdigkeit alternativer Steuerabgrenzungsverfahren und -methoden vor dem Hintergrund des übergeordneten Rechnungslegungsziels zur Ableitung von Handlungsempfehlungen. Eine derartige Diskussionsausrichtung kennzeichnet die bereits erschienenen Dissertationen. Sie haben ausgehend vom deutschen Rechnungslegungssystem die Analyse der Vorziehenswürdigkeit alternativer Steuerabgrenzungskonzeptionen gemein, welche aufgrund der abstrakten und damit auslegungsbedürftigen Normen des HGB notwendig war.[13]

---

12 Vgl. *Merl, Franz* [Steuerverpflichtungen, 1979]; *Hennig, Bettina* [Steuern, 1982]; *Hille, Klaus* [Steuern, 1982]; *Wiegand, Klaus* [Steuern, 1990]; *Berlage, Hans* [Steuern, 1993]; *Neumann, Patrik* [Steuerabgrenzung, 1992]; *Lührmann, Volker* [Steuern, 1997]. Weiterführende Arbeiten befaßten sich mit dem handelsrechtlichen Ausweis latenter Steuern im Anhang, mit der Berücksichtigung latenter Steuern in den Jahresabschlüssen internationaler Konzerne sowie der Prüfung latenter Steuern im Konzernabschluß. Vgl. *Karrenbrock, Holger* [Steuern, 1991]; *Haar, Alfred* [Steuern, 1981]; *Schruff, Wienand* [Konzernabschluß, 1984]; *Bömelburg, Peter* [Abschlußprüfung, 1992].

13 Vgl. *Hille, Klaus* [Steuern, 1982], S. 3 f.; *Neumann, Patrik* [Steuerabgrenzung, 1992], S. 23.

In den USA ist die Aufstellung einer Steuerbilanz für die steuerliche Gewinnermittlung nicht üblich. Für die Zwecke der Bilanzierung latenter Steuern wird das Erstellen einer Steuerbilanz jedoch empfohlen, da durch sie die Identifizierung des Steuerabgrenzungsbedarfs erleichtert wird.[14] Dies rechtfertigt die Verwendung des Begriffs ‚Steuerbilanz' auch im Kontext des US-amerikanischen Steuerrechts. Da die Anwendung von SFAS No. 109 vor dem Hintergrund des deutschen Steuerrechts Gegenstand der Arbeit ist, werden spezifische Besonderheiten des US-amerikanischen Steuerrechts im Zusammenhang mit der Steuerabgrenzung und dem Ertragsteuerausweis nicht dargestellt. SFAS No. 109 regelt ausschließlich die Bilanzierung von Ertragsteuern.[15] Fragen der Substanz- und Verkehrsbesteuerung werden in den Ausführungen daher nicht berücksichtigt. Auch werden mit den Begriffen Steueraufwand und -ertrag im weiteren ausschließlich die Ertragsteueraufwendungen und -erträge gemeint.

Auf Rechtssystemen aufbauende Arbeiten laufen Gefahr, durch Rechtsänderungen an Aktualität zu verlieren. Derzeit plant die Bundesregierung eine grundlegende Reform des deutschen Unternehmenssteuerrechts und hat hierfür einen Gesetzentwurf eingebracht.[16] Dieser sieht für die Körperschaftsteuer insbesondere die Abschaffung des Anrechnungsverfahrens und Einführung eines Halbeinkünfteverfahrens vor. Sollte das Steuergesetz die Zustimmung von Bundestag und Bundesrat finden und verabschiedet werden, verlieren die zentralen Problembereiche der Arbeit dennoch nicht an Bedeutung. Die grundrechtlich geschützten Körperschaftsteuerminderungsansprüche aus dem Anrechnungsverfahren bleiben nach dem Gesetzentwurf in den Unternehmen vorhanden und können über einen Übergangszeitraum von 15 Jahren durch Ausschüttung mobilisiert werden.[17] Die Frage ihrer bilanziellen Behandlung bleibt daher relevant. Wegen der Beibehaltung der dreifachen Ertragsbesteuerung behält ebenso die im Rahmen mit der Überleitungsrechnung zu beantwortende Frage nach der Zusammensetzung des gesetzlich maßgebenden Steuersatzes ihr Gewicht.

---

14 Vgl. *Gregory, George J./Petree, Thomas R./Vitray, Randall J.* [Implementation, 1992], S. 45; *Kieso, Donald E./Weygandt, Jerry J.* [Accounting, 1998], S. 1037.

15 Vgl. *FASB* [SFAS No. 109, 1992], Abs. 4a.

16 Vgl. *o.V.* [Referentenentwurf, 2000], S. 29; *Rödder, Thomas/Schumacher, Andreas* [Unternehmenssteuerreform, 2000], S. 353.

17 Vgl. Art. 3 §§ 37 und 38 E-StSenkG; *Kruhl, Alfred* [Reform, 2000], S. 173; *Raber, Hans G.* [Körperschaftsteuerreform, 1999], S. 2599; *Rödder, Thomas/Schumacher, Andreas* [Unternehmenssteuerreform, 2000], S. 354.

2 Grundlagen der Steuerabgrenzung nach US-GAAP

2.1 Handels- und Steuerrecht in den USA

2.1.1 Grundzüge des US-amerikanischen Rechtssystems

Das US-amerikanische Rechtssystem ist wesentlich von der englischen Tradition des ‚common law' (Gewohnheitsrecht) geprägt, das in der Zeit der Kolonialisierung im 17. Jahrhundert von den britischen Einwanderern in der Neuen Welt eingeführt wurde.[1] Die Rechtsgestaltung des aus dem ‚case law' (Fallrecht) abgeleiteten ‚common law' erfolgt durch das fallbezogene Richterrecht, das sogenannte ‚judge-made law'.[2] Der Richter leitet Entscheidungen ausgehend vom konkreten Sachverhalt und den örtlichen Gebräuchen ab.[3] Diese dienen als Präzedenzfälle, aus denen für die Urteilsfindung nachgelagerter Sachverhalte Prinzipien abgeleitet werden.[4] Während das kontinentaleuropäische Recht Entscheidungen deduktiv von übergeordneten abstrakten Rechtssätzen ableitet, werden im ‚common law' die für die Rechtsprechung maßgeblichen Prinzipien induktiv aus bereits vorhandenen Urteilen genommen.[5] Bis in die heutige Zeit bildet das ‚common law' den Kern des US-amerikanischen Rechts.[6]

Das vom ‚common law' geprägte Recht wird ergänzt durch das Gesetzesrecht (‚legislation or statutory law'), welches heute einen wichtigen Bestandteil des Rechts bildet.[7] Artikel VI der US-amerikanischen Verfassung räumt für die Verabschiedung von Gesetzen den Gliedstaaten die Grundsatzkompetenz ein und beschränkt die Zuständigkeit des Bundesgesetzgebers auf genau spezifizierte Bereiche.[8] Kommt es zu einer konkurrierenden Zuständigkeit zwischen Bund und Einzelstaaten, wird den Bundesgesetzen Vorrang gewährt.[9] Die im Gesetz kodifizierten Rechtsnormen sind häufig aus dem

1 Vgl. *David, René/Spinosi, Camille J./Grasmann, Günther* [Rechtssysteme, 1989], S. 502; *Nobes, Christopher* [Differences, 1998], S. 18; *Roberts, Clare/Weetman, Pauline/Gordon, Paul* [Accounting, 1998], S. 15; *Blumenwitz, Dieter* [Einführung, 1998], S. 20 f.

2 Vgl. *Elsing, Siegfried* [Wirtschaftsrecht, 1985], S. 33-36; *Farnsworth, Allan E.* [Legal System, 1996], S. 47-60; *Herzog, Peter* [Rechtssystem, 1989], S. 197.

3 Vgl. *Elsing, Siegfried* [Rechtssystem, 1990], S. 5; *Heintges, Sebastian* [Bilanzkultur, 1996], S. 12; *Roberts, Clare/Weetman, Pauline/Gordon, Paul* [Accounting, 1998], S. 14.

4 Vgl. *Fikentscher, Wolfgang* [Fallnorm, 1980], S. 166.

5 Vgl. *Krog, Markus* [Rechnungslegungspolitik, 1998], S. 11; *Quint, Peter E.* [Verfassungsrecht, 1986], S. 625.

6 Vgl. *Elsing, Siegfried* [Rechtssystem, 1990], S. 6.

7 Vgl. *Brotte, Jörg* [Geschäftsberichte, 1997], S. 109; *Elsing, Siegfried* [Rechtssystem, 1990], S. 6.

8 Vgl. Art. VI, Sec. 6 US Constitution; *Blumenwitz, Dieter* [Einführung, 1998], S. 47.

9 Vgl. *Elsing, Siegfried* [Rechtssystem, 1990], S. 6.

‚common law‘ abgeleitete Regeln, die jedoch kein mit dem BGB vergleichbar umfassendes Regelsystem bilden, sondern überwiegend Teilkodifizierungen darstellen.[10] Für die Auslegung des Gesetzesrechts sowie für nicht gesetzlich geregelte Teilbereiche bildet das Fallrecht weiterhin die entscheidende Rechtsquelle.[11]

Dem kodifizierten Recht kommt für die Bereiche Steuer- und Kapitalmarktrecht mit den Steuergesetzen des ‚Internal Revenue Code‘ zum einen und den Anlegerschutzgesetzen ‚Securities Act‘ und ‚Securities Exchange Act‘ zum anderen fundamentale Bedeutung zu. Demgegenüber weisen die im Rahmen der Offenlegungs- und Publizitätspflicht von börsennotierten Gesellschaften zu beachtenden Bilanzierungsregelungen eine von der Tradition des ‚common law‘ geprägte, kasuistische Struktur auf.[12]

2.1.2 Historische Entwicklung von Steuer- und Handelsrecht in den USA

Auf Bundesebene war das Gesetzesrecht in den USA lange Zeit von untergeordneter Bedeutung. Ein kodifiziertes Recht entstand zunächst nur auf Ebene der unabhängigen Einzelstaaten.[13] Als sich die amerikanischen Kolonien während des Unabhängigkeitskrieges am Ende des 18. Jahrhunderts für selbständig erklärten und zu einem Staatenbund zusammenschlossen, wurde eine Zentralregierung geschaffen, die jedoch nur wenig Autorität besaß.[14] Sie war insbesondere nicht zur Besteuerung einzelner Staatsbürger befugt. Auf Ebene der Staaten bestand zwar die Verpflichtung zur Leistung von Zahlungen an die Zentralregierung, diese hatte jedoch keine Sanktionsmöglichkeiten im Fall der Zahlungsverweigerung.[15] Um die Probleme zu lindern, wurde mit der Verabschiedung der Verfassung im Jahr 1789 eine Zentralgewalt mit Exekutive, Judikative und dem Kongreß als Legislative errichtet. Mit der in Artikel 1 dem Kongreß eingeräumten Gesetzgebungskompetenz für genau definierte Sachgebiete[16] wurde erstmals das Recht der Erhebung einer einheitlichen und direkten Steuer auf Bundesebene kodifiziert.[17] Aufgrund fehlender Begriffsklärungen und enger Restriktionen in der Verfassung scheiterten erste Versuche der Etablierung einer Bundeseinkommensteuer jedoch

---

[10] Vgl. *Elsing, Siegfried* [Wirtschaftsrecht, 1985], S. 35.

[11] Vgl. *Fikentscher, Wolfgang* [Fallnorm, 1980], S. 167; *Elsing, Siegfried* [Wirtschaftsrecht, 1985], S. 35.

[12] Vgl. *Kuhlewind, Andreas-Markus* [Bilanzrechtstheorie, 1997], S. 10.

[13] Vgl. *Studenski, Paul/Krooss, Herman E.* [History, 1963], S. 34-36; *Blumenwitz, Dieter* [Einführung, 1998], S. 20.

[14] Vgl. *Quint, Peter E.* [Verfassungsrecht, 1986], S. 619; *Gingele, Rudolf* [Abschluß, 1988], S. 4 f.

[15] Vgl. *Studenski, Paul/Krooss, Herman E.* [History, 1963], S. 25.

[16] Vgl. Art. I, Sec. 1 US Constitution; *Haller, Axel* [Grundlagen, 1994], S. 16; *Quint, Peter E.* [Verfassungsrecht, 1986], S. 620; *Studenski, Paul/Krooss, Herman E.* [History, 1963], S. 39.

[17] Vgl. Art. I, Sec. 8, Nr. 1 US Constitution; *Elsing, Siegfried* [Rechtssystem, 1990], S. 19.

lange Zeit.[18] Erst im Zuge der 16. Verfassungsänderung konnte im Jahr 1909 eine Bundeskörperschaft- und schließlich im Jahr 1913 auch eine Bundeseinkommensteuer eingeführt werden, die in ihren Grundzügen heute noch Bestand hat.[19] Durch die in den Jahren 1926 und 1932 ergangenen Urteile etablierten sich mit dem ‚all events test'[20] und der ‚claim of right doctrine'[21] bereits zentrale Grundsätze der steuerlichen Gewinnermittlung.[22] Die Gesamtheit der auf Bundesebene entstandenen Steuergesetze wurde 1939 erstmals einheitlich im sogenannten ‚Internal Revenue Code' (IRC) zusammengefaßt, der seitdem wiederholt überarbeitet und reformiert wurde.[23]

Neben dem Kongreß haben die Bundesstaaten eine eigene Steuerhoheit, auf die die Bundesregierung nicht direkt Einfluß nehmen kann. Auf Ebene der Bundesstaaten können daher zusätzlich Einkommen- und Körperschaftsteuern erhoben werden.[24] Die Bundesstaaten ihrerseits haben den Gemeinden die Erhebung eigener Steuern genehmigt, so daß verschiedene Gemeinden eine eigene Einkommen- und Körperschaftsteuer einfordern.[25] Da jede Körperschaft für den ihr zustehenden Teil der Steuerhoheit die Gesetzgebungs-, Ertrags- und Verwaltungshoheit besitzt, kommt es zu einer gewollten und akzeptierten Doppel- und Mehrfachbelastung.[26] So wird u.a. auch das Einkommen von Bund, Bundesstaaten und gegebenenfalls Gemeinden besteuert.[27]

---

18 Vgl. *Stamm, Friedrich H.* [Bundesfinanzen, 1969], S. 9-11; *Studenski, Paul/Krooss, Herman E.* [History, 1963], S. 39; *McNulty, John* [Taxation, 1978], S. 4.

19 Vgl. *Farnsworth, Allan E.* [Legal System, 1996], S. 165; *McNulty, John* [Taxation, 1978], S. 4; *Tracy, John A.* [Nature and Function, 1970], S. 15 f.

20 Nach dem ‚all events test' dürfen Schuldpositionen in der Steuerbilanz erst dann aufwandswirksam verbucht werden, wenn alle Ereignisse, die die Schuld begründen, bereits eingetreten sind und eine vernünftige Schätzung der Schuldenhöhe vorgenommen werden kann. Vgl. Sec. 461(h) (4) IRC; *Thiele, Clemens* [Steuerrecht, 1997], S. 65 f.; *Dubroff, Harold/Cahill, Connie M./Norris, Michael D.* [Relationship, 1983], S. 360 und S. 385 f.; *Simonetti, Gilbert* [Challenge, 1968], S. 68 f.

21 Die ‚claim of right doctrine' ist die Vorläuferin der heute maßgebenden ‚prepaid income doctrine'. Danach sind vereinnahmte Beträge, die Erträge künftiger Perioden darstellen, bereits in der Zugangsperiode zu versteuern. Vgl. *Dubroff, Harold/Cahill, Connie M./Norris, Michael D.* [Relationship, 1983], S. 386 f.; *Dubroff, Harold* [Claim of Right, 1985], S. 731-771; *Simonetti, Gilbert* [Challenge, 1968], S. 68; *Lischer, Henry J./Märkl, Peter N.* [Conformity, 1997], S. 96 f.

22 Vgl. *Dubroff, Harold/Cahill, Connie M./Norris, Michael D.* [Relationship, 1983], S. 387 und S. 404.

23 Vgl. *Zschiegner, Hans* [Steuerrecht, 1990], S. 63.

24 Vgl. *Thiele, Clemens* [Steuerrecht, 1997], S. 26 f.; *Zschiegner, Hans* [Steuerrecht, 1990], S. 59; *Stamm, Friedrich H.* [Bundesfinanzen, 1969], S. 15-21.

25 Vgl. *Bartholdy, Karl* [Steuerrecht, 1963], S. 359; *Hill, Lee* [Local Taxation, 1972], S. 105; *Thiele, Clemens* [Steuerrecht, 1997], S. 27; *Walter, Otto L./Stiefel, Ernst C.* [Amerika, 1963], S. 7.

26 Vgl. *Kramer, Jörg D.* [Finanzverfassungen, 1990], S. 39; *Thiele, Clemens* [Steuerrecht, 1997], S. 22 f. und S. 27.

27 Vgl. *Kramer, Jörg D.* [Finanzverfassungen, 1990], S. 38; *Rudden, John T.* [Besteuerung, 1994], S. 73.

Während in Deutschland bei der Einführung der Einkommensbesteuerung in den Ländern gegen Ende des 19. Jahrhunderts für die Ermittlung des steuerbaren Einkommens von Gewerbetreibenden auf die Vorschriften des bereits im Jahr 1861 eingeführten Allgemeinen Deutschen Handelsgesetzbuches verwiesen und später im deutschen Reichsgesetz zur Einkommensteuer die Maßgeblichkeit der ‚Grundsätze des Handelsbilanzrechts' für die Gewinnermittlung vorgeschrieben wurde,[28] war ein derartiger Rückgriff auf handelsrechtliche Normen in den USA bei der Einführung der Bundeseinkommensteuern nicht möglich.

In Amerika war die Idee der freien Entwicklung ohne staatliche Eingriffe auch im Bereich des Wirtschaftslebens lange maßgebend, so daß eine Kodifizierung verbindlicher Normen zur Gewinnermittlung analog dem Allgemeinen Deutschen Handelsgesetzbuch nicht gewünscht war.[29] Auch Vorschriften zur Unternehmenspublizität, wie sie in Deutschland mit der 1884 erlassenen Aktiennovelle für Kommanditgesellschaften auf Aktien und Aktiengesellschaften verpflichtend wurden, existierten in den USA zunächst nicht.[30] Mit der rasch voranschreitenden Expansion der US-Wirtschaft zu Beginn des 20. Jahrhunderts stieg der Kapitalbedarf der Unternehmen rapide an.[31] Die Mittelbeschaffung erfolgte verstärkt über den Kapitalmarkt, welcher ebenfalls ein ausgeprägtes Wachstum erfuhr.[32] Im Wettbewerb um finanzielle Mittel wurde die Unternehmenspublizität für die Kapitalgeber immer wichtiger.[33] Aufgrund fehlender einheitlicher und verbindlicher Bilanzierungs- und Offenlegungsvorschriften herrschte in der Praxis eine Vielfalt unterschiedlicher Rechnungslegungsmethoden, die weder einen Zeit- noch einen Betriebsvergleich zuließ. Die Unternehmensberichterstattung lag im wesentlichen im individuellen Ermessen des Managements.[34] Unter dem Druck der zunehmenden Konkurrenz auf den Kapitalmärkten kam es verstärkt zu bewußter Irreführung der Anleger durch manipulierte Renditeversprechungen und Wertpapierbe-

---

28 Vgl. *Mathiak, Walter* [Handelsbilanzansätze, 1987], S. 93; *Haller, Axel* [Maßgeblichkeit, 1992], S. 44.

29 Vgl. *Brief, Richard P.* [Century, 1987], S. 142; *Gingele, Rudolf* [Abschluß, 1988], S. 8-10; *Haller, Axel* [Grundlagen, 1994], S. 12 f.; *Kuhlewind, Andreas-Markus* [Bilanzrechtstheorie, 1997], S. 13; *Gessler, Ernst* [Aktienrecht, 1965], S. 133.

30 Vgl. *Ballwieser, Wolfgang* [Germany, 1995], S. 1402 f.; *Gessler, Ernst* [Aktienrecht, 1965], S. 134 f.; *Caemmerer, Ernst v.* [Publizitätsinteressen, 1962], S. 142-145.

31 Vgl. *Siebert, Henning* [Grundlagen, 1996], S. 3.

32 Vgl. *Hendriksen, Eldon S./Breda, Michael F. v.* [Accounting, 1991], S. 65.

33 Vgl. *Gingele, Rudolf* [Abschluß, 1988], S. 9.

34 Vgl. *Wolk, Harry I./Francis, Jere R./Tearney, Michael G.* [Accounting Theory, 1992], S. 49; *Hendriksen, Eldon S./Breda, Michael F. v.* [Accounting, 1991], S. 65-67; *Davidson, Sidney/ Anderson, George D.* [Development, 1993], S. 30-34. Ein ‚financial reporting' nach heutigem Verständnis war nicht oder allenfalls nur rudimentär vorhanden. Vgl. *Brief, Richard P.* [Century, 1987], S. 147.

trug.[35] Um dieser Entwicklung entgegenzuwirken, führten die Einzelstaaten Wertpapiergesetze zur Regelung des Wertpapierhandels ein.[36] Diese sogenannten ‚blue sky laws' waren wegen ihrer räumlichen Begrenzung auf das jeweilige Hoheitsgebiet jedoch keine effiziente Maßnahme zur Abwehr der Mißstände.[37] Die betrügerischen Maßnahmen gipfelten schließlich im Zusammenbruch der New Yorker Börse im Jahr 1929 und der anschließenden Großen Depression, wodurch die Notwendigkeit von Bundesgesetzen zum Schutz der Anleger evident wurde.[38]

Für den Neuaufbau des Kapitalmarkts und zur Wiedergewinnung des Vertrauens der Wertpapierkäufer wurden 1933 und 1934 die anlegerschützenden Wertpapiergesetze ‚Securities Act' (SA) und ‚Securities Exchange Act' (SEA) vom Kongreß verabschiedet,[39] wobei der SA die Neuemission von Wertpapieren, der SEA den anschließenden Wertpapierhandel regelt.[40] Zur Verwaltung der Gesetze und Beaufsichtigung des bundesweiten Wertpapiermarktes wurde die ‚Securities and Exchange Commission' (SEC) als oberste Bundesbehörde gegründet.[41] Die Wertpapieraufsichtsbehörde wurde beauftragt, den Handel von Wertpapieren im Rahmen ihrer Exekutivfunktion zu überwachen. Darüber hinaus wurde sie mit Rechtsetzungs- und Rechtsprechungskompetenz ausgestattet.[42]

---

35 Vgl. *Brown, Clifford D.* [Income Reporting, 1993], S. 72; *Wolk, Harry I./Francis, Jere R./Tearney, Michael G.* [Accounting Theory, 1992], S. 50; *Brotte, Jörg* [Geschäftsberichte, 1997], S. 115; *Kuhlewind, Andreas-Markus* [Bilanzrechtstheorie, 1997], S. 13.

36 Vgl. *Loss, Louis* [Securities, 1961], S. 23-30; *Hazen, Thomas L.* [Securities, 1996], S. 6.

37 Vgl. *Gingele, Rudolf* [Abschluß, 1988], S. 9 f.; *Assmann, Heinz-Dieter* [Prospekthaftung, 1985], S. 96-98. Zur Bezeichnung ‚blue sky law' führt Hazen aus: „There are a number of explanations for the derivation of the ‚blue sky' appellation, the most common of which was because of the Kansas statue's purpose to protect the Kansas farmers against the industrialists selling them a piece of the blue sky." *Hazen, Thomas L.* [Securities, 1996], S. 6. Vgl. auch *Nobes, Christopher* [United States, 1998], S. 127.

38 Vgl. *Seligman, Joel* [Disclosure System, 1983], S. 19-33; *Brotte, Jörg* [Geschäftsberichte, 1997], S. 119; *Haller, Axel* [Grundlagen, 1994], S. 20.

39 Vgl. *Hoyle, Joe* [Accounting, 1994], S. 1125 f.; *Schäfer, Wolf* [Rechenschaftsberichte, 1970], S. 13; *Laule, Gerhard* [Gesellschaftsrecht, 1989], S. 228 f.

40 Vgl. *Hazen, Thomas L.* [Securities, 1996], S. 4 f.; *Meek, Gary K.* [Accounting, 1998], S. 57.

41 Vgl. *Hendriksen, Eldon S./Breda, Michael F. v.* [Accounting, 1991], S. 68 f. Die Bundesbehörden, sogenannte ‚independent commissions', werden vom Kongreß zur Erfüllung bestimmter Aufgaben geschaffen. Sie haben neben einer exekutiven und gesetzgeberischen auch in begrenztem Rahmen eine richterliche Funktion zur Wahrnehmung ihrer Aufgaben. Vgl. *Skousen, Fred K.* [SEC, 1983], Ch. 37, S. 3; *David, René/Spinosi, Camille J./Grasmann, Günther* [Rechtssysteme, 1989], S. 539; *Herzog, Peter* [Rechtssystem, 1989], S. 178 und S. 195; *Schäfer, Wolf* [Rechenschaftsberichte, 1970], S. 14.

42 Vgl. *KPMG Peat Marwick* [Securities, 1995], S. 6; *Kuhlewind, Andreas-Markus* [Bilanzrechtstheorie, 1997], S. 19; *Sonnemann, Erik* [Grundlagen, 1989], S. 20.

Die anlegerschützende Wirkung der beiden Wertpapiergesetze resultiert aus umfassenden Offenlegungspflichten. Danach müssen Wertpapieremittenten und Unternehmen, deren Papiere an einer US-amerikanischen Börse gehandelt werden, vielfältige Informationen bereitstellen. Aus dem SA geht hervor, daß für die Neuemission von Wertpapieren eine Registrierung bei der SEC Voraussetzung ist.[43] Hierfür ist ein sogenanntes ‚registration statement' einzureichen, welches finanzielle und nichtfinanzielle Informationen über das Unternehmen bereitstellt.[44] Zusätzlich ist ein Prospekt zu veröffentlichen, den Kaufinteressenten vor dem Erwerb der Papiere erhalten.[45] Für den anschließenden Handel der Wertpapiere am Sekundärmarkt verlangt der SEA neben einer weiteren Registrierungs- auch eine periodische Berichtspflicht.[46] Die Wertpapiergesetze geben jedoch nur den Rahmen der Registrierungs- und Berichtsinstrumente vor, deren konkrete Ausgestaltung der SEC überlassen wurde.[47] Mit den sogenannten ‚forms', ‚regulations' und ‚rules' hat sie ein Regelwerk geschaffen, welches den Status materiellen Rechts besitzt und für Gerichte, Behörden und Gesellschaften bindend ist.[48]

Die der SEC mit dem SA und SEA übertragene Autorität zur Regelung der Rechnungslegung wurde von ihr jedoch nur in begrenztem Umfang wahrgenommen.[49] Mit der Regulation S-X hat sie die Mindestanforderungen an die bei ihr einzureichenden Jahresabschlüsse, sogenannte ‚financial statements', vorgeschrieben.[50] Diese umfassen eine Bilanz (‚balance sheet' oder ‚statement of financial position'), eine Gewinn- und Verlustrechnung (‚statement of income'), eine Kapitalflußrechnung (‚statement of cash flow') und eine Übersicht über die Entwicklung des Eigenkapitals (‚statements of other stockholders' equity'),[51] jeweils ergänzt um erläuternde Anhangsangaben (‚notes') und

---

43 Vgl. Sec. 5 SA 1933.

44 Vgl. Sec. 6(a) SA 1933.

45 Vgl. Sec. 10(a) SA 1933; *Wilhelm, Christiane* [Kapitalmarkt, 1998], S. 366.

46 Vgl. Sec. 12(a) SEA 1934 und Sec. 12(g) SEA 1934.

47 Vgl. Sec. 19(a) SA 1933; Sec. 23(a) Nr. 1 SEA 1934; *Gingele, Rudolf* [Abschluß, 1988], S. 12.

48 Vgl. *Hazen, Thomas L.* [Securities, 1996], S. 16 f.; *Assmann, Heinz-Dieter* [Prospekthaftung, 1985], S. 108; *Kronstein, Heinrich/Claussen, Carsten P.* [Aktienrecht, 1960], S. 50. Der Begriff ‚rules' umfaßt die von der SEC aufgrund verschiedener gesetzlicher Ermächtigungen erlassenen Vorschriften mit Gesetzeskraft. Eine ‚regulation' bündelt einzelne ‚rules', die das gleiche Regelungsgebiet betreffen. Als ‚forms' werden die durch ‚rules' und ‚regulations' vorgeschriebenen Formblätter bezeichnet, die den Inhalt der bei der SEC einzureichenden ‚regulation statements' detailliert vorschreiben. Vgl. *Gafford, Wade W./Finan, Mary A.* [SEC, 1985], S. 104 f.; *KPMG Peat Marwick* [Securities, 1995], S. 5 f. und S. 71-76; *Miller, Paul B. W.* [Regulations, 1999], Ch. 2, S. 13; *Eisolt, Dirk* [Konzernrechnungslegung, 1992], S. 52.

49 Vgl. *Loss, Louis* [Regulation, 1988], S. 35 f.; *Tracy, John A.* [Nature and Function, 1970], S. 15. Vgl. hierzu auch Sec. 19(a) SA 1933 i.V.m. Sec. 13(b) Nr. 1 SEA 1934.

50 Vgl. *Eisolt, Dirk* [Konzernrechnungslegung, 1993], S. 212.

51 Vgl. *SEC* [Reg S-X, 1998], Item 210.3-01 bis Item 210.3-04. Handelt es sich bei dem berichtspflichtigen Unternehmen um ein Mutterunternehmen, so ist ein Konzernabschluß bei der SEC ein-

zugehörige ‚schedules'.[52] Die ‚financial statements' müssen vom Jahresabschlußprüfer geprüft und mit einem uneingeschränkten Bestätigungsvermerk testiert sein.[53] Während die SEC zur formellen, gliederungs- und ausweistechnischen Ausgestaltung der einzureichenden Jahresabschlüsse in der Regulation S-X genaue Vorgaben macht,[54] hat sie nur wenig detaillierte Bilanzierungs- und Bewertungsregeln geschaffen und verweist diesbezüglich auf die ‚generally accepted accounting principles' (GAAP).[55] Die Entwicklung der GAAP übertrug sie zunächst auf den Berufsstand der amerikanischen Wirtschaftsprüfer (‚American Institute of Certified Public Accountants' (AICPA)),[56] später dem privatrechtlich organisierten, unabhängigen ‚Financial Accounting Standards Board' (FASB).[57]

Das FASB und seine vom Berufsstand der amerikanischen Wirtschaftsprüfer eingerichteten Vorgängerinstitutionen, ‚Committee on Accounting Procedure' (CAP) und später ‚Accounting Principles Board' (APB), haben seit 1939 eine Vielzahl kasuistischer Einzelregelungen zur Rechnungslegung formuliert.[58] Diese Normen besitzen nicht den Status positiven Rechts, haben jedoch faktische Gesetzesfunktion,[59] welche aus der Rule 203 des AICPA in Verbindung mit ‚Accounting Series Releases' No. 150 (ASR No. 150) der SEC resultiert. Danach werden nur die vom FASB und seinen Vorgängerinstitutionen erarbeiteten Vorschriften vom Berufsstand als ‚Generally Accepted Accounting Principles' anerkannt[60] und von der SEC mit dem notwendigen ‚substan-

---

zureichen. Vgl. hierzu *SEC* [Reg S-X, 1998], Item 210.3-01 und Item 210.3-02 i.V.m. Sec. 19(a) SA 1933 und Sec. 13(b) Nr. 1 SEA 1934; *Skousen, Fred K.* [SEC, 1983], Ch. 37, S. 7.

52 Vgl. *SEC* [Reg S-X, 1998], Item 210.1-01(b).

53 Vgl. *SEC* [Reg S-X, 1998], Item 210.3-01 und Item 210.3-02; *Haller, Axel* [Grundlagen, 1994], S. 57 f.

54 Vgl. *SEC* [Reg S-X, 1998], Item 210.4-08; *Auer, Kurt V.* [Rechnungslegungsstandards, 1997], S. 89.

55 Vgl. *Skousen, Fred K.* [SEC, 1983], Ch. 37, S. 17; *Eisolt, Dirk* [Konzernrechnungslegung, 1993], S. 221 i.V.m. *SEC* [Reg S-X, 1998], Item 210.4-01(a) (1). Zur Rolle der SEC bei der Entwicklung von Rechnungslegungsnormen vgl. *Burton, John C.* [Financial Reporting, 1982], S. 40-46.

56 Bis zur Gründung des AICPA im Jahr 1957 war als dessen Vorgängerinstitution das ‚American Institute of Accountants' (AIA) mit der Erarbeitung von Rechnungslegungsregeln beauftragt. Vgl. *Gore, Pelham* [Framework, 1992], S. 6; *Storey, Reed K.* [Framework, 1999], Ch. 1, S. 4.

57 Vgl. *Hoyle, Joe* [Accounting, 1994], S. 1129; *Haller, Axel* [GAAP, 1990], S. 760; *Kuhlewind, Andreas-Markus* [Bilanzrechtstheorie, 1997], S. 20.

58 Vgl. *Baker, Richard C./Rapaccioli, Donna/Solomon, Morton B.* [USA, 1995], S. 2967; *Zeff, Stephen A./Keller, Thomas F.* [Accounting, 1985], S. 2 f.; *Luttermann, Claus* [Bilanzrecht, 1999], S. 67-69; *Wüstemann, Jens* [GAAP, 1999], S. 17-31.

59 Vgl. *Merkt, Hanno* [Gesellschaftsrecht, 1991], S. 162 f. i.V.m. *Haller, Axel* [GAAP, 1990], S. 753.

60 Vgl. *AICPA* [Rule 203, 1988], Abs. 01, S. 1 und Abs. 03, S. 2; *McEnroe, John E.* [GAAP, 1991], S. 157 f.

tial authoritative support‘ ausgestattet.[61] Der verpflichtende Charakter der GAAP für die Bilanzierung resultiert letztlich daraus, daß die SEC im Rahmen ihrer Zulassungs- und Aufsichtspflichten nur geprüfte und mit einem uneingeschränkten Bestätigungsvermerk testierte Jahresabschlüsse akzeptiert.[62] Das uneingeschränkte Testat setzt jedoch die GAAP-Konformität des Jahresabschlusses voraus,[63] d.h. der Jahresabschluß muß unter Beachtung der GAAP aufgestellt worden sein.[64]

Die geschichtliche Entwicklung von Steuer- und Handelsrecht zeigt, daß in den USA die steuerlichen Gewinnermittlungsregeln bereits in einer Zeit entstanden, in der noch keine einheitlichen Rechnungslegungsvorschriften existierten. Da in der Praxis unterschiedlichste Bilanzierungsmethoden angewandt wurden und eine Vergleichbarkeit der Unternehmensergebnisse nicht gegeben war, stellte das ‚financial accounting‘ für die Besteuerung keine geeignete Basis dar.[65] Aufgrund der mangelnden Rechnungslegungsvorschriften entwickelte das Steuerrecht eigenständige Gewinnermittlungsregeln, wodurch die Trennung von Steuer- und Handelsrecht begründet wurde. Als aus der Erfahrung der Großen Depression heraus verbindliche Rechnungslegungsvorschriften erarbeitet wurden, hatten die steuerlichen Vorschriften bereits ein ausgeprägtes Selbstverständnis entwickelt. Spätere Bemühungen zur Übernahme des ‚financial accounting‘ für die steuerliche Gewinnermittlung scheiterten u.a. auch daran, daß die Berechtigung der steuerlichen Normen nicht mehr ernsthaft in Frage gestellt wurde.[66]

---

61 Vgl. *SEC* [FRR, 1998], Item 101, ASR 150; *Davidson, Sidney/Anderson, George D.* [Development, 1993], S. 14.

62 Vgl. *Skousen, Fred K.* [SEC, 1983], Ch. 37, S. 7; *Haller, Axel* [Grundlagen, 1994], S. 57 f.; *Pellens, Bernhard* [Rechnungslegung, 1999], S. 111 f.; *Schäfer, Wolf* [Rechenschaftsberichte, 1970], S. 62-64.

63 Vgl. *AICPA* [SAS No. 58, 1989], Abs. 08; *Dubroff, Harold/Cahill, Connie M./Norris, Michael D.* [Relationship, 1983], S. 369; *Wüstemann, Jens* [GAAP, 1999], S. 7.

64 Aufgrund besonderer Umstände kann eine von den GAAP abweichende Bilanzierung notwendig sein, um Mißverständnisse zu vermeiden. Der Jahresabschlußprüfer ist in diesen Fällen berechtigt, einen uneingeschränkten Bestätigungsvermerk zu erteilen, muß hierfür jedoch Grund und Auswirkung der Abweichung darstellen sowie eine Erläuterung abgeben, weshalb eine GAAP-konforme Bilanzierung zu Mißverständnissen führt. Vgl. hierzu *AICPA* [Rule 203, 1988], Abs. 01, S. 2 i.V.m. *SEC* [FRR, 1998], Item 101, ASR 4.

65 Vgl. *Dubroff, Harold/Cahill, Connie M./Norris, Michael D.* [Relationship, 1983], S. 403; *Schreiber, Ulrich* [Maßgeblichkeitsprinzip, 1997], S. 493.

66 Vgl. *Dubroff, Harold/Cahill, Connie M./Norris, Michael D.* [Relationship, 1983], S. 387.

2.1.3 Einfluß der handelsrechtlichen auf die steuerrechtliche Gewinnermittlung

Für die steuerrechtliche Gewinnermittlung schreibt der IRC mit Sec. 446(a) vor: „Taxable income shall be computed on the basis of which the taxpayer regularly computes his income in keeping his books.“[67] Damit schafft das Steuerrecht zunächst eine scheinbare Maßgeblichkeit der handelsrechtlichen Rechnungslegung für die steuerliche Gewinnermittlung.[68] Diese erfährt jedoch mit Sec. 446(b) des IRC eine weitreichende Einschränkung insofern, als die im ‚financial accounting' angewandte Methode dann nicht Basis der Besteuerung bildet, „if the method used does not clearly reflect income“[69]. In diesem Fall ist die Methode heranzuziehen, die nach Auffassung des Fiskus das Einkommen klar wiedergibt.[70] Ob und wann eine Methode geeignet ist, dem ‚clear reflection of income standard' zu genügen, ist nicht abschließend geregelt,[71] so daß Einzelfallentscheidungen notwendig sind. Da die Finanzgerichtsbarkeit der Besteuerung auf Basis von GAAP kritisch gegenübersteht[72] und zudem das Steuerrecht eine Vielzahl von zwingend zu beachtenden Einzelvorschriften entwickelt hat, ist die Bezugnahme der steuerlichen Gewinnermittlung auf das ‚financial accounting' nur wenig ausgeprägt.[73] Von einer Maßgeblichkeit der handelsrechtlichen Vorschriften für die steuerliche Gewinnermittlung nach deutschem Verständnis kann daher in den USA nicht gesprochen werden.[74]

---

67 Sec. 446(a) IRC.

68 Vgl. *Haller, Axel* [Maßgeblichkeit, 1992], S. 725.

69 Sec. 446(b) IRC. Vgl. hierzu auch *Lischer, Henry J./Märkl, Peter N.* [Conformity, 1997], S. 94; *Bittker, Boris I./Eustice, James S.* [Federal Income Taxation, 1997], Ch. 5.07, S. 63; *Gertzman, Stephen F.* [Federal Tax Accounting, 1993], Ch. 4.02, S. 3-9; *Schreiber, Ulrich* [Maßgeblichkeitsprinzip, 1997], S. 493.

70 Vgl. Sec. 446(b) IRC.

71 Vgl. *Lischer, Henry J./Märkl, Peter N.* [Conformity, 1997], S. 94; *Porcano, Thomas M./Tran, Alfred V.* [Relationship, 1998], S. 436-438.

72 Die Finanzgerichtsbarkeit bringt ihre Zurückhaltung gegenüber dem ‚financial accounting' in verschiedenen Urteilen zum Ausdruck. „(W)e are mindful that the characterization of a transaction for financial accounting purposes, on the one hand, and for tax purposes, on the other, need not necessarily be the same.“ *Lyon Frank Co. v. US* [USTC, Par. 9370, 1978], S. 83.881. „Proper financial accounting and acceptable tax accounting, to be sure, are not the same.“ *US v. Hughes Properties* [USTC, Par. 9440, 1986], S. 84.049. „Given this diversity, even contrariety, of objectives, any presumptive equivalency between tax and financial accounting would be unacceptable.“ *Thor Power Tool Co. v. Commissioner* [USTC, Par. 9139, 1979], S. 86.135. Zur Begründung der ablehnenden Haltung siehe Gliederungspunkt 2.1.4. Vgl. hierzu auch *Gertzman, Stephen F.* [Federal Tax Accounting, 1993], Ch. 4.02, S. 8 f.; *Schreiber, Ulrich* [Maßgeblichkeitsprinzip, 1997], S. 495.

73 Vgl. *Schreiber, Ulrich* [Besteuerung, 2000], S. 67.

74 Vgl. *Lischer, Henry J./Märkl, Peter N.* [Conformity, 1997], S. 94; *Haller, Axel* [Maßgeblichkeit, 1992], S. 730; *Haueisen, Bernd* [Gewinnermittlungsvorschriften, 1990], S. 177.

2.1.4 Begründung der weitgehenden Trennung von steuer- und handelsrechtlicher Rechnungslegung

Die aus der Geschichte heraus entstandene grundsätzliche Trennung von Steuer- und Handelsrecht wurde in den USA bis heute im wesentlichen beibehalten.[75] Die Übernahme der handelsrechtlichen Normen für die steuerliche Gewinnermittlung war jedoch immer wieder Gegenstand der Auseinandersetzung.[76] Für die Verbindung der Systeme mit dem Ziel der Erstellung einer Einheitsbilanz werden als zentrale Argumente Vereinfachungsaspekte durch die Vermeidung der doppelten Gewinnermittlung für die Besteuerung einerseits und das ‚financial accounting' andererseits sowie die damit einhergehende Kostenersparnis angeführt.[77] Zusätzlich wird argumentiert, daß „financial accounting rules result in a fairer and more accurate determination of net income"[78], mithin eine fairere und zuverlässigere Gewinngröße abbilden. Während die Vorteile aus der Verbindung von steuer- und handelsrechtlicher Rechnungslegung hinsichtlich Vereinfachungs- und Kostenaspekten evident sind, ist die These der faireren und zuverlässigeren Gewinngröße des ‚financial accounting' zu relativieren. Die Begriffe ‚fair' und ‚zuverlässig' sind in ihrer Bedeutung subjektiv geprägt und müssen jeweils im Sinnzusammenhang definiert werden. Was ‚fair und zuverlässig' hinsichtlich der Zielsetzung des ‚financial accounting' ist, muß nicht zwingend ‚fair und zuverlässig' hinsichtlich jener des Steuerrechts sein.[79]

Als wesentliches Kriterium für die Aufrechterhaltung der Trennung wird regelmäßig die unterschiedliche Zielsetzung der beiden Systeme angeführt.[80] Primäres Ziel der Steuererhebung ist die Sicherung einer angemessenen Einnahmenerzielung des Staates mit Hilfe einer gerechten Besteuerung. Zusätzlich werden mit dem Steuerrecht sozial- und wirtschaftspolitische Aufgaben verfolgt, zu deren Erreichung entsprechende Vor-

---

75 Ein direkter Einfluß der steuerlichen auf die handelsrechtliche Gewinnermittlung besteht lediglich im Bereich der Vorratsbewertung. Danach ist im Steuerrecht die LIFO-Bewertung der Vorräte nur dann zulässig, wenn im ‚financial accounting' ebenfalls das Verbrauchsfolgeverfahren LIFO verwendet wird. Vgl. Sec. 472 IRC; *Delaney, Patrick R./Adler, James R./Epstein, Barry J./Foran, Michael F.* [GAAP, 1997], S. 187; *Raby, William L./Richter, Robert F.* [Conformity, 1975], S. 45 f.; *Meek, Gary K.* [Accounting, 1998], S. 62.

76 Vgl. *Porcano, Thomas M./Tran, Alfred V.* [Relationship, 1998], S. 436 f.; *Raby, William L./ Richter, Robert F.* [Conformity, 1975], S. 42.

77 Vgl. *AICPA* [Conformity, 1971], S. 75; *Dubroff, Harold/Cahill, Connie M./Norris, Michael D.* [Relationship, 1983], S. 359.

78 *Lischer, Henry J./Märkl, Peter N.* [Conformity, 1997], S. 104. Vgl. auch *Dubroff, Harold/Cahill, Connie M./Norris, Michael D.* [Relationship, 1983], S. 390 f.

79 Vgl. *Lischer, Henry J./Märkl, Peter N.* [Conformity, 1997], S. 104.

80 Vgl. *Porcano, Thomas M./Tran, Alfred V.* [Relationship, 1998], S. 444 f.; *Raby, William L./ Richter, Robert F.* [Conformity, 1975], S. 44 f.; *Keller, Thomas F.* [Corporate Income Taxes, 1961], S. 10-12; *Maloney, David M./Sanborn, Robert H.* [Interactions, 1988], S. 22.

schriften in das Steuergesetz eingebracht werden.[81] Im Gegensatz dazu steht im ‚financial accounting' mit dem ‚decision usefulness'-Gedanken die Vermittlung entscheidungsrelevanter Informationen im Vordergrund. Die Jahresabschlußdaten sollen gegenwärtigen und potentiellen Investoren beim Ableiten ökonomischer Entscheidungen nützlich sein.[82] Hierfür hat das ‚financial accounting' entsprechend der Generalnorm der ‚fair presentation' ein den tatsächlichen Verhältnissen entsprechendes Bild der wirtschaftlichen Lage des Unternehmens zu vermitteln.[83] Angestrebt wird eine objektive, unverzerrte und von erwarteten wirtschaftlichen Konsequenzen unabhängige Abbildung wirtschaftlicher Sachverhalte.[84] Die Vermittlung eines derartigen Bildes der wirtschaftlichen Lage tritt im Rahmen der steuerrechtlichen Gewinnermittlung aufgrund der spezifischen steuerpolitischen Ziele in den Hintergrund.[85] Da Rechnungslegungsregeln zielabhängig formuliert werden,[86] die Handels- und Steuerrecht zugrundeliegenden Ziele jedoch nicht identisch sind, ist nach US-amerikanischer Argumentation die simultane Realisierung beider Ziele basierend auf einem Regelwerk häufig nicht möglich[87] und hätte die Vernachlässigung wenigstens eines oder beider Ziele zur Konsequenz.[88] Eine Verbindung von steuer- und handelsrechtlichen Gewinnermittlungsregelungen wird daher abgelehnt.[89]

Wichtige Argumente für die Systemtrennung leiten sich des weiteren aus den Rechnungslegungsnormen selbst ab. Die US-amerikanischen GAAP sind aufgrund der Entwicklung durch privatwirtschaftliche Institutionen keine Rechtsnormen.[90] Der ‚standard setting process' ist nicht an ein zeitintensives Gesetzgebungsverfahren gebunden. Dadurch weisen die GAAP eine hohe Flexibilität auf, die eine schnelle Anpassung an veränderte Umweltbedingungen ermöglicht und so die Qualität der publizierten Infor-

---

81 Vgl. *AICPA* [Conformity, 1971], S. 75; *Beresford, Dennis R./Best, Lawrence C./Craig, Paul W./ Weber, Joseph V.* [Income Taxes, 1983], S. 9; *Simonetti, Gilbert* [Challenge, 1968], S. 66 f.; *Arnett, Harold E.* [Uniformity, 1969], S. 486 f.

82 Vgl. *FASB* [SFAC No. 1, 1978], Abs. 16 und Abs. 34; *Maloney, David M./Sanborn, Robert H.* [Interactions, 1988], S. 22; *Schreiber, Ulrich* [Maßgeblichkeitsprinzip, 1997], S. 496.

83 Vgl. *Baetge, Jörg/Roß, Heinz-Peter* [Fair presentation, 2000], S. 34; *Kahle, Holger* [Ertragsbesteuerung, 1996], S. 81.

84 Vgl. *FASB* [SFAC No. 2, 1980], Abs. 98 f.; *Haller, Axel* [GAAP, 1990], S. 768.

85 Vgl. *Lischer, Henry J./Märkl, Peter N.* [Conformity, 1997], S. 105; *Dubroff, Harold/Cahill, Connie M./Norris, Michael D.* [Relationship, 1983], S. 403.

86 Vgl. *Schneider, Dieter* [Rechnungswesen, 1997], S. 33; *Ballwieser, Wolfgang* [Jahresabschlußverbesserungen, 1982], S. 774; *Moxter, Adolf* [Gewinnermittlung, 1982], S. 1 f.

87 Vgl. *Arnett, Harold E.* [Uniformity, 1969], S. 489; *Dubroff, Harold/Cahill, Connie M./Norris, Michael D.* [Relationship, 1983], S. 377-379.

88 Vgl. *Maloney, David M./Sanborn, Robert H.* [Interactions, 1988], S. 22; *Raby, William L./ Richter, Robert F.* [Conformity, 1975], S. 43; *Haller, Axel* [Verhältnis, 1988], S. 725.

89 Vgl. *Thor Power Tool Co. v. Commissioner* [USTC, Par. 9139, 1979], S. 86.135. Vgl. hierzu auch *Cannon, Arthur M.* [Independence, 1952], S. 421-425.

90 Vgl. *Schreiber, Ulrich* [Maßgeblichkeitsprinzip, 1997], S. 507; *Robbins, Barry P.* [Perspectives, 1985], S. 90.

mationen erhöht.[91] Im Steuerrecht ist diese schnelle Reaktionsfähigkeit von untergeordneter Bedeutung. Hier stehen vielmehr Kontinuität und Stabilität der Normen im Vordergrund, um das notwendige Maß an Rechtssicherheit zu gewährleisten.[92] Bei einer Koppelung der steuerlichen Gewinnermittlung an die GAAP wäre die für das Steuerrecht erforderliche Stabilität und die damit einhergehende Rechtssicherheit nicht mehr gewährleistet. Zudem bestünde ein Anreiz, die Formulierung von GAAP nicht mehr ausschließlich an der handelsrechtlichen Zielsetzung auszurichten, sondern die steuerliche Vorteilhaftigkeit von Vorschriften mit in die Überlegungen einfließen zu lassen.[93] Im Umkehrzug wäre vom Kongreß und der Steuergerichtsbarkeit über die Gesetzgebung und Rechtsprechung ein stärkerer Einfluß steuerlicher Motive auf die GAAP zu befürchten.[94]

Die Besteuerung soll nach dem Grundsatz der Gleichmäßigkeit und Gerechtigkeit erfolgen, wobei Gerechtigkeit im wesentlichen durch Gleichbehandlung verbürgt wird.[95] Dies setzt voraus, daß vergleichbare Sachverhalte gleich behandelt werden.[96] Das Regelsystem der US-GAAP enthält nicht für jeden abzubildenden Sachverhalt eine eindeutige Bilanzierungsregel. Im Rahmen des ‚financial accounting' wird vielmehr eine Gewinngröße ermittelt, die auf einer Vielzahl von Annahmen und Schätzungen beruht.[97] So lassen GAAP innerhalb expliziter Wahlrechte verschiedene Bilanzierungsmethoden für die Abbildung bestimmter Sachverhalte zu.[98] Darüber hinaus resultieren aufgrund von Abgrenzungs- und Schätzproblemen implizite Wahlrechte, die vom Bilanzierenden individuell wahrgenommen werden müssen.[99] Wegen der vorhandenen Gestaltungsspielräume gewährleisten die GAAP keine Gleichbehandlung identischer Sachverhalte.[100] Letztlich würde bei einer Bestimmung der Steuerbemessungsgrundla-

---

91 Vgl. *Arnett, Harold E.* [Uniformity, 1969], S. 492 f.; *Dubroff, Harold/Cahill, Connie M./Norris, Michael D.* [Relationship, 1983], S. 379.

92 Vgl. *Dubroff, Harold/Cahill, Connie M./Norris, Michael D.* [Relationship, 1983], S. 379.

93 Vgl. *Arnett, Harold E.* [Uniformity, 1969], S. 490 f.; *Raby, William L./Richter, Robert F.* [Conformity, 1975], S. 43 und S. 46; *Schreiber, Ulrich* [Maßgeblichkeitsprinzip, 1997], S. 507.

94 Vgl. *Arnett, Harold E.* [Uniformity, 1969], S. 484 f.; *Lent, George E.* [Income, 1962], S. 486.

95 Vgl. *Porcano, Thomas M./Tran, Alfred V.* [Relationship, 1998], S. 445; *Tipke, Klaus* [Steuerrechtsordnung, 1993], S. 273 f. und S. 313; *Thor Power Tool Co. v. Commissioner* [USTC, Par. 9139, 1979], S. 86.136.

96 Vgl. *Kraft, Cornelia* [Steuergerechtigkeit, 1991], S. 7.

97 Vgl. *Raby, William L./Richter, Robert F.* [Conformity, 1975], S. 48; *Simonetti, Gilbert* [Challenge, 1968], S. 69.

98 Beispielhaft hierfür ist die Bewertung von Vorräten, für die nach US-GAAP verschiedene Verbrauchsfolgeverfahren (LIFO, FIFO, Dollar Value LIFO, usw.) herangezogen werden können. Vgl. *Dubroff, Harold/Cahill, Connie M./Norris, Michael D.* [Relationship, 1983], S. 380; *Schildbach, Thomas* [Rechnungslegung, 1998], S. 57.

99 Vgl. *Dubroff, Harold/Cahill, Connie M./Norris, Michael D.* [Relationship, 1983], S. 380-382; *Schildbach, Thomas* [Rechnungslegung, 1998], S. 58-65.

100 Vgl. *Schreiber, Ulrich* [Maßgeblichkeitsprinzip, 1997], S. 495; *Simonetti, Gilbert* [Challenge, 1968], S. 69.

ge auf Basis von GAAP das Management über die Höhe der zu zahlenden Steuer entscheiden. Dadurch wäre die Gleichmäßigkeit der Besteuerung und darüber hinaus der Vollzug der Steuergesetze gefährdet.[101] GAAP werden daher für die steuerliche Gewinnermittlung als nicht akzeptabel angesehen.[102]

Im Ergebnis hat sich der Anspruch von Raby und Richter, „in the long run, we are best served, if financial accounting is developed on a basis that is completely independent of needs and objectives which are outside the financial reporting sphere"[103], hinsichtlich der diskutierten Verbindung von Steuer- und Handelsbilanz durchsetzen können.

2.2 Die Zielsetzung der US-amerikanischen Rechnungslegung

2.2.1 Die Notwendigkeit eines übergeordneten Rechnungslegungsrahmens

In der Literatur wird als Ausgangspunkt für die Ermittlung von Rechnungslegungsvorschriften die Konkretisierung eines Rechnungslegungsziels vorgeschlagen, vor dessen Hintergrund Vorschriften zweckadäquat und widerspruchsfrei abzuleiten sind.[104] Einstimmigkeit herrscht darüber, daß Ausführungen über Normzwecke der Diskussion über Norminhalte vorausgehen müssen.[105] Einzelne Rechnungslegungsvorschriften sind dann Mittel zur Erreichung des vorgegebenen Zwecks und können daher nicht für sich isoliert betrachtet werden.[106] Vielmehr muß nach dem übergeordneten Bilanzierungszweck gefragt werden, vor dessen Hintergrund einzelne Rechnungslegungsvorschriften schließlich analysiert und beurteilt werden können.

Die Entwicklung von Bilanzierungsregeln in den USA war aufgrund der angelsächsischen Tradition des ‚case law' lange Zeit stark induktiv geprägt.[107] Konsequenz war eine Vielzahl widersprüchlicher und konzeptionsloser Rechnungslegungsstandards.[108] Aus dem Mangel heraus ist von seiten der Wirtschaft, Wissenschaft und Politik die Forderung nach einem übergeordneten Rechnungslegungsrahmen erhoben worden, der

---

101 Vgl. *Thor Power Tool Co. v. Commissioner* [USTC, Par. 9139, 1979], S. 86.135 f.

102 Vgl. *Lent, George E.* [Income, 1962], S. 484; *Raby, William L./Richter, Robert F.* [Conformity, 1975], S. 48; *Simonetti, Gilbert* [Challenge, 1968], S. 69.

103 *Raby, William L./Richter, Robert F.* [Conformity, 1975], S. 48.

104 Vgl. *Ballwieser, Wolfgang* [Jahresabschlußverbesserungen, 1982], S. 773; *Moxter, Adolf* [Bilanzlehre I, 1984], S. 2 f.; *Popoff, Boris* [Postulates, 1972], S. 192.

105 Vgl. *Ballwieser, Wolfgang* [Entwicklung, 1993], S. 111.

106 Vgl. *Kruse, Heinrich W.* [Grundsätze, 1978], S. 88-99.

107 Vgl. *Haller, Axel* [Rechnungslegung, 1994], S. 15 i.V.m. S. 62; *Elsing, Siegfried* [Wirtschaftsrecht, 1985], S. 5 und S. 33-36.

108 Vgl. *AICPA* [Objectives, 1973], S. 15 f.; *Kuhlewind, Andreas-Markus* [Bilanzrechtstheorie, 1997], S. 33.

die Deduktion konsistenter und zieladäquater Rechnungslegungsnormen sichern sollte.[109] Nachdem wiederholte Versuche der Erarbeitung eines derartigen Rechnungslegungsrahmens gescheitert sind, hat das FASB in den siebziger Jahren erneut die Erarbeitung eines allgemeingültigen, theoretisch fundierten Rahmenkonzepts als Basis für die Ableitung von Rechnungslegungsstandards forciert.[110]

Mit dem sogenannten ‚Conceptual Framework' wurde ein übergeordneter Rechnungslegungsrahmen geschaffen,[111] der aus fünf aufeinander aufbauenden ‚Statements of Financial Accounting Concepts' (SFAC)[112] besteht. Diese geben die Zielsetzung der externen Rechnungslegung, die qualitativen Merkmale von Rechnungslegungsinformationen, die übergeordneten Ansatz- und Bewertungsgrundsätze und die Elemente des Jahresabschlusses vor.[113] Anhand des übergeordneten Bezugsrahmens sollen die Entwicklung zukünftiger Rechnungslegungsstandards ermöglicht und die Interpretation bereits bestehender Rechnungslegungsstandards sowie die Erarbeitung von zieladäquaten Lösungen für noch nicht geregelte Problembereiche gesteuert werden.[114] Zudem soll der Bezugsrahmen bei den Adressaten das Verständnis und Vertrauen in das ‚financial reporting' erhöhen und die Vergleichbarkeit verbessern.[115]

2.2.2 Das Ziel der Vermittlung entscheidungsrelevanter Informationen

Die in SFAC No. 1 formulierte Zielsetzung des ‚financial reporting' stellt auf die Vermittlung entscheidungsrelevanter Informationen ab, die den Adressaten bei der Ableitung rationaler Entscheidungen über die Verwendung ihrer Ressourcen dienen sollen.[116] Als maßgebender Adressatenkreis werden die gegenwärtigen und potentiel-

---

109 Vgl. *Kieso, Donald E./Weygandt, Jerry J.* [Accounting, 1998], S. 35; *Storey, Reed K.* [Framework, 1999], Ch. 1, S. 12 f.; *Pellens, Bernhard* [Rechnungslegung, 1999], S. 127.

110 Vgl. *Gore, Pelham* [Framework, 1992], S. 13 f.; *Sprouse, Robert T.* [Developing, 1993], S. 49 f.; *Haller, Axel* [Ziele, 2000], S. 7.

111 Vgl. *Wolk, Harry I./Francis, Jere R./Tearney, Michael G.* [Accounting Theory, 1992], S. 166.

112 Insgesamt hat das FASB sechs Concept-Statements verabschiedet, wobei SFAC No. 3 durch SFAC No. 6 ersetzt worden ist, so daß letztlich fünf Concept-Statements Gültigkeit besitzen. Vgl. *Nikolai, Loren A./Bazley, John D.* [Accounting, 1994], S. 30; *Sprouse, Robert T.* [Developing, 1993], S. 51.

113 Vgl. *Auer, Kurt V.* [Rechnungslegungsstandards, 1997], S. 95; *Ballwieser, Wolfgang* [Buchführung, 1999], Rz. 90; *Wüstemann, Jens* [GAAP, 1999], S. 125.

114 Vgl. *Davidson, Sidney/Anderson, George D.* [Development, 1993], S. 14; *Kieso, Donald E./Weygandt, Jerry J.* [Accounting, 1998], S. 35; *Nikolai, Loren A./Bazley, John D.* [Accounting, 1994], S. 28.

115 Vgl. *FASB* [SFAC No. 1, 1978], Abs. 16; *Bernstein, Leopold A.* [Analysis, 1993], S. 44; *Nikolai, Loren A./Bazley, John D.* [Accounting, 1994], S. 28.

116 Vgl. *FASB* [SFAC No. 1, 1978], Abs. 34; *Kieso, Donald E./Weygandt, Jerry J.* [Accounting, 1998], S. 36.

len Eigen- und Fremdkapitalgeber verstanden, deren Informationswünsche als repräsentativ für alle weiteren mit dem Unternehmen in Verbindung stehenden Adressaten eingestuft werden.[117] Ihr primäres Interesse wird in der Ertragskraft des Unternehmens gesehen, die sich in der Fähigkeit, künftige Zahlungsströme zu generieren, ausdrückt.[118] Durch die mit dem Terminus der Entscheidungsnützlichkeit (‚decision usefulness') bezeichnete Informationsfunktion des ‚financial reporting' sollen den Investoren Informationen über die wirtschaftliche Lage des Unternehmens und sein unmittelbares Umfeld bereitgestellt werden, auf deren Grundlage die subjektive Prognose künftiger Zahlungsströme möglich ist.[119] Die Investoren sollen anhand der Daten die Höhe, die Zeitstruktur sowie die Unsicherheit der künftigen ‚cash flows' prognostizieren können.[120]

Für die Zielerreichung sind durch das ‚financial reporting' Informationen über die ökonomischen Ressourcen des Unternehmens, die Ansprüche der Fremdkapitalgeber, das Eigenkapital sowie die Auswirkungen der getätigten Transaktionen und sonstiger Ereignisse zu vermitteln.[121] Diese ermöglichen nach Ansicht des FASB eine Beurteilung von Liquidität und Solvenz des Unternehmens, da sie Aufschluß über die vorhandenen Zahlungsmittelpotentiale sowie die Zahlungsverpflichtungen geben.[122] Zudem stellen die Informationen eine Basis zur Einordnung der Ertragskraft des Unternehmens dar, auf die sich das primäre Interesse der Adressaten konzentriert.[123]

Die Ertragskraft des Unternehmens wird laut FASB durch die ‚earnings and its components' abgebildet. Anhand der vergangenheitsorientierten, durch Periodisierung gewonnenen Erfolgsgrößen des Unternehmens soll unter Beachtung weiterer Faktoren, wie z.B. Konjunkturberichte und Auftragslage, eine individuelle Prognose künftiger ‚cash flows' ermöglicht werden.[124] Eine intersubjektiv nachprüfbare Ermittlung des Unternehmenswerts und des ökonomischen Gewinns kann die Rechnungslegung aufgrund der Zukunftsbezogenheit und damit der Unsicherheit über das Eintreten künftiger Umweltzustände, die Bestimmung künftiger Zielbeiträge sowie die individuellen

---

117 Den Adressaten wird unterstellt, daß sie in wirtschaftlichen Fragen fachkundig sind. Vgl. *FASB* [SFAC No. 1, 1978], Abs. 30 und Abs. 34; *Pellens, Bernhard* [Rechnungslegung, 1999], S. 133; *Kuhlewind, Andreas-Markus* [Bilanzrechtstheorie, 1997], S. 37 f.

118 Vgl. *FASB* [SFAC No. 1, 1978], Abs. 30.

119 Vgl. *Beechy, Thomas H.* [Conceptual, 1983], S. 52; *Haller, Axel* [Ziele, 2000], S. 9; *Kuhlewind, Andreas-Markus* [Bilanzrechtstheorie, 1997], S. 37 f.

120 Vgl. *FASB* [SFAC No. 1, 1978], Abs. 37; *Granof, Michael H./Short, Daniel G.* [Financial Statements, 1983], Ch. 2, S. 5.

121 Vgl. *FASB* [SFAC No. 1, 1978], Abs. 40; *Roese, Bernd* [Verbindlichkeiten, 1999], S. 27.

122 Vgl. *FASB* [SFAC No. 1, 1978], Abs. 30; *Haller, Axel* [Ziele, 2000], S. 10.

123 Vgl. *FASB* [SFAC No. 1, 1978], Abs. 41 und Abs. 43.

124 Vgl. *FASB* [SFAC No. 1, 1978], Abs. 43; *Kuhlewind, Andreas-Markus* [Bilanzrechtstheorie, 1997], S. 39.

Risikopräferenzen der Investoren nicht leisten.[125] Die Grenzen der Leistungsfähigkeit der Rechnungslegung kennend,[126] will das FASB dem Ziel der Vermittlung entscheidungsrelevanter Informationen zur ‚cash flow'-Prognose durch die Gewährleistung von objektivierten und durch zieladäquate Rechnungslegungsgrundsätze normierten Informationen gerecht werden.[127] Durch den Einsatz bilanzanalytischer Methoden, wie beispielsweise das Bereinigen um außerordentliche Komponenten eines Jahresergebnisses und Ableiten eines normalisierten Ergebnisses, und den Einbezug der für möglich erachteten Unternehmens- und Umweltentwicklung in künftigen Perioden sollen die Investoren ihre individuelle Beurteilung des Unternehmens anhand der vermittelten Informationen fundieren können.[128] Dabei stellt das FASB nicht ausschließlich auf die Ergebnisgröße ab, sondern betont insbesondere den Informationsbeitrag einzelner Erfolgskomponenten, die aufgrund der Erfolgsspaltung einer Erfolgsquellenanalyse unterzogen werden können.[129] Die vergangenheitsorientierten Daten werden als Orientierungsgrößen zum Zweck der Kontrolle prognostizierter ‚cash flows' herangezogen[130] und haben dadurch „nur noch eine Indikatorfunktion für zukünftige Ausschüttungen"[131] inne.

Die vom FASB konkretisierte Zielsetzung weist Parallelen zum Konzept des Letztjahrsgewinns auf,[132] wonach die realisierten, belegbaren Größen der Vergangenheit zur Verprobung der Ertragsschätzungen ausgewertet werden.[133] Der Letztjahrsgewinn bildet „den im Jahr unmittelbar vor dem Bewertungsstichtag erzielten (finanziellen) Ertrag"[134] ab und beruht auf den periodisierten Größen der GuV,[135] die durch verschie-

---

125 Vgl. *FASB* [SFAC No. 1, 1978], Abs. 48; *Beaver, William H.* [Revolution, 1998], S. 59-69; *AICPA* [Improving, 1994], S. 19; *Hendriksen, Eldon S./Breda, Michael F. v.* [Accounting, 1991], S. 291 f.; *Kuhlewind, Andreas-Markus* [Ergebnisrechnung, 2000], S. 288 f.; *Schneider, Dieter* [Gewinn, 1968], S. 14.

126 Vgl. *FASB* [SFAC No. 1, 1978], Abs. 48.

127 Vgl. *FASB* [SFAC No. 1, 1978], Abs. 21; *FASB* [SFAC No. 2, 1980], Abs. 48; *Hendriksen, Eldon S./Breda, Michael F. v.* [Accounting, 1991], S. 292.

128 Vgl. *FASB* [SFAC No. 1, 1978], Abs. 48, S. 2 f.; *FASB* [SFAC No. 1, 1978], Abs. 21; *White, Gerald I./Sondhi, Ashwinpaul C./Fried, Dov* [Analysis, 1994], S. 120.

129 Vgl. *FASB* [SFAC No. 1, 1978], Abs. 44, S. 1; *FASB* [SFAC No. 5, 1984], Abs. 30-32; *FASB* [SFAS No. 130, 1997], Abs. 13.

130 Vgl. *FASB* [SFAC No. 1, 1978], Abs. 48; *Mandl, Gerwald/Rabel, Klaus* [Unternehmensbewertung, 1997], S. 146; *Ballwieser, Wolfgang* [Komplexitätsreduktion, 1990], S. 53; *Moxter, Adolf* [Unternehmensbewertung, 1983], S. 107.

131 *Ballwieser, Wolfgang* [Entwicklung, 1993], S. 114. Vgl. hierzu auch *Beaver, William H.* [Revolution, 1998], S. 81 und S. 86 f.; *Wagner, Franz W.* [Prognoseverfahren, 1994], S. 1184.

132 Vgl. *Beaver, William H.* [Revolution, 1998], S. 59-69; *Hendriksen, Eldon S./Breda, Michael F. v.* [Accounting, 1991], S. 291 f.; *Kuhlewind, Andreas-Markus* [Ergebnisrechnung, 2000], S. 288 f.

133 Vgl. *Mandl, Gerwald/Rabel, Klaus* [Unternehmensbewertung, 1997], S. 146; *Ballwieser, Wolfgang* [Komplexitätsreduktion, 1990], S. 53; *Moxter, Adolf* [Unternehmensbewertung, 1983], S. 107.

134 *Moxter, Adolf* [Unternehmensbewertung, 1983], S. 107.

dene Modifikationen egalisiert werden.[136] Der modifizierte Ertrag wird schließlich als derjenige Ausschüttungsbetrag interpretiert, der unter der Annahme konstanter Bedingungen in künftigen Perioden jährlich abgeführt werden könnte.[137] Aus der Analyse der Berechnungsgrundlagen des Letztjahrsgewinns können durch schrittweise Einbeziehung der subjektiv für möglich erachteten, alternativen Unternehmens- und Umweltentwicklungen Rückschlüsse auf künftige Ertragserwartungen gezogen werden.[138] Der aus den objektivierten Größen der GuV abgeleitete Letztjahrsgewinn soll dadurch die subjektive Schätzung künftiger Zahlungsströme fundieren.[139] Im Gegensatz zum ‚Conceptual Framework', das den Schritt der Transformation von Vergangenheitsdaten in künftig erwartete ‚cash flows' nicht näher spezifiziert und nur implizit enthält, wird mit dem Konzept des Letztjahrsgewinns durch dessen Interpretation als künftig erwarteter Ausschüttungsbetrag ein geschlossenes Verfahren zur Transformation von Vergangenheitsdaten in die Zukunft vorgegeben.

Neben dem Ziel der Vermittlung entscheidungsrelevanter Informationen für die Investoren zur Prognose künftiger ‚cash flows' hat das ‚financial reporting' als weiteren Informationsaspekt Aufschluß über die Tätigkeit des Managements zu geben.[140] Das Management hat durch die Trennung von Eigentum und Unternehmensführung im Rahmen der ‚stewardship responsibility' treuhänderischen Pflichten im Umgang mit den ihm anvertrauten Ressourcen nachzukommen und darüber Rechenschaft zu legen.[141]

---

135 Der Begriff des Letztjahrsgewinns stellt nicht auf den Buchgewinn der vergangenen Periode als solchen ab, sondern auf seine Komponenten. Vgl. *Ballwieser, Wolfgang* [Komplexitätsreduktion, 1990], S. 53.

136 Grundlage des Letztjahrsgewinns bilden die in der Periode realisierten Umsätze bereinigt um geschäftsjahresfremde Erfolgskomponenten. Von den verbleibenden Umsätzen sind die periodendurchschnittlichen Auszahlungen zu subtrahieren. Die errechnete Größe soll dem ‚normalen' Geschäftsverlauf entsprechen und die Ergebnisbestandteile widerspiegeln, die in Zukunft regelmäßig erwartet werden können. Vgl. *Moxter, Adolf* [Unternehmensbewertung, 1983], S. 107-109; *Moxter, Adolf* [true and fair view, 1996], S. 677; *Wagner, Franz W.* [Prognoseverfahren, 1994], S. 1187 f.; *FASB* [SFAS No. 109, 1992], Abs. 48.

137 Vgl. *Moxter, Adolf* [Unternehmensbewertung, 1983], S. 107; *Moxter, Adolf* [Bilanzlehre I, 1984], S. 123 f. Durch die Interpretation des Letztjahrsgewinns als künftiger Ausschüttungsbetrag wird die originär aus periodisierten Daten abgeleitete Größe zu einer Zahlungsstromgröße.

138 Vgl. *Moxter, Adolf* [Unternehmensbewertung, 1983], S. 107.

139 Vgl. *Moxter, Adolf* [Unternehmensbewertung, 1983], S. 110; *Kuhlewind, Andreas-Markus* [Bilanzrechtstheorie, 1997], S. 38.

140 Vgl. *Haller, Axel* [Ziele, 2000], S. 10 f.

141 Vgl. *FASB* [SFAC No. 1, 1978], Abs. 50.

2.2.3 Qualitative Eigenschaften von Rechnungslegungsinformationen

Das Ziel der Bereitstellung entscheidungsrelevanter Informationen bedarf zur Umsetzung einer entsprechenden Konkretisierung bzw. Operationalisierung. Voraussetzung der Zielerreichung ist die Beachtung der Generalnorm der ‚fair presentation', welche die Vermittlung eines den tatsächlichen Verhältnissen entsprechenden Bildes der wirtschaftlichen Lage des Unternehmens verlangt.[142] Der unbestimmte Begriff der ‚fair presentation' wird durch die im ‚Conceptual Framework' definierten qualitativen Eigenschaften umschrieben.[143] Danach haben Rechnungslegungsinformationen die primären Eigenschaften der Relevanz (‚relevance') und Zuverlässigkeit (‚reliability') aufzuweisen.[144] Das Merkmal Relevanz ist gegeben, wenn Informationen geeignet sind, die Entscheidungen der Rechnungslegungsadressaten zu beeinflussen.[145] Hierfür müssen die Informationen einen Vorhersagewert (‚predictive value') zur Einschätzung der Auswirkungen vergangener, gegenwärtiger und künftiger Ereignisse enthalten, einen Rückkopplungswert (‚feedback value') zur Korrektur von gebildeten Erwartungen aufweisen und rechtzeitig verfügbar sein (‚timeliness').[146] Die Zuverlässigkeit verlangt von Rechnungslegungsinformationen, daß sie intersubjektiv nachprüfbar (‚verifiability') und abbildungstreu im Sinne von meßbar sind (‚representational faithfulness').[147] Des weiteren haben die Informationen den zugrundeliegenden wirtschaftlichen Sachverhalt unverzerrt und unabhängig von erwarteten wirtschaftlichen Konsequenzen abzubilden (‚neutrality').[148]

Neben den Primäreigenschaften der Relevanz und Zuverlässigkeit haben die Rechnungslegungsinformationen Sekundäreigenschaften zu genügen.[149] Diese werden durch den Grundsatz der Vergleichbarkeit (‚comparability') und den Grundsatz der Stetigkeit (‚consistency') vorgegeben.[150] Rechnungslegungsinformationen sollen danach sowohl

---

142 Die Generalnorm leitet sich aus dem uneingeschränkten Testat des Wirtschaftsprüfers ab, wonach die ‚fair presentation' zu bestätigen ist. Vgl. *Baetge, Jörg/Roß, Heinz-Peter* [Fair presentation, 2000], S. 34.

143 Vgl. *Frankenberg, Peter* [Vergleich, 1993], S. 46; *Kuhlewind, Andreas-Markus* [Bilanzrechtstheorie, 1997], S. 61.

144 Vgl. *Delaney, Patrick R./Adler, James R./Epstein, Barry J./Foran, Michael F.* [GAAP, 1997], S. 24 f.; *Ballwieser, Wolfgang* [Buchführung, 1999], Rz. 92; *Haller, Axel* [GAAP, 1990], S. 768.

145 Vgl. *FASB* [SFAC No. 2, 1980], Abs. 47, S. 1; *Kieso, Donald E./Weygandt, Jerry J.* [Accounting, 1998], S. 38.

146 Vgl. *FASB* [SFAC No. 2, 1980], Abs. 51-57; *Baetge, Jörg/Roß, Heinz-Peter* [Fair presentation, 2000], S. 33.

147 Vgl. *FASB* [SFAC No. 2, 1980], Abs. 59 und Abs. 89; *Haller, Axel* [GAAP, 1990], S. 768.

148 Vgl. *FASB* [SFAC No. 2, 1980], Abs. 98 f.; *Kuhlewind, Andreas-Markus* [Bilanzrechtstheorie, 1997], S. 88.

149 Vgl. *Belkaoui, Ahmed R.* [Theory, 1992], S. 203.

150 Vgl. *FASB* [SFAC No. 2, 1980], Abs. 111 und Abs. 120; *Kieso, Donald E./Weygandt, Jerry J.* [Accounting, 1998], S. 39.

einen zwischenbetrieblichen Vergleich als auch den innerbetrieblichen Vergleich über die Zeit gewährleisten. Während aus dem Grundsatz der Stetigkeit die Beibehaltung der Bilanzierungs-, Bewertungs- und Gliederungsmethoden folgt, verlangt der Grundsatz der Vergleichbarkeit darüber hinaus ergänzende Erläuterungen im Anhang.[151]

Durch die Vorgabe qualitativer Eigenschaften schafft das FASB eine Verbindung zwischen dem übergeordneten Rechnungslegungsziel und der konkreten Ausgestaltung von Rechnungslegungsinformationen.[152] Das Zusammenwirken der qualitativen Eigenschaften sichert nach Ansicht des FASB die Nützlichkeit der Rechnungslegungsinformationen zur Vorbereitung von Investitionsentscheidungen. Sie bilden die Leitmaxime, anhand derer zu bilanzieren, zu bewerten und zu erläutern ist.[153]

2.2.4 ‚Accrual basis accounting' als zentraler Rechnungslegungsgrundsatz

Das FASB sieht in den durch Periodisierung gewonnenen ‚earnings and its components' gegenüber bloßen Zahlungsstromgrößen geeignetere Indikatoren für die Schätzung künftiger ‚cash flows'.[154] Periodisierte Größen bilden laut FASB die Ertragskraft des Unternehmens besser ab, da sie die finanziellen Konsequenzen der unternehmerischen Transaktionen und Ereignisse unabhängig vom konkreten Zahlungszeitpunkt in der Periode ihrer Entstehung erfassen.[155] Aus der bloßen Auflistung von Zahlungs-

---

151 Vgl. *Storey, Reed K.* [Framework, 1999], Ch. 1, S. 79 f.; *KPMG* [Rechnungslegung, 1999], S. 14; *Kuhlewind, Andreas-Markus* [Bilanzrechtstheorie, 1997], S. 93.

152 Vgl. *Storey, Reed K.* [Framework, 1999], Ch. 1, S. 69.

153 Vgl. *Baetge, Jörg/Roß, Heinz-Peter* [Fair presentation, 2000], S. 33; *Koeppen, David R.* [Framework, 1998], S. 42.

154 Vgl. *FASB* [SFAC No. 1, 1978], Abs. 44; *FASB* [SFAC No. 1, 1978], Abs. 49; *Beaver, William H.* [Revolution, 1998], S. 81. A.A. sind insbesondere *Rappaport, Alfred* [Shareholder Value, 1998], S. 13-31; *Stewart, Bennett G., III.* [Value, 1991], S. 24-67.

155 Vgl. *FASB* [SFAC No. 1, 1978], Abs. 44. Die vom FASB formulierte These, periodisierte Größen würden gegenüber reinen Zahlungsstromgrößen die besseren Indikatoren zur ‚cash flow'-Prognose bilden, ist theoretisch nicht fundiert. In der Literatur wird die These mit dem Argument gestützt, daß durch die Periodisierungsverfahren künftige Erwartungen in Form von Erfahrungswissen in die periodisierten Größen einfließen, die in reinen ‚cash flow'-Größen nicht enthalten sind. Danach basieren die Ein- und Auszahlungserwartungen aus der Verwertung von Vermögen bzw. aus künftigen Lasten auf plausiblen Erwartungen. Beispielhaft hierfür ist die Verteilung von Anschaffungskosten einer Maschine über die planmäßige Nutzungsdauer. Vgl. *Beaver, William H.* [Revolution, 1998], S. 80-83 und S. 87; *Wagner, Franz W.* [Prognoseverfahren, 1994], S. 1186.
Die Entscheidungsrelevanz von Gewinn- gegenüber ‚cash flow'-Größen war in den USA wiederholt Gegenstand empirischer Forschung. Da Investoren ihre Entscheidungen von den zukünftig aus dem Unternehmen erwarteten Zahlungsströmen abhängig machen, stellt sich die Frage, ob die interessierende Größe der in der Periode erwirtschaftete ‚cash flow' ist. Die aufgestellte Hypothese lautet folglich, daß periodisierte Gewinne gegenüber den zahlungsstromorientierten ‚cash flows' einen größeren Informationsgehalt besitzen. Die Ergebnisse der verschiedenen Studien können einen hö-

strömen innerhalb eines Geschäftsjahres ergibt sich keine ausreichende Orientierungsgröße für die Erfolgsbeurteilung der Unternehmenstätigkeit, da periodenübergreifende Sachverhalte nicht berücksichtigt werden.[156]

Aus der These, periodisierte Größen seien gegenüber Zahlungsstromgrößen bessere Indikatoren zur ‚cash flow'-Prognose, erwächst der Anspruch, durch entsprechende Normierung eine zieladäquate Periodisierung der Aufwendungen und Erträge zu realisieren.[157] Die Frage nach dem Periodisierungsverfahren erlangt dadurch entscheidende Bedeutung für die Erfolgsermittlung.[158] Das ‚accrual basis accounting' verlangt die erfolgswirksame Erfassung von Geschäftsvorfällen unabhängig vom Zeitpunkt des tatsächlichen Zahlungsmittelflusses zum Zeitpunkt der Verursachung.[159] Konkretisiert wird der Periodisierungsgrundsatz des ‚accrual principle' durch das ‚revenue recognition principle' sowie das ‚matching principle'.[160] Das ‚revenue recognition principle' bestimmt als Realisationsprinzip den Zeitpunkt der erfolgswirksamen Vereinnahmung von Erträgen und bindet diesen an bestimmte Voraussetzungen. Danach sind Erträge zu erfassen, wenn sie durch Lieferung und Leistung realisiert oder aufgrund der Erfüllung der maßgebenden Bedingungen als realisierbar eingestuft werden, weil die zugrundeliegenden Vermögensgegenstände mit angemessener Sicherheit in Geld transformiert werden können.[161] Das ‚matching principle' legt demgegenüber den Zeitpunkt der Aufwandserfassung fest. Aufwendungen sind den realisierten Erträgen zuzurech-

---

heren Informationsgehalt von ‚cash flow'-Größen gegenüber Gewinnen empirisch nicht belegen. Der Informationsgehalt periodisierter Größen kann jedoch durch die kumulative Heranziehung von zahlungsstromorientierten Größen erhöht werden und vice versa. Vgl. hierzu *Coenenberg, Adolf G./Haller, Axel* [Rechnungslegung, 1993], S. 573; *Wolk, Harry I./Francis, Jere R./Tearney, Michael G.* [Accounting Theory, 1992], S. 210 sowie die Untersuchungen von *Greenberg, Robert R./ Johnson, Glenn L./Ramesh, K.* [Cash Flow, 1986], S. 266-277; *Rayburn, Judy* [Accruals, 1986], S. 112-133; *Bowen, Robert M./Burgstahler, David/Daley, Lane A.* [Cash Flows, 1987], S. 723-747; *Wilson, Peter G.* [Earnings, 1987], S. 293-322.

156 Vgl. *FASB* [SFAC No. 1, 1978], Abs. 43 i.V.m. *FASB* [SFAC No. 5, 1984], Abs. 24c.

157 Vgl. *Beaver, William H.* [Revolution, 1998], S. 81.

158 Vgl. *Baker, Richard C./Rapaccioli, Donna/Solomon, Morton B.* [USA, 1995], S. 3004; *Wolk, Harry I./Francis, Jere R./Tearney, Michael G.* [Accounting Theory, 1992], S. 210; *Pellens, Bernhard* [Rechnungslegung, 1999], S. 162.

159 Vgl. *FASB* [SFAC No. 1, 1978], Abs. 44 i.V.m. *FASB* [SFAC No. 6, 1985], Abs. 139; *Ingram, Robert W.* [Accounting, 1996], S. 114.

160 Vgl. *FASB* [SFAC No. 6, 1985], Abs. 143-146; *Kieso, Donald E./Weygandt, Jerry J.* [Accounting, 1998], S. 44-46.

161 Vgl. *FASB* [SFAC No. 5, 1984], Abs. 83 f. Realisierbare Erträge ergeben sich insbesondere bei Langfristfertigung und Anwendung der ‚percentage of completion method', bei Kurssteigerungen von Wertpapieren der Kategorie ‚trading securities' sowie bei bestimmten Vermögensgegenständen des Vorratsvermögens, die nach Produktionsende mit Veräußerungspreisen angesetzt werden dürfen. Vgl. *Pellens, Bernhard* [Rechnungslegung, 1999], S. 161 f.

nen und entsprechend in der Periode erfolgswirksam zu erfassen, in der die verursachenden Erträge vereinnahmt werden.[162]

Die zu periodisierenden Zahlungsmittelflüsse werden durch die anzusetzenden, nach ‚accruals' und ‚deferrals' differenzierbaren Vermögensgegenstände und Schulden definiert.[163] Damit knüpft die Umsetzung des ‚accrual basis accounting' an der Aktivierung und Passivierung von Vermögensgegenständen und Schulden an, aus deren Veränderung in der Periode die zu verbuchenden Erträge und Aufwendungen bestimmt werden.[164] Während ‚accruals' als antizipative Abgrenzungsposten künftig erwartete Einzahlungen und Auszahlungen vorwegnehmen, umfassen ‚deferrals' in der laufenden oder in früheren Perioden erhaltene oder getätigte Zahlungen, die erst in künftigen Perioden als Ertrag bzw. Aufwand erfolgswirksam in die GuV eingehen.[165]

Da die Verteilung von Aufwendungen und Erträgen auf künftige Perioden nur bei Fortführung des Unternehmens sinnvoll ist, setzt die Interpretation des ‚accrual principle' das ‚going concern principle' voraus.[166] Danach ist bei der Bilanzierung grundsätzlich von der Unternehmensfortführung auszugehen, sofern dem nicht tatsächliche Gegebenheiten entgegenstehen.[167] Für die periodisch wiederkehrende Erfolgsermittlung leitet sich aus dem Grundsatz der Unternehmensfortführung die Forderung nach einer periodenbezogenen Erfassung der Vermögensminderungen und -mehrungen ab, was den Inhalt des ‚accrual principle' bildet.[168]

---

162 Vgl. *FASB* [SFAC No. 6, 1985], Abs. 146; *Belkaoui, Ahmed R.* [Theory, 1992], S. 240; *Hendriksen, Eldon S./Breda, Michael F. v.* [Accounting, 1991], S. 376 f.

163 Vgl. *FASB* [SFAC No. 6, 1985], Abs. 141, S. 1; *Storey, Reed K.* [Framework, 1999], Ch. 1, S. 55.

164 Vgl. *FASB* [SFAC No. 6, 1985], Abs. 78 und Abs. 80; *Storey, Reed K.* [Framework, 1999], Ch. 1, S. 53-57.

165 Vgl. *FASB* [SFAC No. 6, 1985], Abs. 141, S. 2-4; *Eskew, Robert K./Jensen, Daniel L.* [Accounting, 1996], S. 142.

166 Das ‚going concern principle' ist im ‚Conceptual Framework' nicht explizit geregelt, implizite Bezugnahmen finden sich jedoch wiederholt. Vgl. z.B. *FASB* [SFAC No. 1, 1978], Abs. 21, S. 4; *FASB* [SFAC No. 2, 1980], Abs. 29, S. 3; *FASB* [SFAC No. 5, 1984], Abs. 67; *FASB* [SFAC No. 6, 1985], Abs. 26, S. 1. Vgl. hierzu auch *Pellens, Bernhard* [Rechnungslegung, 1999], S. 163.

167 Vgl. *Belkaoui, Ahmed R.* [Theory, 1992], S. 230 f.; *Nikolai, Loren A./Bazley, John D.* [Accounting, 1994], S. 42.

168 Vgl. *Belkaoui, Ahmed R.* [Theory, 1992], S. 232 f.; *Haller, Axel* [GAAP, 1990], S. 771.

2.2.5 Die Zielerreichung der Rechnungslegung

Die US-amerikanische Rechnungslegung zielt auf die Vermittlung entscheidungsrelevanter Informationen zur individuellen Prognose künftiger ‚cash flows' ab.[169] Die Adressaten interessieren sich für den an sie fließenden Zahlungsstrom, den es hinsichtlich seiner drei Dimensionen Höhe, zeitliche Struktur und Unsicherheitsgrad zu optimieren gilt.[170] Da Unsicherheit über die Entwicklung der künftigen Umweltsituationen und der Datenkonstellationen im Unternehmen herrscht und die Adressaten unterschiedliche Risikopräferenzen aufweisen, können die Zahlungsströme nicht überindividuell und intersubjektiv nachprüfbar ermittelt werden.[171] Deshalb verlangt das FASB im Rahmen des ‚financial reporting' keine Prognose von Zahlungsströmen durch das Management, sondern die Bereitstellung objektivierter und durch zieladäquate Rechnungslegungsgrundsätze normierter Informationen, auf deren Grundlage die Adressaten individuelle ‚cash flow'-Schätzungen vornehmen können.[172] Das FASB macht in seinen Ausführungen allerdings nicht deutlich, inwieweit Rechnungslegungsdaten grundsätzlich geeignet sind, derartige Informationen zu liefern.

Es gilt zu betonen, daß der die Adressaten interessierende Zahlungsstrom von der Entwicklung der gesamten künftigen Ein- und Auszahlungen abhängt.[173] Diese schlagen sich in den Rechnungslegungsdaten jedoch nur unzureichend nieder,[174] weil die Rechnungslegung vergangenheitsorientiert ist und vorwiegend Geschäftsvorfälle und Transaktionen des abgelaufenen Geschäftsjahrs abbildet.[175] Die Rechnungslegung beruht zudem im wesentlichen auf der Einzelbewertung der identifizierbaren Vermögensgegenstände und Schulden.[176] Nicht identifizierbare Güter und wertschaffende Verbundeffekte gehen im originären Geschäftswert auf, der aus Objektivierungsgründen nicht bilanziert werden darf.[177] Aufgrund des Bilanzierungsverbots fehlen im ‚financial reporting' künftige Zahlungen beeinflussende Größen. Die vom FASB geforderte

---

169 Vgl. *AICPA* [Objectives, 1973], S. 20; *FASB* [SFAC No. 1, 1978], Abs. 42 f.; *Ballwieser, Wolfgang* [Aussagegehalt, 1997], S. 52.

170 Vgl. *FASB* [SFAC No. 1, 1978], Abs. 25; *Hendriksen, Eldon S./Breda, Michael F. v.* [Accounting, 1991], S. 292; *Moxter, Adolf* [Bilanztheorie, 1966], S. 38.

171 Vgl. *Kuhlewind, Andreas-Markus* [Bilanzrechtstheorie, 1997], S. 42; *Moxter, Adolf* [Bilanztheorie, 1966], S. 56.

172 Vgl. *FASB* [SFAC No. 1, 1978], Abs. 48, S. 1; *Beaver, William H.* [Revolution, 1998], S. 81; *Ballwieser, Wolfgang* [Aussagegehalt, 1997], S. 52.

173 Vgl. *Moxter, Adolf* [Bilanztheorie, 1966], S. 51.

174 Vgl. *Ballwieser, Wolfgang* [Aussagegehalt, 1997], S. 54; *Moxter, Adolf* [Bilanztheorie, 1966], S. 58.

175 Vgl. *FASB* [SFAC No. 1, 1978], Abs. 21; *Moxter, Adolf* [Bilanztheorie, 1966], S. 58.

176 Vgl. *Ballwieser, Wolfgang* [Aussagegehalt, 1997], S. 53.

177 Vgl. *AICPA* [APB Opinion No. 17, 1970], Abs. 1; *Kieso, Donald E./Weygandt, Jerry J.* [Accounting, 1998], S. 601; *Moxter, Adolf* [Bilanzlehre I, 1984], S. 51.

Vermittlung von Informationen über die ökonomischen Ressourcen des Unternehmens durch das ‚financial reporting' ist daher nicht umfassend.[178] Dies schränkt die Möglichkeit der Vornahme individueller ‚cash flow'-Prognosen auf Basis der Rechnungslegungsdaten ein. Des weiteren sind zur Sicherung objektivierter und nachvollziehbarer Rechnungslegungsdaten Bilanzierungskonventionen zu beachten, die die Erfassung künftiger Ein- und Auszahlungen begrenzen.[179] Dies ergibt sich z.B. aus:

- der grundsätzlichen Bilanzierung zu historischen Kosten,[180] durch die zahlungsrelevante Entwicklungen, wie steigende Wiederbeschaffungskosten, in den Wertansätzen nicht berücksichtigt werden. Vor dem Hintergrund der ‚cash flow'-Prognose wäre die bislang nur in wenigen Fällen zulässige Bewertung zu Marktpreisen vorziehenswürdig, weil diese die Gewinnerwartung zum Bewertungszeitpunkt angeben.[181]
- dem Realisationsprinzip, das die Antizipation künftig erwarteter Einzahlungen begrenzt, indem es den Zeitpunkt der Vereinnahmung von Erfolgsbeiträgen an deren Realisierung durch Lieferung oder Leistung bzw. deren Realisierbarkeit durch Erfüllung bestimmter Bedingungen bindet.[182] Die erfolgswirksame Erfassung künftig erwarteter Einzahlungen in früheren Zeitpunkten ist nicht zulässig.[183]
- der Begrenzung der Rückstellungsbildung auf künftig erwartete Auszahlungsverpflichtungen, die hinreichend quantifizierbar, mit an Sicherheit grenzender Wahrscheinlichkeit eintreten und eine Verbindlichkeit gegenüber Dritten darstellen.[184] Künftig erwartete Auszahlungen aufgrund von Innenverpflichtungen dürfen regelmäßig nicht erfaßt werden.[185]

Wegen der rechnungslegungsimmanenten Restriktionen können die vermittelten Daten keinen zuverlässigen Aufschluß über die künftig erwarteten Zahlungsströme geben. Durch die Periodisierung enthält das ‚financial reporting' jedoch Komponenten wie beispielsweise Forderungen aus Lieferung und Leistung und Verbindlichkeiten gegen-

---

178 Vgl. *FASB* [SFAC No. 1, 1978], Abs. 40; Gliederungspunkt 2.2.2.

179 Vgl. *Ballwieser, Wolfgang* [Aussagegehalt, 1997], S. 53; *Moxter, Adolf* [Bilanztheorie, 1966], S. 45.

180 Vgl. *FASB* [SFAC No. 5, 1984], Abs. 68; *Kieso, Donald E./Weygandt, Jerry J.* [Accounting, 1998], S. 43 f.; *Ballwieser, Wolfgang* [Aussagegehalt, 1997], S. 52.

181 Vgl. *Kuhlewind, Andreas-Markus* [Bilanzrechtstheorie, 1997], S. 188; *Schneider, Dieter* [Gewinnermittlung, 1983], S. 1055. In den USA ist die Bewertung zu Marktpreisen insbesondere mit SFAS No. 115 und SFAS No. 133 für Finanzinstrumente eingeführt worden. Vgl. *Böcking, Hans-Joachim/Benecke, Birka* [Fair value, 2000], S. 207-231.

182 Vgl. *FASB* [SFAC No. 5, 1984], Abs. 83 f.; *Ballwieser, Wolfgang* [Aussagegehalt, 1997], S. 53.

183 Vgl. *Ballwieser, Wolfgang* [Aussagegehalt, 1997], S. 53.

184 Vgl. *Kupsch, Peter* [Rückstellungen, 2000], S. 125.

185 Vgl. *Ballwieser, Wolfgang* [Aussagegehalt, 1997], S. 54; *Kuhlewind, Andreas-Markus* [Bilanzrechtstheorie, 1997], S. 208 f.

über Dritten, die künftige Zahlungsmittelflüsse indizieren und dadurch zur Beurteilung künftiger Ein- und Auszahlungen nützlich sind.[186] Da die künftig erwarteten Zahlungsströme jedoch nur soweit erfaßt werden, als sie hinreichend konkretisiert sind, kann die Rechnungslegung nicht über die Gesamtheit der Ein- und Auszahlungen in der Zukunft unterrichten.[187]

Sollen mittels Rechnungslegung Informationen zur Ableitung extrapolierbarer Größen vermittelt werden,[188] lassen diese nur unter der Annahme der Konstanz vergangener Beobachtungstatbestände in der Zukunft Aussagen über die Entwicklung der Daten zu.[189] Durch schrittweise Modifikation der Annahmen entsprechend der für möglich erachteten künftigen Unternehmens- und Umweltentwicklungen können zwar künftig denkbare Zustände modelliert,[190] jedoch keine allgemeingültigen Aussagen über die Entwicklung der interessierenden Zahlungsströme abgeleitet werden.[191] Die Rechnungslegung vermag zudem keine hinreichende Auskunft über die Unsicherheit und die zeitliche Struktur der künftigen Zahlungen zu vermitteln, weil sie nur einwertige Größen abbildet, die lediglich Rückschlüsse auf die mögliche Höhe der Zahlungsströme zulassen.[192]

Angesichts der ungewissen Zukunft und der systemimmanenten Grenzen gelingt die Operationalisierung des vom FASB kommunizierten Ziels der Vermittlung entscheidungsrelevanter Informationen zur ‚cash flow'-Prognose durch das ‚financial reporting' nur eingeschränkt. Zur Abbildung der in Zukunft erwarteten Ein- und Auszahlungen wäre ein Finanzplan überlegen. Da eine derartige Planrechnung aber auf subjektiven Einschätzungen beruht und ermessensbehaftet ist, wird trotz der eingeschränkten Prognoseeignung die Vermittlung vergangenheitsgebundener und beobachtbarer Daten vorgezogen.[193]

---

186 Vgl. *Beaver, William H.* [Revolution, 1998], S. 83; *Moxter, Adolf* [Bilanztheorie, 1966], S. 49.

187 Vgl. *Beaver, William H.* [Revolution, 1998], S. 83; *Moxter, Adolf* [Bilanztheorie, 1966], S. 44-48.

188 Vgl. *FASB* [SFAC No. 1, 1978], Abs. 21; *Wagner, Franz W.* [Prognoseverfahren, 1994], S. 1185.

189 Vgl. *Beaver, William H.* [Revolution, 1998], S. 81-83; *Schneider, Dieter* [Gewinnermittlung, 1983], S. 1056; *Wagner, Franz W.* [Prognoseverfahren, 1994], S. 1188.

190 Vgl. *Schneider, Dieter* [Gewinnermittlung, 1983], S. 1057.

191 Vgl. *Moxter, Adolf* [Unternehmensbewertung, 1983], S. 107; *Schneider, Dieter* [Gewinnermittlung, 1983], S. 1055-1057.

192 Vgl. *Beaver, William H.* [Revolution, 1998], S. 81-83; *Moxter, Adolf* [Bilanzlehre I, 1984], S. 124 f.; *Schneider, Dieter* [Gewinnermittlung, 1983], S. 1056.

193 Vgl. *Moxter, Adolf* [Bilanzlehre I, 1984], S. 125.

2.3 Die Steuerabgrenzung in den USA

2.3.1 Die Notwendigkeit der Steuerabgrenzung

Aufgrund der weitgehenden Trennung von Handels- und Steuerrecht in den USA besteht zwischen handels- und steuerrechtlichen Bilanzierungs- und Bewertungsmethoden keine Identität.[194] Konsequenzen sind abweichende Wertansätze von Vermögensgegenständen und Schulden in Handels- und Steuerbilanz sowie das regelmäßige Auseinanderfallen von Ergebnis vor Steuern und Steuerbilanzergebnis.[195] Die an den Fiskus zu zahlende effektive Ertragsteuerlast stimmt dann nicht mit der fiktiven Ertragsteuerlast überein, die sich nach dem handelsrechtlichen Ergebnis vor Steuern ableitet.[196] Bei Übernahme der effektiven Steuerlast in die handelsrechtliche GuV würde der nach steuerrechtlichen Bestimmungen ermittelte Steueraufwand unabhängig von der handelsrechtlichen Erfassung der Geschäftsvorfälle ausgewiesen. Der ausgewiesene Steueraufwand stünde dann in keinem nachvollziehbaren Verhältnis zum handelsrechtlichen Ergebnis vor Steuern.[197]

Da Ertragsteuern nach Auffassung des FASB nicht als Gewinnverteilungskomponenten an den Fiskus abgeführt werden, sondern das Periodenergebnis als Aufwand belasten, unterliegen sie ebenfalls dem ‚accrual principle'.[198] Danach sind Aufwendungen und Erträge unabhängig vom Zeitpunkt des tatsächlichen Zahlungsmittelflusses im Verursachungszeitpunkt erfolgswirksam zu erfassen.[199] Die Periodisierung der Erfolgskomponenten verlangt eine Orientierung des auszuweisenden Ertragsteueraufwands am handelsrechtlich erzielten Ergebnis.[200] Um in der Handelsbilanz den Ertragsteueraufwand auszuweisen, der mit dem handelsrechtlichen Vorsteuerergebnis korrespondiert, ist die Abgrenzung der Ertragsteuern (‚interperiod tax allocation') zwingend. Zur Realisierung der notwendigen Abgrenzung werden latente Steuern als Korrekturposten in die Bilanz aufgenommen.[201]

---

194 Vgl. *FASB* [SFAS No. 109, 1992], Abs. 10, S. 2; Gliederungspunkt 2.1.

195 Vgl. *FASB* [SFAS No. 109, 1992], Abs. 10, S. 2; *Bielstein, Mark M./Trott, Edward W.* [Approach, 1992], S. 43.

196 Vgl. *Baetge, Jörg* [Bilanzen, 1996], S. 465; *Coenenberg, Adolf G./Hille, Klaus* [Ertragsteuern, 1997], Rz. 15.

197 Vgl. *Pellens, Bernhard* [Rechnungslegung, 1999], S. 242; *Chaney, Paul K./Jeter, Debra C.* [Simplicity, 1989], S. 9.

198 Vgl. *FASB* [SFAS No. 109, 1992], Abs. 171, S. 3; *Ritchie, P. C./Rowcroft, J. E./Trenholm, B. A.* [Treatment, 1988], S. 30; *Simpson, Raymond E.* [Taxes, 1999], Ch. 19, S. 3.

199 Vgl. *FASB* [SFAC No. 1, 1978], Abs. 44 i.V.m. *FASB* [SFAC No. 6, 1985], Abs. 139; *Ingram, Robert W.* [Accounting, 1996], S. 114.

200 Vgl. *Karrenbrock, Holger* [Steuern, 1991], S. 5.

201 Vgl. *Hendriksen, Eldon S./Breda, Michael F. v.* [Accounting, 1991], S. 703; *Bergmeister, Konrad/Kupsch, Peter* [Jahresabschluß, 1991], S. 10.

Die Grundidee des Konzepts der latenten Steuern besteht darin, die Steuerwirkungen der Ereignisse in den Perioden zu verbuchen, in welchen die Ereignisse handelsrechtlich erfaßt werden, und dadurch die angestrebte Relation zwischen ausgewiesenem Steueraufwand und Vorsteuerergebnis herzustellen.[202] Dem Konzept der latenten Steuern liegt die Annahme zugrunde, daß jede Transaktion bzw. jedes Ereignis eine Steuerwirkung auslöst, die für jede Transaktion bzw. jedes Ereignis isoliert bestimmt werden kann.[203] Der Ertragsteueraufwand kann danach in Teilbeträge zerlegt werden, die den einzelnen Geschäftsvorfällen fiktiv zurechenbar sind.[204] Die Steuerwirkungen der Ereignisse und Transaktionen können daher unabhängig von ihrer steuerbilanziellen Behandlung in der Periode erfaßt werden, in der die zugrundeliegenden Ereignisse handelsrechtlich als verursacht angesehen werden.[205]

Latente Steuern umfassen zum einen die Steuerbelastungen, die handelsrechtlich bereits in der laufenden Periode begründet sind, wegen abweichender steuerrechtlicher Gewinnermittlungsvorschriften aber erst in künftigen Perioden Steuerzahlungen auslösen. Zum anderen bilden latente Steuern die Steuerentlastungen ab, die handelsrechtlich die laufende Periode begünstigen, steuerrechtlich aber erst in künftigen Perioden Steuerminderungen bewirken.[206] Während im ersten Fall passive latente Steuern anzusetzen sind, ergeben sich im letzten Fall aktive latente Steuern.[207]

Ausgangspunkt der Bildung latenter Steuern sind Verwerfungen zwischen handels- und steuerrechtlicher Bilanzierung, die sich im Zeitablauf auflösen.[208] Konstitutives Merkmal sind dementsprechend Differenzen, die zwei oder mehr Perioden tangieren.[209] Durch den Ansatz latenter Steuern für Differenzen, die einmaliger Natur sind, würde im handelsrechtlichen Abschluß eine fiktive Steuerbelastung bzw. -entlastung

---

202 Vgl. *Beresford, Dennis R./Best, Lawrence C./Craig, Paul W./Weber, Joseph V.* [Income Taxes, 1983], S. 11; *Wollmert, Peter* [Steuern, 1995], S. 85.

203 Vgl. *FASB* [Discussion Memorandum, 1983], Abs. 45; *Perry, Raymond E.* [Allocation, 1966], S. 26.

204 Vgl. *Beresford, Dennis R./Best, Lawrence C./Craig, Paul W./Weber, Joseph V.* [Income Taxes, 1983], S. 11; *Wiegand, Klaus* [Steuern, 1990], S. 29. Die Gegner dieser Annahme verneinen die Zurechenbarkeit des Ertragsteueraufwands zu einzelnen Ereignissen und Transaktionen und führen an, daß die Steuerzahlschuld auf der aggregierten Größe ‚zu versteuerndes Einkommen' berechnet wird. Die Zerlegung der Steuerzahlschuld wäre daher synthetisch und unrealistisch. Vgl. *Beechy, Thomas H.* [Conceptual, 1983], S. 5.

205 Vgl. *Beresford, Dennis R./Best, Lawrence C./Craig, Paul W./Weber, Joseph V.* [Income Taxes, 1983], S. 11; *Perry, Raymond E.* [Allocation, 1966], S. 26.

206 Vgl. *Dyckman, Thomas R./Dukes, Roland E./Davis, Charles J.* [Accounting Bd. 2, 1998], S. 979; *Karrenbrock, Holger* [Steuern, 1991], S. 5.

207 Vgl. *Baetge, Jörg* [Bilanzen, 1996], S. 465 f.; *Karrenbrock, Holger* [Steuern, 1991], S. 5.

208 Vgl. *Hendriksen, Eldon S./Breda, Michael F. v.* [Accounting, 1991], S. 703; *Hille, Klaus* [Steuern, 1982], S. 6; *Wollmert, Peter* [Steuern, 1995], S. 85.

209 Vgl. *Schroeder, Richard G./Myrtle, Clark W.* [Theory, 1998], S. 537; *Neumann, Patrik* [Steuerabgrenzung, 1992], S. 7.

verbucht, die nie zu einer tatsächlichen Steuerzahlung bzw. -minderung führen würde.[210] Die sogenannten permanenten Differenzen werden daher nicht in die Steuerabgrenzung einbezogen.

2.3.2 Theoretische Konzeptionen der Steuerabgrenzung

In den USA wurden aus der Erkenntnis der Notwendigkeit einer Steuerabgrenzung heraus mit dem ‚comprehensive approach' und dem ‚partial approach' unterschiedliche Ansätze zur Regelung des Umfangs der Steuerabgrenzung diskutiert.[211]

- ‚Partial approach'

  Nach dem ‚partial approach' werden in die Steuerabgrenzung nur Differenzen einbezogen, die sich in absehbarer Zukunft wahrscheinlich ausgleichen.[212] Ausgeschlossen werden zeitliche Differenzen, die nicht in naher Zukunft zu einer Steuermehrbelastung bzw. -minderbelastung führen.[213] Dies betrifft Differenzen, die sich nicht vor Ablauf eines vorhersehbaren Zeitraums auflösen oder regelmäßig durch neu entstehende Differenzen gleicher Art kompensiert werden und sich verstetigen.[214] Der Kompensationseffekt ergibt sich beispielsweise bei zeitlichen Differenzen, die durch unterschiedliche Abschreibung der Investitionsgüter des Anlagevermögens in Handels- und Steuerbilanz verursacht werden, wenn eine konstante bzw. wachsende Investitionstätigkeit die regelmäßige Neubildung von zeitlichen Differenzen zur Folge hat.[215] Zwar löst sich die einzelne Differenz isoliert betrachtet auf, der Effekt wird jedoch wegen der konstanten bzw. wachsenden Investitionstätigkeit durch die neu gebildeten Differenzen kompensiert bzw. überkompensiert. Eine künftige Steuermehrbelastung tritt dadurch nicht in absehbarer Zeit ein, so daß bei Ansatz einer latenten Steuer von einer Auflösung in künftigen Perioden nicht ausgegangen werden könnte. Vielmehr wäre ein konstanter bzw. kontinuierlich anwachsender latenter Steuerposten auszuweisen.[216] Da das Kriterium der Auflösung in ab-

---

210 Vgl. *Wollmert, Peter* [Steuern, 1995], S. 85.

211 Vgl. *Bohan, Michael P.* [Developments, 1979], S. 76 f.

212 Als absehbar wird ein Prognosezeitraum von fünf Jahren vorgeschlagen. Vgl. *AICPA* [APB Opinion No. 11, 1967], Abs. 27; *Drummond, Christina/Wigle, Seymour L.* [Allocation, 1981], S. 61.

213 Vgl. *Beresford, Dennis R./Best, Lawrence C./Craig, Paul W./Weber, Joseph V.* [Income Taxes, 1983], S. 31; *Dyckman, Thomas R./Dukes, Roland E./Davis, Charles J.* [Accounting Bd. 2, 1998], S. 1010.

214 Vgl. *AICPA* [APB Opinion No. 11, 1967], Abs. 26; *Ditkoff, James H.* [Crossroads, 1977], S. 69 f.

215 Vgl. *Jeter, Debra C./Chaney, Paul K.* [Approach, 1988], S. 42.

216 Vgl. *Hille, Klaus* [Steuern, 1982], S. 27 f. Vgl. hierzu auch *Herring, Hartwell C./Jacobs, Fred A.* [Behavior, 1976], S. 53 f.; *Davidson, Sidney/Skelton, Lisa/Weil, Roman L.* [Controversy, 1977], S. 54; *Ritchie, P. C./Rowcroft, J. E./Trenholm, B. A.* [Treatment, 1988], S. 31-33.

sehbarer Zukunft von derart wiederkehrenden Differenzen nicht erfüllt ist, werden diese vom Ansatz latenter Steuern nach dem ‚partial approach' ausgeschlossen.[217]

- ‚Comprehensive approach'

  Im Gegensatz zum Ansatz des ‚partial approach' hat der ausgewiesene Steueraufwand nach dem ‚comprehensive approach' alle Steuerwirkungen der Transaktionen und Ereignisse zu erfassen, die in der Periode in das handelsrechtliche Ergebnis vor Steuern eingegangen sind.[218] Damit sind alle zeitlichen Differenzen unabhängig von ihrem Auflösungszeitpunkt in die Steuerabgrenzung einzubeziehen.[219] Der Tatbestand der Kompensation zeitlicher Differenzen durch neu begründete Differenzen wird im Rahmen des ‚comprehensive approach' nicht berücksichtigt.[220] Angenommen wird, daß jeder Transaktion bzw. jedem Ereignis eine eigenständige Steuerwirkung zuzurechnen ist, die als solche aufgrund des ‚accrual principle' zu periodisieren ist.[221] Damit ist jedes zeitliche Differenzen auslösende Ereignis für sich isoliert zu betrachten und unabhängig von Kompensationseffekten abzugrenzen.[222]

Neben den dargestellten Ansätzen zur Regelung des Umfangs der Steuerabgrenzung sind mit der ‚deferred method', der ‚liability method' und der ‚net of tax method' drei Abgrenzungsmethoden entwickelt worden.[223] Die erstgenannten Methoden unterscheiden sich im wesentlichen hinsichtlich der Interpretation der aktiven und passiven latenten Steuerpositionen und dem zur Quantifizierung der latenten Steuern maßgebenden Steuersatz.[224] Die ‚net of tax method' knüpft an den erstgenannten Methoden an und hebt sich von diesen durch ihre spezifische Ausweistechnik ab.[225]

---

217 Vgl. *Neumann, Patrik* [Steuerabgrenzung, 1992], S. 40.

218 Vgl. *AICPA* [APB Opinion No. 11, 1967], Abs. 30; *Ditkoff, James H.* [Crossroads, 1977], S. 69.

219 Vgl. *Dyckman, Thomas R./Dukes, Roland E./Davis, Charles J.* [Accounting Bd. 2, 1998], S. 1010; *Jeter, Debra C./Chaney, Paul K.* [Approach, 1988], S. 41.

220 Vgl. *Kieso, Donald E./Weygandt, Jerry J.* [Accounting, 1998], S. 1066; *Neumann, Patrik* [Steuerabgrenzung, 1992], S. 41 f.

221 Vgl. *AICPA* [APB Opinion No. 11, 1967], Abs. 30; *FASB* [Discussion Memorandum, 1983], Abs. 115.

222 Vgl. *Kieso, Donald E./Weygandt, Jerry J.* [Accounting, 1998], S. 1066; *Simpson, Raymond E.* [Taxes, 1999], Ch. 19, S. 4.

223 Vgl. *Simpson, Raymond E.* [Taxes, 1999], Ch. 19, S. 3; *Bömelburg, Peter* [Abschlußprüfung, 1992], S. 25.

224 Vgl. *Black, Homer A.* [Allocation, 1966], S. 22; *Beresford, Dennis R./Best, Lawrence C./Craig, Paul W./Weber, Joseph V.* [Income Taxes, 1983], S. 53; *Kieso, Donald E./Weygandt, Jerry J.* [Accounting, 1998], S. 1067-1069.

225 Vgl. *Beresford, Dennis R./Best, Lawrence C./Craig, Paul W./Weber, Joseph V.* [Income Taxes, 1983], S. 55; *Schroeder, Richard G./Myrtle, Clark W.* [Theory, 1998], S. 548.

- ‚Deferred method‘

  Die Periodisierung des Steueraufwands nach der ‚deferred method‘ zielt auf eine zutreffende Erfolgsermittlung und damit auf die GuV ab.[226] Es soll derjenige Steueraufwand ausgewiesen werden, der bei Besteuerung des handelsrechtlichen Ergebnisses vor Steuern resultieren würde.[227] Die zeitlichen Differenzen aus handelsrechtlichem Vorsteuerergebnis und Steuerbilanzergebnis sind hierfür mit dem in der laufenden Periode gültigen Steuersatz zu bewerten.[228] Der Steueraufwand bildet dadurch eine Funktion des Ergebnisses vor Steuern.[229] Bei der ‚deferred method‘ steht das ‚matching principle‘ im Vordergrund.[230] Entsprechend werden die Auswirkungen von zeitlichen Differenzen auf das Ergebnis in der Entstehungsperiode betont.[231] Soweit aus handelsrechtlicher Sicht gegenüber der tatsächlichen Steuerlast ein höherer Steueraufwand geboten ist, sind in der Bilanz passive latente Steuern in Form von ‚deferred charges‘ zu bilden. Ist der handelsrechtliche Steueraufwand niedriger als die tatsächliche Steuerlast, sind aktive latente Steuern in Form von ‚deferred credits‘ zu bilanzieren.[232] Die ‚deferred charges‘ bzw. ‚deferred credits‘ stellen schwebende Steuervor- und -nachleistungen dar und werden als reine Verrechnungsposten verstanden, die in den Umkehrperioden der zeitlichen Differenzen aufzulösen sind.[233]

- ‚Liability method‘

  Im Gegensatz zur ‚deferred method‘ stellt die ‚liability method‘ auf den zutreffenden Vermögens- und Schuldenausweis ab und rückt, das ‚matching principle‘ be-

---

226 Vgl. *Delaney, Patrick R./Adler, James R./Epstein, Barry J./Foran, Michael F.* [GAAP, 1997], S. 501; *Simpson, Raymond E.* [Taxes, 1999], Ch. 19, S. 3.

227 Dabei wird unterstellt, daß das Ergebnis vor Steuern um permanente Differenzen bereinigt ist. Die Bereinigung ist notwendig, da permanente Differenzen in die Steuerabgrenzung nicht einbezogen werden und deshalb das Verhältnis von Ergebnis vor Steuern und Steueraufwand verzerren. Vgl. *AICPA* [APB Opinion No. 11, 1967], Abs. 19; *Black, Homer A.* [Allocation, 1966], S. 13. Vgl. hierzu auch Gliederungspunkt 3.2.5.

228 Vgl. *Bevis, Donald J./Perry, Raymond E.* [Income Taxes, 1969], S. 5; *FASB* [Discussion Memorandum, 1983], Abs. 85.

229 Vgl. *Black, Homer A.* [Allocation, 1966], S. 13; *Karrenbrock, Holger* [Steuern, 1991], S. 110.

230 Vgl. *FASB* [Discussion Memorandum, 1983], Abs. 87; *Delaney, Patrick R./Adler, James R./Epstein, Barry J./Foran, Michael F.* [GAAP, 1997], S. 501.

231 Vgl. *AICPA* [APB Opinion No. 11, 1967], Abs. 19, S. 2; *Black, Homer A.* [Allocation, 1966], S. 13.

232 Vgl. *AICPA* [APB Opinion No. 11, 1967], Abs. 19, S. 4; *Simpson, Raymond E.* [Taxes, 1999], Ch. 19, S. 3 f.

233 Vgl. *Beresford, Dennis R./Best, Lawrence C./Craig, Paul W./Weber, Joseph V.* [Income Taxes, 1983], S. 54; *Nurnberg, Hugo* [Analysis, 1971], S. 65-67; *Karrenbrock, Holger* [Steuern, 1991], S. 111.

grenzend, die Bilanz in den Vordergrund.[234] Ausgangspunkt der Steuerabgrenzung ist die Frage, in welcher Höhe künftige Steuerbelastungen und -entlastungen aus den in der Berichtsperiode verursachten zeitlichen Differenzen effektiv zu erwarten sind.[235] Ziel der Periodisierung ist die Antizipation der künftig erwarteten Steuerwirkungen und ihre Zuordnung zu den verursachenden Erträgen und Aufwendungen der Berichtsperiode.[236] Um die künftig erwarteten Mehr- oder Minderbelastungen abzubilden, sind die zeitlichen Differenzen mit dem künftig gültigen Steuersatz zu bewerten. Damit ist der Steuersatz maßgebend, der im Auflösungszeitpunkt Grundlage für die tatsächliche Besteuerung bildet.[237] Bei der ‚liability method' werden die Steuerlatenzen als „economic liabilities for taxes payable or assets for prepaid tax"[238] interpretiert. Passive latente Steuern stellen Verbindlichkeiten gegenüber dem Fiskus für in der Periode zu wenig abgeführte Steuern dar. Entsprechend bilden aktive latente Steuern forderungsähnliche Ansprüche gegenüber dem Fiskus für in der Periode zu viel bezahlte Steuern.[239] Die ‚liability method' orientiert sich folglich an der gegenüber dem Fiskus aus den zeitlichen Differenzen tatsächlich resultierenden steuerlichen Be- oder Entlastung künftiger Veranlagungszeiträume.[240]

- ‚Net of tax method'

Im Unterschied zu den bereits dargestellten Methoden handelt es sich bei der ‚net of tax method' nicht um eine Ermittlungsmethode für latente Steuern. Die ‚net of tax method' setzt vielmehr die Bewertung der Steuerlatenzen aus den zeitlichen Differenzen nach der ‚liability method' oder der ‚deferred method' voraus und unterscheidet sich von diesen durch die geforderte Ausweistechnik.[241] Ausgangspunkt ist die Überlegung, daß die Werthaltigkeit von Vermögensgegenständen und Schulden u.a. von ihrer steuerlichen Absetzbarkeit abhängt.[242] Die Steuerwirkungen aus temporären Differenzen werden deshalb nicht gesondert in der Bilanz ausgewiesen, sondern den verursachenden Vermögensgegenständen und Schulden direkt zuge-

---

234 Vgl. *Schroeder, Richard G./Myrtle, Clark W.* [Theory, 1998], S. 547; *Baetge, Jörg* [Bilanzen, 1996], S. 473.

235 Vgl. *AICPA* [APB Opinion No. 11, 1967], Abs. 20, S. 1.

236 Vgl. *FASB* [Discussion Memorandum, 1983], Abs. 50 f.; *Dyckman, Thomas R./Dukes, Roland E./ Davis, Charles J.* [Accounting Bd. 2, 1998], S. 977.

237 Vgl. *Bevis, Donald J./Perry, Raymond E.* [Income Taxes, 1969], S. 5; *Simpson, Raymond E.* [Taxes, 1999], Ch. 19, S. 4.

238 *Kieso, Donald E./Weygandt, Jerry J.* [Accounting, 1998], S. 1068.

239 Vgl. *FASB* [Discussion Memorandum, 1983], Abs. 50 f.; *Nurnberg, Hugo* [Analysis, 1971], S. 57; *Neumann, Patrik* [Steuerabgrenzung, 1992], S. 52.

240 Vgl. *Beresford, Dennis R./Best, Lawrence C./Craig, Paul W./Weber, Joseph V.* [Income Taxes, 1983], S. 54; *Black, Homer A.* [Allocation, 1966], S. 22.

241 Vgl. *Beresford, Dennis R./Best, Lawrence C./Craig, Paul W./Weber, Joseph V.* [Income Taxes, 1983], S. 55; *Schroeder, Richard G./Myrtle, Clark W.* [Theory, 1998], S. 548.

242 Vgl. *AICPA* [APB Opinion No. 11, 1967], Abs. 21, S. 2; *Simpson, Raymond E.* [Taxes, 1999], Ch. 19, S. 4.

rechnet. Die steuerliche Absetzbarkeit geht so unmittelbar in die Wertermittlung der jeweiligen Vermögensgegenstände und Schulden ein.[243] Beispielsweise verursacht die Ausnutzung steuerlicher Sonderabschreibungen eine zeitliche Differenz, die passive latente Steuern bedingt. Anstelle des Ausweises eines eigenen Bilanzpostens für die passive Steuerlatenz wird der Steuereffekt dem zugrundeliegenden Vermögensgegenstand direkt zugerechnet und mindert zusätzlich zu den kumulierten handelsrechtlichen Abschreibungen den Wert des Vermögensgegenstandes. Die Wertminderung entspricht dabei genau dem Betrag, um den die künftige steuerliche Abzugsfähigkeit durch die Sonderabschreibung verringert wurde.[244] Der Buchwert setzt sich entsprechend aus den kumulierten Abschreibungen zuzüglich den Wertkorrekturen aus der steuerlichen Absetzbarkeit der ‚assets and liabilities' zusammen.[245]

Über die Steuerabgrenzungsmethoden und -ansätze hinaus kann die Menge der abzugrenzenden Differenzen mit dem ‚timing'-Konzept und dem ‚temporary'-Konzept unterschiedlich definiert werden.

- ‚Timing'-Konzept

  Das ‚timing'-Konzept ist GuV-orientiert und konzentriert sich auf die handels- und steuerrechtlich zu erfassenden Erfolgskomponenten.[246] Soweit diese in den gegenüberstehenden Rechenwerken zwar in gleicher Höhe, jedoch in verschiedenen Perioden erfolgswirksam vereinnahmt werden, verursachen sie zeitliche Differenzen zwischen dem handels- und steuerrechtlichen Ergebnis, die durch latente Steuern aufzufangen sind.[247]

- ‚Temporary'-Konzept

  Anders als das ‚timing'-Konzept ist das ‚temporary'-Konzept bilanzorientiert und stellt auf die Vermögensgegenstände und Schulden in Handels- und Steuerbilanz ab.[248] Die für die Steuerabgrenzung zu erfassenden, sogenannten temporären Diffe-

---

243 Vgl. *Kieso, Donald E./Weygandt, Jerry J.* [Accounting, 1998], S. 1068; *Bömelburg, Peter* [Abschlußprüfung, 1992], S. 31.

244 Vgl. *Black, Homer A.* [Allocation, 1966], S. 14; *Simpson, Raymond E.* [Taxes, 1999], Ch. 19, S. 4.

245 Vgl. *Beresford, Dennis R./Best, Lawrence C./Craig, Paul W./Weber, Joseph V.* [Income Taxes, 1983], S. 55.

246 Vgl. *Coenenberg, Adolf G./Hille, Klaus* [Ertragsteuern, 1997], Abs. 17; *Wagenhofer, Alfred* [IAS, 1999], S. 260.

247 Vgl. *FASB* [Discussion Memorandum, 1983], Abs. 4-7; *Lührmann, Volker* [Bilanzierungs-Standards, 1996], S. 98. Vgl. hierzu auch Gliederungspunkt 3.2.2.

248 Vgl. *Coenenberg, Adolf G./Hille, Klaus* [Ertragsteuern, 1997], Abs. 25; *Wagenhofer, Alfred* [IAS, 1999], S. 260.

renzen ergeben sich danach aus in der Periode verursachten unterschiedlichen Wertansätzen von Vermögensgegenständen und Schulden in Handels- und Steuerbilanz. Sind aus den differierenden Wertansätzen künftige Steuermehr- und -minderbelastungen zu erwarten, werden diese durch latente Steuern abgegrenzt.[249]

In welcher Form die Methoden, Ansätze und Konzepte der Steuerabgrenzung die Bilanzierungsvorschriften geprägt haben, gilt es im folgenden darzustellen.

2.3.3 Steuerabgrenzungsvorschriften in den USA

Der Grundstein für die Diskussion um eine Steuerabgrenzung in der Handelsbilanz wurde mit der Einführung der Einkommensteuer im Jahr 1913 gelegt. Diese sah eine von der handelsrechtlichen Gewinnermittlung losgelöste Ermittlung des steuerpflichtigen Einkommens vor.[250] Es wurde als problematisch empfunden, daß der nach den steuerrechtlichen Vorschriften ermittelte effektive Steueraufwand in keinem nachvollziehbaren Verhältnis zum handelsrechtlichen Ergebnis vor Steuern stand. Da das Auseinanderfallen von effektivem und fiktivem Steueraufwand im wesentlichen auf eine divergierende zeitliche Erfassung der abzubildenden Transaktionen und Ereignisse in Handels- und Steuerbilanz zurückzuführen war und eine Verschiebung der tatsächlichen Steuerlast im Verhältnis zum handelsrechtlichen Vorsteuerergebnis in vor- bzw. nachgelagerte Perioden darstellte, wurde der Ausweis der tatsächlichen Steuerlast vor dem Ziel der periodengerechten Erfolgsermittlung als störend empfunden und zunehmend kritisiert.[251] Die Forderung nach dem Ausweis einer mit dem handelsrechtlichen Ergebnis vor Steuern korrespondierenden Steuerlast mündete in der Entwicklung der Korrekturposten für latente Steuern in der Handelsbilanz.[252] In der Literatur löste dies eine lang anhaltende Kontroverse über die Notwendigkeit von Steuerabgrenzungsvorschriften in den Rechnungslegungsvorschriften aus, in der die Gegner der Steuerabgrenzung schließlich unterlegen sind.[253]

---

249 Vgl. *Lührmann, Volker* [Bilanzierungs-Standards, 1996], S. 100. Vgl. hierzu auch Gliederungspunkt 3.2.1.

250 Vgl. *Keller, Thomas F.* [Corporate Income Taxes, 1961], S. 27; *Powell, Weldon* [Principles, 1959], S. 19; *Wolk, Harry I./Francis, Jere R./Tearney, Michael G.* [Accounting Theory, 1992], S. 412.

251 Vgl. *Keller, Thomas F.* [Corporate Income Taxes, 1961], S. 25 f.; *Hennig, Bettina* [Steuern, 1982], S. 113.

252 Vgl. *Keller, Thomas F.* [Corporate Income Taxes, 1961], S. 25; *Moonitz, Maurice* [Taxes, 1957], S. 183.

253 Vgl. *Hill, Thomas M.* [Arguments, 1957], S. 357-361; *Li, David H.* [Entity Concept, 1961], S. 265-268; *Graham, Willard J.* [Allocation, 1959], S. 57-67; *Harwood, Dale S.* [Allocation, 1961], S. 619-625.

Im Jahr 1942 publizierte das CAP mit dem ‚Accounting Research Bulletin' (ARB) No. 18 „Unamortized Discount and Redemption Premium on Bonds Refunded (Supplement)" erstmals eine Rechnungslegungsnorm, in der die Steuerabgrenzung aufgegriffen wurde. Die eingeführte Steuerabgrenzungsregel war in ihrer Anwendung auf Ergebnisunterschiede zwischen handels- und steuerrechtlicher Gewinnermittlung aus der Behandlung eines Disagios bei vorzeitig getilgten Schuldverschreibungen begrenzt.[254] Konsequenz des eingeschränkten Anwendungsbereichs von ARB No. 18 waren Inkonsistenzen in der Behandlung vergleichbarer Fälle, die ebenfalls Ergebnisunterschiede aufgrund zeitlicher Differenzen zwischen Handels- und Steuerbilanzergebnis verursachten.[255]

Zur Behebung der Inkonsistenzen hat das AICPA im Jahr 1944 ARB No. 23 „Accounting for Income Taxes" veröffentlicht, welches erstmals die Bilanzierung latenter Steuern für zeitliche Differenzen entsprechend dem ‚timing'-Konzept verlangte.[256] Das neue Bulletin nahm zu wichtigen Punkten der Steuerabgrenzung Stellung,[257] gab aber keine bestimmte Steuerabgrenzungsmethode vor und ließ grundsätzlich alle drei Alternativen zu.[258] Der Umfang der Steuerabgrenzung erstreckte sich auf zeitliche Differenzen, von deren Auflösung in einem absehbaren Zeitraum ausgegangen werden konnte.[259] Das AICPA orientierte sich damit am ‚partial approach'.[260] Nach ARB No. 23 folgten weitere Stellungnahmen und Bulletins, die die anzuwendende Steuerabgrenzungsmethode jedoch ebenfalls nicht eindeutig festlegten.[261] Die Diskussion um den Charakter von Steuerabgrenzungsposten war von untergeordneter Bedeutung. Im Vordergrund stand vielmehr die grundsätzliche Auseinandersetzung mit der Frage, welche zeitlichen Differenzen eine Steuerabgrenzung erfordern und wie sich diese auf das Periodenergebnis auswirken sollte.[262]

---

254 Vgl. *Rayburn, Frank R.* [Review, 1986], S. 90; *Wheeler, James E./Galliart, Willard H.* [Allocation, 1974], S. 23.

255 Vgl. *Powell, Weldon* [Principles, 1959], S. 22 f.; *Hennig, Bettina* [Steuern, 1982], S. 115.

256 Vgl. *Beresford, Dennis R./Best, Lawrence C./Craig, Paul W./Weber, Joseph V.* [Income Taxes, 1983], S. 136; *Hennig, Bettina* [Steuern, 1982], S. 115.

257 In ARB No. 23 wurde die Klassifizierung von Ertragsteuerzahlungen als Aufwand festgeschrieben und die Trennung von zeitlichen und permanenten Differenzen herausgearbeitet. Vgl. *Johnson, Roxanne T.* [History, 1993], S. 275.

258 Vgl. *Neumann, Patrik* [Steuerabgrenzung, 1992], S. 37. In ARB No. 23 wurde die ‚liability method' und die ‚net of tax method' präferiert, jedoch nicht grundsätzlich verlangt. Vgl. *Hennig, Bettina* [Steuern, 1982], S. 115.

259 Vgl. *Beresford, Dennis R./Best, Lawrence C./Craig, Paul W./Weber, Joseph V.* [Income Taxes, 1983], S. 136-138; *Hennig, Bettina* [Steuern, 1982], S. 115.

260 Vgl. *Johnson, Roxanne T.* [History, 1993], S. 275.

261 Insbesondere die vom CAP in den Jahren 1953 und 1954 veröffentlichten ARB No. 43 und ARB No. 44 greifen die Problematik der Steuerabgrenzung auf und fordern grundsätzlich die Bilanzierung latenter Steuern. Vgl. *Black, Homer A.* [Allocation, 1966], S. 35; *Neumann, Patrik* [Steuerabgrenzung, 1992], S. 37.

262 Vgl. *Black, Homer A.* [Allocation, 1966], S. 35.

Mit der im Jahr 1967 publizierten APB Opinion No. 11 „Accounting for Income Taxes" wurde ausgehend vom ‚timing'-Konzept erstmals eine umfassende Regelung zur Bilanzierung latenter Steuern verabschiedet, welche explizit die Steuerabgrenzung nach der ‚deferred method' verlangte.[263] Vom APB wurde diese als „the most useful and practical approach to interperiod tax allocation and the presentation of income taxes in financial statements"[264] eingestuft. Im Vordergrund stand das ‚matching principle', wonach den in der Periode entstandenen Erträgen die durch sie verursachten Aufwendungen gegenüberzustellen sind.[265] Im Rahmen der Steuerabgrenzung sollten den Geschäftsvorfällen und Transaktionen die aus ihnen resultierenden Steuerwirkungen periodengerecht zugeordnet werden.[266] Hierfür wurde der Umfang der Steuerabgrenzung vom ‚partial approach' auf den ‚comprehensive approach' ausgedehnt.[267]

Im Jahr 1987 wurde vom FASB mit SFAS No. 96 „Accounting for Income Taxes" unter Beibehaltung des ‚comprehensive approach' die Steuerabgrenzung nach der ‚liability method' eingeführt.[268] Zudem fand ein Übergang vom GuV-orientierten ‚timing'-Konzept auf das bilanzorientierte ‚temporary'-Konzept statt.[269] Entscheidende Impulse für die Abkehr von der ‚deferred method' und die Neuorientierung der Steuerabgrenzung ergaben sich aus dem in der Zeit von 1978 bis 1985 vom FASB erarbeiteten und veröffentlichten ‚Conceptual Framework'.[270] Mit der ‚Interperiod tax allocation' sollte eine Steuerabgrenzung realisiert werden, die durch entsprechende Periodisierung der Steuerwirkungen auch den übergeordneten Rahmengrundsätzen genügen und die vorgegebene Zielsetzung unterstützen sollte.[271]

Insbesondere die in SFAC No. 6 definierten Begriffe der ‚assets' und ‚liabilities', die als Ausgangspunkt für die Bestimmung aller weiteren Jahresabschlußelemente gewählt wurden, waren wesentlich für den Konzeptionswechsel.[272] Durch das Begriffspaar ist der Einfluß des ‚matching principle' begrenzt und die Verbuchung von Erfolgsbeiträ-

---

263 Vgl. *AICPA* [APB Opinion No. 11, 1967], Abs. 12 f. und Abs. 15 f.; *Rayburn, Frank R.* [Review, 1986], S. 98; *Simpson, Raymond E.* [Taxes, 1999], Ch. 19, S. 2.

264 *AICPA* [APB Opinion No. 11, 1967], Abs. 35.

265 Vgl. *FASB* [Discussion Memorandum, 1983], Abs. 84; *Delaney, Patrick R./Adler, James R./Epstein, Barry J./Foran, Michael F.* [GAAP, 1997], S. 60.

266 Vgl. *FASB* [Discussion Memorandum, 1983], Abs. 84.

267 Vgl. *AICPA* [APB Opinion No. 11, 1967], Abs. 34, S. 1; *Nair, R. D./Weygandt, Jerry J.* [Taxes, 1981], S. 92.

268 Vgl. *Johnson, Roxanne T.* [History, 1993], S. 279; *Parks, James T.* [Guide, 1988], S. 24.

269 Vgl. *Chaney, Paul K./Jeter, Debra C.* [Simplicity, 1989], S. 6; *Barber, Barry/Pitman, Robert L.* [Taxes, 1992], S. 13.

270 Vgl. *Beresford, Dennis R./Best, Lawrence C./Craig, Paul W./Weber, Joseph V.* [Income Taxes, 1983], S. 5.

271 Vgl. *Hendriksen, Eldon S./Breda, Michael F. v.* [Accounting, 1991], S. 714.

272 Vgl. *Bohan, Michael P.* [Developments, 1979], S. 76; *Storey, Reed K.* [Framework, 1999], Ch. 1, S. 53-57; *Schreiber, Ulrich* [Maßgeblichkeitsprinzip, 1997], S. 505.

gen an die Veränderung von ,assets' bzw. ,liabilities' geknüpft worden.[273] Damit wurde der Ansatz reiner Verrechnungsposten eingeschränkt.[274] Das FASB formuliert in SFAC No. 6 entsprechend, daß passive latente Steuern eine Zahllast künftiger Perioden darstellen und ihrem Charakter nach den ,liabilities' zuzuordnen sind.[275] Die von APB Opinion No. 11 vorgeschlagene ,deferred method' wird explizit verworfen.[276] Steuerabgrenzungsposten sollten nicht mehr als Verrechnungsposten zur Angleichung des Steueraufwands an das Periodenergebnis bilanziert werden, sondern als ,assets' und ,liabilities' die künftig erwarteten Steuermehr- oder minderbelastungen aus den in der Berichtsperiode erfaßten Erfolgsbeiträgen abbilden.[277] Die in SFAC No. 6 angedachte, bilanzorientierte Interpretation ist in SFAS No. 96 umgesetzt und durch den Wechsel vom ,timing'-Konzept hin zum ,temporary'-Konzept verstärkt worden.[278]

Mit SFAS No. 96 hat das FASB ein detailliertes Regelwerk zur Bilanzierung von Ertragsteuern erarbeitet, das von der Praxis als außerordentlich kompliziert und schwer umsetzbar empfunden wurde.[279] Auch die inhaltliche Ausgestaltung wurde kritisiert.[280] Aufgrund seiner Komplexität und der inhaltlichen Mängel wurde das umstrittene Statement vom FASB 1992 durch das gleichnamige SFAS No. 109 ersetzt.[281] Unter Beibehaltung der grundsätzlichen Steuerabgrenzungskonzeptionen sind in SFAS No. 109 gegenüber SFAS No. 96 Vereinfachungen vorgenommen und die inhaltlichen Mängel beseitigt worden. Festgehalten wurde an der mit SFAS No. 96 eingeführten Steuerabgrenzung nach der ,liability method' auf Basis des ,temporary'-Konzepts sowie am ,comprehensive approach'.[282]

---

273 Vgl. *Storey, Reed K.* [Framework, 1999], Ch. 1, S. 55.

274 Vgl. *Hendriksen, Eldon S./Breda, Michael F. v.* [Accounting, 1991], S. 453 f.

275 Vgl. *FASB* [SFAC No. 6, 1985], Abs. 240 i.V.m. Abs. 231; *Johnson, Roxanne T.* [History, 1993], S. 279.

276 Vgl. *FASB* [SFAC No. 6, 1985], Abs. 241; *Chaney, Paul K./Jeter, Debra C.* [Simplicity, 1989], S. 7.

277 Vgl. *Hendriksen, Eldon S./Breda, Michael F. v.* [Accounting, 1991], S. 453 und S. 708 f.; *Nair, R. D./Weygandt, Jerry J.* [Taxes, 1981], S. 87.

278 Vgl. *Read, William J./Bartsch, Robert A. J.* [Rules, 1991], S. 45; *Wolk, Harry I./Martin, Dale R./ Nichols, Virginia A.* [Problems, 1989], S. 3 f.

279 Vgl. *Chaney, Paul K./Jeter, Debra C.* [Simplicity, 1989], S. 7; *Henning, Michael A./Arcady, Alex T./Sigler, Mary A.* [Implications, 1992], S. 143.

280 Als inhaltlicher Mangel wurde insbesondere die eingeschränkte Bilanzierungsfähigkeit aktiver latenter Steuern eingestuft. Vgl. *FASB* [SFAS No. 109, 1992], Abs. 84; *Wilburn, Nancy L./Carpen ter, Janice L.* [Effects, 1992], S. 43; *Wolk, Harry I./Martin, Dale R./Nichols, Virginia A.* [Problems, 1989], S. 1 f.

281 Vgl. *FASB* [SFAS No. 109, 1992], Abs. 2; *Schroeder, Richard G./Myrtle, Clark W.* [Theory, 1998], S. 553; *Wilson, Arlette C.* [Technical Examples, 1992], S. 42.

282 Vgl. *FASB* [SFAS No. 109, 1992], Abs. 182; *Dyckman, Thomas R./Dukes, Roland E./Davis, Charles J.* [Accounting Bd. 2, 1998], S. 1011.

SFAS No. 96 und das nachfolgende SFAS No. 109 bringen eine Umorientierung der Steuerabgrenzung weg vom Ziel der Ermittlung eines nicht durch steuerrechtliche Regelungen verzerrten Ergebnisses hin zu einem zutreffenden Ausweis der Vermögenslage zum Ausdruck.[283] Das der ,deferred method' zugrundeliegende Ziel der Herstellung einer funktionalen Beziehung zwischen handelsrechtlichem Ergebnis vor Steuern und ausgewiesenem Steueraufwand wurde zunehmend als unbefriedigend empfunden.[284] Dies ergab sich aus den stetig wachsenden Steuerabgrenzungsposten, die als reine Verrechnungsposten nur schwer interpretierbar waren.[285]

Aus Konzernsicht unterstellt die ,deferred method' zudem die aus der Fiktion der rechtlichen Einheit ableitbare Fiktion der steuerlichen Einheit des Konzerns und verlangt, daß „the income tax expense reported on corporate income statements should be a function of corporate earnings measured using generally accepted accounting principles (GAAP)“[286]. Die Fiktion der steuerlichen Einheit des Konzerns ist bei national tätigen Konzernen in den USA durch die nach dem IRC zulässige Konzernbesteuerung plausibel.[287] Sie ist jedoch bei international tätigen Konzernen problematisch, da aufgrund unterschiedlicher nationaler Steuerhoheiten die einheitliche Besteuerung auf Konzernebene nicht möglich ist.[288] Die Rechtfertigung latenter Steuern im Konzernabschluß mit dem Ziel der Periodisierung der Ertragsteuern ausgehend vom konsolidierten Vorsteuerergebnis ist daher unbefriedigend.[289]

Durch den Methodenwechsel konnten die Problempunkte entschärft werden. Im Gegensatz zur ,deferred method' zielt die ,liability method' auf die Erfassung der künftig erwarteten Steuerbe- oder -entlastungen aus den in der Berichtsperiode entstandenen Differenzen zwischen den Wertansätzen der Vermögens- und Schuldposten in Handels- und Steuerbilanz ab.[290] Die anzusetzenden Steuerabgrenzungsposten geben damit

---

283 Vgl. *White, Gerald I./Sondhi, Ashwinpaul C./Fried, Dov* [Analysis, 1994], S. 520; *Debus, Christian* [Steuern, 1997], Abs. 205.

284 Vgl. *Johnson, Roxanne T.* [History, 1993], S. 278; *Dusemond, Michael* [Konzernabschluß, 1999], S. 313 f.

285 Vgl. *Hendriksen, Eldon S./Breda, Michael F. v.* [Accounting, 1991], S. 709; *Munter, Paul/Ratcliffe, Thomas A.* [GAAP, 1993], Ch. 7, S. 30.

286 *Breda, Michael F. v./Ferris, Kenneth R.* [Understanding, 1989], S. 76. Vgl. hierzu auch *Busse von Colbe, Walther/Ordelheide, Dieter* [Konzernabschlüsse, 1993], S. 34.

287 Im Gegensatz zum US-amerikanischen Steuerrecht kennt das deutsche Steuerrecht keine konsolidierte Steuererklärung. Vgl. *Hauck, Anton/Michel, Ulrich* [Vorschriften, 1992], S. 454; *Salzberger, Wolfgang* [Konzernunternehmung, 1994], S. 26; *Theisen, Manuel R.* [Konzern, 1991], S. 391; *Wundernitz, Brigitte* [Konzernbesteuerung, 1996], S. 44-195.

288 Vgl. *Hoyle, Joe* [Accounting, 1994], S. 420; *Schruff, Wienand* [Konzernabschluß, 1984], S. 361.

289 Vgl. *Hennig, Bettina* [Steuern, 1982], S. 253-255; *Schruff, Wienand* [Konzernabschluß, 1984], S. 360 f.

290 Vgl. *Bartsch, Robert A. J./Erickson, Naomi* [Real Estate, 1993], S. 14; *Karrenbrock, Holger* [Steuern, 1991], S. 100; *Dusemond, Michael* [Konzernabschluß, 1999], S. 314 f.

Aufschluß über die künftig erwarteten Zahlungsmittelflüsse aus der Ertragsbesteuerung und sind anders als die Verrechnungsposten nach der ‚deferred method' als Verbindlichkeiten bzw. forderungsähnliche Ansprüche gegenüber dem Fiskus interpretierbar.[291] Sie indizieren künftige Zahlungsströme und unterstützen so das Rechnungslegungsziel der Vermittlung entscheidungsrelevanter Informationen zur Beurteilung künftiger ‚cash flows'.[292] Aus der Sicht des Konzerns sind latente Steuern anzusetzen für „differences between amounts reported for assets and liabilities in consolidated financial statements and the tax bases of those assets and liabilities."[293] Ausgangspunkt der Steuerabgrenzung ist damit nicht mehr die Überlegung, welcher Steueraufwand aufgrund des konsolidierten Vorsteuerergebnisses im Konzernabschluß auszuweisen ist, sondern vielmehr die Frage, welche künftigen Steuerbe- oder -entlastungen aufgrund der in der Berichtsperiode entstandenen Differenzen zwischen den Wertansätzen der Vermögens- und Schuldposten in Konzern- und Steuerbilanz zu periodisieren sind.[294] Damit verliert die Fiktion der Steuereinheit des Konzerns zur Rechtfertigung latenter Steuern im konsolidierten Abschluß an Bedeutung.

2.3.4 Fazit

Die geschichtliche Entwicklung der Vorschriften zur Bilanzierung von Ertragsteuern ist von wiederholtem Überarbeiten und Ersetzen bestehender Standards gekennzeichnet. Dies verdeutlicht die Brisanz der Steuerabgrenzungsfrage in den USA, die immer wieder im Brennpunkt der Auseinandersetzung stand.[295] Vorläufiger Abschluß der Diskussion bildet das im Jahr 1992 vom FASB veröffentlichte SFAS No. 109.[296] Abbildung 2.1 stellt die grundsätzliche Möglichkeit des Verzichts auf eine Steuerabgrenzung den diskutierten Steuerabgrenzungsmethoden und -ansätzen abschließend gegenüber. Dabei ist die nach SFAS No. 109 derzeit maßgebende Steuerabgrenzungskonzeption durch Schraffierung hervorgehoben.

---

291 Vgl. *Hendriksen, Eldon S./Breda, Michael F. v.* [Accounting, 1991], S. 714 f.

292 Vgl. *FASB* [SFAS No. 109, 1992], Abs. 65; *Kieso, Donald E./Weygandt, Jerry J.* [Accounting, 1998], S. 1068; *Nair, R. D./Weygandt, Jerry J.* [Taxes, 1981], S. 100-102.

293 *Pacter, Paul* [Consolidations, 1994], S. 607.

294 Vgl. *Munter, Paul/Ratcliffe, Thomas A.* [GAAP, 1993], Ch. 7, S. 34; *Dusemond, Michael* [Konzernabschluß, 1999], S. 316.

295 Vgl. *Johnson, Roxanne T.* [History, 1993], S. 272.

296 Vgl. *Kieso, Donald E./Weygandt, Jerry J.* [Accounting, 1995], S. 991.

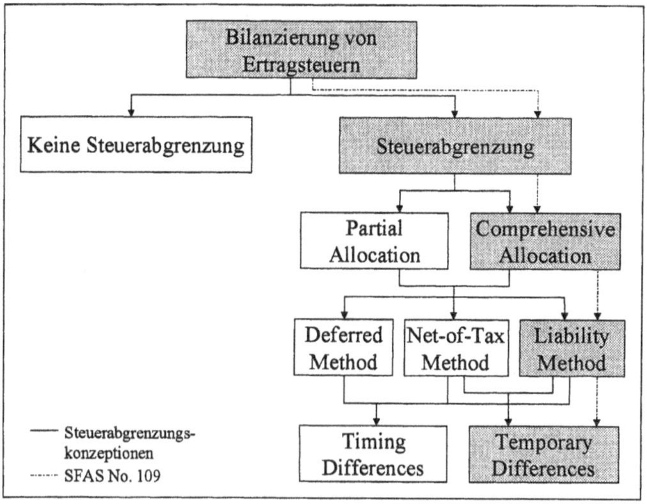

Abbildung 2.1: Steuerabgrenzungskonzeptionen

(Quelle: *Nikolai, Loren A./Bazley, John D.* [Accounting, 1994], S. 817, angepaßt.)

Die aus der Geschichte heraus entstandene Trennung von handels- und steuerrechtlicher Gewinnermittlung hat die Diskussion um eine Steuerabgrenzung begründet. Hintergrund ist der im Rahmen des ‚financial reporting' zentrale Rechnungslegungsgrundsatz des ‚accrual basis accounting', wonach Aufwendungen und Erträge losgelöst von den konkreten Zahlungszeitpunkten in den Perioden ihrer Verursachung zu erfassen sind. Daraus resultiert die Forderung nach einer umfassenden Periodisierung aller Geschäftsvorfälle und Transaktionen, die auch den Ertragsteueraufwand einbezieht.

Im folgenden gilt es die in SFAS No. 109 spezifizierte Bilanzierung von Ertragsteuern aufzuzeigen. Davon ausgehend können im weiteren Probleme der Anwendung von SFAS No. 109 durch deutsche Unternehmen diskutiert werden. Zur Ableitung entsprechender Problemlösungen bildet das aufgezeigte Rechnungslegungsziel der Vermittlung entscheidungsrelevanter Informationen den übergeordneten Bezugsrahmen, vor dem die möglichen Lösungsalternativen zu würdigen sind.[297]

297 Vgl. *Ritchie, P. C./Rowcroft, J. E./Trenholm, B. A.* [Treatment, 1988], S. 29.

3 Steuerabgrenzung und Ertragsteuerausweis nach SFAS No. 109

3.1 Zielsetzung von SFAS No. 109

SFAS No. 109 ‚Accounting for Income Tax' ist dem Problembereich Bilanzierung, Bewertung und Ausweis von Ertragsteuern gewidmet. Ziel ist die Erreichung einer zutreffenden Darstellung der Vermögenslage durch entsprechende Periodisierung des Steueraufwands.[1] Das Statement bezieht sich auf zwei Themenkreise. Zum einen wird die Bilanzierung und der Ausweis der laufenden Ertragsteuern vorgegeben. Diese stellen die Steuerzahlungen dar, die aufgrund eines positiven Steuerbilanzergebnisses an den Fiskus für das Wirtschaftsjahr abzuführen sind, bzw. die erwartete Steuerentlastungswirkung, die sich aus einem negativen Steuerbilanzergebnis ergibt.[2] Zum anderen wird die Bilanzierung latenter Steuern für künftig erwartete Steuerwirkungen aus den in Handels- und/oder Steuerbilanz erfaßten Geschäftsvorfällen der abzuschließenden Berichtsperiode geregelt.[3]

Um die vorgegebene Zielsetzung zu erreichen, sind folgende Grundsätze zu beachten:[4]

1) Für die voraussichtliche Steuerschuld bzw. Steuererstattung des laufenden Jahres ist eine Schuld (‚current tax liability') bzw. eine Forderung (‚current tax asset') auszuweisen.
2) Für die künftig erwarteten Steuerwirkungen aus temporären Differenzen und steuerlich vortragsfähigen Verlusten sind aktive und passive latente Steuern anzusetzen.
3) Die Ermittlung der laufenden Ertragsteuern und der Steuerlatenzen ist auf Basis des geltenden Steuerrechts durchzuführen.
4) Wertberichtigungen auf aktive latente Steuern sind vorzunehmen, soweit mit der Geltendmachung der steuerlichen Vorteile nicht mehr gerechnet werden kann.

Während die Bilanzierung der Steuerschuld aus den laufenden Ertragsteuern unproblematisch ist, weil diese durch die Gewinnermittlungsvorschriften des Steuerrechts determiniert sind, wirft die Bilanzierung der latenten Steuern konzeptionelle Ansatz- und Bewertungsfragen auf. Latente Steuern fangen die aufgrund unterschiedlicher

---

1 Vgl. *Simpson, Raymond E.* [Taxes, 1999], Ch. 19, S. 5; *Parks, James T.* [Guide, 1988], S. 25.

2 Vgl. *FASB* [SFAS No. 109, 1992], Abs. 6, S. 1.

3 Vgl. *FASB* [SFAS No. 109, 1992], Abs. 6, S. 2. Da die künftigen Steuerzahlungen von einem Zusammenspiel verschiedener Faktoren abhängen und auf Schätzungen beruhen, wohnen den erwarteten Steuerwirkungen Unsicherheitskomponenten inne. Vgl. *FASB* [SFAS No. 109, 1992], Abs. 7.

4 Vgl. *FASB* [SFAS No. 109, 1992], Abs. 8; *Siebert, Henning* [Grundlagen, 1996], S. 257.

handels- und steuerrechtlicher Bilanzierungs- und Bewertungsvorschriften in der Periode verursachten Differenzen zwischen den Wertansätzen in Handels- und Steuerbilanz auf, indem sie die künftig erwarteten Steuerwirkungen daraus antizipieren und so der Periode ihrer handelsrechtlichen Verursachung zurechnen.[5] Aus der Menge der Differenzen, die sich durch die abweichende Bilanzierung und Bewertung in Handels- und Steuerbilanz ergeben, gilt es hierfür zunächst diejenigen Differenzen auszumachen, welche im Rahmen der Steuerabgrenzung zu periodisieren sind. Für die anzusetzenden Differenzen ist die konkrete Methode der Abgrenzung latenter Steuern darzustellen. Zur Ermittlung der latenten Steuern sind anschließend die einzubeziehenden Steuern und der maßgebende Steuersatz zu bestimmen.

Bei der bilanziellen Behandlung der laufenden Ertragsteuern ergeben sich Probleme, wenn das Steuerbilanzergebnis negativ ist und ein Steuererstattungsanspruch gegenüber dem Fiskus entsteht. Der Erstattungsanspruch darf nicht unmittelbar in seiner Entstehungsperiode steuerlich geltend gemacht werden. Nach den steuerrechtlichen Bestimmungen kann ein steuerlicher Verlust lediglich im Wege des Verlustrück- bzw. -vortrags in vor- oder nachgelagerte Wirtschaftsjahre berücksichtigt werden.[6] Für die Handelsbilanz stellt sich die Frage, ob und gegebenenfalls wie die Vorteile aus einem steuerlichen Verlust bilanziell zu erfassen sind.

Im folgenden sind die Bestimmungen zur bilanziellen Behandlung von Ertragsteuern nach SFAS No. 109 aufzuzeigen. Neben der Darstellung der konkreten Bilanzierungs- und Bewertungsvorschriften sind die Vorschriften zum Ertragsteuerausweis in den ‚notes' zu erläutern. Werden im folgenden Sachverhalte anhand von Beispielen verdeutlicht, wird im wesentlichen auf Gegebenheiten des deutschen Steuerrechts zurückgegriffen. Dies rechtfertigt die Problemstellung der Arbeit, welche auf die Beantwortung von Fragen abzielt, die bei der Anwendung von SFAS No. 109 auf Basis des deutschen Steuerrechts aufgeworfen werden. Die in SFAS No. 109 angeführten Beispiele werden nicht diskutiert, soweit sie auf Besonderheiten des US-amerikanischen Steuerrechts beruhen, die das deutsche Steuerrecht nicht kennt und daher bei der Übertragung kein Problempotential begründen.

---

5 Vgl. *FASB* [SFAS No. 109, 1992], Abs. 6 und Abs. 64 f.; *Hauck, Anton/Michel, Ulrich* [Vorschriften, 1992], S. 452.

6 Vgl. Sec. 172(b) (1) (A) IRC; § 8 Abs. 1 KStG i.V.m. § 10d EStG.

3.2 Das Konzept der ‚temporary differences'

3.2.1 Grundlagen des Konzepts der ‚temporary differences'

Die Menge der bei der Steuerabgrenzung zu erfassenden Differenzen ergibt sich gemäß SFAS No. 109 nach dem bilanzorientierten Konzept der ‚temporary differences'. Als temporäre Differenzen werden die Unterschiedsbeträge aus abweichenden Wertansätzen von Vermögensgegenständen und Schulden in Handels- und Steuerbilanz bezeichnet, soweit diese in künftigen Perioden ein Über- oder Unterschreiten des Steuerbilanzergebnisses gegenüber dem handelsrechtlichen Ergebnis vor Steuern begründen.[7] Damit zielt das Konzept auf die in Handels- und Steuerbilanz angesetzten Vermögensgegenstände und Schulden ab.[8] Dem Konzept der ‚temporary differences' liegt die Annahme zugrunde, daß die angesetzten Buchwerte für Vermögensgegenstände und Schulden in künftigen Perioden realisiert bzw. erfüllt werden.[9] Bei Vermögensgegenständen erfolgt die Realisierung durch die Abschreibung zur Erfassung des Wertverzehrs aus der Nutzung oder alternativ durch Verkauf. Schulden werden mit der Erbringung der Lieferungs- oder Leistungsverpflichtungen erfüllt.[10]

Aufgrund der Annahme kommt es in künftigen Perioden zur Auflösung der Differenzen aus den unterschiedlichen Wertansätzen. Durch die Auflösung entstehen regelmäßig Steuerwirkungen.[11] Gegenüber dem handelsrechtlichen Ergebnis erhöhen bzw. mindern die Differenzen das Steuerbilanzergebnis in künftigen Perioden.[12] Die effektive Steuerbelastung übersteigt bzw. unterschreitet dadurch die aus handelsrechtlicher Sicht gebotene Steuerbelastung. Um die Diskrepanz zu korrigieren und den Ausweis eines dem handelsrechtlichen Ergebnis entsprechenden Steueraufwands zu erreichen, sind die steuerlichen Wirkungen aus den Differenzen bereits in der Entstehungsperiode abzugrenzen.[13] Die Steuerabgrenzung nach dem Konzept der ‚temporary differences' erfaßt damit die Steuerwirkungen der in der Berichtsperiode verursachten künftigen

---

7 Vgl. *FASB* [SFAS No. 109, 1992], Abs. 289; *Collins, William A./Mautz, David R.* [Income Taxes, 1998], S. 563; *Schildbach, Thomas* [Differenzen, 1998], S. 940.

8 Vgl. *FASB* [SFAS No. 109, 1992], Abs. 6; *Read, William J./Bartsch, Robert A. J.* [Rules, 1991], S. 45.

9 Vgl. *FASB* [SFAS No. 109, 1992], Abs. 11, S. 1; *Simpson, Raymond E.* [Taxes, 1999], Ch. 19, S. 8; *Williams, Jan R.* [GAAP Guide, 1999], Ch. 21, S. 7.

10 Vgl. *Coenenberg, Adolf G./Hille, Klaus* [Ertragsteuern, 1997], Rz. 25.

11 Vgl. *FASB* [SFAS No. 109, 1992], Abs. 11, S. 2; *KPMG Peat Marwick* [Income Taxes, 1992], S. 23.

12 Vgl. *Kieso, Donald E./Weygandt, Jerry J.* [Accounting, 1998], S. 1029.

13 Vgl. *Simpson, Raymond E.* [Taxes, 1999], Ch. 19, S. 8.

Ergebnisunterschiede.[14] Temporäre Differenzen wirken sich folglich stets auf zwei oder mehr Perioden aus.[15]

Bei der Entstehung der Differenzen sind grundsätzlich vier Fälle zu unterschieden, deren künftige Steuerkonsequenzen in zwei Richtungen wirken:[16]

1. Ein Vermögensgegenstand wird in der Handelsbilanz höher bewertet als in der Steuerbilanz bzw. ein Vermögensgegenstand wird nur in der Handelsbilanz, nicht aber in der Steuerbilanz angesetzt.
2. Eine Schuld wird in der Handelsbilanz niedriger bewertet als in der Steuerbilanz bzw. eine Schuld wird nur in der Steuerbilanz, nicht aber in der Handelsbilanz angesetzt.
3. Ein Vermögensgegenstand wird in der Handelsbilanz niedriger bewertet als in der Steuerbilanz bzw. ein Vermögensgegenstand wird nur in der Steuerbilanz, nicht aber in der Handelsbilanz angesetzt.
4. Eine Schuld wird in der Handelsbilanz höher bewertet als in der Steuerbilanz bzw. eine Schuld wird nur in der Handelsbilanz, nicht aber in der Steuerbilanz angesetzt.

Die aufgrund der unterschiedlichen Bewertungs- und Ansatzvorgänge entstehenden Differenzen verursachen in den Perioden der Realisierung bzw. Erfüllung der zugrundeliegenden Buchwerte unterschiedliche Steuerwirkungen. In Fall 1 und 2 hat dies in künftigen Perioden ein gegenüber dem handelsrechtlichen Ergebnis höheres steuerrechtliches Ergebnis zur Folge, da steuerrechtlich weniger Aufwand bzw. mehr Ertrag als handelsrechtlich erfaßt wird. Die Differenz stellt folglich eine sogenannte ‚taxable temporary difference' dar,[17] d.h. einen künftig steuerbaren Betrag. Entsprechend übersteigt in künftigen Perioden die effektive Steuerbelastung aus der Steuerbilanz die aus dem handelsrechtlichen Ergebnis abgeleitete fiktive Steuerbelastung. Um einen mit dem handelsrechtlichen Ergebnis korrespondierenden Ertragsteuerausweis zu realisieren, ist die Diskrepanz der künftigen Steuerwirkungen mit Hilfe der Steuerabgrenzung aufzufangen.[18]

Die Fälle 3 und 4 haben bei Realisierung bzw. Erfüllung der Buchwerte ein gegenüber dem handelsrechtlichen Ergebnis geringeres steuerrechtliches Ergebnis zur Konse-

---

14 Vgl. *KPMG Peat Marwick* [Income Taxes, 1992], S. 24.

15 Vgl. *Collins, William A./Mautz, David R.* [Income Taxes, 1998], S. 563.

16 Vgl. *Pellens, Bernhard* [Rechnungslegung, 1999], S. 246; *Coenenberg, Adolf G./Hille, Klaus* [Ertragsteuern, 1997], Rz. 26.

17 Vgl. *FASB* [SFAS No. 109, 1992], Abs. 13, S. 1; *Schroeder, Richard G./Myrtle, Clark W.* [Theory, 1998], S. 538.

18 Vgl. *Coenenberg, Adolf G./Hille, Klaus* [Ertragsteuern, 1997], Rz. 46.

quenz, da steuerrechtlich mehr Aufwand bzw. weniger Ertrag vereinnahmt wird. Bei der Differenz handelt es sich um eine sogenannte ‚deductible temporary difference',[19] d.h. eine in künftigen Perioden steuerlich abzugsfähige Differenz. Entsprechend ist bei Realisierung die effektive Steuerbelastung aus der Steuerbilanz niedriger als die fiktive Steuerbelastung aufgrund des handelsrechtlichen Ergebnisses. Die Diskrepanz bedarf zur Korrektur ebenfalls der Steuerabgrenzung.[20]

3.2.2 Erfolgswirksam entstandene Differenzen

Die dargestellten ‚temporary differences' können sich in der Entstehungsperiode bereits erfolgswirksam in der GuV niederschlagen und Steuerwirkungen bedingen oder lediglich erfolgsneutral zustande gekommen sein und erst in künftigen Berichtsperioden Steuerwirkungen entfalten.[21] Soweit die Differenzen bereits in der Entstehungsperiode erfolgswirksame Ergebnisunterschiede verursachen, handelt es sich um sogenannte ‚timing differences'.[22] Diese entstehen, wenn Erfolgsbeiträge bei der handelsrechtlichen und steuerrechtlichen Gewinnermittlung zwar in gleicher Höhe erfaßt werden, jedoch zu verschiedenen Zeitpunkten.[23] Aufgrund der Ergebnisunterschiede weicht bereits in der Entstehungsperiode das handelsrechtliche Ergebnis vom steuerrechtlichen ab.[24] Dadurch korrespondiert die auf Basis der Steuerbilanz ermittelte effektive Steuerbelastung nicht mit der fiktiven Steuerbelastung, die sich bei Besteuerung des handelsrechtlichen Ergebnisses ergeben würde. Dieser Effekt kehrt sich im Zeitablauf um und gleicht sich aus.[25]

Die unterschiedliche Erfolgserfassung in der Entstehungsperiode als Kennzeichen der ‚timing differences' hat im Konzept der ‚temporary differences' eine sekundäre Bedeutung, weil primär auf die zugrundeliegenden Vermögensgegenstände und Schulden abgestellt wird.[26] Ihnen werden die Differenzen aus den Bilanzierungs- und Bewertungsunterschieden zugeordnet. Entsprechend haften den Vermögensgegenständen und

---

19 Vgl. *FASB* [SFAS No. 109, 1992], Abs. 13, S. 2; *Schroeder, Richard G./Myrtle, Clark W.* [Theory, 1998], S. 538.

20 Vgl. *Coenenberg, Adolf G./Hille, Klaus* [Ertragsteuern, 1997], Rz. 26.

21 Vgl. *FASB* [SFAS No. 109, 1992], Abs. 12; *Reinstein, Alan/Carmichael, Bobby J./Spaulding Jr., Albert D.* [Accounting, 1994], S. 49.

22 Vgl. *Delaney, Patrick R./Adler, James R./Epstein, Barry J./Foran, Michael F.* [GAAP, 1997], S. 505; *Hendriksen, Eldon S./Breda, Michael F. v.* [Accounting, 1991], S. 705 f.

23 Vgl. *Coenenberg, Adolf G.* [Jahresabschluß, 2000], S. 375; *FASB* [Discussion Memorandum, 1983], Abs. 4-7.

24 Vgl. *FASB* [SFAS No. 109, 1992], Abs. 10a.

25 Vgl. *AICPA* [APB Opinion No. 11, 1967], Abs. 15; *FASB* [Discussion Memorandum, 1983], Abs. 7.

26 Vgl. *FASB* [SFAS No. 109, 1992], Abs. 11a-11d; *KPMG Peat Marwick* [Income Taxes, 1992], S. 24.

Schulden künftig steuerbare Beträge (‚future taxable amounts') bzw. künftig steuermindernde Beträge (‚future deductible amounts') an.[27] In Ausnahmefällen können ‚timing differences' handelsrechtlich keinem Vermögensgegenstand bzw. keiner Schuld zugeordnet werden, da nur in der Steuerbilanz, nicht aber in der Handelsbilanz entsprechende Vermögensgegenstände oder Schulden angesetzt werden. Da die Differenzen auf eine unterschiedliche Erfolgserfassung in Handelsbilanz und Steuerbilanz zurückzuführen sind und sich im Zeitablauf umkehren, ist dennoch eine Steuerabgrenzung vorzunehmen.[28]

Werden Erträge handelsrechtlich früher erfaßt als steuerrechtlich bzw. Aufwendungen steuerrechtlich früher abzugsfähig als handelsrechtlich, so steht in der Entstehungsperiode dem handelsrechtlichen Ergebnis ein geringeres steuerrechtliches Ergebnis gegenüber.[29] Die resultierende effektive Steuerbelastung ist gegenüber der fiktiven entsprechend zu niedrig. Aufgrund der Umkehrung kommt es in künftigen Perioden zu einem gegenüber dem handelsrechtlichen Ergebnis zu hohen steuerrechtlichen Ergebnis. Die effektive Steuerbelastung ist folglich höher als die fiktive. Die zugrundeliegenden Vermögensgegenstände und Schulden enthalten dadurch künftig steuerbare Beträge (‚future taxable amounts').[30]

Beispielhaft hierfür sind Vermögensgegenstände, die bei identischem Wertansatz steuerrechtlich degressiv, handelsrechtlich dagegen linear abgeschrieben werden.[31] Den konstanten handelsrechtlichen Abschreibungsbeträgen stehen zunächst höhere steuerrechtliche Abschreibungsbeträge gegenüber. Die über die Verursachungsperioden hinweg entstehende Differenz zwischen dem handels- und steuerrechtlichen Buchwert des Vermögensgegenstands bildet die ‚temporary difference', die sich in den Umkehrperioden entsprechend auflöst. Die temporäre Differenz zwischen steuerrechtlichem und handelsrechtlichem Buchwert ist im Umkehrzeitpunkt maximal. Das steuerrechtliche Abschreibungspotential ist in den Umkehrperioden gegenüber dem handelsrechtlichen geringer. In diesen Perioden ist die effektive Steuerbelastung höher als die fiktive. Dem Vermögensgegenstand haftet daher ein in künftigen Perioden steuerbarer Betrag an.[32]

---

27 Vgl. *FASB* [SFAS No. 109, 1992], Abs. 12.

28 Beispielhaft führt das FASB ‚organizational costs' an, die in der Handelsbilanz in voller Höhe Aufwand der Periode darstellen, nach den Regelungen des IRC steuerrechtlich jedoch aktiviert und in künftigen Perioden steuermindernd abgeschrieben werden können. Vgl. *FASB* [SFAS No. 109, 1992], Abs. 15 und Abs. 289, S. 3; *Williams, Jan R.* [GAAP Guide, 1999], Ch. 21, S. 8.

29 Vgl. *FASB* [SFAS No. 109, 1992], Abs. 11a und Abs. 11d; *Karrenbrock, Holger* [Steuern, 1991], S. 6 f.

30 Vgl. *FASB* [SFAS No. 109, 1992], Abs. 13, S. 2 i.V.m. Abs. 11a und Abs. 11d; *Nikolai, Loren A./ Bazley, John D.* [Accounting, 1994], S. 815.

31 Vgl. *FASB* [SFAS No. 109, 1992], Abs. 210 f.; *KPMG Peat Marwick* [Income Taxes, 1992], S. 25.

32 Vgl. *Westermann, Bernhard* [Weltabschlüsse, 1989], S. 259.

Geht die steuerrechtliche Ertragsvereinnahmung der handelsrechtlichen voraus bzw. werden Aufwendungen handelsrechtlich früher erfaßt als steuerrechtlich, hat dies in der Entstehungsperiode ein gegenüber dem handelsrechtlichen Ergebnis höheres steuerrechtliches Ergebnis zur Konsequenz.[33] Dadurch ist die effektive Steuerbelastung gegenüber der fiktiven zu hoch. Bei Umkehrung des Ergebnisses in künftigen Perioden ergibt sich gegenüber der effektiven Steuerbelastung eine zu geringe fiktive Steuerbelastung. Den zugrundeliegenden Vermögensgegenständen und Schulden haften daher künftig steuermindernde Beträge (‚future deductible amounts') an.[34]

Als Beispiel kann die Bildung von Drohverlustrückstellungen (‚liability for purchase commitments') bei Vorliegen unausgeglichener schwebender Beschaffungsgeschäfte genannt werden,[35] welche handelsrechtlich geboten sind, steuerrechtlich jedoch nicht angesetzt werden dürfen.[36] Durch die Passivierung der Rückstellung für drohende Verluste werden Aufwendungen in der Handelsbilanz gegenüber der Steuerbilanz früher gewinnmindernd erfaßt. Durch den ausschließlichen Ansatz einer Drohverlustrückstellung in der Handelsbilanz ergibt sich eine temporäre Differenz, die sich bei Erfüllung des zugrundeliegenden Beschaffungsgeschäftes umkehrt. In der Periode der Erfüllung wird handelsrechtlich die Rückstellung erfolgsneutral aufgelöst, während steuerrechtlich die entsprechenden Aufwendungen erfaßt werden. Die effektive Steuerbelastung ist in der Erfüllungsperiode niedriger als die fiktive. Die Rückstellung für drohende Verluste stellt daher einen künftig steuermindernden Betrag dar.

3.2.3 Erfolgsneutral entstandene Differenzen

Über die ‚timing differences' hinaus werden nach dem Konzept der ‚temporary differences' auch Differenzen aus unterschiedlichen Wertansätzen von Vermögensgegenständen und Schulden in Handels- und Steuerbilanz erfaßt, die erfolgsneutral zustande gekommen sind.[37] Diese strikt temporären Differenzen rufen in der Entstehungsperiode keine steuerlichen Konsequenzen hervor.[38] Aufgrund der Annahmen, daß die Buch-

---

33 Vgl. *FASB* [SFAS No. 109, 1992], Abs. 11b und Abs. 11c; *Karrenbrock, Holger* [Steuern, 1991], S. 7 f.

34 Vgl. *FASB* [SFAS No. 109, 1992], Abs. 13, S. 3 i.V.m. Abs. 11b und Abs. 11c; *Nikolai, Loren A./ Bazley, John D.* [Accounting, 1994], S. 815.

35 Vgl. *FASB* [SFAC No. 6, 1985], Abs. 251; *AICPA* [ARB No. 43, 1953], Ch. 4, Abs. 17; *Gujarathi, Mahendra R./Stanley, Biggs F.* [Purchase Commitments, 1988], S. 75; *Kieso, Donald E./Weygandt, Jerry J.* [Accounting, 1998], S. 456 f.

36 Vgl. § 5 Abs. 4a EStG; *Eckstein, Hans-Martin/Fuhrmann, Sven* [Nichtanerkennung, 1998], S. 529.

37 Vgl. *FASB* [SFAS No. 109, 1992], Abs. 10b und Abs. 12; *Bartsch, Robert A. J./Erickson, Naomi* [Real Estate, 1993], S. 13 f.

38 Vgl. *Coenenberg, Adolf G./Hille, Klaus* [Ertragsteuern, 1997], Rz. 62; *Hendriksen, Eldon S./ Breda, Michael F. v.* [Accounting, 1991], S. 707.

werte von Vermögensgegenständen und Schulden realisiert werden, lösen sich die Differenzen im Zeitablauf erfolgswirksam auf und rufen dadurch in den Folgeperioden Steuerwirkungen hervor.[39] Wegen der differierenden Wertansätze werden handels- und steuerrechtlich bei der Auflösung verschieden hohe Erfolgsbeiträge erfaßt. Die in künftigen Perioden resultierende effektive Steuerbelastung korrespondiert daher nicht mit der handelsrechtlich gebotenen. In Abhängigkeit vom Vorzeichen der Differenzen haften den zugrundeliegenden Vermögensgegenständen und Schulden künftig steuerbare bzw. künftig steuermindernde Beträge an. Da die Differenzen steuerneutral entstanden sind, stellen die Steuerwirkungen keine Umkehrung bereits in früheren Perioden verursachter Steuereffekte dar. Sie sind lediglich die Konsequenz aus der Auflösung der Differenzen.[40] Um die Diskrepanz aus der künftigen Steuerwirkung in den Folgeperioden aufzufangen, ist bereits in der Entstehungsperiode durch den Ansatz latenter Steuern eine entsprechende Steuerabgrenzung vorzunehmen.

Erfolgsneutrale temporäre Differenzen entstehen insbesondere aufgrund von Zuschreibungen im Rahmen der Neubewertung von Vermögensgegenständen bei der Kapitalkonsolidierung nach der Erwerbsmethode.[41] Während steuerrechtlich die Buchwerte unverändert bleiben, werden handelsrechtlich durch die Auflösung der stillen Reserven die jeweiligen Buchwerte anteilig aufgestockt.[42] Das handelsrechtliche Abschreibungspotential erhöht sich dadurch gegenüber dem steuerrechtlichen. In der Folgezeit wird handelsbilanziell mehr Aufwand als steuerrechtlich verbucht. Entsprechend ist das Steuerbilanzergebnis und die effektive Steuerbelastung höher als das Handelsbilanzergebnis und die daraus abgeleitete fiktive Steuerbelastung. Die Zuschreibung bei der Neubewertung der Vermögensgegenstände im Rahmen der Kapitalkonsolidierung bedingt künftig steuerbare Beträge.[43]

3.2.4 Der Umfang der Steuerabgrenzung

Nach SFAS No. 109 sind die Steuereffekte sämtlicher ‚temporary differences' in die Steuerabgrenzung einzubeziehen.[44] Damit ist der ‚comprehensive approach' kodifiziert

---

39 Vgl. *FASB* [SFAS No. 109, 1992], Abs. 11, S. 2; *KPMG Peat Marwick* [Income Taxes, 1992], S. 23.

40 Vgl. *Coenenberg, Adolf G./Hille, Klaus* [Ertragsteuern, 1997], Rz. 62.

41 Vgl. *FASB* [SFAS No. 109, 1992], Abs. 10h und Abs. 30; *Coenenberg, Adolf G./Hille, Klaus* [Ertragsteuern, 1997], Rz. 63.

42 Vgl. *KPMG Peat Marwick* [Income Taxes, 1992], S. 95; *Simpson, Raymond E.* [Taxes, 1999], Ch. 19, S. 15.

43 Durch Abschreibungen von Vermögensgegenständen bzw. Zuschreibungen von Schulden ergeben sich künftig steuermindernde Beträge. Vgl. *FASB* [SFAS No. 109, 1992], Abs. 10h; *Delaney, Patrick R./Adler, James R./Epstein, Barry J./Foran, Michael F.* [GAAP, 1997], S. 507.

44 Vgl. *FASB* [SFAS No. 109, 1992], Abs. 63 f. und Abs. 203-205.

worden.[45] Für wenige, explizit vorgegebene Fälle verlangt das FASB jedoch die Durchbrechung des ‚comprehensive approach'.[46] Dabei handelt es sich im wesentlichen um temporäre Differenzen aus Konsolidierungsvorgängen. Folgende Ausnahmen sind dabei hervorzuheben:[47]

- Differenzen bestimmter ‚special areas', die gemäß APB Opinion 23 unter das ‚indefinite reversal criterion' fallen.[48] Dieses Kriterium umfaßt temporäre Differenzen, deren Auflösungszeitpunkt nicht prognostiziert werden kann.[49] Das FASB nennt bestimmte, das ‚indefinite reversal criterion' erfüllende Differenzen, die erst dann in die Steuerabgrenzung einzubeziehen sind, wenn mit ihrer Auflösung zu rechnen ist.[50] Ist mit der Auflösung in absehbarer Zukunft nicht zu rechnen, wird die Einbeziehung in die Steuerabgrenzung als erfassungstechnisch kompliziert eingestuft und wegen der entstehenden Kosten vor dem Hintergrund des Grundsatzes der Wirtschaftlichkeit abgelehnt.[51] Bedeutsam sind Differenzen aufgrund nicht ausgeschütteter Gewinne ausländischer Tochter- und Gemeinschaftsunternehmen, die bei Ausschüttung an die Mutterunternehmung zusätzlichen Steueraufwand auslösen, sowie Differenzen zwischen Handels- und Steuerbilanzansatz von Beteiligungsbuchwerten an ausländischen Tochter- bzw. Gemeinschaftsunternehmen, die nach der Equity-Methode konsolidiert werden. Letztere können ebenfalls auf nicht ausgeschüttete Gewinne zurückgehen.[52] Ist mit der Ausschüttung der jeweiligen Gewinne zu rechnen, kann das ‚indefinite reversal criterion' nicht mehr als gegeben angenommen werden. Die Differenzen sind dann in die Steuerabgrenzung einzubeziehen.[53]

---

45 Vgl. *FASB* [SFAS No. 109, 1992], Abs. 169 und Abs. 182; *Kieso, Donald E./Weygandt, Jerry J.* [Accounting, 1998], S. 1066 f.; Gliederungspunkt 2.3.2.

46 Vgl. *FASB* [SFAS No. 109, 1992], Abs. 9; *KPMG Peat Marwick* [Income Taxes, 1992], S. 29-38.

47 Zusätzlich zu den genannten Differenzen wird die Problematik der Steuerabgrenzung bei der Bilanzierung von ‚leveraged leases' durch SFAS No. 109 nicht geregelt. Hierzu sind vielmehr die für die Behandlung von Leasing maßgebenden Vorschriften zu beachten. Vgl. *FASB* [SFAS No. 109, 1992], Abs. 9b i.V.m. *FASB* [SFAS No. 13, 1976] und *FASB* [FIN No. 21, 1978].

48 Vgl. *FASB* [SFAS No. 109, 1992], Abs. 31a; *AICPA* [APB Opinion No. 23, 1972], Abs. 7-30.

49 Vgl. *Stickney, Clyde P.* [Disclosure, 1979], S. 428 f.

50 Vgl. *KPMG Peat Marwick* [Income Taxes, 1992], S. 33 f.; *Simpson, Raymond E.* [Taxes, 1999], Ch. 19, S. 6 f.

51 Vgl. *FASB* [SFAS No. 109, 1992], Abs. 173 und Abs. 179; *KPMG Peat Marwick* [Income Taxes, 1992], S. 34. Nach dem Grundsatz der Wirtschaftlichkeit ist abzuwägen, ob der Nutzen durch zusätzliche Informationsgewährung die für die Informationsaufbereitung anfallenden Kosten rechtfertigt. Vgl. *FASB* [SFAC No. 2, 1980], Abs. 134 f.; *Dyckman, Thomas R./Dukes, Roland E./Davis, Charles J.* [Accounting Bd. 1, 1998], S. 42.

52 Vgl. *FASB* [SFAS No. 109, 1992], Abs. 31a; *Delaney, Patrick R./Adler, James R./Epstein, Barry J./Foran, Michael F.* [GAAP, 1997], S. 531-534.

53 Vgl. *FASB* [SFAS No. 109, 1992], Abs. 34. Über die dargestellten temporären Differenzen hinaus grenzt SFAS No. 109 i.V.m. APB Opinion No. 23 weitere Differenzen von der Steuerabgrenzung aus. Hierzu gehören Differenzen aufgrund nicht ausgeschütteter Gewinne inländischer Tochter- und

- Differenzen aus der handelsrechtlichen Aktivierung eines Goodwills bei der Kapitalkonsolidierung, der steuerrechtlich nicht abgeschrieben werden kann, sowie Differenzen aus einem nicht aufgeteilten negativen Goodwill.[54] Auf den Ansatz von latenten Steuern aus der Aktivierung eines Goodwill wird verzichtet, da dieser eine Residualgröße darstellt, welche durch die Bilanzierung latenter Steuern erhöht werden würde.[55] Als weiterer Grund wird angeführt, daß eine entsprechende Steuerabgrenzung erfassungstechnisch sehr komplex wäre und daher nicht verlangt werden kann.[56]
- Differenzen aus konzerninternen Lieferungen und Leistungen von Vermögensgegenständen, soweit die steuerlichen Wertansätze beim Käufer die Konzernherstellungskosten übersteigen bzw. unterschreiten. Statt der Einbeziehung der temporären Differenz beim Käufer sind die vom Verkäufer aufgrund des Veräußerungsvorgangs abzuführenden Ertragsteuern im Rahmen der Steuerabgrenzung zu erfassen.[57] Da Gewinne aus konzerninternen Lieferungen und Leistungen im Rahmen der Zwischenergebniseliminierung zu korrigieren sind, würden mit der Abgrenzung der temporären Differenzen beim Käufer Steuerwirkungen aus Ergebnisbeiträgen berücksichtigt, die als solche nicht realisiert werden.[58]
- Differenzen aus der Fremdwährungsumrechnung nach der Zeitbezugsmethode von nichtmonetären Vermögensgegenständen, die für Zwecke des ‚financial reporting' zu historischen Kursen umzurechnen sind. Bei Wechselkursänderungen entsteht eine Differenz zwischen den zum Stichtagskurs wieder in die Fremdwährung umzurechnenden handelsrechtlichen Wertansätzen und den steuerbilanziellen Wertansätzen in der Fremdwährung, die bei der Steuerabgrenzung nicht zu berücksichtigen sind.[59] Da diese Umrechnungsdifferenzen nicht erfolgswirksam erfaßt werden, hätte die Abgrenzung der Differenzen die Berücksichtigung von Steuerwirkungen

---

Gemeinschaftsunternehmen, die in Veranlagungszeiträumen beginnend vor dem 16.12.1992 verursacht wurden. Ausgenommen sind des weiteren bestimmte Differenzen aus Veranlagungszeiträumen beginnend vor dem 31.12.1987 von Kreditinstituten mit Spareinlagen sowie Differenzen aus Veranlangungszeiträumen beginnend vor dem 16.12.1992 im Zusammenhang mit ‚US-steam-ship enterprises'. Differenzen aus den genannten Sachverhalten, die nach den angegebenen Daten verursacht wurden, sind bei der Steuerabgrenzung zu berücksichtigen. Das ‚indefinite reversal criterion' darf über die genannten Ausnahmen hinaus nicht auf vergleichbare Differenzen angewandt werden. Vgl. *FASB* [SFAS No. 109, 1992], Abs. 31 f. und Abs. 169-182; *KPMG Peat Marwick* [Income Taxes, 1992], S. 35 f.; *Simpson, Raymond E.* [Taxes, 1999], Ch. 19, S. 6 f.

54 Vgl. *FASB* [SFAS No. 109, 1992], Abs. 9d, Abs. 30, Abs. 131-134 und Abs. 259-263; *Bielstein, Mark M./Trott, Edward W.* [Approach, 1992], S. 46.

55 Vgl. *FASB* [SFAS No. 109, 1992], Abs. 133; *Simpson, Raymond E.* [Taxes, 1999], Ch. 19, S. 6.

56 Vgl. *FASB* [SFAS No. 109, 1992], Abs. 134.

57 Vgl. *FASB* [SFAS No. 109, 1992], Abs. 9e und Abs. 121-124 i.V.m. *AICPA* [ARB No. 51, 1959], Abs. 17; *Bielstein, Mark M./Trott, Edward W.* [Approach, 1992], S. 46.

58 Vgl. *FASB* [SFAS No. 109, 1992], Abs. 124; *KPMG Peat Marwick* [Income Taxes, 1992], S. 38.

59 Vgl. *FASB* [SFAS No. 109, 1992], Abs. 9f und Abs. 118 f.; *Debus, Christian* [Steuern, 1997], Rz. 247.

aus Ergebnisbeiträgen zur Konsequenz, die analog zum vorgenannten Punkt als solche nicht realisiert wurden.[60]

3.2.5 Permanente Differenzen

Neben den temporären Differenzen können Unterschiede zwischen effektiver und fiktiver Steuerbelastung durch sogenannte permanente Differenzen verursacht werden. Diese werden durch positive und negative Erfolgsbeiträge ausgelöst, die nur handelsrechtlich, nicht aber steuerrechtlich bzw. nur steuerrechtlich, nicht aber handelsrechtlich erfolgswirksam erfaßt werden.[61] Diese Differenzen wirken sich entweder nur auf das handelsrechtliche oder nur auf das steuerrechtliche Ergebnis der Berichtsperiode aus.[62] Sie sind ihrer Natur nach einmalig und verursachen keine Steuerwirkungen in künftigen Perioden.[63] Beispielhaft hierfür sind steuerlich nicht oder nicht voll abzugsfähige Aufwendungen sowie steuerfreie Erträge.[64] Bei sonst gleichlaufender Erfolgsverbuchung führen erstere in der Berichtsperiode zu einer gegenüber der fiktiven Steuerbelastung höheren effektiven Steuerbelastung, letztere hingegen zu einer gegenüber der fiktiven Steuerbelastung niedrigeren effektiven Steuerbelastung. Wegen der fehlenden Steuerwirkung in künftigen Perioden stellen diese Unterschiede keine temporären Differenzen dar. Sie werden deshalb bei der Steuerabgrenzung nicht berücksichtigt.[65] Der einmalige Ergebnisunterschied, welcher aus handelsbilanzieller Perspektive den Ausweis einer unzutreffenden Steuerbelastung zur Konsequenz hat, wird vielmehr akzeptiert.[66]

---

60 Vgl. *FASB* [SFAS No. 109, 1992], Abs. 119; *Simpson, Raymond E.* [Taxes, 1999], Ch. 19, S. 6. Bei der Zeitbezugsmethode nach dem Verständnis von SFAS No. 52 entstehen Umrechnungsgewinne bzw. -verluste nur aus Wertänderungen der zum Stichtagskurs umgerechneten monetären Bilanzposten und den historischen Werten. Vgl. *Debus, Christian* [Steuern, 1997], Rz. 250.

61 Vgl. *FASB* [SFAS No. 109, 1992], Abs. 289, S. 4; *Horngren, Charles T./Sundem, Gary L./Elliott, John A.* [Accounting, 1996], S. 637 f.

62 Vgl. *Nikolai, Loren A./Bazley, John D.* [Accounting, 1994], S. 814; *Pellens, Bernhard* [Rechnungslegung, 1999], S. 246.

63 Vgl. *Kieso, Donald E./Weygandt, Jerry J.* [Accounting, 1998], S. 1038; *Nikolai, Loren A./Bazley, John D.* [Accounting, 1994], S. 814.

64 Vgl. *Coenenberg, Adolf G.* [Jahresabschluß, 2000], S. 375; *Karrenbrock, Holger* [Steuern, 1991], S. 6.

65 Vgl. *FASB* [SFAS No. 109, 1992], Abs. 14 und Abs. 289, S. 6; *KPMG Peat Marwick* [Income Taxes, 1992], S. 32.

66 Vgl. *Beresford, Dennis R./Best, Lawrence C./Craig, Paul W./Weber, Joseph V.* [Income Taxes, 1983], S. 11; *Hille, Klaus* [Steuern, 1982], S. 8; *Schildbach, Thomas* [Differenzen, 1998], S. 942.

3.3 Die Abgrenzung temporärer Differenzen durch den Ansatz latenter Steuern

3.3.1 Die Steuerabgrenzung nach der ,liability method'

Die Abgrenzung latenter Steuern ist gemäß SFAS No. 109 nach der ,liability method' vorzunehmen.[67] Danach sind die Steuerwirkungen aller ,temporary differences' durch den Ansatz von ,deferred tax liabilities and assets' aufzufangen. Nicht abzugrenzen sind lediglich die temporären Differenzen aus den genannten Ausnahmetatbeständen.[68] Ziel der ,liability method' ist die bilanzielle Erfassung der künftig erwarteten Steuermehr- oder -minderbelastungen aus den temporären Differenzen.[69] Im Vordergrund der bilanzorientierten Liability-Methode steht der zutreffende Vermögens- und Schuldenausweis.[70] Die hierfür anzusetzenden latenten Steuern werden entsprechend als Verbindlichkeiten für die bei Auflösung der temporären Differenzen zu zahlenden Steuern oder als Forderungen bzw. forderungsähnliche Ansprüche aus wahrscheinlichen künftigen Steuerminderungen interpretiert.[71] Latente Steuern werden nicht als bloße Rechnungsabgrenzungsposten, sondern als Vermögensgegenstände und Schulden aufgefaßt, die wirtschaftliche Ressourcen und Verpflichtungen des Unternehmens abbilden.[72] Entsprechend geben latente Steuern Aufschluß über die in der Berichtsperiode begründeten, künftigen Zahlungsmittelflüsse aus der Ertragsbesteuerung und unterstützen dadurch das Ziel der Vermittlung entscheidungsrelevanter Informationen zur ,cash flow'-Prognose.[73] Da die ,liability method' auf die künftig erwarteten Steuermehr- oder -minderzahlungen aus den temporären Differenzen abstellt, sind die künftigen Verhältnisse maßgebend.[74] Demzufolge sind die bei Auflösung der Differenzen voraussichtlich gültigen Steuersätze zur Quantifizierung der latenten Steuern zugrunde zu legen.[75]

---

67 Vgl. *FASB* [SFAS No. 109, 1992], Abs. 63.

68 Vgl. Gliederungspunkt 3.2.4.

69 Vgl. *Delaney, Patrick R./Adler, James R./Epstein, Barry J./Foran, Michael F.* [GAAP, 1997], S. 502.

70 Vgl. *Beresford, Dennis R./Best, Lawrence C./Craig, Paul W./Weber, Joseph V.* [Income Taxes, 1983], S. 60.

71 Vgl. *Karrenbrock, Holger* [Steuern, 1991], S. 110; *Amir, Eli/Kirschenheiter, Michael/Willard, Kirsten* [Valuation, 1997], S. 619; *Nurnberg, Hugo* [Analysis, 1971], S. 57.

72 Vgl. *Read, William J./Bartsch, Robert A. J.* [Deferred Taxes, 1992], S. 37; *Beresford, Dennis R./ Best, Lawrence C./Craig, Paul W./Weber, Joseph V.* [Income Taxes, 1983], S. 60; *Lukawitz, James M./Manes, Rene P./Schaefer, Thomas F.* [Classification, 1990], S. 81-93.

73 Vgl. *FASB* [SFAS No. 109, 1992], Abs. 65; *Kieso, Donald E./Weygandt, Jerry J.* [Accounting, 1998], S. 1068; *Nair, R. D./Weygandt, Jerry J.* [Taxes, 1981], S. 100-102.

74 Vgl. *FASB* [SFAS No. 109, 1992], Abs. 18.

75 Vgl. *FASB* [SFAS No. 109, 1992], Abs. 18; *Debus, Christian* [Steuern, 1997], Rz. 218.

3.3.2 Passive latente Steuern zur Abgrenzung künftig steuerbarer Beträge

Die künftig steuerbaren Beträge (,future taxable amounts') aus steuerbaren temporären Differenzen (,taxable temporary differences') sind mit den ,deferred tax liabilities' als passive latente Steuern abzugrenzen.[76] Aus ,future taxable differences' erwächst in den Perioden der Auflösung eine gegenüber der fiktiven Steuerbelastung höhere effektive Steuerbelastung.[77] Die steuerliche Mehrbelastung der künftigen Perioden ist aus wirtschaftlicher Sicht in der laufenden Berichtsperiode verursacht worden.[78] Entsprechend ist für die künftige Steuerzahlschuld eine ,deferred tax liability' in der Verursachungsperiode anzusetzen, deren Gegenkonto ein latenter Steueraufwand bildet. In den künftigen Perioden löst sich die temporäre Differenz auf und verursacht eine Steuermehrbelastung. Die angesetzte passive latente Steuer ist korrespondierend zur steuerlichen Mehrbelastung aufzulösen und gegen den zu hohen Steueraufwand aus der Steuerbilanz zu verrechnen. Der Steueraufwand wird dadurch korrigiert und an das handelsrechtliche Ergebnis angepaßt.[79]

3.3.3 Die ,liability'-Eigenschaft passiver latenter Steuern

Nach der ,liability method' abgegrenzte passive latente Steuern erfüllen nach Überzeugung des FASB die im ,Conceptual Framework' für das Vorliegen einer Verbindlichkeit genannten Kriterien.[80] ,Liabilities' sind danach „probable future sacrifices of economic benefits arising from present obligations of a particular entity to transfer assets or provide services to other entities in the future as a result of past transactions or events."[81] Die erstgenannte Voraussetzung verlangt das Bestehen einer Verpflichtung gegenüber außenstehenden Dritten, die wahrscheinlich künftige Vermögenstransfers zur Folge hat.[82] Aus den zugrundeliegenden ,taxable temporary differences' erwachsen bei der Auflösung in künftigen Perioden steuerbare Beträge, welche in Steuerzahlungsverpflichtungen gegenüber dem Fiskus münden.[83] Aufgrund der künftigen Steuermehrbelastung begründen die den passiven latenten Steuern zugrundeliegenden

---

76 Vgl. *FASB* [SFAS No. 109, 1992], Summary, S. 1415 und Abs. 224; *KPMG Peat Marwick* [Income Taxes, 1992], S. 44.

77 Vgl. *Dyckman, Thomas R./Dukes, Roland E./Davis, Charles J.* [Accounting Bd. 2, 1998], S. 979.

78 Vgl. *FASB* [SFAS No. 109, 1992], Abs. 79.

79 Vgl. *Coenenberg, Adolf G./Hille, Klaus* [IAS 12, 1997], S. 538.

80 Vgl. *Delaney, Patrick R./Adler, James R./Epstein, Barry J./Foran, Michael F.* [GAAP, 1997], S. 502; *Ritchie, P. C./Rowcroft, J. E./Trenholm, B. A.* [Treatment, 1988], S. 30; *Wolk, Harry I./ Martin, Dale R./Nichols, Virginia A.* [Problems, 1989], S. 3 f.

81 *FASB* [SFAC No. 6, 1985], Abs. 35.

82 Vgl. *Kuhlewind, Andreas-Markus* [Bilanzrechtstheorie, 1997], S. 162.

83 Vgl. *FASB* [SFAS No. 109, 1992], Abs. 76; *Schroeder, Richard G./Myrtle, Clark W.* [Theory, 1998], S. 551.

Differenzen das Bestehen einer Verpflichtung am Bilanzstichtag.[84] Passive Steuerlatenzen genügen daher dieser Voraussetzung. Nach dem zweiten Kriterium muß die Verpflichtung bindend sein und darf nur wenig oder keinen Ermessensspielraum zur Vermeidung des künftigen Vermögenstransfers gewähren.[85] Da das Unternehmen zwar den Zeitpunkt der Auflösung der in der Berichtsperiode entstandenen ,temporary difference' durch bilanzpolitische Maßnahmen verzögern, die Auflösung jedoch nicht verhindern kann, ist lediglich unsicher, wann, nicht aber ob sich die temporäre Differenz umkehrt. Insofern kann sich das Unternehmen der Verpflichtung gegenüber dem Fiskus nicht entziehen.[86] Das dritte Kriterium verlangt, daß das die Verpflichtung auslösende Ereignis bereits stattgefunden hat.[87] Passive latente Steuern werden nach Auffassung des FASB durch temporäre Differenzen verursacht. Werden im Berichtsjahr temporäre Differenzen begründet, die sich bereits in der Bilanz niedergeschlagen haben, sind für das Bestehen dieser Differenzen keine zukünftigen Ereignisse mehr erforderlich. Mit Begründung der temporären Differenzen ist das die künftige Steuermehrbelastung auslösende Ereignis zwingend eingetreten.[88] Entsprechend sind passive latente Steuern in der Vergangenheit begründet und genügen dem Kriterium.[89]

3.3.4 Aktive latente Steuern zur Abgrenzung künftig steuermindernder Beträge

Zur Abgrenzung künftig steuermindernder Beträge (,future deductible amounts') aus steuermindernden temporären Differenzen (,deductible temporary differences') werden mit den ,deferred tax assets' grundsätzlich aktive latente Steuern angesetzt.[90] Die steuermindernden Differenzen bedingen in den Auflösungsperioden eine gegenüber der fiktiven Steuerbelastung geringere effektive Steuerbelastung.[91] Handelsrechtlich sind die zukünftig erwarteten Steuerentlastungen bereits in der abzuschließenden Berichtsperiode verursacht worden.[92] Daher sind diese in der Berichtsperiode durch den Ansatz von ,deferred tax assets', deren Gegenkonto ein latenter Steuerertrag bildet, zu berücksichtigen. Die aktiven latenten Steuern werden bei planmäßiger Realisierung in den

---

84 Vgl. *FASB* [SFAS No. 109, 1992], Abs. 76 f. i.V.m. *FASB* [Discussion Memorandum, 1983], Abs. 57; *Black, Homer A.* [Allocation, 1966], S. 44 f.; *Rosenfield, Paul/Dent, William C.* [Taxes, 1983], S. 47; *Nurnberg, Hugo* [Analysis, 1971], S. 57.

85 Vgl. *FASB* [SFAC No. 6, 1985], Abs. 36; *Kupsch, Peter* [Rückstellungen, 2000], S. 119.

86 Vgl. *FASB* [SFAS No. 109, 1992], Abs. 78; *Rosenfield, Paul/Dent, William C.* [Taxes, 1983], S. 47.

87 Vgl. *FASB* [SFAC No. 6, 1985], Abs. 36; *Kupsch, Peter* [Rückstellungen, 2000], S. 119.

88 Vgl. *Schroeder, Richard G./Myrtle, Clark W.* [Theory, 1998], S. 551.

89 Vgl. *FASB* [SFAS No. 109, 1992], Abs. 78; *Hendriksen, Eldon S./Breda, Michael F. v.* [Accounting, 1991], S. 718 f.

90 Vgl. *FASB* [SFAS No. 109, 1992], Summary, S. 1415 und Abs. 224; *KPMG Peat Marwick* [Income Taxes, 1992], S. 44.

91 Vgl. *Dyckman, Thomas R./Dukes, Roland E./Davis, Charles J.* [Accounting Bd. 2, 1998], S. 979.

92 Vgl. *FASB* [SFAS No. 109, 1992], Abs. 85.

künftigen Perioden erfolgswirksam aufgelöst. So wird der gegenüber dem handelsrechtlichen Ergebnis vor Steuern zu geringe Steueraufwand aus der Steuerbilanz erhöht und an den handelsrechtlich gebotenen angepaßt.[93]

3.3.5 Die ‚asset'-Eigenschaft aktiver latenter Steuern

Nach Ansicht des FASB sind die auf Basis der ‚liability method' abgegrenzten aktiven latenten Steuern als Forderungen bzw. forderungsähnliche Ansprüche aus künftig erwarteten Steuerentlastungen und damit als Vermögensgegenstand aufzufassen, weil sie den im ‚Conceptual Framework' genannten Kriterien für ‚assets' genügen.[94] Diese werden als „probable future economic benefits obtained or controlled by a particular entity as a result of past transactions or events"[95] definiert. Nach dem ersten Merkmal haben aktive latente Steuern wahrscheinliche wirtschaftliche Nutzenpotentiale zu verkörpern, die sich direkt oder indirekt in künftigen Netto-Einzahlungsströmen konkretisieren.[96] Die aktiven Steuerlatenzen zugrundeliegenden ‚deductible temporary differences' mindern bei ihrer Auflösung in künftigen Perioden die steuerliche Belastung und verringern so den künftigen Zahlungsmittelabfluß. Dadurch begünstigen sie indirekt die erwarteten ‚net cash flows' und erfüllen das oben genannte Kriterium.[97] Des weiteren muß dem Unternehmen die Verfügungsgewalt über das Nutzenpotential obliegen. Die steuerlichen Vorteile aus künftig steuermindernden Differenzen gehen im allgemeinen aus Vermögensgegenständen und Schulden hervor, die nach wirtschaftlicher Betrachtungsweise dem Unternehmen zugeordnet werden und in seiner Verfügungsgewalt stehen.[98] Dies schlägt auf die steuerlichen Vorteile durch, welche unter Beachtung der Bestimmungen der Steuergesetze zur Minderung der Steuerzahlungen ausschließlich vom Unternehmen geltend gemacht werden können.[99] Ihm steht das Recht zur Nutzung der Steuervorteile zu, wodurch die Voraussetzung erfüllt wird.[100] Das dritte Kriterium verlangt, daß das wirtschaftliche Nutzenpotential Ergebnis vergangener Geschäftsvorfälle oder Ereignisse ist.[101] Analog den passiven latenten Steuern ist das maßgebende Ereignis jenes, welches die zugrundeliegenden ‚deductible

---

93 Vgl. *Coenenberg, Adolf G./Hille, Klaus* [IAS 12, 1997], S. 538.

94 Vgl. *Delaney, Patrick R./Adler, James R./Epstein, Barry J./Foran, Michael F.* [GAAP, 1997], S. 502; *Ritchie, P. C./Rowcroft, J. E./Trenholm, B. A.* [Treatment, 1988], S. 30.

95 *FASB* [SFAC No. 6, 1985], Abs. 25.

96 Vgl. *FASB* [SFAC No. 6, 1985], Abs. 26; *Kuhlewind, Andreas-Markus* [Bilanzrechtstheorie, 1997], S. 153; *Pellens, Bernhard* [Rechnungslegung, 1999], S. 144.

97 Vgl. *FASB* [SFAS No. 109, 1992], Abs. 81; *Nurnberg, Hugo* [Analysis, 1971], S. 57.

98 Vgl. *Pellens, Bernhard* [Rechnungslegung, 1999], S. 165 f.

99 Vgl. *FASB* [SFAS No. 109, 1992], Abs. 82; *Kieso, Donald E./Weygandt, Jerry J.* [Accounting, 1998], S. 1035.

100 Vgl. *FASB* [SFAS No. 109, 1992], Abs. 82, S. 3; *Schroeder, Richard G./Myrtle, Clark W.* [Theory, 1998], S. 557.

101 Vgl. *Kuhlewind, Andreas-Markus* [Bilanzrechtstheorie, 1997], S. 137.

temporary differences' begründet. Soweit ‚temporary differences' durch vergangene Ereignisse ausgelöst wurden, die sich bereits in der Bilanz niedergeschlagen haben, sind für ihr Bestehen keine künftigen Ereignisse mehr notwendig.[102] Entsprechend hat mit der Entstehung der ‚deductible temporary differences' zwangsläufig das die aktive latente Steuer auslösende Ereignis stattgefunden.[103] Aktive Steuerlatenzen genügen folglich auch diesem Kriterium.

3.3.6 Erfolgswirksame und erfolgsneutrale Erfassung latenter Steuern

Das FASB formuliert keine konkrete Regelung für die Erfassung der latenten Steueraufwendungen und -erträge. In SFAS No. 109 wird jedoch durch die sogenannte ‚intraperiod tax allocation' die Aufgliederung des insgesamt in der Periode verursachten Steueraufwands bzw. -ertrags verlangt.[104] Steuerwirkungen, die durch erfolgswirksam erfaßte Geschäftsvorfälle und Ereignisse begründet wurden, sind ebenso erfolgswirksam zu verbuchen und mindern bzw. erhöhen das Ergebnis vor Steuern. Demgegenüber sind Steuerwirkungen aus Geschäftsvorfällen und Ereignissen, die sich nicht auf das in der Periode realisierte Ergebnis ausgewirkt haben, an der GuV vorbei direkt dem Eigenkapital zuzurechnen.[105] Für die Erfassung des Steueraufwands bzw. -ertrags gilt also der Grundsatz „let the tax follow the income"[106].

Da sich der insgesamt in der Periode angefallene Steueraufwand bzw. -ertrag aus dem laufenden Steueraufwand bzw. -ertrag und den latenten Steuern zusammensetzt,[107] ist bei der Erfassung der Teilmenge ‚latente Steuern' der dargestellte Grundsatz ebenfalls maßgebend. Die erfolgswirksame Abgrenzung ist für latente Steuern aus temporären Differenzen, denen erfolgswirksam erfaßte Geschäftsvorfälle und Ereignisse zugrunde liegen, geboten. Bei Differenzen aus erfolgsneutral erfaßten Geschäftsvorfällen und Ereignissen sind die anzusetzenden latenten Steuern entsprechend erfolgsneutral zu berücksichtigen.[108]

---

102 Vgl. *Hendriksen, Eldon S./Breda, Michael F. v.* [Accounting, 1991], S. 718 f.

103 Vgl. *FASB* [SFAS No. 109, 1992], Abs. 85.

104 Vgl. *FASB* [SFAS No. 109, 1992], Abs. 34 und Abs. 139.

105 Vgl. *FASB* [SFAS No. 109, 1992], Abs. 35 f. und Abs. 143, S. 1; *Bielstein, Mark M./Trott, Edward W.* [Approach, 1992], S. 46.

106 *Kieso, Donald E./Weygandt, Jerry J.* [Accounting, 1998], S. 161. Vgl. hierzu auch *Delaney, Patrick R./Adler, James R./Epstein, Barry J./Foran, Michael F.* [GAAP, 1997], S. 538: „The general principle is that tax effects should follow the items to which they relate".

107 Vgl. *FASB* [SFAS No. 109, 1992], Abs. 16, S. 4.

108 Vgl. *Bielstein, Mark M./Trott, Edward W.* [Approach, 1992], S. 46 f.

3.3.7 Die Fortführung latenter Steuern

Die in den Verursachungsperioden angesetzten latenten Steuern sind in den Folgeperioden entsprechend der Entwicklung der zugrundeliegenden temporären Differenzen fortzuführen. Die Wertansätze der Vermögensgegenstände und Schulden in Handels- und Steuerbilanz sind an den Bilanzstichtagen jeweils erneut gegenüberzustellen und die temporären Differenzen neu zu ermitteln.[109] Je nach Veränderung der ‚taxable temporary differences' gegenüber dem Vorjahr sind die passiven latenten Steuern zu erhöhen bzw. aufzulösen. Aktive latente Steuern sind in Abhängigkeit von der Veränderung der ‚deductible temporary differences' im Berichtsjahr anzupassen.[110] Die Veränderung der latenten Steuern gegenüber dem Vorjahr gibt den latenten Steueraufwand bzw. -ertrag der Periode an,[111] der in Abhängigkeit vom zugrundeliegenden Geschäftsvorfall oder Ereignis erfolgswirksam bzw. erfolgsneutral zu erfassen ist.

Das folgende Beispiel veranschaulicht das Vorgehen anhand erfolgswirksam verursachter temporärer Differenzen. Die A-AG kauft Anlagevermögen zu Beginn der Periode 1 in Höhe von 100 GE. Dieses wird handelsrechtlich linear, steuerrechtlich degressiv über 5 Perioden abgeschrieben. Daraus ergeben sich temporäre Differenzen. Weitere temporäre Differenzen fallen nicht an. Der Steuersatz beträgt 40 %. Die Übersicht zeigt in der zweiten und dritten Zeile die handels- und steuerrechtlich fortgeführten Wertansätze des Anlagevermögens. In der vierten Zeile werden die temporären Differenzen aus den unterschiedlichen Wertansätzen für die einzelnen Berichtsjahre aufgezeigt. Die fünfte Zeile gibt die pro Periode abzugrenzende passive Steuerlatenz an. Der jeweilige Betrag entspricht den künftig erwarteten Steuermehrzahlungen aus der in der Periode vorhandenen temporären Differenz. Aus der Veränderung der passiven latenten Steuer gegenüber dem Vorjahr errechnet sich in der letzten Zeile der latente Steueraufwand bzw. -ertrag.

	AK	t=1	t=2	t=3	t=4	t=5
Wertansatz HB	100	80	60	40	20	0
Wertansatz StB	100	50	20	10	5	0
temporäre Differenz		30	40	30	15	0
passive Steuerlatenz		12	16	12	6	0
passive Steuerlatenz Vorjahr		0	12	16	12	6
latenter Steueraufwand		12	4	(4)	(6)	(6)

---

109 Vgl. *KPMG Peat Marwick* [Income Taxes, 1992], S. 43.

110 Für aktive latente Steuern ist gegebenenfalls eine Wertberichtigung vorzunehmen, soweit mit ihrer Realisierung in künftigen Perioden nicht gerechnet werden kann. Vgl. Gliederungspunkt 3.5.

111 Vgl. *Dyckman, Thomas R./Dukes, Roland E./Davis, Charles J.* [Accounting Bd. 2, 1998], S. 980 f.

Der in der GuV erfolgswirksam zu erfassende Steueraufwand setzt sich aus dem laufenden und dem latenten Steueraufwand bzw. -ertrag zusammen. Für das im Beispiel handels- und steuerrechtlich identische Ergebnis vor Abschreibungen und Ertragsteuern in Höhe von 100 GE pro Periode errechnet sich der laufende Steueraufwand aus dem Steuerbilanzergebnis wie folgt:

	t=1	t=2	t=3	t=4	t=5
Ergebnis vor Abschreibung	100	100	100	100	100
Abschreibung StB	50	30	10	5	5
Steuerbilanzergebnis	50	70	90	95	95
laufender Steueraufwand	20	28	36	38	38

In der GuV ist neben dem laufenden Steueraufwand der latente Steueraufwand bzw. -ertrag zu erfassen. Für den auszuweisenden Steueraufwand und das Ergebnis nach Steuern ergeben sich die Beträge aus der folgenden Übersicht.

	t=1	t=2	t=3	t=4	t=5
Ergebnis vor Steuern HB	80	80	80	80	80
laufender Steueraufwand	20	28	36	38	38
latenter Steueraufwand	12	4	(4)	(6)	(6)
Steueraufwand	32	32	32	32	32
Ergebnis nach Steuern HB	48	48	48	48	48

Am dargestellten Beispiel wird die Erfassung und Fortführung latenter Steuern ersichtlich. Dabei wird die Ermittlung latenter Steuern aus temporären Differenzen sowie die Anpassung der effektiven Steuerbelastung an den handelsrechtlich gebotenen Steueraufwand deutlich.

3.3.8 Erfolgsneutrale Steuerlatenzen am Beispiel der Kapitalkonsolidierung nach der Erwerbsmethode

Die Ermittlung latenter Steuern aus erfolgsneutral erfaßten Geschäftsvorfällen und Ereignissen wird im folgenden am Beispiel temporärer Differenzen aus der Neubewertung von Vermögensgegenständen und Schulden im Rahmen der Kapitalkonsolidierung nach der Erwerbsmethode bei Unternehmensakquisitionen verdeutlicht.[112] Bei der Erstkonsolidierung sind die hinter den Vermögensgegenständen und Schulden stehenden stillen Reserven und Lasten unter Beachtung des Anschaffungswertprinzips aufzu-

[112] Vgl. *AICPA* [APB Opinion No. 16, 1970], Abs. 11 und Abs. 66-68; *KPMG Peat Marwick* [Income Taxes, 1992], S. 95.

decken.[113] Da die steuerlichen Wertansätze vom Erwerbsvorgang nicht berührt werden,[114] entstehen durch die Neubewertung temporäre Differenzen zwischen den handels- und steuerrechtlichen Wertansätzen, die sich bei Realisierung der Vermögensgegenstände und Schulden in künftigen Perioden auflösen. Für die temporären Differenzen aus der Kapitalkonsolidierung nach der Erwerbsmethode sind nach SFAS No. 109 latente Steuern anzusetzen.[115]

Aus der Zuschreibung von Vermögensgegenständen sowie der Abwertung von Verbindlichkeiten entstehen ‚taxable temporary differences', die den Ansatz passiver latenter Steuern bedingen. Demgegenüber entstehen bei der Aufwertung von Verbindlichkeiten bzw. einer Wertminderung von Vermögensgegenständen ‚deductible temporary differences', für die aktive latente Steuern anzusetzen sind.[116] Die Erstkonsolidierung nach der Erwerbsmethode geht mit einem Anschaffungsvorgang einher und hat dem Prinzip der Erfolgsneutralität zu gehorchen.[117] Die anzusetzenden latenten Steuern sind daher erfolgsneutral zu erfassen.[118] Sie werden analog den Zeitwerten der Vermögensgegenstände und Schulden gegen die Anschaffungskosten der Beteiligung verrechnet. Damit beeinflussen sie die Höhe des Goodwills bzw. Badwills. Dieser bildet die verbleibende Differenz aus Anschaffungskosten und neubewerteten Vermögensgegenständen und Schulden sowie Steuerlatenzen aus der Kapitalkonsolidierung.[119] Durch den Ansatz passiver latenter Steuern wird ein Goodwill erhöht bzw. ein Badwill vermindert. Demgegenüber wird durch den Ansatz aktiver latenter Steuern ein Goodwill gemindert bzw. ein Badwill erhöht.[120]

Da der Ausweis eines Goodwill bzw. Badwill nur in der Handels- nicht aber in der Steuerbilanz erfolgt, begründet dieser ebenfalls eine temporäre Differenz. Die Diffe-

---

113 Nach dem Anschaffungswertprinzip darf das neubewertete Eigenkapital die Anschaffungskosten der Beteiligung nicht überschreiten. Vgl. *AICPA* [APB Opinion No. 16, 1970], Abs. 87 und Abs. 91; *Baetge, Jörg* [Konzernbilanzen, 2000], S. 198 f.; *Eisolt, Dirk* [Konzernrechnungslegung, 1992], S. 244; *Küting, Karlheinz* [Kapitalkonsolidierung, 1999], S. 379 f.; *Theisen, Manuel R.* [Konzern, 1991], S. 363.

114 Vgl. *Henning, Michael A./Arcady, Alex T./Sigler, Mary A.* [Implications, 1992], S. 148; *Pacter, Paul* [Consolidations, 1994], S. 607; *Hauck, Anton/Michel, Ulrich* [Vorschriften, 1992], S. 454.

115 Vgl. *FASB* [SFAS No. 109, 1992], Abs. 30.

116 Vgl. *Coenenberg, Adolf G./Hille, Klaus* [IAS 12, 1997], S. 539 und S. 541; *Delaney, Patrick R./ Adler, James R./Epstein, Barry J./Foran, Michael F.* [GAAP, 1997], S. 507.

117 Vgl. *AICPA* [APB Opinion No. 16, 1970], Abs. 18.

118 Vgl. *Coenenberg, Adolf G./Hille, Klaus* [Ertragsteuern, 1997], Rz. 94.

119 Vgl. *FASB* [SFAS No. 109, 1992], Abs. 260; *KPMG Peat Marwick* [Income Taxes, 1992], S. 96.

120 Vgl. *Beams, Floyd A.* [Accounting, 1996], S. 404; *Hoyle, Joe* [Accounting, 1994], S. 430 f.; *Förschle, Gerhart/Kroner, Mathias* [IAS, 1996], S. 1637.

renz wird jedoch von der Steuerabgrenzung ausgenommen,[121] weil der handelsrechtlichen Abschreibung des Goodwill in den Folgeperioden keine steuerrechtliche Abschreibung gegenübersteht.[122] Dies gilt analog für einen nicht aufgeteilten Badwill.[123] Das FASB begründet die Ausnahmeregelung zudem mit dem Residualwertcharakter des Goodwill, welcher die Restgröße von Anschaffungskosten der Beteiligung abzüglich neubewertetem Eigenkapital darstellt. Der Ansatz latenter Steuern würde den Goodwill selbst erhöhen bzw. mindern und lediglich eine Bilanzverlängerung bzw. -verkürzung bedingen.[124]

Bei Realisierung der zugrundeliegenden Vermögensgegenstände und Schulden in den Folgeperioden führt die passive latente Steuern auslösende ‚taxable temporary difference' zu einem gegenüber dem Handelsbilanzergebnis höheren Steuerbilanzergebnis. Damit steht der handelsrechtlich gebotenen Steuerbelastung eine zu hohe effektive Steuerbelastung gegenüber. Die zu hohe Steuerbelastung wird durch die korrespondierend zur Realisierung der zugrundeliegenden Vermögensgegenstände und Schulden verlaufende, erfolgswirksame Auflösung der ‚deferred tax liability' aufgefangen und an das handelsrechtliche Ergebnis angepaßt.[125] Spiegelbildlich hierzu bedingen die den aktiven latenten Steuern zugrundeliegenden ‚deductible temporary differences' in den künftigen Perioden ein gegenüber dem handelsrechtlichen Ergebnis geringeres Steuerbilanzergebnis und folglich einen, im Verhältnis zum handelsrechtlich gebotenen Steueraufwand, zu geringen effektiven Steueraufwand. Durch die erfolgswirksame Auflösung der aktiven Steuerlatenz korrespondierend zur Realisierung der verursachenden Vermögensgegenstände und Schulden wird die zu geringe effektive Steuerbelastung an das wirtschaftliche Ergebnis angepaßt.[126]

Folgendes Beispiel verdeutlicht das Vorgehen. Die A-AG kauft die B-GmbH zu einem Preis von 100.000 GE. Die Übersicht gibt außer dem jeweiligen Steuerbilanzansatz die Zeitwerte der neuzubewertenden Vermögensgegenstände und Schulden an. Der Steuersatz beträgt 40 %.

---

121 Vgl. *FASB* [SFAS No. 109, 1992], Abs. 30 und Abs. 131. Da der Goodwill nicht mit steuerlicher Wirkung abgeschrieben werden kann, sieht Hoyle in der Differenz aus dem Goodwill keine temporäre Differenz. Vgl. *Hoyle, Joe* [Accounting, 1994], S. 422.

122 Vgl. *FASB* [SFAS No. 109, 1992], Abs. 30 und Abs. 131.

123 Vgl. *KPMG Peat Marwick* [Income Taxes, 1992], S. 95 und S. 98-101.

124 Vgl. *FASB* [SFAS No. 109, 1992], Abs. 133; *Simpson, Raymond E.* [Taxes, 1999], Ch. 19, S. 6.

125 Vgl. *Beams, Floyd A.* [Accounting, 1996], S. 404; *Hoyle, Joe* [Accounting, 1994], S. 431.

126 Vgl. *Hoyle, Joe* [Accounting, 1994], S. 431.

	Zeitwertansatz HB	Wertansatz StB	temporäre Differenz
Umlaufvermögen	25.000	25.000	-
Anlagevermögen	75.000	50.000	25.000
Schulden	(12.500)	(12.500)	-
Summe	87.500	62.500	25.000

Durch die Neubewertung des Anlagevermögens entsteht eine künftig steuerbare temporäre Differenz, für die eine passive latente Steuer in Höhe von 10.000 GE (25.000 × 0,4 = 10.000) anzusetzen ist. Der Goodwill errechnet sich aus den Anschaffungskosten abzüglich der neubewerteten Vermögensgegenstände und Schulden sowie der passiven Steuerlatenz. Der Kaufpreis ist damit wie folgt aufzuteilen:

	Zeitwertansatz HB
Umlaufvermögen	25.000
Anlagevermögen	75.000
Schulden	(12.500)
Passive latente Steuer	**(10.000)**
Goodwill	22.500
Kaufpreis	100.000

In den Folgeperioden wird jeweils ein Ergebnis von 40.000 GE vor Abschreibung und Ertragsteuern realisiert. Das Anlagevermögen ist handels- und steuerrechtlich über 10 Jahre linear abzuschreiben. Handelsrechtlich ist zusätzlich der Goodwill linear über 5 Jahre abzuschreiben. Steuerrechtlich können keine weiteren Abschreibungen gewinnmindernd geltend gemacht werden. Die steuerliche Abschreibungsrate beträgt 5.000 GE (50.000 × 0,1 = 5.000). Das Steuerbilanzergebnis beläuft sich nach Berücksichtigung der Abschreibung auf konstant 35.000 GE, woraus sich eine Steuerbelastung in Höhe von 14.000 GE (35.000 × 0,4 = 14.000) errechnet.

Die Entwicklung der temporären Differenzen sowie der passiven latenten Steuern aus der Neubewertung des Anlagevermögens geht aus der folgenden Übersicht hervor. Die temporäre Differenz verringert sich aufgrund der linearen Abschreibung konstant um 2.500 GE. Entsprechend mindert sich die passive latente Steuer jährlich um 1.000 GE. Damit ist pro Periode ein latenter Steueraufwand in Höhe von 1.000 GE erfolgswirksam zu erfassen.

	t = 0	t = 1	...	t = 9	t = 10
Fortgeführter Zeitwert HB	75.000	67.500		7.500	0
Fortgeführter Wertansatz StB	50.000	45.000		5.000	0
Steuerbare temporäre Differenz	25.000	22.500		2.500	0
Steuersatz	40%	40%		40%	40%
Passive latente Steuer in t = n	(10.000)	(9.000)		(1.000)	0
Passive latente Steuer in t = n-1	-	(10.000)		(2.000)	(1.000)
Latenter Steuerertrag	-	1.000		1.000	1.000

Der pro Periode auszuweisende Steueraufwand in der GuV setzt sich aus den laufenden und latenten Steuern folgendermaßen zusammen:

	t = 1,...,5	t = 6,...,10
Umsatzerlös	40.000	40.000
Abschr. Anlagevermögen	(7.500)	(7.500)
Abschr. Goodwill	(4.500)	-
Ergebnis vor Steuern	28.000	32.500
effektiver Steueraufwand	(14.000)	(14.000)
latenter Steuerertrag	1.000	1.000
ausgewiesener Steueraufwand	(13.000)	(13.000)
Ergebnis nach Steuern	15.000	19.500
effektiver Steuersatz	46,4%	40,0%

Die in den Perioden 1 bis 5 auftretende Abweichung zwischen dem erwarteten Steueraufwand aus dem handelsrechtlichen Ergebnis vor Steuern in Höhe von 11.200 GE und dem ausgewiesenen Steueraufwand in Höhe von 13.000 GE geht auf die temporäre Differenz aus dem Goodwill zurück. Diese ist von der Steuerabgrenzung ausgenommen und hat dadurch analog den permanenten Differenzen den Ausweis einer nicht mit dem handelsrechtlichen Ergebnis vor Steuern korrespondierenden Steuerbelastung zur Folge.[127] Aufgrund des Steuerabgrenzungsverbots für die temporären Differenzen aus dem Goodwill mindert die fiktive Steuerwirkung aus der Abschreibungsrate des Goodwills in Höhe von 1.800 GE ($4.500 \times 0,4 = 1.800$) den handelsrechtlich auszuweisenden Steueraufwand nicht. Infolgedessen weicht der effektive Steuersatz von 46,4 % vom gesetzlich maßgebenden Steuersatz von 40 % ab. Da der Goodwill in Periode 5 vollständig abgeschrieben ist, erwächst in den Perioden 6 bis 10 nur noch aus dem Anlagevermögen ein Abschreibungsbedarf. Die damit einhergehende temporäre Differenz wird durch die Steuerabgrenzung vollständig aufgefangen. Entsprechend stimmt der erwartete Steueraufwand aus dem handelsrechtlichen Ergebnis vor Steuern in Höhe von 13.000 GE mit dem ausgewiesenen Steueraufwand überein. Der effektive Steuersatz entspricht mit 40 % dem gesetzlich vorgegebenen.[128]

---

127 Vgl. *FASB* [SFAS No. 109, 1992], Abs. 131; *Breda, Michael F. v./Ferris, Kenneth R.* [Understanding, 1989], S. 77; Gliederungspunkt 3.2.5.

128 Vgl. *KPMG Peat Marwick* [Income Taxes, 1992], S. 98.

3.3.9 Synopse zur Bildung latenter Steuern aus temporären Differenzen

Abbildung 3.1 faßt die Grundzüge der Bildung latenter Steuern aus temporären Differenzen abschließend zusammen.

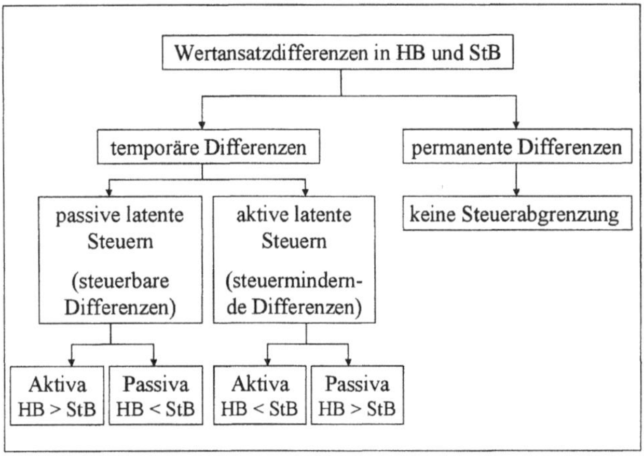

Abbildung 3.1: Wertansatzdifferenzen und Steuerabgrenzung

(Quelle: *Wagenhofer, Alfred* [IAS, 1999], S. 216, angepaßt.)

Die Abbildung macht zum einen deutlich, daß ausschließlich temporäre Differenzen in die Steuerabgrenzung einbezogen werden, permanente Differenzen hingegen unberücksichtigt bleiben. Zum anderen wird ersichtlich, welcher Ausprägung die temporären Differenzen aus abweichenden handels- und steuerrechtlichen Wertansätzen von Aktiva und Passiva sein müssen, um passive bzw. aktive latente Steuern zu begründen.

3.4 Die Erfassung steuerlicher Verluste

3.4.1 Die Ansprüche aus einem Verlustrücktrag

Liegt am Bilanzstichtag mit einem sogenannten ‚net operating loss‘ ein steuerlicher Verlust vor,[129] kann dieser nicht unmittelbar im Wirtschaftsjahr der Entstehung als Steuererstattungsanspruch dem Fiskus gegenüber geltend gemacht werden. Steuerliche

[129] Vgl. *Dyckman, Thomas R./Dukes, Roland E./Davis, Charles J.* [Accounting Bd. 2, 1998], S. 990.

Verluste können jedoch im Rahmen des Verlustabzugs durch Verlustrücktrag und Verlustvortrag berücksichtigt werden.[130]

Durch den Verlustrücktrag wird die steuerliche Bemessungsgrundlage nachträglich verringert.[131] Damit geht eine Steuerminderung einher, die eine Herabsetzung der für die Rücktragsjahre noch zu zahlenden Steuern bedingt oder zu einem Steuererstattungsanspruch für bereits entrichtete Steuern führt.[132] Der Steuervorteil aus einem Verlustrücktrag bedingt einen unmittelbaren Anspruch, der hinreichend sicher und meßbar ist.[133] Für ihn muß eine Forderung bilanziert werden.[134] Da der Steuervorteil in einem funktionalen Zusammenhang mit dem steuerlichen Verlust steht, ist die Forderung in der Entstehungsperiode erfolgswirksam zu erfassen. Als ‚contra income tax expense' erhöht sie das Ergebnis der GuV.[135]

3.4.2 Aktive latente Steuern aus vortragsfähigen Verlusten

Der Verlustvortrag begründet im Gegensatz zum Verlustrücktrag keinen unmittelbaren Anspruch auf eine Steuererstattung, sondern lediglich das Recht zur Verrechnung vor-

---

130 Sowohl das US-amerikanische als auch das deutsche Steuerrecht gewähren die Geltendmachung steuerlicher Verluste durch den Verlustabzug. Die konkrete Ausgestaltung der jeweiligen Regelungen weist jedoch Unterschiede auf. Während nach US-amerikanischem Steuerrecht steuerliche Verluste 2 Jahre rücktragsfähig und 20 Jahre vortragsfähig sind, können nach deutschem Steuerrecht Verluste nur ein Jahr rückgetragen, jedoch unbegrenzt lange vorgetragen werden. Vgl. Sec. 172(b) (1) (A) IRC; § 10d EStG; *Zschiegner, Hans* [Steueränderungsgesetz, 1998], S. 909 f.; *Heinicke, Wolfgang* [§ 10d EStG, 1999], Rz. 20a.

131 Vgl. *Karrenbrock, Holger* [Steuern, 1991], S. 164.

132 Vgl. *Kieso, Donald E./Weygandt, Jerry J.* [Accounting, 1998], S. 1041 f.; *Biergans, Enno* [Einkommensteuer, 1992], S. 1524.

133 Vgl. *Antognini, Walter G./Chung, Kwang-Hyun* [Carryforwards, 1992], S. 58; *Hendriksen, Eldon S./Breda, Michael F. v.* [Accounting, 1991], S. 715.

134 Vgl. *FASB* [SFAS No. 109, 1992], Abs. 240; *Wolk, Harry I./Francis, Jere R./Tearney, Michael G.* [Accounting Theory, 1992], S. 434. Zur Förderung der Investitionstätigkeit von Unternehmen werden bei Bedarf Investitionshilfen in Form von sogenannten ‚investment tax credits' in das US-amerikanische Steuerrecht aufgenommen. Soweit eine Investition in das Anlagevermögen getätigt wird, darf die Steuerlast um den Wert des Produkts aus einem gesetzlich festgelegten Prozentsatz und dem Kaufpreis gemindert werden. Ist der Minderungsbetrag größer als die zu zahlende Steuerlast der Periode, darf die verbleibende Differenz in vergangene Wirtschaftsjahre rückgetragen oder in künftige Wirtschaftsjahre vorgetragen werden. Für diese sogenannten ‚tax credit carrybacks' ist handelsrechtlich ebenfalls eine Forderung zu aktivieren. ‚Investment tax credits' werden derzeit nicht gewährt. Vgl. *FASB* [SFAS No. 109, 1992], Abs. 240; *Beresford, Dennis R./Best, Lawrence C./Craig, Paul W./Weber, Joseph V.* [Income Taxes, 1983], S. 114 f.; *Horngren, Charles T./ Sundem, Gary L./Elliott, John A.* [Accounting, 1996], S. 653.

135 Vgl. *Hendriksen, Eldon S./Breda, Michael F. v.* [Accounting, 1991], S. 715; *Nikolai, Loren A./ Bazley, John D.* [Accounting, 1994], S. 827.

tragsfähiger Verluste mit positiven Einkünften folgender Veranlagungszeiträume.[136] Das Recht stellt insoweit einen ökonomischen Vorteil dar, als positive steuerliche Einkünfte künftiger Veranlagungszeiträume bis zur Höhe des Verlustvortrags nicht der Ertragsbesteuerung unterzogen werden.[137] Da die Geltendmachung eines Verlustes im Wege des Verlustvortrags zu einer Steuerminderung führt, entspricht die resultierende Steuerwirkung jener aus ‚deductible temporary differences'. Wegen der identischen Steuerwirkung verlangt das FASB für die ökonomischen Vorteile aus dem Verlustvortrag die gleiche Behandlung wie für ‚deductible temporary differences'.[138] Für vortragsfähige Verluste sind deshalb aktive latente Steuern anzusetzen.[139] Die ‚deferred tax assets' sind in der Entstehungsperiode des steuerlich vortragsfähigen Verlustes erfolgswirksam zu erfassen, da der ökonomische Vorteil zu diesem Zeitpunkt handelsrechtlich als realisiert gilt.[140] Sie erhöhen als ‚contra income tax expense' analog den Steuererstattungsansprüchen aus dem Verlustrücktrag das Ergebnis der Berichtsperiode.[141] Auf erworbene Verlustvorträge im Rahmen von Unternehmensakquisitionen sind bei der Kapitalkonsolidierung nach der Erwerbsmethode ebenfalls aktive latente Steuern zu bilden. Diese sind erfolgsneutral zu erfassen und mindern ebenfalls den Goodwill bzw. erhöhen den Badwill.[142]

Der ökonomische Vorteil aus vortragsfähigen Verlusten erfüllt laut FASB ebenfalls die ‚asset'-Kriterien. Danach muß ein wirtschaftliches Nutzenpotential vorliegen, das unter der Kontrolle des bilanzierenden Unternehmens steht und bereits in der Vergangenheit begründet wurde.[143] Da die vortragsfähigen Verluste die Steuerbelastung künftiger Perioden grundsätzlich mindern und den Zahlungsmittelabfluß aus dem Unternehmen verringern, ist ein wirtschaftliches Nutzenpotential gegeben, das sich indirekt in künftigen Netto-Einzahlungsströmen konkretisiert.[144] Die Kontrolle des Vorteils aus

---

136 Vgl. *Biergans, Enno* [Einkommensteuer, 1992], S. 1524; *Karrenbrock, Holger* [Steuern, 1991], S. 165.

137 Vgl. *Hendriksen, Eldon S./Breda, Michael F. v.* [Accounting, 1991], S. 715; *Pellens, Bernhard* [Rechnungslegung, 1999], S. 251.

138 Vgl. *FASB* [SFAS No. 109, 1992], Abs. 99; *Wilburn, Nancy L./Carpenter, Janice L.* [Effects, 1992], S. 46.

139 Vgl. *FASB* [SFAS No. 109, 1992], Abs. 99. ‚Investment tax credits', die im abzubildenden Berichtsjahr durch Verrechnung mit der laufenden Steuerlast und Rücktrag in vorangegangene Wirtschaftsjahre nicht vollständig genutzt werden können, dürfen in künftige Wirtschaftsjahre vorgetragen werden. Die vortragsfähigen ‚investment tax credits' mindern analog zu den vortragsfähigen Verlusten die Steuerlast künftiger Perioden. Für sie sind handelsrechtlich ebenfalls aktive latente Steuern zu bilanzieren. Vgl. Fn. 134; *FASB* [SFAS No. 109, 1992], Abs. 241; *Beresford, Dennis R./Best, Lawrence C./Craig, Paul W./Weber, Joseph V.* [Income Taxes, 1983], S. 114 f.

140 Vgl. *FASB* [SFAS No. 109, 1992], Abs. 85.

141 Vgl. *Kieso, Donald E./Weygandt, Jerry J.* [Accounting, 1998], S. 1043; *Nikolai, Loren A./Bazley, John D.* [Accounting, 1994], S. 828.

142 Vgl. *KPMG Peat Marwick* [Income Taxes, 1992], S. 96 und S. 106; Gliederungspunkt 3.3.8.

143 Vgl. *Kuhlewind, Andreas-Markus* [Bilanzrechtstheorie, 1997], S. 185; Gliederungspunkt 3.3.4.

144 Vgl. *FASB* [SFAS No. 109, 1992], Abs. 81; *Pellens, Bernhard* [Rechnungslegung, 1999], S. 144.

dem Verlust liegt beim Unternehmen, weil das Recht zur Geltendmachung vortragsfähiger Verluste durch die Bestimmungen des Steuerrechts an dieses gebunden ist.[145] Das für die Entstehung des wirtschaftlichen Nutzenpotentials maßgebende Ereignis ist nach Ansicht des FASB die Realisierung eines vortragsfähigen Verlustes. Dies geht der Bilanzierung einer aktiven latenten Steuer voraus. Da die Realisierung des vortragsfähigen Verlustes ausschließlich durch die Geschäftsvorfälle und Transaktionen der abzubildenden Periode bedingt ist und keiner künftigen Ereignisse mehr bedarf, hat das die aktive latente Steuer begründende Ereignis bereits stattgefunden.[146] Damit genügen die Steuervorteile aus vortragsfähigen Verlusten den geforderten ,asset'-Kriterien.

3.5 Die Bildung einer ,valuation allowance' auf aktive latente Steuern

3.5.1 Grundlagen der Wertberichtigung aktiver latenter Steuern

Grundsätzlich sind für alle künftig erwarteten Steuerminderungen aus ,deductible temporary differences' und ,loss carryforwards' aktive latente Steuern anzusetzen.[147] Diese werden planmäßig bei Eintritt der steuermindernden Effekte aus den Steuervorteilen, d.h. bei Realisierung der zugrundeliegenden Vermögensgegenstände und Schulden bzw. Geltendmachung der vortragsfähigen Verluste, in künftigen Perioden aufgelöst.

Zwingende Voraussetzung für die planmäßige Auflösung der aktiven latenten Steuern ist jedoch das Vorhandensein entsprechender steuerbarer Beträge. Die Realisierung der künftig erwarteten Steuervorteile aus den ,deductible temporary differences' und den vortragsfähigen Verlusten ist nur möglich, wenn die steuermindernden Effekte an entsprechenden steuerbaren Beträgen anknüpfen können.[148] Die steuerbaren Beträge sind dann entsprechend, wenn sie in ausreichender Höhe vorliegen, aufgrund ihrer Qualität nach den steuerrechtlichen Bestimmungen zur Verrechnung herangezogen werden dürfen und in den maßgebenden Zeiträumen verfügbar sind.[149] Ist mit einer Wahrscheinlichkeit von über 50 % von der Realisierung des Steuervorteils aus ,deductible temporary differences' und steuerlichen Verlustvorträgen wegen des Fehlens ausreichender steuerbarer Beträge nicht auszugehen, muß eine Wertberichtigung der aktiven latenten

---

[145] Vgl. *FASB* [SFAS No. 109, 1992], Abs. 82; § 8 Abs. 4, S. 1 KStG; *Küster, Utz/Köhler, Hansjoachim* [Verlustvorträge, 1998], S. 2401.

[146] Vgl. *FASB* [SFAS No. 109, 1992], Abs. 85; *Read, William J./Bartsch, Robert A. J.* [Deferred Taxes, 1992], S. 37 f.

[147] Vgl. *Behn, Bruce K./Eaton, Tim V./Williams, Jan R.* [Determinants, 1998], S. 64 und S. 67; *KPMG Peat Marwick* [Income Taxes, 1992], S. 63.

[148] Vgl. *FASB* [SFAS No. 109, 1992], Abs. 21; *Simpson, Raymond E.* [Taxes, 1999], Ch. 19, S. 9.

[149] Vgl. *FASB* [SFAS No. 109, 1992], Abs. 21; *Bartsch, Robert A. J./Casabona, Patrick* [Understanding, 1992], S. 30.

Steuern vorgenommen werden.[150] Durch die als ‚valuation allowance' bezeichnete Wertberichtigung ist der Betrag der aktiven latenten Steuern außerplanmäßig zu korrigieren.

Die Höhe der Wertberichtigung bestimmt sich nach dem Anteil der aktiven latenten Steuern, von dessen Realisierung nicht ausgegangen werden kann.[151] Die ‚valuation allowance' kann daher jeden Wert zwischen Null und der vollen Höhe der aktiven Steuerlatenzen annehmen.[152] Entscheidend ist der Wert der voraussichtlich vorliegenden steuerbaren Beträge zur Realisierung der Steuervorteile. In Abhängigkeit von der Höhe der erwartungsgemäß realisierbaren Steuervorteile sind die aktiven latenten Steuern anteilig oder vollständig außerplanmäßig zu korrigieren.[153]

Bei der Beurteilung der Realisierbarkeit aktiver latenter Steuern sind die Bestimmungen des maßgebenden Steuerrechts zu beachten.[154] Von Bedeutung ist dabei die konkrete Ausgestaltung der Verlustrück- und -vortragsmodalitäten. Dies bezieht sich einerseits auf die Qualität der im Rahmen des Verlustabzugs gegeneinander verrechenbaren positiven und negativen Einkünfte,[155] sowie andererseits auf die nach dem Steuergesetz für einen möglichen Verlustrück- bzw. -vortrag gewährten Zeiträume.[156]

3.5.2 Ausreichend steuerbare Beträge als Realisierungsvoraussetzung

Ausreichend steuerbare Beträge zur Realisierung künftiger Steuervorteile aus ‚deductible temporary differences' und steuerlichen Verlustvorträgen können aus verschiedenen Quellen erwachsen.[157] Diese sind im einzelnen zu prüfen. Sobald ausreichend

---

[150] Vgl. *FASB* [SFAS No. 109, 1992], Abs. 17e; *Antognini, Walter G./Chung, Kwang-Hyun* [Carryforwards, 1992], S. 58.

[151] Vgl. *Bielstein, Mark M./Trott, Edward W.* [Approach, 1992], S. 45.

[152] Vgl. *Comiskey, Eugene E./Mulford, Charles W.* [Evaluating, 1994], S. 17; *Gröner, Susanne/ Marten, Kai-Uwe/Schmid, Sonja* [Vergleich, 1997], S. 484.

[153] Vgl. *FASB* [SFAS No. 109, 1992], Abs. 98.

[154] Vgl. *KPMG Peat Marwick* [Income Taxes, 1992], S. 66.

[155] Das US-amerikanische Steuerrecht unterscheidet zwischen betrieblichen Einkünften (‚ordinary income') und Einkünften aus der Veräußerung von Kapitalanlagen (‚capital assets'). Verluste aus der Veräußerung von Kapitalanlagen dürfen bei Verlustrück- bzw. -vortrag nur mit Gewinnen aus der Veräußerung von Kapitalanlagen verrechnet werden. Ihre Geltendmachung setzt damit das Vorhandensein ausreichender Veräußerungsgewinne aus Kapitalanlagen in vorangegangenen und/oder künftigen Wirtschaftsjahren voraus. Vgl. *Antognini, Walter G./Chung, Kwang-Hyun* [Carryforwards, 1992], S. 60; *Eskew, Robert K./Jensen, Daniel L.* [Accounting, 1996], S. 780; *Petree, Thomas R./Gregory, George J./Vitray, Randall J.* [Evaluating, 1995], S. 76.

[156] Vgl. *FASB* [SFAS No. 109, 1992], Abs. 21; *Simpson, Raymond E.* [Taxes, 1999], Ch. 19, S. 9. Vgl. hierzu auch Fn. 130.

[157] Vgl. *FASB* [SFAS No. 109, 1992], Abs. 21, S. 2.

steuerbare Beträge aus einer oder mehreren Quellen vorliegen, kann auf die Überprüfung weiterer Quellen verzichtet werden.[158] Steuerbare Beträge für die Verrechnung künftiger Steuervorteile resultieren insbesondere aus:[159]

- einem positiven zu versteuernden Einkommen in künftigen Perioden, das nicht auf der Auflösung steuerbarer temporärer Differenzen beruht. Soweit die Erwartung positiver Einkünfte in künftigen Wirtschaftsjahren begründet ist, stellen diese eine geeignete Quelle zur Verrechnung der Steuervorteile aus steuermindernden Differenzen und vortragsfähigen Verlusten dar.[160]
- zu versteuerndem Einkommen in Verlustrücktragsjahren. Hat die Auflösung von ‚deductible temporary differences' künftige steuerliche Verluste zur Konsequenz, können diese durch Verlustrücktrag geltend gemacht werden, soweit in den möglichen Rücktragsjahren zu versteuerndes Einkommen in ausreichender Höhe vorhanden ist.[161]
- der künftigen Auflösung steuerbarer temporärer Differenzen. Bei der Auflösung von ‚taxable temporary differences' in künftigen Perioden entstehen steuerbare Beträge, an welchen die steuermindernden Effekte von ‚deductible temporary differences' und vortragsfähigen Verlusten ansetzen können.[162]

Zu versteuerndes Einkommen kann zusätzlich durch den Einsatz sogenannter ‚tax-planning strategies' generiert werden.[163] Das FASB versteht darunter alle im Rahmen des Steuerrechts zulässigen Steuergestaltungsmöglichkeiten, die von einem Unternehmen ausschließlich mit dem Ziel ergriffen werden, steuerliche Verluste vor Ablauf der Verlustvortragsfrist in Anspruch nehmen zu können.[164] Beispielhaft hierfür ist das zulässige Aufschieben der Erfassung steuermindernder Aufwendungen in künftige Wirtschaftsjahre, die Durchführung von ‚sale and lease-back'-Transaktionen sowie die

---

158 Vgl. *FASB* [SFAS No. 109, 1992], Abs. 21; *KPMG Peat Marwick* [Income Taxes, 1992], S. 65.

159 Vgl. *FASB* [SFAS No. 109, 1992], Abs. 21; *Simpson, Raymond E.* [Taxes, 1999], Ch. 19, S. 9.

160 Vgl. *FASB* [SFAS No. 109, 1992], Abs. 21b; *Henning, Michael A./Arcady, Alex T./Sigler, Mary A.* [Implications, 1992], S. 145; *Simpson, Raymond E.* [Taxes, 1999], Ch. 19, S. 10.

161 Vgl. *FASB* [SFAS No. 109, 1992], Abs. 21c; *KPMG Peat Marwick* [Income Taxes, 1992], S. 64.

162 Vgl. *FASB* [SFAS No. 109, 1992], Abs. 21a; *Eaton, Tim V./Williams, Jan R.* [Valuing, 1998], S. 47-49.

163 Vgl. *FASB* [SFAS No. 109, 1992], Abs. 21d; *Behn, Bruce K./Eaton, Tim V./Williams, Jan R.* [Determinants, 1998], S. 67; *Henning, Michael A./Arcady, Alex T./Sigler, Mary A.* [Implications, 1992], S. 146.

164 Vgl. *FASB* [SFAS No. 109, 1992], Abs. 22 und Abs. 106; *Peavey, Dennis E./Nurnberg, Hugo* [Auditing, 1993], S. 79. Da nach deutschem Steuerrecht Verluste unbegrenzt vorgetragen werden dürfen und der Verlustabzugsanspruch nicht entfällt, spielen derartige Steuergestaltungsmöglichkeiten für deutsche Unternehmen eine vergleichsweise untergeordnete Rolle.

Veräußerung von Forderungen und nicht mehr benötigtem Vorratsvermögen.[165] Soweit durch die Nutzung von Steuergestaltungsmöglichkeiten Kosten entstehen, sind diese von den künftig erwarteten Steuervorteilen zu subtrahieren und mindern entsprechend die aktiven latenten Steuern.[166]

3.5.3 Das Wahrscheinlichkeitskriterium ‚more likely than not'

Das Bestehen eines Wertberichtigungsbedarfs der aktiven latenten Steuern bemißt sich nach dem Wahrscheinlichkeitskriterium ‚more likely than not'.[167] Danach ist eine Wertberichtigung vorzunehmen, wenn unter Auswertung aller verfügbaren positiven und negativen Einflußfaktoren mit einem Wahrscheinlichkeitsgrad von über 50 % die Realisierung aktiver latenter Steuern nicht angenommen werden kann.[168] D.h. entsprechende steuerbare Beträge für die Verrechnung der künftig steuermindernden Effekte aus ‚deductible temporary differences' und steuerlichen Verlustvorträgen liegen mit einer Wahrscheinlichkeit von über 50 % nicht vor.[169]

Das Bestehen eines Wertberichtigungsbedarfs wird durch negative Einflußfaktoren indiziert.[170] Diese deuten auf das Fehlen geeigneter Quellen zur Gewährleistung entsprechender steuerbarer Beträge hin.[171] Beispielhaft hierfür ist das Vorliegen:[172]

- kumulierter Verluste aus vorangegangenen Jahren, die nicht steuermindernd geltend gemacht werden konnten,
- künftig erwarteter Verlustjahre,
- offener Sachverhalte, die bei ungünstiger Entwicklung die künftige Ertragslage nachhaltig beeinträchtigen, und
- kurzer Verlustrücktrags- und -vortragszeiträume, die die Realisierung der Steuervorteile begrenzen.

---

165 Vgl. *Henning, Michael A./Arcady, Alex T./Sigler, Mary A.* [Implications, 1992], S. 146 f.; *Simpson, Raymond E.* [Taxes, 1999], Ch. 19, S. 12.

166 Vgl. *FASB* [SFAS No. 109, 1992], Abs. 109; *Simpson, Raymond E.* [Comparative Analysis, 1999], Abs. 26.

167 Vgl. *FASB* [SFAS No. 109, 1992], Abs. 17e und Abs. 96 f.; *Peavey, Dennis E./Nurnberg, Hugo* [Auditing, 1993], S. 77.

168 Vgl. *FASB* [SFAS No. 109, 1992], Abs. 17e und Abs. 96; *Heiman-Hoffman, Vicky B./Patton James M.* [Judgements, 1994], S. 2.

169 Vgl. *KPMG Peat Marwick* [Income Taxes, 1992], S. 64.

170 Vgl. *FASB* [SFAS No. 109, 1992], Abs. 23; *Dyckman, Thomas R./Dukes, Roland E./Davis, Charles J.* [Accounting Bd. 2, 1998], S. 993.

171 Vgl. *KPMG Peat Marwick* [Income Taxes, 1992], S. 64.

172 Vgl. *FASB* [SFAS No. 109, 1992], Abs. 23.

Positive Einflußfaktoren stützen die These, daß kein Wertberichtigungsbedarf besteht. Sie indizieren das Vorhandensein geeigneter Quellen, aus welchen entsprechende steuerbare Beträge hervorgehen. Beispielhaft hierfür sind:[173]

- vorhandene Auftragsbestände, die ausreichend positive Einkünfte zur Realisierung der aktiven latenten Steuern in Aussicht stellen,
- ein konstanter Gewinnverlauf bei gleichzeitig berechtigter Annahme, daß der eingetretene Verlust als einmalig einzustufen ist, und
- Wertsteigerungen der Vermögensgegenstände gegenüber den steuerlich maßgebenden Buchwerten, die bei Veräußerung steuerbare Beträge in ausreichender Höhe zur Realisierung der aktiven latenten Steuern gewährleisten würden.[174]

Die Beurteilung, ob und in welcher Höhe die Geltendmachung der künftigen Steuervorteile erwartet werden kann, ist vor den individuellen Gegebenheiten des Einzelfalls vorzunehmen.[175] Dabei sind die möglichen Konsequenzen aus den positiven und negativen Einflußfaktoren vom Bilanzierenden nach objektiv nachprüfbaren Maßstäben zu gewichten.[176] Die Regelungen zur Bildung einer ‚valuation allowance' enthalten dennoch Ermessensspielräume, weil die in SFAS No. 109 genannten Kriterien zur Beurteilung des Vorliegens eines Wertberichtigungsbedarfs Unschärfebereiche aufweisen. So sind beispielsweise für die Abschätzung der erwarteten steuerbaren Beträge zur Realisierung aktiver latenter Steuern die zulässigen Möglichkeiten aus ‚tax-planning strategies' einzubeziehen, die durch gezielte Ausnutzung bilanzpolitisches Potential bieten.[177] Weitere Ermessensspielräume ergeben sich aus dem Kriterium ‚more likely than not', dessen Erfüllung von der Gewichtung der einzelnen Einflußgrößen abhängt.[178] Die Entscheidung über Ansatz und Höhe einer ‚valuation allowance' ist daher zwangsläufig von einem hohen Grad an Subjektivität geprägt.[179]

---

173 Vgl. *FASB* [SFAS No. 109, 1992], Abs. 24; *Dyckman, Thomas R./Dukes, Roland E./Davis, Charles J.* [Accounting Bd. 2, 1998], S. 993.

174 Vgl. *Comiskey, Eugene E./Mulford, Charles W.* [Evaluating, 1994], S. 15; *Henning, Michael A./ Arcady, Alex T./Sigler, Mary A.* [Implications, 1992], S. 146.

175 Vgl. *Peavey, Dennis E./Nurnberg, Hugo* [Auditing, 1993], S. 78.

176 Vgl. *FASB* [SFAS No. 109, 1992], Abs. 25; *Brezovec, Dick/Snow, Tommy* [Complexity, 1992], S. 69-72.

177 Vgl. *Parks, James T.* [Guide, 1988], S. 32; *Visvanathan, Gnanakumar* [Valuation Allowances, 1998], S. 6 f.

178 Vgl. *Petree, Thomas R./Gregory, George J./Vitray, Randall J.* [Evaluating, 1995], S. 71 und S. 77; *Visvanathan, Gnanakumar* [Valuation Allowances, 1998], S. 6 f.

179 Vgl. *Petree, Thomas R./Gregory, George J./Vitray, Randall J.* [Evaluating, 1995], S. 77; *Gregory, George J./Petree, Thomas R./Vitray, Randall J.* [Consequences, 1993], S. 12. Vgl. hierzu auch die Studien von *Ayers, Benjamin C.* [Value-Relevance, 1998], S. 199-211; *Behn, Bruce K./Eaton, Tim V./Williams, Jan R.* [Determinants, 1998], S. 64-77; *Heiman-Hoffman, Vicky B./Patton James*

3.5.4 Die ‚valuation allowance' zur Wertberichtigung aktiver latenter Steuern

In der Entstehungsperiode des Wertberichtigungsbedarfs mindert die ‚valuation allowance' als ‚contra account' den Bruttobetrag der aktiven latenten Steuern. In der Bilanz kann die ‚valuation allowance' in einer Vorspalte offen vom Bruttobetrag abgesetzt werden, so daß die Hauptspalte den Nettobetrag der realisierbaren aktiven latenten Steuern enthält.[180] Wird auf den gesonderten Ausweis der ‚valuation allowance' in der Bilanz verzichtet und lediglich der Nettobetrag der aktiven latenten Steuern ausgewiesen, muß die Höhe der vorhandenen Wertberichtigungen aus dem Anhang ersichtlich werden.[181] Die erstmalige Erfassung einer Wertberichtigung hat der Erfassung der aktiven latenten Steuern zu folgen, die sich nach den zugrundeliegenden Geschäftsvorfällen und Ereignissen richtet.[182] Bei erfolgswirksam verbuchten aktiven latenten Steuern wird der in der Periode auszuweisende latente Steueraufwand um den Wertberichtigungsbedarf erhöht.[183] Ein Wertberichtigungsbedarf aus erfolgsneutral entstandenen aktiven latenten Steuern ist entsprechend erfolgsneutral zu erfassen.[184]

3.5.5 Die Fortführung der ‚valuation allowance'

Die Realisierbarkeit aktiver latenter Steuern ist jährlich anhand der positiven und negativen Einflußfaktoren zu prüfen.[185] Die zu Beginn der Periode bestehende ‚valuation allowance' ist durch Ab- oder Zuschreibungen in den Folgeperioden fortzuführen.[186] Aufgrund sich ändernder Umstände kann in künftigen Perioden eine erneute Wertberichtigung des vorhandenen Bestands an aktiven latenten Steuern notwendig werden. Im Gegenzug dazu kann durch veränderte Umstände die Ursache für die in vorausgegangenen Berichtsperioden notwendig gewordene Wertberichtigung entfallen. Soweit eine in vorausgegangenen Perioden vorgenommene Wertberichtigung hinfällig wurde, ist die ‚valuation allowance' entsprechend aufzulösen. Im Gegenzug sind die aktiven latenten Steuern zuzuschreiben.[187] Resultiert aus der Neueinschätzung der Realisierbarkeit aktiver latenter Steuern ein Ab- oder Zuschreibungsbedarf der ‚valuation allowance', ist dieser, unabhängig von der erstmaligen Erfassung einer Wertberichtigung auf neu gebildete aktive latente Steuern, erfolgswirksam zu verbuchen und mindert bzw.

M. [Judgements, 1994], S. 1-7; *Miller, Gregory S./Skinner, Douglas J.* [Determinants, 1998], S. 213-233.

180 Vgl. *Kieso, Donald E./Weygandt, Jerry J.* [Accounting, 1998], S. 1035.

181 Vgl. *FASB* [SFAS No. 109, 1992], Abs. 17 i.V.m. Abs. 43.

182 Vgl. Gliederungspunkt 3.3.6.

183 Vgl. *Comiskey, Eugene E./Mulford, Charles W.* [Evaluating, 1994], S. 13.

184 Vgl. *FASB* [SFAS No. 109, 1992], Abs. 26 i.V.m. Abs. 30 und Abs. 36 sowie Abs. 110 f.

185 Vgl. *Simpson, Raymond E.* [Taxes, 1999], Ch. 19, S. 12.

186 Vgl. *Dyckman, Thomas R./Dukes, Roland E./Davis, Charles J.* [Accounting Bd. 2, 1998], S. 995.

187 Vgl. *Bartsch, Robert A. J./Casabona, Patrick* [Understanding, 1992], S. 31.

erhöht das Ergebnis der gewöhnlichen Geschäftstätigkeit.[188] Hiervon ausgenommen sind insbesondere nachträglich aktivierte latente Steuern aus der Kapitalkonsolidierung nach der Erwerbsmethode, auf deren Bildung wegen mangelnder Realisierbarkeit im Erwerbszeitpunkt im Sinne einer vollständigen Wertberichtigung verzichtet wurde. Sind aufgrund der Neueinschätzung der Realisierbarkeit aktive latente Steuern auszuweisen, müssen diese erfolgsneutral mit dem Goodwill und gegebenenfalls mit weiteren, langfristigen immateriellen Vermögensgegenständen aus dem Erwerbsvorgang verrechnet werden.[189]

Bei der Neueinschätzung der Realisierbarkeit aktiver latenter Steuern eröffnen sich die dargestellten Ermessensspielräume erneut. Die Fortführung der ‚valuation allowance' verlangt unter Beachtung der veränderten Umstände wiederholt die Schätzung der erwarteten steuerbaren Beträge und die Beurteilung der Realisierbarkeit aktiver Steuerlatenzen nach dem Wahrscheinlichkeitskriterium ‚more likely than not'.[190] Da individuelle Gewichtungen notwendig sind, haftet der Neueinschätzung ebenfalls ein hoher Grad an Subjektivität an.

3.6 Bewertungsparameter zur Ermittlung latenter Steuern

3.6.1 Maßgebender Steuersatz nach der ‚liability method'

Die Steuerabgrenzung nach der ‚liability method' zielt auf die bilanzielle Erfassung der künftig erwarteten Steuerwirkungen aus den temporären Differenzen und vortragsfähigen Verlusten ab.[191] Die ‚deferred tax liabilities' und ‚deferred tax assets' haben als Verbindlichkeiten und forderungsähnliche Ansprüche die künftigen Steuerbe- und -entlastungen abzubilden. Da die künftigen Steuerwirkungen im Vordergrund stehen, sind die temporären Differenzen und vortragsfähigen Verluste auf Basis des zukünftig geltenden Steuerrechts mit den Steuersätzen zu bewerten, die bei Auflösung der temporären Differenz bzw. bei Geltendmachung der steuerlichen Verluste erwartet wer-

188 Vgl. *FASB* [SFAS No. 109, 1992], Abs. 26 und Abs. 110 f.; *KPMG Peat Marwick* [Income Taxes, 1992], S. 159; *Williams, Jan R.* [GAAP Guide, 1999], Ch. 21, S. 14 f.

189 Vgl. *FASB* [SFAS No. 109, 1992], Abs. 26, S. 2 und Abs. 30; *Debus, Christian* [Steuern, 1997], Rz. 255. SFAS No. 109 nennt weitere Ausnahmefälle der nachträglichen Aktivierung latenter Steuern mit erfolgsneutraler Erfassung der zugehörigen latenten Steuererträge als direkte Erhöhung des Eigenkapitals. Vgl. *FASB* [SFAS No. 109, 1992], Abs. 26, S. 2 i.V.m. Abs. 36c und Abs. 36e - Abs. 36g.

190 Vgl. *Amir, Eli/Sougiannis, Theodore* [Carryforwards, 1999], S. 8; *Visvanathan, Gnanakumar* [Valuation Allowances, 1998], S. 7.

191 Vgl. *Simpson, Raymond E.* [Taxes, 1999], Ch. 19, S. 4.

den.[192] Durch die Anwendung der bei Auflösung maßgebenden Steuersätze wird gewährleistet, daß die ermittelten Steuerlatenzen die künftig erwarteten Steuermehrzahlungen bzw. Steuerentlastungen angeben und so den Charakter von Verbindlichkeiten bzw. Vermögensgegenständen aufweisen.[193]

Voraussetzung für die Anwendung des bei Auflösung der temporären Differenz bzw. bei Geltendmachung der steuerlichen Verluste geltenden Steuerrechts ist die Schätzung der künftig erwarteten Steuersätze. Um die damit einhergehenden subjektiven Wertungen zu vermeiden, ist nach SFAS No. 109 das bereits verabschiedete Steuerrecht der Bewertung latenter Steuern zugrunde zu legen.[194] Damit sind die am Bilanzstichtag gültigen Steuergesetze bzw. Steuersätze heranzuziehen.[195] Eine geplante Steuersatzänderung darf nicht antizipiert werden.[196] Erst mit der tatsächlichen Verabschiedung der Gesetzesnovelle ist der neue Steuersatz maßgebend.[197]

3.6.2 Die Behandlung latenter Steuern bei Steuersatzänderungen

Infolge einer verabschiedeten Steuersatzänderung mit Wirkung für kommende Perioden ändert sich die Höhe der künftig erwarteten Steuermehr- oder -minderbelastungen aus den temporären Differenzen und vortragsfähigen Verlusten,[198] weil die Steuerwirkung bei der Auflösung der Differenzen in künftigen Perioden auf Basis des geänderten Steuersatzes zu ermitteln ist. Aufgrund des Anspruchs der ‚liability method', mit passiven latenten Steuern Verbindlichkeiten für künftig erwartete Steuermehrzahlungen, mit aktiven latenten Steuern forderungsähnliche Ansprüche für künftige erwartete

---

192 Vgl. *FASB* [SFAS No. 109, 1992], Abs. 18 und Abs. 233; *Nurnberg, Hugo* [Changes, 1987], S. 60. Soweit der Steuertarif progressiv ausgestaltet ist, hat die Bewertung der latenten Steuern auf Basis eines durchschnittlichen Steuersatzes zu erfolgen. Sind die temporären Differenzen und vortragsfähigen Verluste unterschiedlich besteuerten Einkunftsarten zuzuordnen, müssen zur Bewertung die für die jeweiligen Einkunftsarten maßgebenden Steuersätze herangezogen werden. Vgl. *FASB* [SFAS No. 109, 1992], Abs. 236 f.; *KPMG Peat Marwick* [Income Taxes, 1992], S. 52 f.

193 Vgl. *Beresford, Dennis R./Best, Lawrence C./Craig, Paul W./Weber, Joseph V.* [Income Taxes, 1983], S. 54.

194 Vgl. *FASB* [SFAS No. 109, 1992], Abs. 112; *Schreiber, Ulrich* [Maßgeblichkeitsprinzip, 1997], S. 499.

195 Vgl. *FASB* [SFAS No. 109, 1992], Abs. 233, S. 4; *Simpson, Raymond E.* [Comparative Analysis, 1999], Abs. 28.

196 Vgl. *FASB* [SFAS No. 109, 1992], Abs. 8c und Abs. 112; *Gröner, Susanne/Marten, Kai-Uwe/ Schmid, Sonja* [Vergleich, 1997], S. 484.

197 Vgl. *FASB* [SFAS No. 109, 1992], Abs. 233, S. 3; *Robertson, Darroch* [Tax, 1996], S. 40; *Simpson, Raymond E.* [Comparative Analysis, 1999], Abs. 28. Eine Steuersatzänderung ist nach Ansicht des FASB erst dann rechtskräftig, wenn die zugrundeliegende Gesetzesnovelle nach Verabschiedung durch Senat und Kongreß vom Präsidenten gezeichnet wurde.

198 Vgl. *FASB* [Discussion Memorandum, 1983], Abs. 99 f.

Steuerminderbelastungen abzubilden, muß der am Bilanzstichtag vorhandene Bestand an latenten Steuern an den neuen Steuersatz angepaßt werden.[199] Die Anpassung gewährleistet, daß grundsätzlich die künftig erwarteten Steuermehr- oder -minderbelastungen durch die Steuerlatenzen erfaßt und die Vermögenslage zutreffend dargestellt werden.[200]

Die latenten Steuern sind je nach Ausprägung der verabschiedeten Steuersatzänderung zu erhöhen bzw. zu mindern.[201] In der Periode der außerplanmäßigen Anpassung ist ein einmaliger latenter Steueraufwand bzw. -ertrag in Höhe des Korrekturbedarfs erfolgswirksam zu erfassen. Dieser mindert bzw. erhöht das Ergebnis der gewöhnlichen Geschäftstätigkeit.[202] Wiederholte Steuertarifänderungen bedingen erneute Anpassungen. Die in der Bilanz erfaßten und in künftigen Perioden aufzulösenden Steuerlatenzen sind dadurch stets mit dem im Auflösungszeitpunkt voraussichtlich gültigen Steuersatz bewertet.[203]

3.6.3 Die Diskontierung latenter Steuern

Bei der Bewertung von langfristigen Forderungen und Verbindlichkeiten ist grundsätzlich der Zinseffekt zu beachten und ein Barwert anzusetzen.[204] Da die latenten Steuern nach der ‚liability method' als Verbindlichkeiten und forderungsähnliche Ansprüche aufgefaßt werden, stellt sich die Frage, ob diese durch Anwendung eines Diskontierungskalküls mit ihrem ökonomischen Wert zu bilanzieren sind.[205] Für eine Diskontierung wäre die Kenntnis der künftigen Auflösungszeiträume der jeweiligen temporären Differenzen notwendig. Die Auflösungszeiträume müßten hierfür genau pro-

---

199 Vgl. *FASB* [SFAS No. 109, 1992], Abs. 27; *KPMG Peat Marwick* [Income Taxes, 1992], S. 55; *Debus, Christian* [Steuern, 1997], Rz. 218.

200 Vgl. *Beresford, Dennis R./Best, Lawrence C./Craig, Paul W./Weber, Joseph V.* [Income Taxes, 1983], S. 60.

201 Vgl. *FASB* [SFAS No. 109, 1992], Abs. 112; *Volkert, Linda A.* [Implications, 1994], S. 108 f.

202 Vgl. *FASB* [SFAS No. 109, 1992], Abs. 27 und Abs. 113; *Beresford, Dennis R.* [Tax Accounting, 1982], S. 16; *Volkert, Linda A.* [Implications, 1994], S. 108 f.

203 Vgl. *Black, Homer A.* [Allocation, 1966], S. 26.

204 Vgl. *FASB* [SFAC No. 5, 1984], Abs. 67e; *Hoskin, Robert E.* [Perspective, 1994], S. 606 f. Kurzfristige Forderungen und Verbindlichkeiten sind mit dem Nominalwert anzusetzen. Die hierbei verursachte Überbewertung wird als unwesentlich angesehen. Dies gilt analog für Rückstellungen, deren Höhe hinreichend sicher, der Fälligkeitstermin jedoch unbekannt ist. Vgl. *AICPA* [APB Opinion No. 21, 1971], Abs. 3a; *Baker, Richard C./Rapaccioli, Donna/Solomon, Morton B.* [USA, 1995], S. 3064-3066; *Wolk, Harry I./Francis, Jere R./Tearney, Michael G.* [Accounting Theory, 1992], S. 303 und S. 311 f.

205 Vgl. *Bublitz, Bruce O./Zuckerman, Gilroy J.* [Discounting, 1988], S. 56; *Lemke, Kenneth W./Graul, Paul R.* [Explicit Cost, 1981], S. 309-314; *Nurnberg, Hugo* [Discounting, 1972], S. 661.

gnostiziert und nach dem sogenannten ‚scheduling' in einer Steuerlatenzen-Zeitstaffel aufgezeichnet werden. Darüber hinaus wären Annahmen über den anzuwendenden Diskontierungszinssatz zu treffen.[206] Wegen der aufwendigen Erfassung des Verlaufs der temporären Differenzen und der notwendigen Annahmen wird die Diskontierung vom FASB als zu komplex eingestuft und abgelehnt.[207]

3.7 Darstellung der Ermittlung des Steueraufwands

Bei der Ermittlung des Ertragsteueraufwands sind alle Ertragsteuern zu berücksichtigen, die das Unternehmen abzuführen hat.[208] Die laufenden Ertragsteuern leiten sich aus den Steuerbemessungsgrundlagen ab. Die latenten Steuern sind jeweils am Periodenende neu zu berechnen.[209] Hierfür sind die Wertansätze der Vermögensgegenstände und Schulden aus Handels- und Steuerbilanz gegenüberzustellen und die temporären Differenzen auszumachen.[210] Die künftig steuerbaren Differenzen sind getrennt von den künftig steuermindernden Differenzen zu erfassen.[211] Im weiteren sind die vortragsfähigen Verluste zu bestimmen. Für diese ist neben der Höhe die verursachende Einkunftsart und die verbleibende Vortragsfrist zu dokumentieren.[212] Ausgehend von den maßgebenden Steuersätzen bei Auflösung der temporären Differenzen bzw. bei Geltendmachung des Verlustvortrags sind passive latente Steuern für die künftig steuerbaren Differenzen, aktive latente Steuern für die künftig steuermindernden Differenzen und die vortragsfähigen Verluste zu bilden.[213] Hinsichtlich der aktiven latenten Steuern ist zu prüfen, ob von der Realisierung der künftig erwarteten Steuervorteile ausgegangen werden kann. Soweit mit der Realisierung aktiver latenter Steuern unter Beachtung des Kriteriums ‚more likely than not' nicht gerechnet werden kann, ist eine Wertkorrektur vorzunehmen.[214] Für die Berechnung des latenten Steueraufwands bzw. -ertrags der Periode sind die passiven latenten Steuern und die realisierbaren aktiven latenten Steuern zu saldieren.[215] Der verbleibende Nettowert an latenten Steuern ist dem Vorjahreswert gegenüberzustellen. Die Veränderung hieraus gibt die Höhe des in

---

206 Vgl. *Hendriksen, Eldon S./Breda, Michael F. v.* [Accounting, 1991], S. 713; *IASC* [IAS 12, 1996], Abs. 54; *Lemke, Kenneth W./Graul, Paul R.* [Explicit Cost, 1981], S. 309-314.

207 Vgl. *FASB* [SFAS No. 109, 1992], Abs. 199.

208 Vgl. *FASB* [SFAS No. 109, 1992], Abs. 4a.

209 Vgl. *KPMG Peat Marwick* [Income Taxes, 1992], S. 43.

210 Vgl. *Gregory, George J./Petree, Thomas R./Vitray, Randall J.* [Implementation, 1992], S. 45; *Williams, Jan R.* [GAAP Guide, 1999], Ch. 21, S. 8.

211 Vgl. *Nikolai, Loren A./Bazley, John D.* [Accounting, 1994], S. 820.

212 Vgl. *Smith, Darlene A./Freeman, Gary R.* [Accounting, 1992], S. 17.

213 Vgl. *FASB* [SFAS No. 109, 1992], Abs. 17b und Abs. 17c; *Reinstein, Alan/Carmichael, Bobby J./ Spaulding Jr., Albert D.* [Accounting, 1994], S. 48.

214 Vgl. *FASB* [SFAS No. 109, 1992], Abs. 17e.

215 Vgl. *FASB* [SFAS No. 109, 1992], Abs. 16.

der Periode zu erfassenden latenten Steueraufwands bzw. -ertrags an.[216] Die Summe der laufenden und latenten Steuern ergibt die Ertragsteueraufwendungen bzw. -erträge der Periode.

Bei Konzernunternehmen, die sich aus mehreren eigenständigen Steuersubjekten zusammensetzen und von mehreren Steuerhoheiten besteuert werden, hat die Ermittlung der Steuerlatenzen grundsätzlich pro Steuersubjekt und Steuerhoheit gesondert zu erfolgen.[217] Dabei ist insbesondere zwischen in- und ausländischen Steuerhoheiten zu differenzieren. In den USA ist darüber hinaus die Steuerhoheit des Bundes von der Steuerhoheit der Gebietskörperschaften zu trennen.[218] Auf die gesonderte Ermittlung der latenten Steuern pro Steuerhoheit kann aus Vereinfachungsgründen verzichtet werden, wenn keine wesentlichen Unterschiede in der Ausgestaltung der maßgebenden Steuergesetze bestehen. Für die Berechnung der latenten Steuern können dann aggregierte Steuersätze aus den relevanten Ertragsteuern gebildet werden.[219] Wann die Wesentlichkeitsgrenze überschritten ist, wird in SFAS No. 109 nicht konkretisiert. Anhaltspunkte für wesentliche Unterschiede zwischen den Ertragsteuern ergeben sich aus der jeweiligen Ausgestaltung des Steuertarifs, der Verlustrück- und -vortragszeiträume sowie weiterer Vorschriften der gegenüberstehenden Steuergesetze.[220] Der Bilanzierende hat vorhandene Unterschiede abzuwägen und vor dem Hintergrund des Informationsvermittlungsziels über die Möglichkeit der aggregierten Berechnung zu entscheiden. Soweit eine aggregierte Berechnung der Ertragsteuern vorgenommen werden kann, sind die maßgebenden Steuersätze zusammenzufassen.[221]

Während die vorangegangenen Ausführungen ausgehend vom Ziel der periodengerechten Steuerabgrenzung für die zutreffende Darstellung der Vermögensgegenstände und Schulden dem Ansatz und der Bewertung latenter Steuern gewidmet waren, ist im folgenden auf den Ausweis der Ertragsteuern in Bilanz, GuV und Anhang einzugehen. Vor dem Hintergrund des Ziels der Vermittlung entscheidungsrelevanter Informationen sind die Daten im Rahmen des ‚financial reporting' derart offenzulegen, daß sie außenstehenden Dritten als Grundlage für die Ableitung von Investitionsentscheidungen

---

216 Vgl. *FASB* [SFAS No. 109, 1992], Abs. 16, S. 2; *Smith, Darlene A./Freeman, Gary R.* [Accounting, 1992], S. 17.

217 Vgl. *FASB* [SFAS No. 109, 1992], Abs. 4a; *Perry, Raymond E./Simpson, Raymond E.* [Implementation, 1992], S. 3 f.; *Simpson, Raymond E.* [Taxes, 1999], Ch. 19, S. 8.

218 Vgl. *Dyckman, Thomas R./Dukes, Roland E./Davis, Charles J.* [Accounting, 1995], S. 855 i.V.m. *Thiele, Clemens* [Steuerrecht, 1997], S. 22 f.; *Zschiegner, Hans* [Steuerrecht, 1990], S. 59 f.

219 Vgl. *KPMG Peat Marwick* [Income Taxes, 1992], S. 51.

220 Vgl. *Perry, Raymond E./Simpson, Raymond E.* [Implementation, 1992], S. 4.

221 Dabei sind sogenannte Steuerarteninterdependenzen zu beachten, wonach bestimmte Steuerarten von der Bemessungsgrundlage anderer Steuerarten abzugsfähig sind. Vgl. *KPMG Peat Marwick* [Income Taxes, 1992], S. 51; *Wagner, Franz W./Dirrigl, Hans* [Steuerplanung, 1980], S. 155 f.

nützlich sind.[222] Im weiteren ist daher zur konkreten Ausweistechnik auch der vom FASB angestrebte Aussagegehalt bzw. die dahinter stehende Intention darzustellen.

3.8 Ausweisvorschriften für Bilanz, GuV und Anhang

3.8.1 Ausweis latenter Steuern in der Bilanz

Für den Ausweis der Posten in der Bilanz haben das FASB und seine Vorgängerinstitutionen kein generelles Gliederungsschema vorgeschrieben.[223] Die Verlautbarungen in ARB No. 43 geben lediglich eine Definition der kurzfristigen Bilanzposten zur Abgrenzung von den übrigen Bilanzposten vor, ohne eine konkrete Ausweisregel zu formulieren.[224] Demgegenüber verlangt die SEC in der Regulation S-X eine Mindestgliederungstiefe für die Bilanz, welche für börsennotierte Unternehmen verpflichtend ist.[225] Demzufolge sind die Bilanzposten nach ihrer Liquidierbarkeit zu gliedern.[226] In der ersten Gliederungsebene sind nach dem Kriterium der Fristigkeit die kurzfristigen Bilanzposten von den langfristigen zu trennen. Innerhalb der jeweiligen Gliederungspunkte sind die Aktiva nach abnehmender Liquidierbarkeit, die Passiva nach aufsteigender Fristigkeit anzuordnen.[227] Auf der Aktivseite ist entsprechend das Umlaufvermögen vor dem Anlagevermögen auszuweisen. Spiegelbildlich dazu sind auf der Passivseite die kurzfristigen vor den langfristigen Verbindlichkeiten und dem Eigenkapital offenzulegen.[228]

Der Ausweis der laufenden und latenten Steuerposten in der Bilanz wird durch SFAS No. 109 explizit geregelt.[229] Den auszuweisenden Beträgen sind dabei jeweils die zugehörigen Vorjahreszahlen gegenüberzustellen. Für die laufende Steuerschuld bzw. -gutschrift ist eine Rückstellung bzw. Forderung unter den kurzfristigen Bilanzposten

---

222 Vgl. *FASB* [SFAC No. 5, 1984], Abs. 7 und Abs. 20; *FASB* [SFAS No. 105, 1990], Abs. 71-78.

223 Vgl. *Siebert, Henning* [Grundlagen, 1996], S. 80. Das FASB stellt ohne Vorgabe eines Ausweisschemas in *FASB* [SFAS No. 6, 1975], Abs. 7, S. 1 fest: „The balance sheet of most enterprises show separate classifications of current assets and current liabilities (commonly referred to as classified balance sheets)".

224 Vgl. *AICPA* [ARB No. 43, 1953], Ch. 3A, Abs. 3, S. 2; *FASB* [Classification, 1999], B05.102; *Weiss, Judith* [GAAP, 1998], Ch. 2, S. 3.

225 Vgl. *SEC* [Reg S-X, 1998], Item 210.5-02; *Gräfer, Horst* [Report, 1992], S. 18; *Pellens, Bernhard* [Rechnungslegung, 1999], S. 82.

226 Vgl. *SEC* [Reg S-X, 1998], Item 210.5-02; *White, Gerald I./Sondhi, Ashwinpaul C./Fried, Dov* [Analysis, 1994], S. 13; *Pellens, Bernhard* [Rechnungslegung, 1999], S. 83.

227 Vgl. *Belkaoui, Ahmed R.* [Theory, 1992], S. 395; *KPMG* [Rechnungslegung, 1999], S. 24 f.

228 Vgl. *Kieso, Donald E./Weygandt, Jerry J.* [Accounting, 1998], S. 207; *Haller, Axel* [Grundlagen, 1994], S. 298.

229 Vgl. *FASB* [SFAS No. 109, 1992], Abs. 8a und Abs. 41 f.

auszuweisen.[230] Unternehmen, die den SEC-Vorschriften unterliegen und die Bilanz nach kurz- und langfristigen Posten gliedern müssen, haben den am Abschlußstichtag vorhandenen Bestand an latenten Steuern aufzuspalten und nach dem Kriterium der Fristigkeit auszuweisen.[231] Hierfür sind die aktiven und passiven Steuerlatenzen in einer gesonderten Auflistung jeweils getrennt nach kurzfristigen (‚current') bzw. langfristigen (‚non-current') Steuerlatenzen zu erfassen.[232] Die Fristigkeit der Steuerlatenzen wird durch die Zugehörigkeit der zugrundeliegenden Vermögensgegenstände und Schulden zum Anlage- oder Umlaufvermögen determiniert. Anlagevermögen löst langfristige Steuerlatenzen aus, Umlaufvermögen verursacht entsprechend kurzfristige Steuerlatenzen. Auf der Passivseite ist nach der Laufzeit der Schulden zu differenzieren.[233] In Abhängigkeit davon sind die den jeweiligen Schulden zuzuordnenden Steuerlatenzen kurz- bzw. langfristig.

Für Steuerlatenzen, die keinem Vermögensgegenstand bzw. keiner Schuld zugeordnet werden können, ist der Zeitpunkt der Umkehrung für die Bestimmung der Fristigkeit maßgebend.[234] Bei aktiven Steuerlatenzen aus Verlustvorträgen ist der Zeitpunkt der erwarteten Geltendmachung relevant.[235] Die am Bilanzstichtag vorhandene ‚valuation allowance' ist auf die kurz- und langfristigen aktiven Steuerlatenzen proportional aufzuteilen, deren Beträge entsprechend gemindert werden.[236]

Die aus der Aufteilung resultierenden kurzfristigen aktiven und passiven latenten Steuern werden addiert und abschließend saldiert. Je nach Vorzeichen des verbleibenden Nettobetrags ist eine kurzfristige aktive oder passive latente Steuer in der Bilanz aus-

230 Vgl. *FASB* [SFAS No. 109, 1992], Abs. 8a; *Dyckman, Thomas R./Dukes, Roland E./Davis, Charles J.* [Accounting Bd. 2, 1998], S. 980.

231 Vgl. *Kieso, Donald E./Weygandt, Jerry J.* [Accounting, 1998], S. 1045; *Schroeder, Richard G./ Myrtle, Clark W.* [Theory, 1998], S. 558.

232 Vgl. *FASB* [SFAS No. 109, 1992], Abs. 41; *Read, William J.* [Rules, 1992], S. 16.

233 Vgl. *FASB* [SFAS No. 109, 1992], Abs. 41. Für die Zuordnung zum Umlaufvermögen muß das ‚asset' innerhalb eines Jahres oder der unternehmensspezifischen Länge des Produktionszyklus erwartungsgemäß in Geld transformiert, verkauft oder verbraucht werden. Dementsprechend sind unter die kurzfristigen Schulden diejenigen Verpflichtungen zu subsumieren, deren Tilgung erwartungsgemäß den Verbrauch von kurzfristigen ‚assets' oder die Begründung neuer kurzfristiger Verbindlichkeiten bedingt. Soweit Verpflichtungen innerhalb eines Jahres fällig werden, sind diese ebenfalls den kurzfristigen ‚liabilities' zuzuordnen. Vgl. *AICPA* [ARB No. 43, 1953], Ch. 3A, Abs. 4, S. 1 und Abs. 7; *Kieso, Donald E./Weygandt, Jerry J.* [Accounting, 1998], S. 207 und S. 212; *Siebert, Henning* [Grundlagen, 1996], S. 211 f.

234 Vgl. *FASB* [SFAS No. 109, 1992], Abs. 41; *FASB* [SFAS No. 37, 1980], Abs. 4; *Williams, Jan R.* [GAAP Guide, 1999], Ch. 21, S. 20; Gliederungspunkt 3.2.2.

235 Vgl. *Delaney, Patrick R./Adler, James R./Epstein, Barry J./Foran, Michael F.* [GAAP, 1997], S. 541.

236 Vgl. *FASB* [SFAS No. 109, 1992], Abs. 41.

zuweisen. Die langfristigen Steuerlatenzen sind ebenfalls zu saldieren und entsprechend in die Bilanz aufzunehmen.[237]

Konzernunternehmen, die sich aus mehreren eigenständigen Steuersubjekten zusammensetzen und/oder mehreren Steuerhoheiten unterliegen, haben die kurzfristigen (langfristigen) aktiven und passiven Steuerlatenzen pro Steuersubjekt und/oder Steuerhoheit gesondert zu erfassen und zu saldieren.[238] Die jeweils verbleibenden Nettobeträge sind dann über die verschiedenen Steuersubjekte und Steuerhoheiten hinweg zu addieren. Die addierten Steuerlatenzen werden in der Bilanz gesondert ausgewiesen.[239] Bei Unternehmen, die sich in mehrere Besteuerungseinheiten gliedern und/oder von verschiedenen Steuerhoheiten besteuert werden, kann dieses Vorgehen den Ausweis kurzfristiger (langfristiger) aktiver und passiver latenter Steuern nebeneinander zur Konsequenz haben.[240]

Die folgende Abbildung verdeutlicht die Erfassung der auszuweisenden kurz- und langfristigen aktiven und passiven Steuerlatenzen anhand eines Beispiels. Ausgangspunkt bildet ein Konzern, der sich in die drei Steuersubjekte MU, TU 1 und TU 2 gliedert und den drei Steuerhoheiten A, B und C zur Besteuerung unterliegt. Pro Steuersubjekt und Steuerhoheit wird der Saldo aus kurzfristigen (langfristigen) aktiven und passiven latenten Steuern ermittelt. Die verbleibenden kurzfristigen aktiven latenten Steuern werden über die Steuersubjekte und Steuerhoheiten hinweg addiert. Ihre Summe ist in der Bilanz unter den kurzfristigen Aktiva auszuweisen. Analog ist mit den kurzfristigen passiven latenten Steuern sowie den langfristigen aktiven und langfristigen passiven Steuerlatenzen zu verfahren.

---

237 Vgl. *Kieso, Donald E./Weygandt, Jerry J.* [Accounting, 1998], S. 1046.

238 Vgl. *FASB* [SFAS No. 109, 1992], Abs. 17 und Abs. 42; *Wilson, Arlette C.* [Technical Examples, 1992], S. 45; *Gregory, George J./Petree, Thomas R./Vitray, Randall J.* [Consequences, 1993], S. 12; Gliederungspunkt 3.7.

239 Vgl. *Kieso, Donald E./Weygandt, Jerry J.* [Accounting, 1998], S. 207.

240 Vgl. *Bartsch, Robert A. J./Erickson, Naomi* [Real Estate, 1993], S. 21; *Delaney, Patrick R./Adler, James R./Epstein, Barry J./Foran, Michael F.* [GAAP, 1997], S. 542; *KPMG Peat Marwick* [Income Taxes, 1992], S. 158.

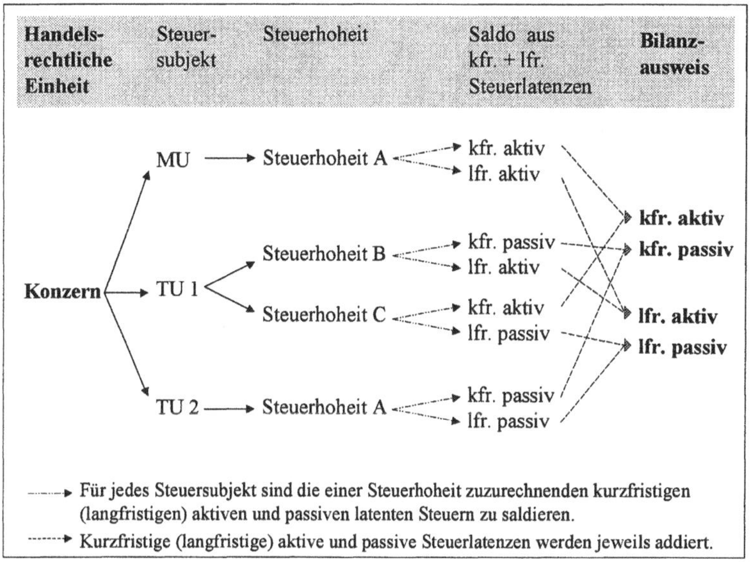

Abbildung 3.2: Ermittlung der Steuerlatenzen für den Bilanzausweis

Eine pauschale Saldierung aller kurzfristigen (langfristigen) Steuerlatenzen über die Steuersubjekte bzw. Steuerhoheiten hinweg ist aufgrund des Saldierungsverbotes nicht erlaubt.[241] Danach dürfen ‚assets' und ‚liabilities' in der Bilanz grundsätzlich nicht miteinander verrechnet werden. Ausnahmen können aufgrund besonderer Rechte zulässig sein.[242] Ein Recht zur Saldierung besteht beispielsweise bei Forderungen und Verbindlichkeiten aus mehreren Kontokorrentverhältnissen gegenüber einem Kreditinstitut.[243] Bezüglich der Ertragsteuern unterschiedlicher Steuersubjekte und Steuerhoheiten besteht im allgemeinen kein entsprechendes Recht. So kann eine nach deutschem Steuerrecht festgesetzte Steuerlast nicht mit einem nach dem US-amerikanischen Steuerrecht ermittelten Steuerrückerstattungsanspruch verrechnet werden.[244]

241 Vgl. *FASB* [SFAS No. 109, 1992], Abs. 42 und Abs. 153; *FASB* [SFAS No. 96, 1987], Abs. 143; *Bielstein, Mark M./Trott, Edward W.* [Approach, 1992], S. 47; *Delaney, Patrick R./Adler, James R./Epstein, Barry J./Foran, Michael F.* [GAAP, 1997], S. 542; *Read, William J./Bartsch, Robert A. J.* [Deferred Taxes, 1992], S. 41; *White, Gerald I./Sondhi, Ashwinpaul C./Fried, Dov* [Analysis, 1994], S. 544.

242 Vgl. *Baker, Richard C./Rapaccioli, Donna/Solomon, Morton B.* [USA, 1995], S. 3036 f. „It is a general principle of accounting that the offsetting of assets and liabilities in the balance sheet is improper except where a right of setoff exists." *AICPA* [APB Opinion No. 10, 1966], Abs. 7, Nr. 1.

243 Vgl. *Dyckman, Thomas R./Dukes, Roland E./Davis, Charles J.* [Accounting Bd. 1, 1998], S. 175.

Das Saldierungsverbot für ‚deferred tax assets‘ und ‚deferred tax liabilities‘ verschiedener Steuersubjekte und Steuerhoheiten ist daher zwingend.

Der nach der Fristigkeit differenzierte Ausweis aktiver und passiver Steuerlatenzen folgt aus dem Konzept des ‚working capital‘.[245] Dies verlangt eine konsistente Gliederung der Aktiva und Passiva, um die Ableitung aussagefähiger Kennzahlen zu ermöglichen. Dadurch soll der Informationsgehalt von Rechnungslegungsdaten erhöht werden.[246] Von Interesse ist dabei die ‚working capital ratio‘, welche das Verhältnis von kurzfristigen Vermögensgegenständen und kurzfristigen Schulden beziffert.[247] Eine Unterlassung der Aufgliederung würde eine verzerrte ‚working capital ratio‘ bedingen und dadurch für externe Adressaten mißverständlich sein.[248] Die Aufgliederung gibt zudem einen Einblick darüber, ob kurz- bzw. langfristig mit Steuerbelastungen oder -entlastungen aus der Auflösung latenter Steuern zu rechnen ist.

3.8.2 Ausweis der Ertragsteuern im ‚comprehensive income‘

3.8.2.1 Ertragsteuerausweis in der GuV

Mit dem Begriff des ‚comprehensive income‘ wird das im Geschäftsjahr erzielte Gesamtergebnis bezeichnet.[249] Die Größe umfaßt alle Eigenkapitalveränderungen der Periode, soweit sie nicht auf Zahlungsströmen von und zu den Anteilseignern beruhen.[250] Das ‚comprehensive income‘ setzt sich mit dem ‚net income‘ und dem ‚other comprehensive income‘ aus zwei Teilgrößen zusammen. Erste stellt das realisierte Periodenergebnis dar, das in der GuV zu erfassen ist.[251] Letztere umfaßt Erfolgsbeiträge, die noch nicht realisiert und an der GuV vorbei direkt dem Eigenkapital zugerechnet werden.[252] Diese sind in einem gesonderten Rechenwerk aufzuzeigen.[253]

---

244 Vgl. *FASB* [SFAS No. 96, 1987], Abs. 143; *FASB* [SFAS No. 109, 1992], Abs. 42; *KPMG Peat Marwick* [Income Taxes, 1992], S. 51.

245 Vgl. *AICPA* [APB Opinion No. 11, 1967], Abs. 57; *FASB* [SFAS No. 96, 1987], Abs. 151.

246 Vgl. *AICPA* [ARB No. 43, 1953], Ch. 3A, Abs. 3; *Bernstein, Leopold A.* [Analysis, 1993], S. 537-548.

247 Vgl. *Bernstein, Leopold A.* [Analysis, 1993], S. 537-548; *White, Gerald I./Sondhi, Ashwinpaul C./Fried, Dov* [Analysis, 1994], S. 214-218.

248 Vgl. *FASB* [SFAS No. 96, 1987], Abs. 151.

249 Vgl. *FASB* [SFAC No. 6, 1985], Abs. 70; *Goldberg, Irwin* [Income Statement, 1999], Ch. 7, S. 16.

250 Vgl. *FASB* [SFAS No. 130, 1997], Abs. 8; *Beresford, Dennis R./Johnson, Todd L./Reither, Cheri L.* [Income Statement, 1996], S. 69; *Heynitz, Harald v.* [Comprehensive Income, 1997], S. 17.

251 Vgl. *FASB* [SFAS No. 130, 1997], Abs. 15; *Fitzsimons, Adrian P./Thompson, James W.* [Reporting, 1996], S. 97.

252 Vgl. *FASB* [SFAS No. 130, 1997], Abs. 15; *Holzer, Peter/Ernst, Christian* [Comprehensive Income, 1999], S. 358.

Um dem Anspruch des Informationsziels der Vermittlung entscheidungsrelevanter Größen zur ‚cash flow'-Prognose gerecht zu werden, liegt dem Aufbau der GuV das Konzept der Erfolgsspaltung zugrunde.[254] Der im Geschäftsjahr erzielte Erfolg ist aufgespalten nach den Entstehungsbereichen auszuweisen, um seine Zusammensetzung transparent zu machen.[255] Für die relevanten Entstehungsbereiche sind die zugehörigen Teilerfolge als Zwischensummen anzugeben, bevor sie zum ‚net income' addiert werden.[256] Die einzelnen Erfolgsbeiträge sind hierfür in gewöhnliche und außergewöhnliche Komponenten zu trennen.[257] Erstere münden im Ergebnis der gewöhnlichen Geschäftstätigkeit (‚continuing operations') und umfassen die Aufwendungen und Erträge aus dem operativen und dem nichtoperativen Bereich, soweit sie nicht als außergewöhnlich zu klassifizieren sind.[258] Zu letzteren gehören Erfolgsbeiträge, die unregelmäßig auftreten und nicht im Rahmen der laufenden Geschäftstätigkeit wiederkehren.[259] Durch die Erfolgsspaltung können in der GuV die nachstehenden Größen zum Ausweis kommen:[260]

- Ergebnis der gewöhnlichen Geschäftstätigkeit (‚continuing operations'),
- Ergebnis aus der Auflösung wesentlicher Geschäftsteile (‚discontinuing operations'),
- außerordentliches Ergebnis (‚extraordinary items') und
- kumulierte Erfolgsänderung aus dem Wechsel von Rechnungslegungsmethoden (‚cumulative effect of a change in accounting principles').[261]

---

253 Das Rechenwerk kann alternativ im Anschluß an die GuV angehängt, durch das ‚statement of comprehensive income' als eigenständige Gesamtergebnisrechnung ausgewiesen oder innerhalb der Eigenkapitalveränderungsrechnung aufgezeigt werden. Vgl. *FASB* [SFAS No. 130, 1997], Abs. 22; *Kieso, Donald E./Weygandt, Jerry J.* [Accounting, 1998], S. 166-168.

254 Vgl. *Delaney, Patrick R./Adler, James R./Epstein, Barry J./Foran, Michael F.* [GAAP, 1997], S. 63; *FASB* [SFAS No. 130, 1997], Abs. 16; *Kuhlewind, Andreas-Markus* [Ergebnisrechnung, 2000], S. 293 f.

255 Vgl. *Baker, Richard C./Rapaccioli, Donna/Solomon, Morton B.* [USA, 1995], S. 3046; *Kieso, Donald E./Weygandt, Jerry J.* [Accounting, 1998], S. 150 f.

256 Vgl. *FASB* [SFAS No. 130, 1997], Abs. 16.

257 Vgl. *Holzer, Peter/Ernst, Christian* [Comprehensive Income, 1999], S. 358; *Kuhlewind, Andreas-Markus* [Ergebnisrechnung, 2000], S. 301 f.

258 Vgl. *Dyckman, Thomas R./Dukes, Roland E./Davis, Charles J.* [Accounting Bd. 1, 1998], S. 119; *Kuhlewind, Andreas-Markus* [Ergebnisrechnung, 2000], S. 296.

259 Vgl. *Holzer, Peter/Ernst, Christian* [Comprehensive Income, 1999], S. 358.

260 Vgl. *Baker, Richard C./Rapaccioli, Donna/Solomon, Morton B.* [USA, 1995], S. 3047 f.; *Dyckman, Thomas R./Dukes, Roland E./Davis, Charles J.* [Accounting Bd. 1, 1998], S. 119; *Luecke, Randall W./Meeting, David T.* [Income, 1998], S. 47 f.

261 Beispiele für den Wechsel der Rechnungslegungsmethoden sind die Umstellung der Verbrauchsfolgeverfahren zur Vorratsbewertung vom LIFO- auf das FIFO-Verfahren sowie eine nicht geplante

Für die in der Periode verursachten Steuern vom Einkommen und Ertrag ist die Erfolgsspaltung ebenfalls maßgebend. Nach dem Prinzip „let the tax follow the income“[262] ist der angefallene Steueraufwand bzw. -ertrag auf die verschiedenen Erfolgskomponenten entsprechend seiner Verursachung aufzuteilen und zuzuordnen. Dabei ist zunächst nach den Erfolgskomponenten des ‚net income‘ und des ‚comprehensive income‘ zu trennen.[263] Innerhalb des ‚net income‘ verlangt das FASB explizit eine Aufteilung der Ertragsteuern auf das Ergebnis der gewöhnlichen Geschäftstätigkeit, das Ergebnis aus der Auflösung wesentlicher Geschäftsteile und das außerordentliche Ergebnis.[264] Die Aufzählung nennt die kumulierte Erfolgsänderung aus dem Wechsel von Rechnungslegungsmethoden nicht und ist insofern unvollständig. Ist in der Berichtsperiode eine derartige Erfolgsänderung verbucht worden, ist dieser der zugehörige Steueraufwand bzw. -ertrag entsprechend zuzuteilen.[265]

Der dem Ergebnis der gewöhnlichen Geschäftstätigkeit zuzurechnende Steueraufwand bzw. -ertrag setzt sich aus mehreren Teilbeträgen zusammen. Basis bildet der Steueraufwand bzw. -ertrag aus der Besteuerung des „pretax income or loss from continuing operations“[266]. Darüber hinaus sind dem Ergebnis der gewöhnlichen Geschäftstätigkeit weitere Steuereffekte zuzuordnen, die sich aus steuerrechtlichen Sondervorschriften und Korrekturen am Bestand der latenten Steuern ergeben.[267] Die wesentlichen Teilbeträge sind gesondert in der GuV oder alternativ in den ‚notes‘ mit den zugehörigen Vorjahreszahlen auszuweisen.[268] Für die Aufgliederung des Steueraufwands bzw. -ertrags, der dem Ergebnis der gewöhnlichen Geschäftstätigkeit zugerechnet wird, können laut FASB insbesondere folgende Teilbeträge relevant sein:[269]

Änderung der Abschreibungsmethode von der degressiven hin zur linearen Abschreibung. Vgl. *AICPA* [APB Opinion No. 20, 1971], Abs. 9.

262 *Kieso, Donald E./Weygandt, Jerry J.* [Accounting, 1998], S. 161. Vgl. hierzu auch *Delaney, Patrick R./Adler, James R./Epstein, Barry J./Foran, Michael F.* [GAAP, 1997], S. 538.

263 Vgl. *FASB* [SFAS No. 109, 1992], Abs. 35, S. 1 i.V.m. *FASB* [SFAS No. 130, 1997], Abs. 32.

264 Vgl. *FASB* [SFAS No. 109, 1992], Abs. 35, S. 1.

265 Vgl. *Baker, Richard C./Rapaccioli, Donna/Solomon, Morton B.* [USA, 1995], S. 3071; *Bernstein, Leopold A.* [Analysis, 1993], S. 394; *Dyckman, Thomas R./Dukes, Roland E./Davis, Charles J.* [Accounting Bd. 1, 1998], S. 121; *Maclaughlin, Debra/Hambleton, Wendy* [SEC, 1999], Ch. 3, S. 35.

266 *FASB* [SFAS No. 109, 1992], Abs. 35, S. 2.

267 Vgl. *FASB* [SFAS No. 109, 1992], Abs. 35, S. 2 i.V.m. Abs. 45, S. 2; *Delaney, Patrick R./Adler, James R./Epstein, Barry J./Foran, Michael F.* [GAAP, 1997], S. 539.

268 Vgl. *FASB* [SFAS No. 109, 1992], Abs. 45; *Baker, Richard C./Rapaccioli, Donna/Solomon, Morton B.* [USA, 1995], S. 3071; *Kieso, Donald E./Weygandt, Jerry J.* [Accounting, 1998], S. 1036.

269 Vgl. *FASB* [SFAS No. 109, 1992], Abs. 35, S. 2 i.V.m. Abs. 45. Das FASB nennt neben den im Text dargestellten Komponenten weitere Punkte, gibt jedoch keine abschließende Aufzählung vor.

- laufender Steueraufwand bzw. -ertrag,
- latenter Steueraufwand bzw. -ertrag (ohne Einbezug der folgenden Komponenten),
- Veränderungen des Bestands an Wertberichtigungen aufgrund der Neubeurteilung der Realisierbarkeit aktiver latenter Steuern,[270]
- Wertkorrekturen in Folge von Steuergesetz- oder Steuersatzänderungen,[271]
- Änderungen des Steuerstatus, die den Eintritt oder die Beendigung der Steuerpflicht bedingen,[272]
- Steuererträge aus der Nutzung von Verlustvorträgen.

Wann ein Teilbetrag wesentlich und damit gesondert aufzulisten ist, wird in SFAS No. 109 nicht näher bestimmt. Das FASB legt keine Wesentlichkeitsgrenze fest. Die Entscheidung wird vielmehr dem Bilanzierenden überlassen, der den Entscheidungsfreiraum unter Beachtung des übergeordneten Informationsvermittlungsziels auszufüllen hat.[273] Eine Entscheidungshilfe kann jedoch den Vorschriften der SEC entnommen werden.[274] Die SEC verlangt in der Regulation S-X die Aufgliederung des latenten Steueraufwands der laufenden Periode. Dabei sind all jene Posten gesondert aufzuzeigen, deren Anteil 5 % des gesamten Steueraufwands übersteigt.[275] Die Literatur spricht sich für die Anwendung dieser Wesentlichkeitsgrenze aus, so daß die Teilbeträge gesondert aufzuführen sind, die mehr als 5 % des Steueraufwands ausmachen.[276] Als unwesentlich einzustufende Teilbeträge werden in einem Auffangposten ‚Sonstige' gebündelt ausgewiesen.

---

270 Vgl. Gliederungspunkt 3.5.5.

271 Vgl. Gliederungspunkt 3.6.2.

272 Der Wechsel der Rechtsform kann den Eintritt in die Steuerpflicht bzw. deren Beendigung bedingen. Dies ist beispielsweise bei der Umwandlung einer Personengesellschaft in eine Kapitalgesellschaft der Fall. Während die Besteuerung bei der Personengesellschaft auf der Ebene der Gesellschafter erfolgt, bilden Kapitalgesellschaften als juristische Personen eigenständige Steuersubjekte, die für sich der Besteuerung unterliegen. Durch die Umwandlung einer Personengesellschaft in eine Kapitalgesellschaft wird die Gesellschaft als solches zum Steuersubjekt. Damit tritt sie in die Steuerpflicht ein und hat temporäre Differenzen für die Steuerabgrenzung zu erfassen. Vgl. *FASB* [SFAS No. 109, 1992], Abs. 35, S. 2 i.V.m. Abs. 28 und Abs. 42; *Ingram, Robert W.* [Accounting, 1996], S. 192; *Biergans, Enno* [Einkommensteuer, 1992], S. 5.

273 Vgl. *FASB* [SFAC No. 2, 1980], Abs. 125.

274 Vgl. *Bernstein, Leopold A.* [Analysis, 1993], S. 386; *Maclaughlin, Debra/Hambleton, Wendy* [SEC, 1999] Ch. 3, S. 34; Gliederungspunkt 3.8.3.6.

275 Vgl. *SEC* [Reg S-X, 1998], Item 210.4-08(h) (1) Note i.V.m. *Weber, Richard P./Wheeler, James E.* [Disclosure, 1992], S. 16.

276 Vgl. *Maclaughlin, Debra/Hambleton, Wendy* [SEC, 1999], Ch. 3, S. 34.

Soweit mehrere wesentliche Teilbeträge vorliegen, ist dem Ausweis in der GuV aus Klarheitsgründen der gesonderte Ausweis im Anhang vorzuziehen.[277] In der GuV ist dann lediglich der Gesamtwert der Ertragsteuern anzugeben, die auf das Ergebnis der gewöhnlichen Geschäftstätigkeit entfallen. Durch die Entlastung wird die GuV übersichtlicher gestaltet.

Verbleibt nach Zuordnung der Ertragsteuern auf das ,income from continuing operations' ein Steueraufwand bzw. -ertrag, ist dieser auf die außergewöhnlichen Erfolgskomponenten der Verursachung entsprechend aufzuteilen.[278] Die in der GuV zu erfassenden außergewöhnlichen Erfolgskomponenten sind ,net of tax', d.h. als Nettobeträge, auszuweisen.[279] Eine Angabe der jeweils zugehörigen Ertragsteuern in der GuV ist nicht zwingend.[280] Im Anhang müssen jedoch die einzelnen Steuerbeträge für jede außergewöhnliche Erfolgskomponente mit den entsprechenden Vorjahreszahlen offengelegt werden.[281]

3.8.2.2 Ertragsteuerausweis im ,other comprehensive income'

Neben den realisierten Erfolgsbeiträgen der GuV sind in einem gesonderten Rechenwerk die unrealisierten, direkt dem Eigenkapital zuzurechnenden Erfolgsbeiträge zu erfassen und zum ,other comprehensive income' zu summieren.[282] Unrealisierte Erfolgsbeiträge entstehen aus Wertänderungen bestimmter Aktivposten und Schulden, die als noch nicht realisierte Bewertungsgewinne und -verluste offenzulegen sind.[283] Hierzu gehören beispielsweise unrealisierte Erfolgsbeiträge aus der Fremdwährungsumrechnung, der Anpassung von Pensionsverpflichtungen an die Mindesthöhe sowie der Kursänderung von Wertpapieren, die der Kategorie ,available-for-sale' zugeordnet wurden.[284] Analog zur Erfolgsspaltung in der GuV sind die einzelnen Erfolgskomponenten gesondert aufzulisten,[285] um die Zusammensetzung des ,other comprehensive

---

277 Vgl. *FASB* [SFAC No. 2, 1980], Abs. 45 i.V.m. *Hendriksen, Eldon S./Breda, Michael F. v.* [Accounting, 1991], S. 874; *Comiskey, Eugene E./Mulford, Charles W.* [Disclosure, 1991], S. 19.

278 Vgl. *FASB* [SFAS No. 109, 1992], Abs. 35 und Abs. 38 i.V.m. Abs. 273-276.

279 Vgl. *Kieso, Donald E./Weygandt, Jerry J.* [Accounting, 1998], S. 150-161; *Needles, Belverd E./ Anderson, Henry R./Caldwell, James C./Mills, Sherry K.* [Principles, 1996], S. 634.

280 Vgl. *Dyckman, Thomas R./Dukes, Roland E./Davis, Charles J.* [Accounting Bd. 1, 1998], S. 121.

281 Vgl. *FASB* [SFAS No. 109, 1992], Abs. 46.

282 Vgl. *FASB* [SFAS No. 130, 1997], Abs. 17; *Holzer, Peter/Ernst, Christian* [Comprehensive Income, 1999], S. 360.

283 Vgl. *Heynitz, Harald v.* [Comprehensive Income, 1997], S. 17; *Holzer, Peter/Ernst, Christian* [Comprehensive Income, 1999], S. 360.

284 Vgl. *FASB* [SFAS No. 130, 1997], Abs. 17; *Dhaliwal, Dan/Subramanyam, K. R./Trezevant, Robert* [Performance, 1999], S. 46; *Smith, Pamela A./Reither, Cheri L.* [Effect, 1996], S. 19.

285 Vgl. *FASB* [SFAS No. 130, 1997], Abs. 18 i.V.m. Abs. 22.

income' transparent zu machen. Hierbei wird jedoch im Gegensatz zur GuV kein abschließender Katalog an möglichen Erfolgskomponenten vorgegeben.[286]

Die den unrealisierten Erfolgsbeiträgen des ,other comprehensive income' zugehörigen Steuerwirkungen sind jeweils gesondert offenzulegen.[287] Während für die außergewöhnlichen Erfolgskomponenten aus der GuV der ,net of tax'-Ausweis zwingend ist, können die Erfolgskomponenten des ,other comprehensive income' wahlweise als Brutto- oder Nettobeträge angesetzt werden.[288] Soweit ein Bruttoansatz erfolgt, muß der gesamte Steuereffekt aus den unrealisierten Erfolgsbeiträgen in einer gesonderten Zeile ausgewiesen werden, so daß das ,other comprehensive income' stets eine Nettogröße darstellt.[289] Unabhängig von der Vorgehensweise müssen die auf die einzelnen Erfolgskomponenten entfallenden Ertragsteuern durch entsprechende Angaben im Anhang offengelegt werden. Dies kann alternativ in dem für die Erfassung des ,other comprehensive income' zu erstellenden Rechenwerk oder im Anhang geschehen.[290]

Der differenzierte Ausweis der in der Periode angefallenen Ertragsteuern in GuV und ,other comprehensive income' separiert gegenüber dem pauschalen Ausweis die Steuerwirkungen aus den verschiedenen Erfolgsgrößen und macht diese für außenstehende Dritte ersichtlich. Durch die Aufgliederung wird insbesondere die steuerliche Belastung aus der gewöhnlichen Geschäftstätigkeit isoliert.[291] Damit wird das Ergebnis aus der gewöhnlichen Geschäftstätigkeit, das im Rahmen der Jahresabschlußanalyse für die ,cash flow'-Prognose von besonderer Bedeutung ist,[292] frei von informationsverzerrenden Steuereffekten aus außergewöhnlichen Geschäftsvorfällen gehalten.[293] Au-

---

286 Vgl. *FASB* [SFAS No. 130, 1997], Abs. 17; *Smith, Pamela A./Reither, Cheri L.* [Effect, 1996], S. 15-19. Das FASB nennt bewußt keinen abschließenden Katalog an Erfolgskomponenten, um Ergebnisbeiträge aus neu zu verabschiedenden Rechnungslegungsstandards nicht auszuschließen. Exemplarisch hierfür sind die aus der ,fair value'-Bewertung von Finanzinstrumenten im Rahmen des ,cash flow hedge' resultierenden Erfolgsbeiträge. Diese sind nach dem im Jahr 1998 verabschiedeten SFAS No. 133 erfolgsneutral zu erfassen. Vgl. *FASB* [SFAS No. 133, 1998], Abs. 30.

287 Vgl. *FASB* [SFAS No. 109, 1992], Abs. 36 i.V.m. *FASB* [SFAS No. 130, 1997], Abs. 25 und Abs. 32.

288 Vgl. *FASB* [SFAS No. 130, 1997], Abs. 100 und Abs. 105; *Luecke, Randall W./Meeting, David T.* [Income, 1998], S. 49.

289 Vgl. *FASB* [SFAS No. 130, 1997], Abs. 102; *Heynitz, Harald v.* [Comprehensive Income, 1997], S. 21.

290 Vgl. *FASB* [SFAS No. 130, 1997], Abs. 25 und Abs. 105; *Holzer, Peter/Ernst, Christian* [Comprehensive Income, 1999], S. 365. Vgl. hierzu auch Fn. 253.

291 Vgl. *Beresford, Dennis R./Best, Lawrence C./Craig, Paul W./Weber, Joseph V.* [Income Taxes, 1983], S. 130 f.; *Needles, Belverd E./Anderson, Henry R./Caldwell, James C./Mills, Sherry K.* [Principles, 1996], S. 634.

292 Vgl. *Hendriksen, Eldon S./Breda, Michael F. v.* [Accounting, 1991], S. 325 f.; *White, Gerald I./Sondhi, Ashwinpaul C./Fried, Dov* [Analysis, 1994], S. 17.

293 Vgl. *Beresford, Dennis R./Best, Lawrence C./Craig, Paul W./Weber, Joseph V.* [Income Taxes, 1983], S. 130 f.

ßenstehenden Adressaten soll dadurch eine bessere Einschätzung des Nettoergebnisses ermöglicht werden, was insbesondere die betriebliche und zeitliche Vergleichbarkeit der Unternehmensdaten begünstigt.[294]

3.8.3 Ausweiskonsequenzen für die ‚notes'

3.8.3.1 Das Informationsziel der Angaben in den ‚notes'

Nach dem ‚full disclosure principle' hat das ‚financial reporting' alle für die Adressaten entscheidungsrelevanten Informationen bereitzustellen.[295] Soweit durch das Zahlenwerk aus Bilanz und GuV nur ein unvollständiges Bild der Unternehmenslage vermittelt wird, ist dieses durch zusätzliche verbale und/oder quantitative Erläuterungen im Anhang, den sogenannten ‚notes', zu ergänzen.[296] Die ‚notes' bilden einen integralen Bestandteil der ‚financial statements' und nehmen im Rahmen der Zielsetzung Vermittlung entscheidungsrelevanter Informationen eine bedeutende Rolle ein.[297] Mit Hilfe der Anhangsangaben werden die Werte aus Bilanz und GuV interpretierbar.[298]

Die Aufgaben der ‚notes' lassen sich in die zwei Teilbereiche ‚summary of significant accounting policies' und ‚other notes to financial statements' untergliedern:[299]

- Im ‚summary of significant accounting policies' sind die angewandten Bilanzierungs- und Bewertungsregeln darzustellen. Hierbei sind insbesondere Informationen über die Ausübung von Wahlrechten, über branchenspezifische Vorschriften und über eine nicht herkömmliche oder innovative Anwendung der GAAP zu geben.[300]

---

294 Vgl. *Beresford, Dennis R./Best, Lawrence C./Craig, Paul W./Weber, Joseph V.* [Income Taxes, 1983], S. 130 f.

295 Vgl. *FASB* [SFAS No. 105, 1990], Abs. 71-73; *Haller, Axel* [Grundlagen, 1994], S. 365.

296 Vgl. *Dyckman, Thomas R./Dukes, Roland E./Davis, Charles J.* [Accounting Bd. 2, 1998], S. 1307; *Kieso, Donald E./Weygandt, Jerry J.* [Accounting, 1998], S. 47.

297 Vgl. *FASB* [SFAC No. 5, 1984], Abs. 7a; *Kieso, Donald E./Weygandt, Jerry J.* [Accounting, 1998], S. 1344; *Needles, Belverd E./Anderson, Henry R./Caldwell, James C./Mills, Sherry K.* [Principles, 1996], S. 246 f.; *Nikolai, Loren A./Bazley, John D.* [Accounting, 1994], S. 90.

298 Vgl. *FASB* [SFAC No. 5, 1984], Abs. 7a; *Kieso, Donald E./Weygandt, Jerry J.* [Accounting, 1998], S. 1344; *Needles, Belverd E./Anderson, Henry R./Caldwell, James C./Mills, Sherry K.* [Principles, 1996], S. 246 f.

299 Vgl. *Dyckman, Thomas R./Dukes, Roland E./Davis, Charles J.* [Accounting Bd. 2, 1998], S. 1307 f.

300 Vgl. *AICPA* [APB Opinion No. 22, 1972], Abs. 8 und Abs. 12 f.; *Baker, Richard C./Rapaccioli, Donna/Solomon, Morton B.* [USA, 1995], S. 3080; *Dyckman, Thomas R./Dukes, Roland E./Davis, Charles J.* [Accounting Bd. 2, 1998], S. 1308.

- Die ‚other notes to financial statements' enthalten Erläuterungen und Ausführungen der sachlichen bzw. wirtschaftlichen Hintergründe konkreter Bilanzposten.[301] Der genaue Inhalt und Umfang der Angaben wird im wesentlichen von den einzelnen Verlautbarungen des FASB und den Vorschriften der SEC vorgegeben.[302]

Die im ‚Conceptual Framework' vorgegebenen Rahmengrundsätze des ‚financial reporting' sind auch für die ‚notes' maßgeblich.[303] Die im Anhang vermittelten Informationen müssen der in SFAC No. 1 vorgegebenen Zielsetzung genügen und entscheidungsrelevante Informationen vermitteln.[304] Hinsichtlich des Anforderungsprofils haben die Informationen den qualitativen Eigenschaften aus SFAC No. 2 zu entsprechen. Die in den ‚notes' anzugebenden Informationen zu den Ertragsteuern haben neben den Primäreigenschaften der ‚relevance' und ‚reliability' insbesondere den Kriterien der ‚comparability' und ‚consistency' gerecht zu werden.[305]

Nach SFAS No. 109 sind für die in Bilanz und GuV ausgewiesenen Steuern detaillierte Erläuterungen in den ‚notes' zu geben.[306] Dabei handelt es sich um Informationen der Kategorie ‚other notes to financial statements'.[307] SFAS No. 109 gibt die Methoden zur Bilanzierung von Ertragsteuern eindeutig vor, so daß hinsichtlich der maßgebenden Verfahren keine Wahlmöglichkeiten bestehen. Angaben über die angewandten Bilanzierungsmethoden innerhalb des ‚summary of significant accounting policies' sind daher im allgemeinen nicht erforderlich.[308]

In den ‚other notes to financial income' sind neben verbalen Ausführungen auch tabellarische Übersichten offenzulegen. Diese haben insbesondere über die Zusammensetzung der in der Bilanz ausgewiesenen latenten Steuerposten, die in der GuV verbuchten Ertragsteuern und in Form einer Überleitungsrechnung über das Zustandekommen des ausgewiesenen Steueraufwands zu informieren. Aus den jeweiligen Übersichten müssen die als wesentlich eingestuften Sachverhalte hervorgehen. Dabei sind neben den aktuellen Zahlenangaben die zugehörigen Vorjahreszahlen aus den beiden

---

301 Vgl. *Haller, Axel* [Grundlagen, 1994], S. 366; *Needles, Belverd E./Anderson, Henry R./Caldwell, James C./Mills, Sherry K.* [Principles, 1996], S. 247.

302 Vgl. *Dyckman, Thomas R./Dukes, Roland E./Davis, Charles J.* [Accounting Bd. 2, 1998], S. 1308; *Kieso, Donald E./Weygandt, Jerry J.* [Accounting, 1998], S. 1346.

303 Vgl. *FASB* [SFAC No. 1, 1978], Abs. 5.

304 Vgl. Gliederungspunkt 2.2.2.

305 Vgl. *Beresford, Dennis R./Best, Lawrence C./Craig, Paul W./Weber, Joseph V.* [Income Taxes, 1983], S. 128; *Kuhlewind, Andreas-Markus* [Bilanzrechtstheorie, 1997], S. 93.

306 Vgl. *FASB* [SFAS No. 109, 1992], Abs. 43-49.

307 Vgl. *Dyckman, Thomas R./Dukes, Roland E./Davis, Charles J.* [Accounting, 1995], S. 1303; *Kieso, Donald E./Weygandt, Jerry J.* [Accounting, 1998], S. 1347.

308 Ein Vermerk im ‚summary of significant accounting policies' ist bei der erstmaligen Anwendung von SFAS No. 109 notwendig. Vgl. *KPMG Peat Marwick* [Income Taxes, 1992], S. 219; *Reinstein, Alan/Husband, George R./Carmichael, Bobby J.* [Rules, 1997], S. 39.

vorangegangenen Berichtsperioden vergleichend gegenüberzustellen.[309] Sachverhalte, die in der laufenden Periode als nicht wesentlich eingestuft werden, aber in mindestens einer der vorausgehenden Berichtsperioden wesentlich waren, sind ebenfalls gesondert aufzuzeigen.[310]

3.8.3.2 Erläuterungen der aktiven und passiven latenten Steuern aus der Bilanz

In den ‚notes' ist die Zusammensetzung der in der Bilanz auszuweisenden aktiven und passiven latenten Steuern zu erläutern. Hierfür ist zunächst der am Bilanzstichtag vorhandene Bestand an aktiven und passiven latenten Steuern jeweils unsaldiert als Bruttobetrag anzugeben. Zusätzlich ist die Höhe der ‚valuation allowance' auf die aktiven latenten Steuern offenzulegen.[311] Die Änderung der ‚valuation allowance' gegenüber dem Vorjahr ist ebenfalls gesondert zu vermerken.[312]

Die ausgewiesenen Bestände an passiven und aktiven latenten Steuern sind im weiteren nach den Steuerwirkungen aus den unterschiedlichen, temporäre Differenzen auslösenden Sachverhalten sowie den vortragsfähigen Verlusten aufzugliedern.[313] Dabei sind Sachverhalte, die sowohl aktive als auch passive latente Steuern verursachen, zweifach zu berücksichtigen. Sachverhalte, die einen wesentlichen Anteil am jeweiligen Bestand ausmachen, sind in den ‚notes' mit den entsprechenden Vorjahreszahlen gesondert auszuweisen. Beträge von untergeordneter Bedeutung werden in einem Posten ‚Sonstige' aufgefangen.[314] Für den gesonderten Ausweis der Teilbeträge wird in SFAS No. 109 ebenfalls keine Wesentlichkeitsgrenze beziffert. In der Literatur wird auch hierfür der Rückgriff auf den von der SEC vorgegebenen Grenzwert zur Aufteilung der Ertragsteuern aus der GuV empfohlen.[315] Entsprechend sind bei der Aufgliederung der Bestände an aktiven und passiven latenten Steuern jene Sachverhalte gesondert aufzuzeigen, deren Wert 5 % des Gesamtbetrages übersteigt.[316]

Anhand der Aufgliederung der Bestände an aktiven und passiven latenten Steuern wird für außenstehende Adressaten ersichtlich, welche Sachverhalte die ausgewiesenen

---

309 Vgl. *Weber, Richard P./Wheeler, James E.* [Disclosure, 1992], S. 15.

310 Vgl. *Weber, Richard P./Wheeler, James E.* [Disclosure, 1992], S. 18.

311 Vgl. *FASB* [SFAS No. 109, 1992], Abs. 43, S. 1; *KPMG Peat Marwick* [Income Taxes, 1992], S. 167; *Williams, Jan R.* [GAAP Guide, 1999], Ch. 21, S. 21.

312 Vgl. *FASB* [SFAS No. 109, 1992], Abs. 43, S. 2.

313 Beispielhaft hierfür sind temporäre Differenzen aus planmäßigen Abschreibungen und dem Ansatz von Drohverlustrückstellungen.

314 Vgl. *FASB* [SFAS No. 109, 1992], Abs. 43, S. 2 und Abs. 155 f.; *Dyckman, Thomas R./Dukes, Roland E./Davis, Charles J.* [Accounting Bd. 2, 1998], S. 1002. Für die Aufgliederung der aktiven latenten Steuern ist der Bruttobetrag vor Durchführung der Wertberichtigungen maßgebend.

315 Vgl. *Maclaughlin, Debra/Hambleton, Wendy* [SEC, 1999], Ch. 3, S. 34.

316 Vgl. *SEC* [Reg S-X, 1998], Item 210.4-08(h) (1) (ii) (B); Gliederungspunkt 3.8.3.6.

Steuerlatenzen verursacht haben. Durch die Kenntnis der relevanten Sachverhalte kann die Qualität der Steuerlatenz eingeordnet werden. Aus der Analyse der aufgegliederten Bestände können zusätzliche Informationen hinsichtlich der möglichen Entwicklung künftiger Steuerzahlungen und der vom Unternehmen verfolgten Strategien bei der Erfolgsverbuchung in der Handelsbilanz gegenüber der Steuerbilanz gewonnen werden.[317]

SFAS No. 109 sieht eine gesonderte Informationspflicht für temporäre Differenzen vor, die gem. APB Opinion 23 ‚special areas' darstellen und unter das ‚indefinite reversal criterion' fallen. Diese sind vom Ansatz passiver latenter Steuern explizit ausgenommen.[318] Im Anhang sind die Sachverhalte zu erläutern, die diesen temporären Differenzen zugrunde liegen, und die Ereignisse offenzulegen, die zur Besteuerung der Differenzen führen. Zusätzlich ist der Betrag der temporären Differenzen aus den einzelnen Sachverhalten und der darauf entfallende Wert an passiven latenten Steuern anzugeben.[319] Auf die Betragsangabe kann verzichtet werden, wenn die Ermittlung des Werts der passiven Steuerlatenz mit unverhältnismäßig hohem Aufwand verbunden ist.[320]

3.8.3.3 Erläuterung des Steueraufwands bzw. -ertrags aus der GuV

Der erfolgswirksame in der GuV auszuweisende Steueraufwand bzw. -ertrag ist, wie in Gliederungspunkt 3.8.2.1 ausgeführt, entsprechend der Erfolgsspaltung auf die verursachenden Entstehungsbereiche aufzuteilen.[321] Der dem Ergebnis der gewöhnlichen Geschäftstätigkeit zuzuordnende Steueraufwand bzw. -ertrag setzt sich aus verschiedenen Teilbeträgen zusammen. Die wesentlichen Teilbeträge sind in der GuV oder alternativ im Anhang gesondert auszuweisen.[322] Die Verlagerung der geforderten Auflistung in den Anhang entlastet die GuV und ist aus Gründen der Übersichtlichkeit insbesondere dann vorzuziehen, wenn eine Mehrzahl an Teilbeträgen aufzuzeigen ist.[323]

Der nach Zuordnung des Steueraufwands bzw. -ertrags auf das Ergebnis der gewöhnlichen Geschäftstätigkeit verbleibende Steueraufwand bzw. -ertrag wird auf die weiteren in der Periode angefallenen Erfolgskomponenten – Ergebnis aus der Auflösung we-

---

317 Vgl. *Comiskey, Eugene E./Mulford, Charles W.* [Disclosure, 1991], S. 22-24; *Stickney, Clyde P.* [Disclosure, 1979], S. 427; *Weber, Richard P./Wheeler, James E.* [Disclosure, 1992], S. 16; Gliederungspunkt 3.8.1.

318 Vgl. *FASB* [SFAS No. 109, 1992], Abs. 44; Gliederungspunkt 3.2.4.

319 Vgl. *FASB* [SFAS No. 109, 1992], Abs. 44b und Abs. 44c.

320 Vgl. *FASB* [SFAS No. 109, 1992], Abs. 44c.

321 Vgl. *FASB* [SFAS No. 109, 1992], Abs. 46; *Kuhlewind, Andreas-Markus* [Ergebnisrechnung, 2000], S. 301-308.

322 Vgl. *FASB* [SFAS No. 109, 1992], Abs. 45, S. 1.

323 Vgl. *Baetge, Jörg* [Bilanzen, 1996], S. 605; *Coenenberg, Adolf G.* [Jahresabschluß, 2000], S. 808.

sentlicher Geschäftsteile, außerordentliches Ergebnis und gegebenenfalls kumulierte Erfolgsänderung aus dem Wechsel von Rechnungslegungsmethoden – aufgeteilt. Die jeweiligen Größen sind in der GuV korrigiert um die zugehörigen Ertragsteuern als Nettobeträge auszuweisen.[324] Die auf diese Erfolgskomponenten entfallenden Ertragsteuern sind im Anhang mit den entsprechenden Vorjahreszahlen offenzulegen.[325]

Die an der GuV vorbei direkt dem Eigenkapital zuzurechnenden Erfolgskomponenten des ‚other comprehensive income' werden in einem gesonderten Rechenwerk offengelegt.[326] Darin kann wahlweise ein Brutto- oder Nettoausweis der jeweiligen Beträge erfolgen.[327] Unabhängig von der Vorgehensweise sind im Anhang die Steuerwirkungen der einzelnen Erfolgskomponenten in einer Übersicht offenzulegen. Hierbei ist pro Erfolgskomponente der Bruttobetrag, die zugehörige Steuerwirkung und der Nettobetrag auszuweisen.[328]

3.8.3.4 Die Überleitungsrechnung

Die Bilanzierung latenter Steuern nach der ‚liability method' erfolgt mit dem Ziel der zutreffenden Darstellung der Vermögenslage durch entsprechende Periodisierung des Steueraufwands.[329] Den in der Berichtsperiode erfaßten Erträgen und Aufwendungen soll der durch sie verursachte Steueraufwand bzw. -ertrag zugerechnet werden. Dieser setzt sich aus den laufenden und den latenten Steuern für die künftig erwarteten Steuerwirkungen aus den temporären Differenzen zusammen.[330] Da mit dem Steuerabgrenzungskonzept der ‚liability method' kein funktionaler Zusammenhang zwischen dem Ergebnis vor Steuern und dem ausgewiesenen Steueraufwand angestrebt wird, weicht der ausgewiesene Steueraufwand aus der gewöhnlichen Geschäftstätigkeit von dem Steueraufwand ab, „that would result from applying domestic federal statutory tax

---

324 Vgl. *Kieso, Donald E./Weygandt, Jerry J.* [Accounting, 1998], S. 150-161; *Needles, Belverd E./ Anderson, Henry R./Caldwell, James C./Mills, Sherry K.* [Principles, 1996], S. 634.

325 Vgl. *FASB* [SFAS No. 109, 1992], Abs. 46 i.V.m. Abs. 35 f.; Gliederungspunkt 3.8.2.1.

326 Vgl. Gliederungspunkt 3.8.2.2.

327 Vgl. *FASB* [SFAS No. 130, 1997], Abs. 100-105.

328 Vgl. *FASB* [SFAS No. 130, 1997], Abs. 100-105; *Heynitz, Harald v.* [Comprehensive Income, 1997], S. 21; *Holzer, Peter/Ernst, Christian* [Comprehensive Income, 1999], S. 365.

329 Vgl. *Simpson, Raymond E.* [Taxes, 1999], Ch. 19, S. 5; *Parks, James T.* [Guide, 1988], S. 25.

330 Vgl. *FASB* [SFAS No. 109, 1992], Abs. 6; *KPMG Peat Marwick* [Income Taxes, 1992], S. 1 f. In den folgenden Ausführungen wird stets der Begriff ‚Steueraufwand' verwendet. Die Ausführungen gelten jedoch entsprechend für den Ausweis eines Steuerertrags.

rates to pretax income from continuing operations"[331]. Der resultierende effektive Steuersatz ist daher nicht mit dem ‚gesetzlich maßgebenden Steuersatz'[332] identisch.

Mit Hilfe einer Überleitungsrechnung, der sogenannten ‚tax reconciliation', ist das Zustandekommen der Abweichungen offenzulegen und der ausgewiesene Steueraufwand bzw. der effektive Steuersatz, der sich als Quotient von ausgewiesenem Steueraufwand und Ergebnis vor Steuern ergibt, zu erklären.[333] Ziel der Überleitungsrechnung ist das Aufzeigen des Zusammenhangs zwischen dem Ergebnis vor Steuern und dem ausgewiesenen Ertragsteueraufwand. Dabei stellt das FASB ausschließlich auf das Bruttoergebnis der gewöhnlichen Geschäftstätigkeit und den diesem zuzuordnenden Steueraufwand bzw. -ertrag ab.[334] Die weiteren Erfolgskomponenten und die darauf entfallenden Ertragsteuern werden im Rahmen der ‚tax reconciliation' nicht berücksichtigt. Die mit der ‚tax reconciliation' vermittelten Informationen sollen die Wirkung von Steuereffekten transparent machen und dadurch externen Adressaten eine bessere Einschätzung der Qualität des ausgewiesenen Nettoergebnisses ermöglichen. Es soll erkennbar werden, inwieweit Steigerungen bzw. Minderungen des Nettoergebnisses auf positive bzw. negative Steuereffekte zurückzuführen sind.[335] Zudem soll aus den Informationen der Überleitungsrechnung ersichtlich werden, ob Steuerbelastungen und -entlastungen ihrer Natur nach einmalig oder kontinuierlich sind. Mit Hilfe dieser Einschätzung soll schließlich ein besseres Verständnis der Ergebniswirkung von Ertragsteuern ermöglicht werden.[336] Die aufgezeigten Daten haben nach dem Prinzip der ‚comparability' einen überbetrieblichen Vergleich der steuerlichen Belastungen verschiedener Unternehmen zu einem Zeitpunkt zu sichern. Nach dem Prinzip der ‚consistency' sollen die Informationen außerdem die Vergleichbarkeit der Steuerbelastung eines Unternehmen über die Zeit gewährleisten.[337]

331 *FASB* [SFAS No. 109, 1992], Abs. 47, S. 1. Vgl. hierzu auch *Bernstein, Leopold A.* [Analysis, 1993], S. 726. Abweichungen ergeben sich beispielsweise aufgrund permanenter Differenzen sowie verabschiedeter Steuersatzänderungen, die für die Bewertung der latenten Steuern maßgebend sind.

332 Mit dem Ausdruck ‚gesetzlich maßgebender Steuersatz' wird im weiteren der Begriff ‚statutory tax rates' übersetzt.

333 Vgl. *FASB* [SFAS No. 109, 1992], Abs. 47; *Coenenberg, Adolf G./Hille, Klaus* [Ertragsteuern, 1997], Rz. 116; *Dyckman, Thomas R./Dukes, Roland E./Davis, Charles J.* [Accounting Bd. 2, 1998], S. 1003; *SEC* [FRR, 1998], Item 204.01; *Wheeler, James E./Outslay, Edmund* [Phantom, 1986], S. 771.

334 Vgl. *FASB* [SFAS No. 109, 1992], Abs. 47, S. 1; *Delaney, Patrick R./Adler, James R./Epstein, Barry J./Foran, Michael F.* [GAAP, 1997], S. 543.

335 Vgl. *Kieso, Donald E./Weygandt, Jerry J.* [Accounting, 1998], S. 1047 f.; *Bernstein, Leopold A.* [Analysis, 1993], S. 727.

336 Vgl. *Bernstein, Leopold A.* [Analysis, 1993], S. 386; *Stickney, Clyde P.* [Disclosure, 1979], S. 422; *Wheeler, James E./Galliart, Willard H.* [Allocation, 1974], S. 45.

337 Vgl. *Beresford, Dennis R./Best, Lawrence C./Craig, Paul W./Weber, Joseph V.* [Income Taxes, 1983], S. 129; *Stickney, Clyde P.* [Disclosure, 1979], S. 422.

Ausgangspunkt der Überleitungsrechnung ist der rechnerische Steueraufwand. Dieser ermittelt sich durch Multiplikation der Basisgröße ‚Ergebnis aus der gewöhnlichen Geschäftstätigkeit vor Steuern' mit dem inländischen, gesetzlich maßgebenden Steuersatz.[338] Der rechnerische Steueraufwand soll die aufgrund des gesetzlich vorgegebenen Steuersatzes erwartete Ertragsteuerbelastung aus der Basisgröße abbilden.[339] Um vom rechnerischen Steueraufwand zum ausgewiesenen Steueraufwand zu kommen, sind die Steuereffekte aufzuzeigen, die das Zustandekommen der Abweichungen bedingen. Diese resultieren aus permanenten Differenzen, aus Sondervorschriften für die Bilanzierung latenter Steuern sowie aus steuerrechtlichen Besonderheiten, die außerhalb der steuerrechtlichen Gewinnermittlung liegen (‚tax rate adjustments').[340] Abbildung 3.3 soll die einzelnen Schritte der Erstellung einer ‚tax reconciliation' verdeutlichen.

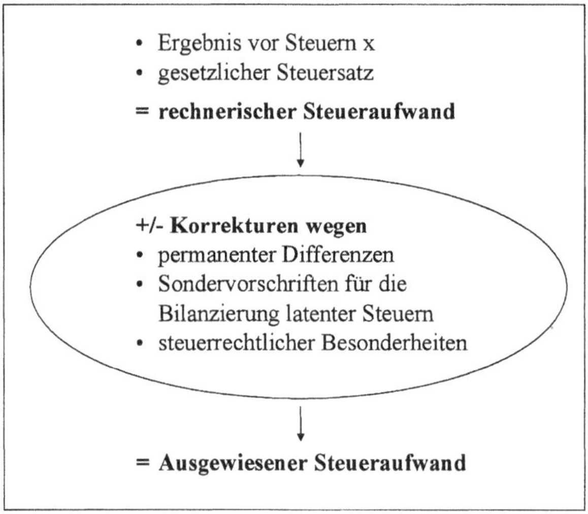

Abbildung 3.3: Erstellung einer Überleitungsrechnung

338 Vgl. *FASB* [SFAS No. 109, 1992], Abs. 47, S. 1. Soweit das Ergebnis aus der gewöhnlichen Geschäftstätigkeit vor Steuern negativ ist, ergibt sich ein rechnerischer Steuerertrag. Dieser bildet dann die Ausgangsgröße für die Überleitung zum ausgewiesenen Steueraufwand bzw. -ertrag.

339 Vgl. *SEC* [FRR, 1998], Item 204.02; *KPMG Peat Marwick* [Income Taxes, 1992], S. 169; *Weber, Richard P./Wheeler, James E.* [Disclosure, 1992], S. 18; *Cotting, René* [Ertragsteuerbeträge, 1995], S. 791 f.

340 Vgl. *KPMG Peat Marwick* [Income Taxes, 1992], S. 169; *Weber, Richard P./Wheeler, James E.* [Disclosure, 1992], S. 16. ‚Tax rate adjustments' ergeben sich nach US-amerikanischem Steuerrecht aufgrund differierender Steuersätze für die Besteuerung von betrieblichen Einkünften gegenüber Einkünften aus der Veräußerung von Kapitalanlagen. Vgl. Fn. 155.

Ein Korrekturbedarf resultiert zunächst aufgrund permanenter Differenzen. Hierbei ist eine Unterscheidung zwischen den steuerlich begünstigten und benachteiligten Erfolgskomponenten vorzunehmen.[341] Steuerbegünstigte Erfolgskomponenten stellen insbesondere die steuerfreien Erträge dar. Sie mindern die steuerliche Bemessungsgrundlage und reduzieren dadurch die effektive Steuerlast, die als laufende Ertragsteuer in den auszuweisenden Steueraufwand bzw. -ertrag der GuV eingeht. Um vom rechnerischen Steueraufwand zum ausgewiesenen Steueraufwand zu kommen, ist der Steuereffekt aus den steuerfreien Erträgen vom rechnerischen Steueraufwand zu subtrahieren. Steuerlich benachteiligte Erfolgskomponenten ergeben sich aus steuerlich nicht oder nicht voll abzugsfähigen Aufwendungen. Diese Aufwendungen erhöhen die steuerliche Bemessungsgrundlage und damit die effektive Steuerbelastung. Der Steuereffekt hieraus muß zum rechnerischen Steueraufwand addiert werden.

Aus der Bilanzierung latenter Steuern kann selbst ein Korrekturbedarf in der ‚tax reconciliation' erwachsen. Ein derartiger Korrekturbedarf entsteht beispielsweise aus der Veränderung des Bestands an Wertberichtigungen auf aktive latente Steuern sowie aus einmaligen Anpassungen des Bestands an aktiven und passiven latenten Steuern im Zusammenhang mit Steuersatzänderungen.[342] Die hieraus resultierenden Beträge gehen in den auf das Ergebnis der gewöhnlichen Geschäftstätigkeit zuzuordnenden Steueraufwand ein und verursachen dadurch einen Korrekturbedarf.[343] Durch die Erhöhung des Bestands an Wertberichtigungen wird der latente Steuerertrag vermindert. Entsprechend ist der rechnerische Steueraufwand zu erhöhen, um zum ausgewiesenen Steueraufwand zu gelangen. Bei der Auflösung einer Wertberichtigung entsteht ein latenter Steuerertrag, der vom rechnerischen Steueraufwand zu subtrahieren ist. Ist der Bestand an aktiven und passiven latenten Steuern aufgrund einer Steuersatzänderung einmalig anzupassen,[344] ist ein resultierender Steuermehraufwand in der ‚tax reconciliation' zu addieren, ein zusätzlicher Steuerertrag ist zu subtrahieren.

Weitere Korrekturen sind aufgrund steuerrechtlicher Besonderheiten vorzunehmen, die außerhalb der steuerlichen Gewinnermittlung liegen. Diese Steuereffekte werden nicht durch permanente oder temporäre Differenzen verursacht und beeinflussen daher weder das handelsrechtliche Ergebnis vor Steuern noch den steuerrechtlichen Gewinn.[345] Vielmehr liegen ihnen Vorschriften zugrunde, die erst nach der steuerlichen Gewinn-

---

341 Vgl. *KPMG Peat Marwick* [Income Taxes, 1992], S. 169; *Weber, Richard P./Wheeler, James E.* [Disclosure, 1992], S. 16; Gliederungspunkt 3.2.5. Beispielhaft für permanente Differenzen sind nicht bzw. nicht voll abzugsfähige Aufwendungen. Vgl. insbesondere § 10 KStG und § 4 Abs. 5, Nr. 1-4 und Nr. 7 EStG.

342 Vgl. *KPMG Peat Marwick* [Income Taxes, 1992], S. 169.

343 Vgl. *FASB* [SFAS No. 109, 1992], Abs. 35, S. 1; Gliederungspunkt 3.8.2.1.

344 Vgl. *KPMG Peat Marwick* [Income Taxes, 1992], S. 169.

345 Vgl. *Weber, Richard P./Wheeler, James E.* [Disclosure, 1992], S. 16.

ermittlung ihre Wirkung entfalten.[346] Derartige Steuereffekte ergeben sich insbesondere aufgrund einer unmittelbaren Kürzung der steuerlichen Bemessungsgrundlage sowie aus Einkommensbestandteilen, die einem abweichenden Steuersatz unterliegen. Beispielhaft hierfür ist die Geltendmachung steuerlicher Verluste sowie das Vorliegen ausländischer Einkünfte, die mit den im Ausland vorgeschriebenen Steuersätzen besteuert werden.[347] Kann im Veranlagungszeitraum ein Verlustvortrag steuerlich geltend gemacht werden, mindert sich dadurch der laufende Steueraufwand. In der ,tax reconciliation' muß folglich der rechnerische Steueraufwand um den Steuereffekt aus dem genutzten Verlustvortrag reduziert werden, um zum ausgewiesenen Steueraufwand zu kommen.[348] Für ausländische Einkünfte, die aufgrund eines Doppelbesteuerungsabkommens im Inland steuerbefreit sind, ist der im Ausland vorgeschriebene Steuersatz maßgeblich.[349] Die im Ausland abzuführende Ertragsteuer ist Bestandteil des ausgewiesenen laufenden Steueraufwands. Ist der ausländische Steuersatz niedriger als der inländische, muß vom rechnerischen Steueraufwand das Produkt aus Steuersatzdifferenz und ausländischen Einkünften subtrahiert werden. Ist der im Ausland maßgebende Steuersatz höher als derjenige im Inland, muß das Produkt aus der Steuersatzdifferenz in der ,tax reconciliation' addiert werden. Soweit bezüglich der ausländischen Einkünfte eine echte Doppelbesteuerung vorliegt, ist der rechnerische Steueraufwand um die im Ausland abgeführte Steuerlast zu erhöhen.

Soweit die zu korrigierenden Sachverhalte wesentlich sind, müssen diese mit den zugehörigen Vorjahreszahlen einzeln in der ,tax reconciliation' aufgezeigt werden.[350] Sachverhalte, deren Korrekturbeträge die Wesentlichkeitsgrenze unterschreiten, werden in einem Posten ,Sonstige' aufgefangen.[351] Analog den bereits dargestellten Offenlegungspflichten zum Bestand an aktiven und passiven latenten Steuern[352] und den auf das Ergebnis der gewöhnlichen Geschäftstätigkeit entfallenden Ertragsteuern[353]

---

[346] Vgl. *Busse von Colbe, Walther/Seeberg, Thomas* [Vereinbarkeit, 1999], S. 124; *Coenenberg, Adolf G./Hille, Klaus* [Ertragsteuern, 1997], Rz. 27.

[347] Vgl. *Weber, Richard P./Wheeler, James E.* [Disclosure, 1992], S. 16; *Biergans, Enno* [Einkommensteuer, 1992], S. 1270. Als unmittelbare Kürzungen der Steuerschuld wirken die im US-amerikanischen Steuerrecht gewährten ,investment tax credits'. Diese mindern die Steuerschuld direkt. Vgl. *Zschiegner, Hans* [Steuerrecht, 1990], S. 83; Fn. 134. Die in den USA der Besteuerung durch einen ermäßigten Steuersatz unterliegenden Einkünfte aus der Veräußerung von Kapitalanlagen verursachen einen entsprechenden Korrekturbedarf. Vgl. Fn. 155.

[348] Vgl. *KPMG Peat Marwick* [Income Taxes, 1992], S. 169.

[349] Vgl. *Biergans, Enno* [Einkommensteuer, 1992], S. 38; *Cattelaens, Heiner/Gottstein, Siegfried/Stegmüller, Hubert/Zenthöfer, Wolfgang* [KSt, 1997], S. 298.

[350] Vgl. *FASB* [SFAS No. 109, 1992], Abs. 47; *Kieso, Donald E./Weygandt, Jerry J.* [Accounting, 1998], S. 1347.

[351] Vgl. hierzu *SEC* [Reg S-X, 1998], Item 210.4-08(h) (2), S. 3.

[352] Vgl. Gliederungspunkt 3.8.3.2.

[353] Vgl. Gliederungspunkt 3.8.3.3.

gibt das FASB auch hier keine Wesentlichkeitsgrenze vor.[354] Die SEC verlangt in ihren Vorschriften jedoch ebenfalls die Erstellung einer ‚tax reconciliation' und legt hierfür explizit einen Grenzwert fest, der für börsennotierte Unternehmen verbindlich ist.[355] Demzufolge müssen in der ‚tax reconciliation' jene Sachverhalte gesondert aufgezeigt werden, deren Beträge 5 % des rechnerischen Steueraufwands überschreiten.[356]

Für die Offenlegung der ‚tax reconciliation' sind zwei Präsentationsformen zulässig. Wie in den obigen Ausführungen beschrieben, kann durch die Angabe konkreter Beträge vom rechnerischen auf den ausgewiesenen Steueraufwand übergeleitet werden. Alternativ hierzu kann die ‚tax reconciliation' unter Verzicht auf die konkreten Betragsangaben auf Basis prozentualer Werte erstellt werden.[357] Ausgangspunkt hierfür bildet der gesetzlich maßgebende Steuersatz. Um zum effektiven Steuersatz zu gelangen, sind die Korrekturposten mit ihrem jeweiligen prozentualen Anteil am Ergebnis vor Steuern anzugeben. Aufgrund der Kenntnis von Ergebnis vor Steuern aus der gewöhnlichen Geschäftstätigkeit, ausgewiesenem Steueraufwand, effektivem und gesetzlich maßgebendem Steuersatz können beide Präsentationsformen ineinander überführt werden.

In der ‚tax reconciliation' wird dargestellt, wie sich der ausgewiesene Steueraufwand und der daraus ermittelte effektive Steuersatz erklärt. Von der ordnungsmäßigen Erfassung der relevanten Daten kann dann ausgegangen werden, wenn die ‚tax reconciliation' den ausgewiesenen Steueraufwand und den effektiven Steuersatz vollständig erklärt. Sie bildet daher ein geeignetes Instrument zur Verprobung des ausgewiesenen Steueraufwands.[358] Zusätzlich zur Informationsfunktion nach außen kommt ihr dadurch eine Kontrollfunktion nach innen zu.

3.8.3.5 Weitere Ausweisvorschriften nach SFAS No. 109

Zusätzlich zu den dargestellten Offenlegungspflichten sind in den ‚notes' die Beträge und Verfallsdaten der am Stichtag vorhandenen vortragsfähigen Verluste anzugeben.[359] Des weiteren ist die Höhe der aktiven latenten Steuern zu nennen, auf deren Bildung bei der Kapitalkonsolidierung wegen mangelnder Realisierbarkeit im Er-

---

[354] Vgl. *Bartsch, Robert A. J./Erickson, Naomi* [Real Estate, 1993], S. 22; *Bartsch, Robert A. J./ Casabona, Patrick* [Understanding, 1992], S. 38.

[355] Vgl. *SEC* [Reg S-X, 1998], Item 210.4-08(h) (3); Gliederungspunkt 2.1.2.

[356] Vgl. *SEC* [Reg S-X, 1998], Item 210.4-08(h) (2), S. 2.

[357] Vgl. *FASB* [SFAS No. 109, 1992], Abs. 47; *SEC* [Reg S-X, 1998], Item 210.4-08(h) (2), S. 4.

[358] Vgl. *Gregory, George J./Petree, Thomas R./Vitray, Randall J.* [Implementation, 1992], S. 47.

[359] Dies gilt entsprechend, soweit Steuervorteile aus ‚investments tax credits' vorgetragen werden. Die Offenlegungspflicht ist im Zusammenhang mit deutschem Steuerrecht wenig bedeutsam, da nach deutschem Steuerrecht Verluste unbegrenzt vortragsfähig sind. Vgl. 10d Abs. 2 EStG.

werbszeitpunkt zugunsten einer vollständigen Wertberichtigung verzichtet wurde. Damit wird ersichtlich, in welcher Höhe bei nachträglicher Aktivierung der Goodwill und gegebenenfalls weitere langfristige immaterielle Vermögensgegenstände aus dem Erwerbsvorgang erfolgsneutral zu verrechnen wären.[360]

Die Höhe der tatsächlich in der Periode bezahlten Steuern vom Einkommen und Ertrag ist nach SFAS No. 95 wahlweise in der Kapitalflußrechnung, in den ‚notes' zur Kapitalflußrechnung oder in den ‚notes' zu den Ertragsteuern anzugeben.[361]

Gehen aus den in SFAS No. 109 geforderten Anhangsangaben wesentliche Sachverhalte nicht hervor, die für die Vergleichbarkeit von Informationen bedeutsam sind, müssen diese mit den zugehörigen Steuerwirkungen gesondert offengelegt und den Vorjahreszahlen gegenübergestellt werden.[362] Inwieweit zusätzliche Angaben erforderlich sind, muß der Bilanzierende im Einzelfall vor dem Hintergrund des Informationsvermittlungsziels entscheiden.

3.8.3.6 Ertragsteuerausweis nach den Vorschriften der SEC

Die Vorschriften der SEC enthalten in der Regulation S-X ebenfalls Offenlegungspflichten, die den Ertragsteuerausweis in den ‚notes' betreffen.[363] Diese Vorgaben datieren aus der Zeit vor SFAS No. 96 und SFAS No. 109 und sind ursprünglich für Unternehmen kodifiziert worden, die die Steuerabgrenzung nach APB Opinion No. 11 vorzunehmen hatten.[364] Sie sind in SFAS No. 96 und SFAS No. 109 bis auf wenige Bestimmungen übernommen worden.[365] Über die Offenlegungspflichten nach SFAS No. 109 hinaus ist nach den Vorschriften der SEC das Ergebnis vor Steuern nach seiner Entstehung im In- und Ausland aufzugliedern, soweit auf das Ausland 5 % oder mehr des Vorsteuerergebnisses entfallen.[366] Zusätzlich sind die in der Periode insgesamt ausgewiesenen Ertragsteuern getrennt nach den laufenden und latenten Ertragsteuern auszuweisen. Die laufenden und latenten Steueraufwendungen bzw. -erträge sind zusätzlich nach den Anteilen aufzugliedern, die auf die Bundeseinkommensteuer,

---

360 Vgl. *FASB* [SFAS No. 109, 1992], Abs. 47; *KPMG Peat Marwick* [Income Taxes, 1992], S. 169; Gliederungspunkt 3.5.5. Dies gilt analog für nachträglich aktivierbare latente Steuern, die bei Aktivierung als direkte Erhöhung des Eigenkapitals zu erfassen wären. Vgl. Fn. 189.

361 Vgl. *FASB* [SFAS No. 95, 1987], Abs. 23 und Abs. 27.

362 Vgl. *FASB* [SFAS No. 109, 1992], Abs. 47, S. 4.

363 Vgl. *Siegel, Arthur/Stepp, James O./Roche, Robert P./Tomlin, Jacquline M.* [Analysis, 1988], Ch. 12, S. 10; *Weber, Richard P./Wheeler, James E.* [Disclosure, 1992], S. 15.

364 Vgl. *Bernstein, Leopold A.* [Analysis, 1993], S. 386; *Maclaughlin, Debra/Hambleton, Wendy* [SEC, 1999], Ch. 3, S. 34.

365 Vgl. *Bernstein, Leopold A.* [Analysis, 1993], S. 727; *KPMG Peat Marwick* [Income Taxes, 1992], S. 170.

366 Vgl. *SEC* [Reg S-X, 1998], Item 210.4-08(h) (1) (i).

ausländische Ertragsteuern und die sonstigen Einkommensteuern der Gebietskörperschaften entfallen.[367] Beträgt der auf das Ausland entfallende Anteil an den Ertragsteuern weniger als 5 % der gesamten Ertragsteuerlast, ist ein gesonderter Ausweis nicht erforderlich. Dies gilt analog für den auf die Gebietskörperschaften entfallenden Anteil des Steueraufwands.[368]

Sind die Ertragsteuern nach der Erfolgsdifferenzierung verschiedenen Erfolgsgrößen (Ergebnis der gewöhnlichen Geschäftstätigkeit, Ergebnis aus der Auflösung wesentlicher Geschäftsteile, außerordentliches Ergebnis, kumulierte Erfolgsänderung aus dem Wechsel von Rechnungslegungsmethoden) zuzuordnen, ist die nach den SEC-Vorschriften geforderte Aufteilung der Ertragsteuern in laufende und latente Anteile nicht für jede einzelne Erfolgsgröße vorzunehmen, sondern bezogen auf die insgesamt in der Periode angefallenen Steueraufwendungen bzw. -erträge.[369]

Für die Erstellung der ‚tax reconciliation' schreibt die SEC eine konkrete Wesentlichkeitsgrenze vor. Danach sind jene Positionen gesondert aufzuführen, deren Betrag 5 % des rechnerischen Steueraufwands überschreitet.[370] Die Erstellung einer ‚tax reconciliation' kann unterbleiben, wenn kein Korrekturposten größer und die zu erläuternde Differenz zwischen rechnerischem und effektivem Steueraufwand insgesamt kleiner als 5 % des rechnerischen Steueraufwands ist.[371] Des weiteren verlangt die SEC die Erläuterung des gesetzlich maßgebenden Steuersatzes, soweit nicht der US-amerikanische Bundeseinkommensteuersatz der Ermittlung des rechnerischen Steueraufwands zugrunde liegt.[372]

Über die dargestellten Ausweispflichten hinaus hat die SEC die Aufgliederung des latenten Steueraufwands nach den verursachenden zeitlichen Differenzen, wie beispielsweise Abschreibungen oder Rückstellungen für Garantieleistungen, verlangt. Auf die gesonderte Aufgliederung der einzelnen Differenzen konnte verzichtet werden, soweit die zugehörigen Steuereffekte weniger als 5 % des gesamten Steueraufwands ausmachten.[373] Diese Vorgabe ist mit Einführung von SFAS No. 109 aufgehoben worden.

---

367 Vgl. *Weber, Richard P./Wheeler, James E.* [Disclosure, 1992], S. 15.

368 Vgl. *SEC* [Reg S-X, 1998], Item 210.4-08(h) (1) (ii); *Maclaughlin, Debra/Hambleton, Wendy* [SEC, 1999], Ch. 3, S. 34.

369 Vgl. *SEC* [SAB, 1998], Topic 6-I, Nr. 7; *Maclaughlin, Debra/Hambleton, Wendy* [SEC, 1999], S. 35 f.

370 Vgl. *SEC* [Reg S-X, 1998], Item 210.4-08(h) (2), S. 2.

371 Vgl. *SEC* [Reg S-X, 1998], Item 210.4-08(h) (2), S. 2; *Weber, Richard P./Wheeler, James E.* [Disclosure, 1992], S. 16.

372 Vgl. *SEC* [Reg S-X, 1998], Item 210.4-08(h) (2), S. 6.

373 Vgl. *SEC* [Reg S-X, 1998], Item 210.4-08(h) (1) (ii); *Maclaughlin, Debra/Hambleton, Wendy* [SEC, 1999], Ch. 3, S. 34.

Die Orientierung an der hier vorgegebenen Wesentlichkeitsgrenze wird jedoch in der Literatur zur Erstellung der in SFAS No. 109 geforderten Übersichten empfohlen.[374]

3.9 Fazit

Mit der Bilanzierung latenter Steuern wird durch entsprechende Periodisierung des Steueraufwands eine zutreffende Darstellung der Vermögensgegenstände und Schulden angestrebt. Mit den Ausweisvorschriften sollen die Daten derart offengelegt werden, daß sie außenstehenden Dritten als Grundlage für die Ableitung von Investitionsentscheidungen nützlich sind.

Das FASB hat mit dem Konzept der ‚temporary differences' ein umfassendes Steuerabgrenzungskonzept etabliert, das sich an den Wertansätzen der Vermögensgegenstände und Schulden in der Bilanz orientiert. Für die Differenzen aus den gegenüberstehenden Wertansätzen sind nach der ‚liability method' aktive und passive latente Steuern abzugrenzen, die den Charakter von Vermögensgegenständen und Schulden haben. Aktive latente Steuern sind zudem für die Steuervorteile aus vortragsfähigen Verlusten zu bilden. Soweit mit der Realisierbarkeit der aktiven latenten Steuern mit einer Wahrscheinlichkeit von über 50 % nicht gerechnet werden kann, ist eine Wertberichtigung vorzunehmen. Für die Bewertung der temporären Differenzen und der Steuervorteile aus vortragsfähigen Verlusten sind die am Bilanzstichtag gültigen Steuersätze heranzuziehen, soweit eine Steuersatzänderung nicht verabschiedet wurde.

Neben den Ansatz- und Bewertungsvorschriften für latente Steuern regelt SFAS No. 109 den Ausweis der Ertragsteuern. In der Bilanz sind die latenten Steuern entsprechend ihrer Fristigkeit auszuweisen, in der GuV entsprechend ihrer Zugehörigkeit zu den verursachenden Erfolgskomponenten. Die ausgewiesenen Beträge sind im Anhang zu erläutern. Anhand einer Überleitungsrechnung ist insbesondere der Zusammenhang zwischen dem Ergebnis vor Steuern und dem ausgewiesenen Steueraufwand aufzuzeigen.

Nach Darstellung der Bilanzierungs- und Ausweisvorschriften gilt es, im folgenden Probleme aufzuzeigen, die bei der Anwendung von SFAS No. 109 durch deutsche Unternehmen entstehen. Die Auseinandersetzung konzentriert sich zunächst auf Fragen, die aus der Befreiungsregelung des § 292a HGB erwachsen, bevor Probleme aus dem Zusammentreffen von SFAS No. 109 und deutschem Steuerrecht diskutiert werden.

---

374 Vgl. *Maclaughlin, Debra/Hambleton, Wendy* [SEC, 1999], Ch. 3, S. 34.

4 Die Konzernabschlußbefreiung gem. § 292a HGB

4.1 Die Voraussetzungen der Befreiungsregelung des § 292a HGB

Nach dem im April 1998 verabschiedeten Gesetz zur Verbesserung der Wettbewerbsfähigkeit deutscher Konzerne an Kapitalmärkten und zur Erleichterung der Aufnahme von Gesellschaftsdarlehen (Kapitalaufnahmeerleichterungsgesetz) und der Ergänzung aus dem im Februar 2000 gebilligten Kapitalgesellschaften- und Co.-Richtlinie-Gesetz werden Mutterunternehmen eines Konzerns von der Pflicht zur Aufstellung eines Konzernabschlusses nach deutschem Recht gem. § 290 HGB befreit, wenn sie einen Konzernabschluß und Konzernlagebericht nach international anerkannten Rechnungslegungsgrundsätzen erstellen.[1] Mit den Gesetzesnovellen wurde für alle Mutterunternehmen, die Wertpapiere direkt oder indirekt über eines der Tochterunternehmen an einem organisierten Markt im Sinne des § 2 Abs. 5 WpHG handeln, ein Wahlrecht zur Aufstellung eines befreienden Konzernabschlusses und -lageberichts eingeräumt.[2] Als organisiert gilt ein Markt dann, wenn er „von staatlich anerkannten Stellen geregelt und überwacht wird, regelmäßig stattfindet und für das Publikum mittelbar oder unmittelbar zugänglich ist."[3] Diese Definition umfaßt diejenigen Unternehmen, deren Aktien zum Amtlichen Handel, Geregelten Markt und Neuen Markt zugelassen sind.[4]

Um befreiende Wirkung zu entfalten, muß der Konzernabschluß und der Konzernlagebericht:

- nach international anerkannten Rechnungslegungsgrundsätzen aufgestellt worden sein,
- im Einklang mit der Konzernbilanzrichtlinie der EU stehen,[5]
- hinsichtlich der Aussagekraft gleichwertig mit einem nach deutschem Recht aufgestellten Konzernabschluß und Konzernlagebericht sein,

---

1 Vgl. § 292a HGB; *Ernst, Christoph* [KapAEG, 1998], S. 1025; *Niemann, Ursula* [KapAEG, 1998], S. 8; *Seeberg, Thomas* [Entwicklungstendenzen, 1998], S. 601; *Strobel, Wilhelm* [KapCoRiLiG, 2000], S. 53. Die Befreiung ist zunächst auf sechs Jahre befristet. Vgl. *Mayer-Wegelin, Eberhard* [Konzernabschlüsse, 1999], S. 528.

2 Vgl. *Küting, Karlheinz* [Deutschland, 2000], S. 41; *Strobel, Wilhelm* [KapCoRiLiG, 2000], S. 59.

3 § 2 Abs. 5 WpHG.

4 Vgl. *Deutscher Bundestag* [Beschlußempfehlung KapAEG, 1998], S. 12; *Böcking, Hans-Joachim/Orth, Christian* [Systemwidrigkeiten, 1998], S. 1873; *Frey, Lutz* [Börsengang, 1999], S. 299; *Breker, Norbert/Naumann, Klaus-Peter/Tielmann, Sandra* [Wirtschaftsprüfer, 1999], S. 151. Aus der Gesetzesbegründung zum KonTraG wird deutlich, daß die Einführung in den Freiverkehr nicht hinreichend ist.

5 Vgl. § 292a Abs. 2, Nr. 2b HGB. Gegebenenfalls sind branchenspezifische Richtlinien zu beachten.

- in deutscher Sprache und in Euro offengelegt werden,[6]
- einen Hinweis auf die Nichtbeachtung deutschen Rechts enthalten,[7]
- das aufstellende Mutterunternehmen und seine Tochterunternehmen unbeschadet der Konsolidierungskreisregelungen der §§ 295 und 296 HGB einbeziehen,
- im Anhang oder in den Erläuterungen zum Konzernabschluß die Bezeichnung der angewandten Rechnungslegungsgrundsätze nennen und vom deutschen Recht abweichende Bilanzierungs-, Bewertungs- und Konsolidierungsmethoden erläutern sowie
- einer Abschlußprüfung unterzogen worden sein und eine Bestätigung über die Einhaltung der Befreiungsbedingungen nachweisen.[8]

Inwieweit aus den sachlichen Voraussetzungen des § 292a HGB Probleme im Zusammenhang mit der Bilanzierung von Ertragsteuern resultieren, ist im folgenden aufzuzeigen. Dabei sind insbesondere die drei erstgenannten Voraussetzungen kritisch zu beleuchten, die letzten fünf Voraussetzungen sind demgegenüber von untergeordneter Bedeutung und werden nicht weiter diskutiert.[9]

Die erste Bedingung verlangt für die Aufstellung eines befreienden Konzernabschlusses die Anwendung international anerkannter Rechnungslegungsgrundsätze. Das Gesetz läßt dabei offen, welche Regelungen als international anerkannt gelten.[10] Aus der Gesetzesbegründung geht jedoch hervor, daß neben den IAS auch die US-GAAP befreiende Wirkung besitzen.[11] Bei Inanspruchnahme des Wahlrechts und Aufstellung eines befreienden Konzernabschlusses nach US-GAAP bleibt zu klären, welche Regelungen US-GAAP darstellen und angewandt werden müssen.[12] Im Rahmen der Bilanzierung der Ertragsteuern wirft dies die Frage auf, ob zusätzlich zu den Ausweispflichten aus SFAS No. 109 die Offenlegungspflichten der SEC beachtet werden müssen, weil diese unter den Begriff US-GAAP subsumiert werden.

---

6 Vgl. § 292a Abs. 1, S. 1 HGB i.V.m. Art. 42 EGHGB; *Küting, Karlheinz/Hütten, Christoph* [Konzernlagebericht, 1999], S. 13. Der Konzernabschluß und Konzernlagebericht kann letztmals für das im Jahr 2001 endende Berichtsjahr in DM aufgestellt werden.

7 Vgl. § 292a Abs. 1, S. 2 HGB.

8 Vgl. § 292a Abs. 2 HGB; *Böcking, Hans-Joachim/Orth, Christian* [KapAEG, 1998], S. 1243.

9 Vgl. hierzu auch *Ballwieser, Wolfgang* [Rechnungslegungsgremium, 1999], S. 435.

10 Vgl. *Böcking, Hans-Joachim/Orth, Christian* [Systemwidrigkeiten, 1998], S. 1876; *Busse von Colbe, Walther* [Internationalisierung, 1999], S. 468 f.

11 Vgl. *Deutscher Bundestag* [Beschlußempfehlung KapAEG, 1998], S. 12; *Ernst, Christoph/ Seibert, Ulrich/Stuckert, Fritz* [KapAEG, 1998], S. 134 f.; *Pellens, Bernhard/Bonse, Andreas/ Gassen, Joachim* [Perspektiven, 1998], S. 786.

12 Vgl. *Küting, Karlheinz/Hütten, Christoph* [Konzernlagebericht, 1999], S. 18.

Dem zweiten Kriterium folgend entfalten die nach international anerkannten Rechnungslegungsvorschriften aufgestellten Konzernabschlüsse nur dann befreiende Wirkung, wenn sie in Einklang mit den Bilanzrichtlinien der EU stehen.[13] Die Bilanzrichtlinien stellen verbindliche Vorschriften des europäischen Rechts dar, von dem der deutsche Gesetzgeber nicht befreien kann. Die geforderte Konformität mit den Bilanzrichtlinien ist daher zwingend.[14] Bei der Aufstellung eines befreienden Konzernabschlusses nach US-GAAP ist zu prüfen, ob die zugrunde gelegten Rechnungslegungsnormen mit den EG-Richtlinien kompatibel sind.[15] Im Rahmen dieser Arbeit verengt sich die Problematik auf die Vereinbarkeit der für die Steuerabgrenzung maßgebenden US-GAAP mit den Bilanzrichtlinien.

Nach der dritten Voraussetzung muß der befreiende Konzernabschluß dem Kriterium der Gleichwertigkeit genügen.[16] Danach hat die Aussagekraft eines nach internationalen Rechnungslegungsgrundsätzen aufgestellten Konzernabschlusses mindestens derjenigen eines nach HGB-Normen aufgestellten Konzernabschlusses gleichwertig zu sein.[17] Der Begriff der ‚Gleichwertigkeit' ist unbestimmt und auslegungsbedürftig.[18] Aus der Gesetzesbegründung geht hervor, daß der Begriff am Zweck der Konzernrechnungslegung anknüpft, der in der Vermittlung von Informationen über die ökonomische Einheit Konzern besteht.[19] Gleichwertigkeit fokussiert das mit dem Konzernabschluß vermittelte Gesamtbild der Vermögens-, Finanz- und Ertragslage, das gegenüber einem auf HGB-Normen basierenden Konzernabschluß keine wesentlichen Informationsverluste aufweisen darf.[20] Ziel ist die Vermeidung eines Qualitätsgefälles von befreienden Konzernabschlüssen gegenüber solchen nach HGB-Regeln.[21] Das Kriterium der Gleichwertigkeit bezieht sich dabei nicht auf einzelne Rechnungslegungsvorschriften, sondern auf den insgesamt vermittelten Informationsgehalt.[22] Bei

---

13 Vgl. § 292a Abs. 2, Nr. 2b HGB; *Ballwieser, Wolfgang* [Übernahme, 1997], S. 35; *Küting, Karlheinz/Hütten, Christoph* [Konzernlagebericht, 1999], S. 13.

14 Vgl. *Ernst, Christoph/Seibert, Ulrich/Stuckert, Fritz* [KapAEG, 1998], S. 150.

15 Vgl. *Wollmert, Peter/Oser, Peter* [Konzernabschluß, 1997], Abs. 13.

16 Vgl. § 292a Abs. 2, Nr. 3 HGB; *Scheffler, Eberhard* [Rechnungslegung, 1999], S. 1289.

17 Vgl. *Ernst, Christoph/Seibert, Ulrich/Stuckert, Fritz* [KapAEG, 1998], S. 150.

18 Vgl. *Busse von Colbe, Walther* [Internationalisierung, 1999], S. 471.

19 Vgl. *Busse von Colbe, Walther/Ordelheide, Dieter* [Konzernabschlüsse, 1993], S. 19-22; *Strobel, Wilhelm* [Entwurf, 1999], S. 1129; *Wollmert, Peter/Oser, Peter* [Konzernabschluß, 1997], Abs. 9.

20 Vgl. *Mujkanovic, Robin* [Konzernabschlüsse, 1999], S. 1002; *Wollmert, Peter/Oser, Peter* [Konzernabschluß, 1997], Abs. 10.

21 Vgl. *Ernst, Christoph/Seibert, Ulrich/Stuckert, Fritz* [KapAEG, 1998], S. 150; *Mujkanovic, Robin* [Konzernabschlüsse, 1999], S. 1002.

22 Vgl. *Pellens, Bernhard/Bonse, Andreas/Gassen, Joachim* [Konzernrechnungslegung, 1998], S. 786; *Scheffler, Eberhard* [Rechnungslegung, 1999], S. 1289. Ein vorliegendes Informationsdefizit kann durch zusätzliche Angaben ausgeglichen werden, indem z.B. ein vom deutschen Recht abweichender Rechnungslegungsgrundsatz und dessen Auswirkung erläutert wird. Vgl. *Breker, Norbert/Naumann, Klaus-Peter/Tielmann, Sandra* [Wirtschaftsprüfer, 1999], S. 153; *Ernst, Christoph/Seibert, Ulrich/Stuckert, Fritz* [KapAEG, 1998], S. 150.

US-GAAP- und IAS-Abschlüssen geht der Gesetzgeber von der Erfüllung des Gleichwertigkeitsgebots aus[23] und argumentiert, daß bisher „die Gleichwertigkeit von nach US-GAAP oder IAS aufgestellten Konzernabschlüssen im Rahmen der Konzernabschlußbefreiungsverordnung von keiner Seite in Frage gestellt worden"[24] sei.

Das Kriterium der Gleichwertigkeit ist problematisch, weil es einen Vergleich von Rechnungslegungssystemen erfordert und damit an den Informationsbedürfnissen der Adressaten anknüpft.[25] Für die Vergleichbarkeit müßte geklärt sein, wie deren Informationsinteressen in Rechnungslegungszwecke präzisiert und anschließend in quantitativ beurteilbare Maßgrößen transformiert werden können.[26] Da die Festlegung eines Rechnungslegungszwecks aufgrund fehlender Interessenhomogenität nicht gelingt und im Fall gegebener Rechnungslegungszwecke ihre eindeutige Überführung in Bilanzierungsnormen nicht möglich ist, kann ein Vergleich der Aussagekraft von Rechnungslegungssystemen kaum gelingen.[27] Aufgrund der dargestellten Schwierigkeiten wird die Beurteilung des Kriteriums der Gleichwertigkeit regelmäßig an die Überprüfung der Richtlinienkonformität gebunden. Bei Übereinstimmung des Konzernabschlusses mit den Bilanzrichtlinien wird die Gleichwertigkeit angenommen.[28] Wegen der Bindung des Gleichwertigkeitsgebots an der Richtlinienkonformität konzentrieren sich die weiteren Ausführungen auf die Konformitätsproblematik.

4.2 Das Verhältnis von SEC-Vorschriften und US-GAAP

4.2.1 Der unbestimmte Begriff der US-GAAP

Für deutsche Unternehmen, die das Wahlrecht zur Aufstellung eines befreienden Konzernabschlusses nach US-GAAP gem. § 292a HGB in Anspruch nehmen, stellt sich die Frage, ob die Vorschriften der SEC Bestandteil der US-GAAP bilden oder als eigenständige Regularien zu verstehen sind.[29] Werden die SEC-Vorschriften als Bestandteil

---

23 Vgl. *Ernst, Christoph/Seibert, Ulrich/Stuckert, Fritz* [KapAEG, 1998], S. 150; *Hoyos, Martin/ Lechner, Harald* [§ 292a HGB, 1999], Rz. 29.

24 *Niemann, Ursula* [KapAEG, 1998], S. 33.

25 Vgl. *Reker, Jürgen/Pahl, Andreas/Löcke, Jürgen* [Konzernabschluß, 1998], S. 529.

26 Vgl. *Hoyos, Martin/Lechner, Harald* [§ 292a HGB, 1999], Rz. 26; *Ballwieser, Wolfgang* [Vergleich, 1997], S. 375.

27 Vgl. *Hoyos, Martin/Lechner, Harald* [§ 292a HGB, 1999], Rz. 27 f.; *Mayer-Wegelin, Eberhard* [Rückwirkungen, 1997], S. 717 f.

28 Vgl. *Hoyos, Martin/Lechner, Harald* [§ 292a HGB, 1999], Rz. 29; *Pellens, Bernhard/Bonse, Andreas/Gassen, Joachim* [Perspektiven, 1998], S. 787; *Wollmert, Peter/Oser, Peter* [Drittlandsunternehmen, 1995], S. 56.

29 Vgl. *Küting, Karlheinz/Hütten, Christoph* [Konzernlagebericht, 1999], S. 18; *Pellens, Bernhard* [Rechnungslegung, 1999], S. 120 f.

der US-GAAP klassifiziert, ist ihre Beachtung bei der Aufstellung eines befreienden Konzernabschlusses zwingend. Anderenfalls ist eine Berücksichtigung nicht erforderlich. Während die Frage für Unternehmen, die aufgrund einer angestrebten Notierung an der New York Stock Exchange der SEC-Aufsicht unterliegen und deshalb die SEC-Vorschriften befolgen müssen, einen untergeordneten Stellenwert hat, gewinnt sie für Unternehmen an Bedeutung, die ohne Notierung in den USA nach US-GAAP bilanzieren und nicht der SEC-Aufsicht unterliegen.[30]

Im Rahmen der Bilanzierung von Ertragsteuern ist die Einordnung der SEC-Normen in zweierlei Hinsicht relevant. Zum einen sind nach den Gliederungsvorschriften der SEC die kurzfristigen Posten getrennt von den langfristigen in der Bilanz auszuweisen, was eine Aufteilungspflicht der latenten Steuern nach ihrer Fristigkeit zur Konsequenz hat.[31] Zum anderen enthalten die SEC-Vorschriften Offenlegungspflichten für die ‚notes', die über die Ausweispflichten in SFAS No. 109 hinausgehen.[32]

Die Klärung des Verhältnisses von SEC-Vorschriften und US-GAAP ist problematisch, weil eine eindeutige Definition des Begriffs der ‚generally accepted accounting principles' fehlt. Dieser ist unbestimmt und damit auslegungsbedürftig.[33] Eine Annäherung an den Begriff ergibt sich aus der vom Berufsstand formulierten Umschreibung: „The phrase ‚generally accepted accounting principles' is a technical accounting term that encompasses the conventions, rules, and procedures necessary to define accepted accounting practice at a particular time."[34] Im weiteren wird betont, daß der Begriff nicht nur allgemein anerkannte Richtlinien umfaßt, sondern auch detaillierte Praktiken und Vorgehensweisen einschließt, soweit sie den nicht präzise definierten Merkmalen ‚generally acceptance' und ‚substantial authoritative support' genügen.[35] Damit sind zwei GAAP-konstituierende Merkmale vorgegeben. Zum einen wird durch die Forderung nach der ‚generally acceptance' die praktische Anerkennung durch Anwendung

30 Vgl. *Hütten, Christoph/Brakensiek, Sonja* [US-GAAP, 2000], S. 870. Dies betrifft insbesondere jene Unternehmen, die aufgrund einer Notierung am Neuen Markt nach US-GAAP bilanzieren. Vgl. *Breker, Norbert/Naumann, Klaus-Peter/Tielmann, Sandra* [Wirtschaftsprüfer, 1999], S. 185; *Kersting, Mark O.* [Neuer Markt, 1997], S. 223.

31 Vgl. *SEC* [Reg S-X, 1998], Item 210.5-02 i.V.m. *FASB* [SFAS No. 109, 1992], Abs. 41; Gliederungspunkt 3.8.1.

32 Vgl. *SEC* [Reg S-X, 1998], Item 210.4-08(h); *Maclaughlin, Debra/Hambleton, Wendy* [SEC, 1999], Ch. 3, S. 34; *Weber, Richard P./Wheeler, James E.* [Disclosure, 1992], S. 14; Gliederungspunkt 3.8.3.6.

33 Vgl. *Delaney, Patrick R./Adler, James R./Epstein, Barry J./Foran, Michael F.* [GAAP, 1997], S. 8; *McEnroe, John E.* [GAAP, 1991], S. 157; *Haller, Axel* [GAAP, 1990], S. 754; *Kuhlewind, Andreas-Markus* [Bilanzrechtstheorie, 1997], S. 29 f.

34 *AICPA* [SAS No. 69, 1992], Abs. 02, S. 2.

35 Vgl. *AICPA* [SAS No. 69, 1992], Abs. 02; *Belkaoui, Ahmed R.* [Theory, 1992], S. 30.

des Rechnungslegungsverfahrens in einem signifikanten Ausmaß verlangt.[36] Die in einem Normsetzungsprozeß verabschiedeten Bilanzierungsvorschriften werden daher nur dann als ‚generally accepted‘ verstanden, wenn sie in der Bilanzierungspraxis tatsächlich anerkannt und angewandt werden.[37] Das Privileg ‚generally accepted‘ besitzen jedoch gleichzeitig auch aus praktischer Übung heraus entstandene Rechnungslegungsverfahren, die noch nicht durch eine regelnde Vorschrift formell erlassen wurden.[38] Zum anderen werden als GAAP nur die Rechnungslegungsverfahren bezeichnet, denen der ‚substantial authoritative support‘ zugesprochen wird. Dieser erwächst durch die Anerkennung des Verfahrens insbesondere von seiten der SEC.[39] Über das Zugestehen des ‚substantial authoritative support‘ kontrolliert die SEC den von ihr an privatwirtschaftliche Institutionen delegierten Normsetzungsprozeß.[40]

Die Beurteilung, ob ein Rechnungslegungsverfahren als ‚generally accepted‘ einzustufen ist, kann im Einzelfall schwierig sein, da ein abschließender Quellenkatalog für GAAP nicht existiert. GAAP erwachsen vielmehr aus einer Mehrzahl von Quellen.[41] Von seiten des Berufsstandes werden die Verlautbarungen des FASB und seiner Vorgängerinstitutionen als GAAP-Quellen bezeichnet.[42] Anhand der Prüfungsstandards des AICPA werden diese Quellen hinsichtlich des Verbindlichkeitsgrades fünf Hierarchieebenen zugeteilt, die entsprechend Abbildung 4.1 mit Hilfe des sogenannten ‚House of GAAP‘ visualisiert werden.[43] Die auf der ersten Ebene stehenden, vom FASB und seinen Vorgängerinstitutionen erlassenen ‚Statements‘, ‚Interpretations‘, ‚Accounting Research Bulletins‘ und ‚APB Opinions‘ werden in den Verlautbarungen der SEC und des AICPA als ‚generally accepted accounting principles‘ anerkannt.[44] Sie weisen eine hohe Bindungswirkung auf, welche einerseits aus dem Prüfungstestat resultiert, das in uneingeschränkter Form nur erteilt werden darf, wenn der Jahresab-

---

36 Vgl. *Mautz, R. K.* [Principles, 1983], Ch. 1, S. 19; *McEnroe, John E.* [GAAP, 1991], S. 157; *Scheffler, Eberhard* [Rechnungslegung, 1999], S. 1285.

37 Vgl. *FASB* [FIN No. 40, 1993], Abs. 3, S. 1; *Belkaoui, Ahmed R.* [Theory, 1992], S. 30; *Wüstemann, Jens* [GAAP, 1999], S. 35.

38 Vgl. *Mautz, R. K.* [Principles, 1983], Ch. 1, S. 22; *McEnroe, John E.* [GAAP, 1991], S. 157; *Haller, Axel* [GAAP, 1990], S. 763.

39 Vgl. *SEC* [FRR, 1998], Item 101, ASR 150; *Davidson, Sidney/Anderson, George D.* [Development, 1993], S. 11 f.; *Nikolai, Loren A./Bazley, John D.* [Accounting, 1994], S. 15; *Luttermann, Claus* [Bilanzrecht, 1999], S. 68.

40 Vgl. *Maclaughlin, Debra/Hambleton, Wendy* [SEC, 1999], Ch. 3, S. 7; *Nikolai, Loren A./Bazley, John D.* [Accounting, 1994], S. 15 f.

41 Vgl. *AICPA* [SAS No. 69, 1992], Abs. 05; *McEnroe, John E.* [GAAP, 1991], S. 157.

42 Vgl. *AICPA* [SAS No. 69, 1992], Abs. 05; *Delaney, Patrick R./Adler, James R./Epstein, Barry J./ Foran, Michael F.* [GAAP, 1997], S. 4 f.

43 Vgl. *AICPA* [SAS No. 69, 1992], Abs. 16; *Rubin, Steven* [House, 1984], S. 123; *Sauter, Douglas* [Remodeling, 1991], S. 34.

44 Vgl. *SEC* [FRR, 1998], Item 101, ASR 150; *AICPA* [Rule 203, 1988], Abs. 01-04; *Sauter, Douglas* [Remodeling, 1991], S. 33 f.

schluß den GAAP entspricht.[45] Andererseits wird diesen Verlautbarungen von der SEC der notwendige ‚substantial authoritative support' zugesprochen.[46] Die auf den darüber liegenden Ebenen eingestuften Normen werden für Rechnungslegungsprobleme herangezogen, für die die GAAP der ersten Ebene keine Lösung enthalten.[47] Ihr Verpflichtungsgrad nimmt von unten nach oben ab.[48]

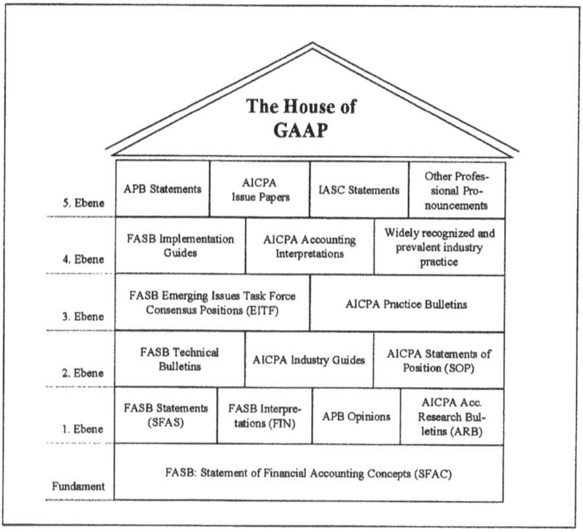

Abbildung 4.1: ‚House of GAAP'

(Quelle: *Rubin, Steven* [House, 1984], S. 123, angepaßt.)

Da im ‚House of GAAP' die von privatwirtschaftlichen Gremien publizierten Rechnungslegungsregeln angeordnet sind, die SEC-Normen jedoch nicht namentlich erwähnt werden, läßt sich die Frage ihrer Zugehörigkeit zu den GAAP daraus nicht unmittelbar beantworten. In den Prüfungsstandards des Berufsstandes wird lediglich in

45 Vgl. *Baker, Richard C./Rapaccioli, Donna/Solomon, Morton B.* [USA, 1995], S. 2989 f.; *Davidson, Sidney/Anderson, George D.* [Development, 1993], S. 14; *White, Gerald I./Sondhi, Ashwinpaul C./Fried, Dov* [Analysis, 1994], S. 9; *Ballwieser, Wolfgang* [Buchführung, 1999], Rz. 87. Eine Abweichung von den GAAP darf in Ausnahmefällen erfolgen, wenn dies aufgrund der besonderen Umstände des Einzelfalls notwendig erscheint, um eine Irreführung zu vermeiden. Die Entscheidung darüber obliegt dem Wirtschaftsprüfer. Vgl. *AICPA* [Rule 203, 1988], Abs. 01.

46 Vgl. *SEC* [FRR, 1998], Item 101; *Skousen, Fred K.* [SEC, 1983], Ch. 37, S. 18; *Kuhlewind, Andreas-Markus* [Bilanzrechtstheorie, 1997], S. 23; Gliederungspunkt 2.1.2.

47 Vgl. *AICPA* [SAS No. 69, 1992], Abs. 07; *Delaney, Patrick R./Adler, James R./Epstein, Barry J./Foran, Michael F.* [GAAP, 1997], S. 5; *Sauter, Douglas* [Remodeling, 1991], S. 34.

48 Vgl. *AICPA* [SAS No. 69, 1992], Abs. 16; *Sauter, Douglas* [Remodeling, 1991], S. 34.

einer Fußnote die Bedeutung der SEC-Vorschriften für Unternehmen erwähnt, die als ,SEC registrants' der SEC-Aufsicht unterliegen.[49] Ohne die Zugehörigkeit zu den GAAP explizit zu klären, wird den Vorschriften eine den auf der ersten Ebene stehenden, mit höchster Bindungswirkung ausgestatteten Verlautbarungen des FASB und seiner Vorgängerinstitutionen vergleichbare Autorität eingeräumt.[50] Welche Autorität die SEC-Vorschriften für nicht der SEC-Aufsicht unterliegende Unternehmen besitzen, bleibt jedoch unklar.

4.2.2 Einordnung der SEC-Vorschriften

In der Literatur wird die unmittelbare Zugehörigkeit der SEC-Vorschriften zu den GAAP nach Mehrheitsmeinung abgelehnt.[51] Als Begründung wird ausgeführt, daß die im ,House of GAAP' enthaltenen Verlautbarungen des FASB und seiner Vorgängerinstitutionen keine gesetzlichen Normen darstellen.[52] Ihr verbindlicher Charakter ergibt sich indirekt aus der GAAP-Konformität als Voraussetzung für die Erteilung eines uneingeschränkten Testats einerseits sowie den ihnen zugestandenen ,substantial authoritative support' der SEC andererseits.[53] Bedingt durch die Stellung der SEC als vom Kongreß autorisierte Bundesbehörde besitzen die SEC-Vorschriften demgegenüber den Status materiellen Rechts und bedürfen des ,substantial authoritative support' nicht.[54] Ihre Beachtung ist für alle der SEC-Aufsicht unterliegenden Unternehmen verpflichtend. Da die SEC-Vorschriften „aufgrund ihres Rechtscharakters konkrete gesetzliche Normen"[55] bilden und von daher Verbindlichkeit erlangen, sind sie analog zu den bundesgesetzlichen Normen des SA und SEA nicht als GAAP einzustufen.[56]

Wird die unmittelbare Zugehörigkeit der SEC-Vorschriften zu den GAAP aufgrund der ausgeführten Argumente negiert, können diese dennoch nicht losgelöst von den GAAP betrachtet werden, weil sie eine Quelle für GAAP bilden.[57] Da die SEC-Vorschriften als gesetzliche Normen angewandt werden müssen, hat dies regelmäßig ihre tatsächli-

---

49 Vgl. *AICPA* [SAS No. 69, 1992], Abs. 10, Fn. 3.

50 Vgl. *AICPA* [SAS No. 69, 1992], Abs. 10, Fn. 3; *Luttermann, Claus* [Bilanzrecht, 1999], S. 68.

51 Vgl. *Rubin, Steven* [House, 1984], S. 129; *Sauter, Douglas* [Remodeling, 1991], S. 30-37; *Pellens, Bernhard* [Rechnungslegung, 1999], S. 120 f.

52 Vgl. *Merkt, Hanno* [Gesellschaftsrecht, 1991], S. 162 f. i.V.m. *Haller, Axel* [GAAP, 1990], S. 753.

53 Vgl. Gliederungspunkt 2.1.2.

54 Vgl. *Hazen, Thomas L.* [Securities, 1996], S. 16; *KPMG Peat Marwick* [Securities, 1995], S. 6.

55 *Haller, Axel* [Grundlagen, 1994], S. 69.

56 Vgl. *Rubin, Steven* [House, 1984], S. 129; *Sauter, Douglas* [Remodeling, 1991], S. 30-37; *Pellens, Bernhard* [Rechnungslegung, 1999], S. 120 f.

57 Vgl. *Belkaoui, Ahmed R.* [Theory, 1992], S. 30; *Mautz, R. K.* [Principles, 1983], Ch. 1, S. 22; *McEnroe, John E.* [GAAP, 1991], S. 157; *Nikolai, Loren A./Bazley, John D.* [Accounting, 1994], S. 15.

che Anerkennung in der Praxis zur Konsequenz. Sie nehmen Einfluß auf die herrschenden Rechnungslegungspraktiken und prägen diese.[58] Aus den SEC-Vorschriften erwachsen deshalb Rechnungslegungsverfahren, die dem GAAP-konstituierenden Merkmal der ‚generally acceptance' genügen.[59] Das Zugeständnis des notwendigen ‚substantial authoritative support' kann den so etablierten Rechnungslegungspraktiken unterstellt werden, weil die ihn zustehende Behörde selbst Ausgangspunkt ihrer Etablierung bildet.[60] Die SEC-Vorschriften generieren damit GAAP.[61] Soweit Unternehmen die Verlautbarungen der SEC nicht unmittelbar aufgrund der Registrierungspflicht anzuwenden haben, entfalten sie als Bilanzierungspraxis prägende Vorschriften mittelbar Bindungswirkung. Ihre Beachtung ist dort geboten, wo Rechnungslegungsprobleme nicht durch eine Verlautbarung des FASB oder seiner Vorgängerinstitutionen geregelt sind.[62] Dadurch tangieren sie auch die Unternehmen, die ohne Notierung in den USA nach US-GAAP bilanzieren.

4.2.3 Konsequenzen für die Steuerabgrenzung

Das FASB und seine Vorgängerinstitutionen haben in ihren Verlautbarungen die Gliederung der Bilanz nicht verbindlich geregelt. Demgegenüber schreibt die SEC ein konkretes Gliederungsschema vor, das den getrennten Ausweis der kurz- und langfristigen Posten in der Bilanz verlangt.[63] Diese Regelung gilt unmittelbar für Unternehmen, die der SEC-Aufsicht unterliegen. Bei nicht der SEC-Aufsicht unterliegenden Unternehmen erlangt sie als Bilanzierungspraxis prägende Vorschrift mittelbare Bindungswirkung.[64] In den nach US-amerikanischen Rechnungslegungsvorschriften aufgestellten Bilanzen ist daher regelmäßig nach kurz- und langfristigen Bilanzposten zu trennen.[65] Für derart gegliederte Bilanzen fordert die den Ausweis latenter Steuern regelnde Vor-

58 Vgl. *Belkaoui, Ahmed R.* [Theory, 1992], S. 30; *Dubroff, Harold/Cahill, Connie M./Norris, Michael D.* [Relationship, 1983], S. 368; *Haller, Axel* [GAAP, 1990], S. 762.

59 Vgl. *Grady, Paul* [GAAP, 1965], S. 52; *Haller, Axel* [GAAP, 1990], S. 762.

60 Vgl. *Grady, Paul* [GAAP, 1965], S. 52; *Pellens, Bernhard* [Rechnungslegung, 1999], S. 121.

61 Vgl. *Haller, Axel* [GAAP, 1990], S. 762.

62 Vgl. *Nikolai, Loren A./Bazley, John D.* [Accounting, 1994], S. 15; *Maclaughlin, Debra/Hambleton, Wendy* [SEC, 1999], Ch. 3, S. 7; *Eisolt, Dirk* [Konzernrechnungslegung, 1993], S. 233; *Haller, Axel* [GAAP, 1990], S. 762 f.

63 Vgl. *SEC* [Reg S-X, 1998], Item 210.5-02; *Gräfer, Horst* [Report, 1992], S. 18; *Pellens, Bernhard* [Rechnungslegung, 1999], S. 82; Gliederungspunkt 3.8.1.

64 Vgl. *FASB* [SFAS No. 6, 1975], Abs. 7, S. 1; *FASB* [Classification, 1999], B05.102; *Weiss, Judith* [GAAP, 1998], Ch. 2, S. 3.

65 Vgl. *SEC* [Reg S-X, 1998], Item 210.5-02; *AICPA* [ARB No. 43, 1953], Ch. 3A, Abs. 4-7; *FASB* [Classification, 1999], Summary, S. 4471; *Dyckman, Thomas R./Dukes, Roland E./Davis, Charles J.* [Accounting Bd. 1, 1998], S. 168; *Weiss, Judith* [GAAP, 1998], Ch. 2, S. 3.

schrift aus SFAS No. 109 die Aufteilung der Steuerlatenzen nach der Fristigkeit und den gesonderten Ausweis der kurz- und langfristigen Beträge.[66]

Hinsichtlich der Offenlegungsbestimmungen enthält SFAS No. 109 bereits detaillierte Vorgaben.[67] Danach ist die Zusammensetzung des Bestands an latenten Steuern und des ausgewiesenen Ertragsteueraufwands aus der GuV durch entsprechende Auflistung der Posten für externe Adressaten ersichtlich zu machen. Des weiteren sind in einer Überleitungsrechnung die Sachverhalte aufzuzeigen, die die Abweichung des rechnerischen vom tatsächlich ausgewiesenen Steueraufwand bedingen. Das FASB verlangt in den jeweiligen Auflistungen und in der Überleitungsrechnung den gesonderten Ausweis der wesentlichen Komponenten, ohne eine Wesentlichkeitsgrenze zu formulieren.[68] Demgegenüber hat die SEC in ihren Vorschriften zum Ertragsteuerausweis konkrete Wesentlichkeitsgrenzen kodifiziert. Aufgrund der fehlenden Vorgaben des FASB und der GAAP-generierenden Wirkung von SEC-Vorschriften ist ihre Anwendung geboten.[69]

4.3 Das Erfordernis der Richtlinienkonformität

4.3.1 Grundlagen der Bilanzrichtlinien

4.3.1.1 Annahme der Konformität von Bilanzrichtlinien und US-GAAP durch den Gesetzgeber

Das Erfordernis der Richtlinienkonformität des § 292a HGB setzt für die Entfaltung befreiender Wirkung eines nach US-GAAP aufgestellten Konzernabschlusses dessen Einklang mit der 7. EG-Richtlinie voraus.[70] Diese sogenannte Konzernbilanzrichtlinie wurde im Jahr 1983 verabschiedet. Ihr ging die im Jahr 1978 erlassene 4. EG-Richtlinie zur Regelung des Einzelabschlusses voraus.[71] Wegen den in der 7. EG-Richtlinie enthaltenen Verweisungen auf die 4. EG-Richtlinie hat der Konzernabschluß auch mit

---

66 Vgl. *FASB* [SFAS No. 109, 1992], Abs. 41; *Read, William J.* [Rules, 1992], S. 16.

67 Vgl. Gliederungspunkt 3.8.3.

68 Vgl. *FASB* [SFAS No. 109, 1992], Abs. 43, S. 2, Abs. 45 und Abs. 47.

69 Vgl. *SEC* [Reg S-X, 1998], Item 210.4-08; *Maclaughlin, Debra/Hambleton, Wendy* [SEC, 1999], Ch. 3, S. 7 und S. 34; Gliederungspunkt 3.8.3.6.

70 Vgl. § 292a Abs. 2, Nr. 2b HGB; *Mujkanovic, Robin* [Konzernabschlüsse, 1999], S. 1001; *Wollmert, Peter/Oser, Peter* [Konzernabschluß, 1997], Abs. 29.

71 Vgl. *Havermann, Hans* [Entwicklungen, 1994], S. 666; *Ordelheide, Dieter* [Weiterentwicklung, 1994], S. 15; *Roberts, Clare/Weetman, Pauline/Gordon, Paul* [Accounting, 1998], S. 204.

der 4. EG-Richtlinie in Einklang zu stehen, soweit die Vorschriften im Rahmen der Konzernabschlußerstellung maßgebend sind.[72]

Aus der Gesetzesbegründung zum Kapitalaufnahmeerleichterungsgesetz geht hervor, daß der Gesetzgeber von der grundsätzlichen Vereinbarkeit der US-GAAP mit den Bilanzrichtlinien ausgeht.[73] Die Annahme stützt sich auf eine Konformitätsprüfung der bis 1995 verabschiedeten Internationalen Rechnungslegungsgrundsätze (IAS) mit den europäischen Bilanzrichtlinien, die auf der Ebene der EU vom Kontaktausschuß für Richtlinien der Rechnungslegung durchgeführt wurde.[74] Danach ist bis auf zwei unwesentliche Ausnahmen kein Konflikt zwischen Bilanzrichtlinien und den IAS ausgemacht worden.[75] Aus der Feststellung der Vereinbarkeit von Bilanzrichtlinien und IAS hat der Gesetzgeber gleichzeitig ihre grundsätzliche Vereinbarkeit mit den US-GAAP abgeleitet.[76] In der Gesetzesbegründung wird zudem argumentiert, daß die in den USA anerkannten Rechnungslegungsmethoden dem deutschen Vorsichtsprinzip näher stehen als die britische Rechnungslegungspraxis, die dynamischen Bilanzierungsgrundsätzen stärker folgt. Da die britische Bilanzierungsform mit den EG-Richtlinien vereinbar ist, sind die konservativer ausgestalteten US-GAAP im Hinblick auf die Richtlinienkonformität als unproblematisch einzustufen.[77]

Die in der Gesetzesbegründung ausgeführte Argumentation zur Begründung der Vereinbarkeit von US-GAAP und Bilanzrichtlinien ist aus zweierlei Gründen zu hinterfra-

---

72 Die 7. EG-Richtlinie verweist im wesentlichen auf Bewertungs- und Gliederungsnormen der 4. EG-Richtlinie. Vgl. *Kontaktausschuß für Richtlinien der Rechnungslegung* [Konformität, 1998], Abs. 7b; *DSR* [E-DRS Nr. 1, 1999], Abs. 15; *Scheffler, Eberhard* [Rechnungslegung, 1999], S. 1288.

73 Vgl. *Ernst, Christoph/Seibert, Ulrich/Stuckert, Fritz* [KapAEG, 1998], S. 133.

74 Der Kontaktausschuß für Richtlinien der Rechnungslegung, im folgenden verkürzt mit Kontaktausschuß bezeichnet, ist eine die Europäische Kommission beratende Einrichtung. Vgl. *Kontaktausschuß für Richtlinien der Rechnungslegung* [Konformität, 1998], S. 4.

75 In der 1996 abgeschlossenen Vergleichsstudie ergab sich die Unvereinbarkeit der IAS mit der 7. EG-Richtlinie bezüglich der Nichteinbeziehung von Tochterunternehmen in den Konzernabschluß sowie der Behandlung eines negativen Geschäftswerts. Bei erneuter Überprüfung aller bis Juli 1998 verabschiedeter IAS hat sich das Konfliktpotential auf die Abgrenzung des Konsolidierungskreises reduziert. Die Unvereinbarkeit im Zusammenhang mit der Behandlung eines negativen Geschäftswerts ist aufgrund der Überarbeitung von IAS 22 hinfällig geworden. Demgegenüber stellt das IDW bei seiner Konformitätsprüfung weitere Konfliktpotentiale fest. Dabei wird insbesondere die Pflicht zur Aktivierung latenter Steuern für Steuervorteile aus vortragsfähigen Verlusten gem. IAS 12 (revised 1996) mit den Bilanzrichtlinien als unvereinbar angesehen. Vgl. *Fédération des Experts Comptables Européens* [Comparison, 1999], S. 8 f.; *Kontaktausschuß für Richtlinien der Rechnungslegung* [Konformität, 1998], Abs. 12-14; *IDW* [Abweichungen, 1998], S. 186; *Hulle, Karel v.* [Rechnungslegung, 1998], S. 140 f. und S. 145; *Mujkanovic, Robin* [Konzernabschlüsse, 1999], S. 1001.

76 Vgl. *Ernst, Christoph/Seibert, Ulrich/Stuckert, Fritz* [KapAEG, 1998], S. 133; *Ordelheide, Dieter* [Entwurf, 1996], S. 548.

77 Vgl. *Ernst, Christoph/Seibert, Ulrich/Stuckert, Fritz* [KapAEG, 1998], S. 133.

gen. Zum einen kann aus der weitgehenden Konformität von IAS und Bilanzrichtlinien nicht zwingend auf die Konformität von US-GAAP und Bilanzrichtlinien geschlossen werden. Dies ergibt sich aus einer vom FASB durchgeführten Vergleichsstudie von IAS und US-GAAP, welche eine Vielzahl problematischer Bilanzierungsunterschiede belegt.[78] Zum anderen scheint der Verweis auf die britische Bilanzierungspraxis problematisch, weil diese wesentlich durch die Rechnungslegungsnormen privatwirtschaftlicher Standardsetter geprägt ist.[79] Zwar sind durch die Verpflichtung zur Transformation der EG-Richtlinien in nationales Recht Rechnungslegungsvorschriften in das britische Gesetz aufgenommen worden, diese sind jedoch häufig wenig detailliert und geben nur Rahmenbedingungen vor.[80] Ihre inhaltliche Konkretisierung erfolgt durch die privatwirtschaftlichen Standards, deren Richtlinienkonformität nicht zwingend scheint.[81]

Die Beurteilung der Richtlinienkonformität befreiender Konzernabschlüsse, die nach US-GAAP aufgestellt werden, bedarf daher einer eigenständigen Überprüfung der Vereinbarkeit von Bilanzrichtlinien und US-GAAP.[82] Auf der Ebene der EU konzentrieren sich die Konformitätsüberlegungen bisher auf die Vereinbarkeit von Bilanzrichtlinien und IAS.[83] Hinsichtlich der US-GAAP sind keine Überprüfungen vorgenommen worden.[84] Auf nationaler Ebene setzt sich zwar der Deutsche Standardisierungsrat (DSR)[85] im Rahmen seines Auftrags zur Entwicklung von Grundsätzen für eine ordnungsmäßige Konzernrechnungslegung gem. § 342 Abs. 1 Nr. 1 HGB mit der Frage der Vereinbarkeit von Bilanzrichtlinien und US-GAAP auseinander,[86] von seiten des Instituts der deutschen Wirtschaftsprüfer (IDW) wird jedoch lediglich auf IAS Bezug genommen.[87] Auf internationaler Ebene verfaßte Vergleichsstudien richten sich

78 Vgl. *Cairns, David* [Compatible, 1997], S. 60 f.; *Hoyos, Martin/Lechner, Harald* [§ 292a HGB, 1999], Rz. 23.

79 Vgl. *Ebert, Marius* [Accounting, 1990], S. 9.

80 Vgl. *Kloos, Gerhard* [Transformation, 1993], S. 112 f.; *Köhler, Andreas/Rotter, Norbert* [Rechnungslegung, 1994], S. 377.

81 Vgl. *Gimpel-Kloos, Brigitte* [Wahlrechte, 1991], S. 35 f.; *Kloos, Gerhard* [Transformation, 1993], S. 112 f.; *Ebert, Marius* [Accounting, 1990], S. 154-156.

82 Dies verlangt auch *Busse von Colbe, Walther* [Internationalisierung, 1999], S. 471.

83 Vgl. *Kontaktausschuß für Richtlinien der Rechnungslegung* [Konformität, 1998]; *Fédération des Experts Comptables Européens* [Comparison, 1999].

84 Vgl. *Hoyos, Martin/Lechner, Harald* [§ 292a HGB, 1999], Rz. 23; *Fédération des Experts Comptables Européens* [Comparison, 1999], S. 6 f.

85 Vgl. hierzu auch *Ballwieser, Wolfgang* [Rechnungslegungsgremium, 1999], S. 442-446; *Küting, Karlheinz/Brakensiek, Sonja* [DRSC, 1999], S. 681 f.

86 Vgl. *DSR* [E-DRS Nr. 1, 1999], Abs. 126-195.

87 Vgl. *IDW* [Abweichungen, 1998], S. 183-188; *Pellens, Bernhard/Bonse, Andreas/Gassen, Joachim* [Perspektiven, 1998], S. 787.

auf die Konformität von US-GAAP und IAS,[88] gehen jedoch nicht auf die EG-Richtlinien ein.

Im Rahmen der Arbeit verengt sich die Konformitätsfrage auf die Problematik der Steuerabgrenzung. Hierfür ist SFAS No. 109 den Bestimmungen der Bilanzrichtlinien gegenüberzustellen. Die Beurteilung der Richtlinienkonformität der Steuerabgrenzung setzt ein grundlegendes Verständnis der Bilanzrichtlinien und der mit ihnen verfolgten Zielsetzung voraus.

4.3.1.2 Charakter der Bilanzrichtlinien

Mit den Bilanzrichtlinien der EU wird die Harmonisierung des nationalen Gemeinschaftsrechts im Bereich der Rechnungslegung angestrebt.[89] Ziel ist die Sicherung von Vergleichbarkeit und Gleichwertigkeit der publizierten Informationen von Kapitalgesellschaften.[90] Dabei wird keine Rechtsvereinheitlichung, sondern eine Rechtsangleichung beabsichtigt.[91] Die in den EG-Richtlinien enthaltene Transformationsverpflichtung beauftragt die Mitgliedstaaten zur Umsetzung des Richtlinieninhaltes in nationales Recht.[92]

Die Bilanzrichtlinien geben Mindestanforderungen vor, die die Herstellung einer Mindestvergleichbarkeit und Sicherung eines Minimums an Informationen im Jahresabschluß gewährleisten sollen.[93] Bei Umsetzung in das nationale Recht dürfen diese nur positiv ergänzt, nicht jedoch reduziert werden.[94] Die Mitgliedstaaten können daher entscheiden, ob nur die Mindestbedingungen in nationales Recht transformiert werden oder durch Kodifizierung von Regelungen, die über die Mindestanforderungen hinaus-

---

88 Vgl. *Cairns, David* [Compatible, 1997], S. 60 f.

89 Vgl. *Hulle, Karel v.* [Fortentwicklung, 1996], S. 9 f.; *Schmitz, Rudolf* [Harmonisierung, 1988], S. 1 f.

90 Vgl. *Auer, Kurt V.* [Rechnungslegungsstandards, 1997], S. 59; *Hulle, Karel v.* [Fortentwicklung, 1996], S. 9.

91 Vgl. *Everling, Ulrich* [Auslegung, 1992], S. 376; *Schmitz, Rudolf* [Harmonisierung, 1988], S. 2; *Niessen, Hermann* [Angleichung, 1992], S. 768.

92 Vgl. 4. EGR, Art. 55 Abs. 1; 7. EGR, Art. 49 Abs. 1; *Auer, Kurt V.* [Rechnungslegungsstandards, 1997], S. 59; *Oppermann, Thomas* [Europarecht, 1999], Rz. 550.

93 Vgl. *Kontaktausschuß für Richtlinien der Rechnungslegung* [Konformität, 1998], Abs. 6a; *Schmitz, Rudolf* [Harmonisierung, 1988], S. 4. A.A. *Hennrichs, Joachim* [Handelsbilanzrecht, 1997], S. 72 f.; *Meyer-Arndt, Lüder* [Zuständigkeit, 1993], S. 1624; *Meilicke, Wienand* [Auslegung, 1992], S. 973.

94 Vgl. *Auer, Kurt V.* [Rechnungslegungsstandards, 1997], S. 59; *Kloos, Gerhard* [Transformation, 1993], S. 33-36; *Niessen, Hermann* [Angleichung, 1992], S. 768.

gehen, die Zielsetzung der Bilanzrichtlinien aktiv gefördert wird.[95] Da im Harmonisierungsprozeß ein Ausgleich zwischen den teilweise konfliktären Interessen der Mitgliedstaaten zu schaffen war,[96] stellen die Bilanzrichtlinien einen Kompromiß dar, der insbesondere den unterschiedlichen Bilanzierungsphilosophien der kontinentaleuropäischen und der angelsächsischen Tradition gerecht werden mußte.[97] Aufgrund der Notwendigkeit zum Kompromiß enthalten sie eine Vielzahl von Wahlrechten, die eine unterschiedliche Behandlung bestimmter Sachverhalte gestatten.[98] Um den damit einhergehenden Verlust an Vergleichbarkeit von Jahresabschlußinformationen aufzufangen, verlangen die Bilanzrichtlinien zusätzliche Angaben im Anhang.[99] Wegen der bloßen Festlegung von Mindestanforderungen einerseits und der Einräumung von Wahlrechten andererseits gewähren die Bilanzrichtlinien den Mitgliedstaaten eine gewisse Transformationsflexibilität.[100]

Die Bilanzrichtlinien bilden als Bestandteil des europäischen Gemeinschaftsrechts ein eigenes Rechtssystem, das von nationalen Rechtskreisen unabhängig ist.[101] Die aus nationalen Normen gewachsenen Bilanzrichtlinien gebrauchen national geprägte Begriffe. Diese emanzipieren sich mit der Kodifizierung in den Richtlinien zu autonomen Gemeinschaftsbegriffen, die einer eigenständigen Rechtsquelle entspringen.[102] Ihre inhaltliche Konkretisierung hat aus dem Gemeinschaftsrecht und der damit angestrebten Zielsetzung heraus zu erfolgen und darf nicht durch Rückgriff auf nationale Rechtssysteme bewältigt werden.[103] Dies würde die Harmonisierungsbestrebungen der

---

95 Vgl. *Auer, Kurt V.* [Rechnungslegungsstandards, 1997], S. 64; *Kloos, Gerhard* [Transformation, 1993], S. 33.

96 Vgl. *Kloos, Gerhard* [Transformation, 1993], S. 53; *Havermann, Hans* [Entwicklungen, 1994], S. 667; *Schmitz, Rudolf* [Harmonisierung, 1988], S. 3.

97 Vgl. *Hulle, Karel v.* [Fortentwicklung, 1996], S. 11; *Ordelheide, Dieter* [Weiterentwicklung, 1994], S. 18 f.

98 Vgl. *Gimpel-Kloos, Brigitte* [Wahlrechte, 1991], S. 1 f.; *Hulle, Karel v.* [Fortentwicklung, 1996], S. 11; *Roberts, Clare/Weetman, Pauline/Gordon, Paul* [Accounting, 1998], S. 203.

99 Vgl. *Auer, Kurt V.* [Rechnungslegungsstandards, 1997], S. 59.

100 Vgl. *Kloos, Gerhard* [Transformation, 1993], S. 36.

101 Vgl. *Kontaktausschuß für Richtlinien der Rechnungslegung* [Konformität, 1998], Abs. 6; *Oppermann, Thomas* [Europarecht, 1999], Rz. 547.

102 Der EuGH hat zur Sicherung von Einheit und Effektivität des Gemeinschaftsrechts die Theorie der Autonomie der Begriffe des Europäischen Gemeinschaftsrechts entwickelt. Danach werden diese unabhängig vom nationalen Verständnis in den Mitgliedstaaten definiert. Bei der Auslegung wird nationales Verständnis lediglich als Erkenntnisfaktor herangezogen. Entscheidende Größe ist jedoch die Funktion des Begriffes im Regelungskontext. Vgl. *Bleckmann, Albert* [Richtlinie, 1986], S. 14 f.; *Bleckmann, Albert* [Auslegung, 1992], S. 367; *Everling, Ulrich* [Auslegung, 1992], S. 386.

103 Vgl. *Havermann, Hans* [Entwicklungen, 1994], S. 669; *Herber, Rolf* [Bilanzrichtlinien-Gesetz, 1988], S. 227; *Hennrichs, Joachim* [EG-Bilanz-Richtlinie, 1999], S. 99 und S. 130 f. Bei der Auslegung der EG-Richtlinien analysiert der EuGH zwar die nationale Rechtstradition und deren Verständnis der Rechtsbegriffe, übernimmt diese jedoch nicht unmittelbar, sondern transformiert sie in der Gesamtschau zu einer gemeinschaftsrechtlichen Interpretation.

Bilanzrichtlinien aushöhlen und nationale Traditionen und Interessen in den Vordergrund rücken.[104] Unterschiedliche nationale Auslegungen hätten eine Auseinanderentwicklung des harmonisierten Rechts zur Konsequenz.[105] Für die Auslegung und Interpretation der Bilanzrichtlinien ist daher von nationalem Verständnis zu abstrahieren und auf die mit der Bilanzrichtlinie verfolgte Zielsetzung abzustellen.[106] Hilfestellungen für die Auslegung und Interpretation ergeben sich aus Mitteilungen der Europäischen Kommission und der durch sie beauftragten Institutionen.[107] Ihre Verlautbarungen sind ein starkes Indiz für die in den Bilanzrichtlinien vertretene Auffassung. In letzter Instanz ist die Entscheidung über Auslegungsfragen jedoch ausschließlich dem EuGH vorbehalten.[108] Ihm allein obliegt die autonome Auslegung der Richtlinien.[109]

4.3.1.3 Die Zielsetzung der Bilanzrichtlinien

Das Bilanzierungsziel ist durch die in Art. 2 Abs. 3 der 4. EG-Richtlinie kodifizierte Generalklausel vorgegeben.[110] Danach hat der Jahresabschluß ein den tatsächlichen Verhältnissen entsprechendes Bild der Vermögens-, Finanz- und Ertragslage zu vermitteln.[111] Die ‚true and fair view'-Prämisse gilt gem. Art. 26 Abs. 1 der 7. EG-Richtlinie gleichermaßen für den Konzernabschluß.[112] Die Bedeutung der Generalklausel

---

104 Vgl. *Ordelheide, Dieter* [EU-Kommission, 1995], S. 488 f.

105 Vgl. *Everling, Ulrich* [Auslegung, 1992], S. 380.

106 Vgl. *Herber, Rolf* [Bilanzrichtlinien-Gesetz, 1988], S. 227.

107 Vgl. *Ballwieser, Wolfgang* [Rechnungslegungsgremium, 1999], S. 437; *Havermann, Hans* [Entwicklungen, 1994], S. 669 f.; *Niessen, Hermann* [Angleichung, 1992], S. 770 f. Die europäische Kommission hat aufgrund der fehlenden einheitlichen Interpretation der Bilanzrichtlinien in Form einer Mitteilung zu Auslegungsfragen Stellung genommen. Vgl. *Europäische Kommission* [Auslegungsfragen, 1997].

108 Vgl. *Europäische Kommission* [Auslegungsfragen, 1997], Abs. 2; *Fédération des Experts Comptables Européens* [Comparison, 1999], S. 8; *Niessen, Hermann* [Angleichung, 1992], S. 770; *Oppermann, Thomas* [Europarecht, 1999], Rz. 681.

109 Der EuGH entscheidet im Wege der Vorabentscheidung. Dieses Verfahren verpflichtet nationale Gerichte zur Vorlage entscheidungserheblicher Fragen nach der Auslegung einer EG-Richtlinie beim EuGH. Dieser gibt eine abstrakte Lösung zur Auslegung der Gemeinschaftsnorm, die die nationalen Gerichtsbarkeiten auf die konkreten Rechtsstreitigkeiten anzuwenden haben. Vgl. *Hennrichs, Joachim* [Handelsbilanzrecht, 1997], S. 67 f.; *Oppermann, Thomas* [Europarecht, 1999], Rz. 681 und Rz. 756-774. Dem EuGH wurden mit der Sache ‚Tomberger' und der Sache ‚DE + ES Bauunternehmung' bisher erst zwei Entscheidungen im Zusammenhang mit den Bilanzrichtlinien vorgelegt. Vgl. *EuGH* [Urt. v. 27.6.1996 C-234/94]; *EuGH* [Urt. v. 14.9.1999 C-275/97]; *Hoffmann, Wolf-Dieter* [Vereinnahmung, 1997], S. 9-22; *Peter, Alexander F./Eichhoff, Tanja* [Anmerkung, 1999], S. 438.

110 Vgl. *Hulle, Karel v.* [True and Fair View, 1995], S. 313.

111 Vgl. *Europäische Kommission* [Auslegungsfragen, 1997], S. 3; *Vogel, Frank* [Bilanzrichtlinie, 1993], S. 20.

112 Vgl. 7. EGR, Art. 26 Abs. 1; *Biener, Herbert/Schatzmann, Jürgen* [Konzernbilanzrichtlinie, 1983], S. X.

wird unterstrichen, indem zusätzliche Angaben im Anhang gefordert werden, wenn die Anwendung der Bilanzrichtlinien nicht ausreicht, um das geforderte Bild zu vermitteln.[113] In den Bilanzrichtlinien ist der ‚true and fair view'-Prämisse der Status eines ‚overriding principle' eingeräumt worden, zu deren Einhaltung in Zweifelsfällen von Einzelvorschriften abzuweichen ist.[114] Soweit Bilanzierungslücken aufgrund fehlender Einzelbestimmungen bestehen, werden diese durch die Generalklausel aufgefangen. Sie bildet die Orientierungsgröße zur Klärung von Bilanzierungsfragen, die in den EG-Richtlinien nicht durch Einzelbestimmungen geregelt sind.[115]

Die Vermittlung eines ‚true and fair view' als oberste Zielsetzung ist durch die Europäische Kommission in ihrer Mitteilung zu Auslegungsfragen der Bilanzrichtlinien hervorgehoben und durch den EuGH in seinen beiden bisher ergangenen Urteilen bestätigt worden.[116] Bei der Auslegung der Bilanzrichtlinien ist das Bilanzierungsziel zu beachten, in welches die Einzelbestimmungen eingebunden sind.[117] Dabei darf die ‚true and fair view'-Prämisse jedoch nicht entsprechend ihrer britischen Herkunft interpretiert werden.[118] Auch die deutsche Interpretation, die die Informationsfunktion des ‚true and fair view' nach der Abkopplungsthese auf die Angaben im Anhang bezieht, während in der Bilanz und GuV den informationsverzerrenden Vorsichts- und Objektivierungprinzipien Vorrang eingeräumt wird, scheint kaum anwendbar.[119] Die Bilanzrichtlinie verlangt explizit, daß in Zweifelsfällen zugunsten des ‚true and fair view' von Einzelvorschriften abzuweichen und die Abweichung im Anhang zu erläutern und zu begründen ist.[120] Mit der Aufnahme in die Bilanzrichtlinien hat die Generalklausel den Status autonomer Gemeinschaftsterminologie erlangt und bedarf einer eigenständigen, aus europäischer Sicht heraus erfolgenden Auslegung.[121]

---

113 Vgl. 4. EGR, Art. 2 Abs. 4; *Europäische Kommission* [Auslegungsfragen, 1997], S. 3.

114 Vgl. 4. EGR, Art. 2 Abs. 5; *Hulle, Karel v./Tas, Leo v.d.* [European Union, 1995], S. 950 f.; *Roberts, Clare/Weetman, Pauline/Gordon, Paul* [Accounting, 1998], S. 206; *Schmitz, Rudolf* [Harmonisierung, 1988], S. 9 f.

115 Vgl. *Hulle, Karel v.* [True and Fair View, 1995], S. 321 f.; *Ordelheide, Dieter* [True and Fair View, 1993], S. 83.

116 Vgl. *Europäische Kommission* [Auslegungsfragen, 1997], S. 3. Zum Urteil in der Rechtssache ‚Tomberger' vgl. *EuGH* [Urt. v. 27.6.1996 C-234/94]; *Groh, Manfred* [Tomberger, 1998], S. 815; *Herzig, Norbert/Rieck, Ulrich* [Europäisierung, 1998], S. 312; *Kropff, Bruno* [Gewinnvereinnahmung, 1997], S. 115. Zum Urteil in der Rechtssache ‚DE + ES Bauunternehmung' vgl. *EuGH* [Urt. v. 14.9.1999 C-275/97]; *Peter, Alexander F./Eichhoff, Tanja* [Anmerkung, 1999], S. 438.

117 Vgl. *Hennrichs, Joachim* [EG-Bilanz-Richtlinie, 1999], S. 133 f.

118 Vgl. *Hulle, Karel v./Tas, Leo v.d.* [European Union, 1995], S. 952.

119 Vgl. *Moxter, Adolf* [Bilanzlehre I, 1984], S. 67 f.; *Moxter, Adolf* [Verhältnis, 1995], S. 426-428; *Herzig, Norbert/Rieck, Ulrich* [Europäisierung, 1998], S. 315.

120 Vgl. 4. EGR, Art. 2 Abs. 5; *Groh, Manfred* [Tomberger, 1998], S. 817.

121 Vgl. *Hulle, Karel v./Tas, Leo v.d.* [European Union, 1995], S. 952; *Ordelheide, Dieter* [True and Fair View, 1993], S. 82 f.

Richtlinienbestimmungen von wesentlicher Bedeutung stellen die in Art. 31 Abs. 1 der 4. EG-Richtlinie ausgeführten allgemeinen Grundsätze dar,[122] die ihrerseits durch Einzelbestimmungen konkretisiert werden.[123] Zwischen den allgemeinen Grundsätzen bestehen Spannungsverhältnisse. Dies gilt insbesondere zwischen dem in der Bilanzrichtlinie genannten Vorsichtsprinzip und dem Periodisierungsprinzip.[124] Da aus der Richtlinie keine Bestimmung als abstrakt vorrangig hervorgeht und daher keine Hierarchie ausgemacht werden kann, ist formal von einer Gleichwertigkeit der allgemeinen Grundsätze auszugehen.[125] In der Literatur wird dem Vorsichtsgedanken jedoch häufig eine stärkere Gewichtung eingeräumt.[126] Die Klärung, in welcher Form die allgemeinen Grundsätze zueinanderstehen, obliegt dem EuGH.[127] Dieser hat hierzu in den bislang ergangenen Entscheidungen jedoch nicht explizit Stellung genommen.[128]

4.3.2 Die Richtlinienkonformität der Steuerabgrenzung nach SFAS No. 109

4.3.2.1 Das Steuerabgrenzungskonzept der ‚temporary differences'

Der den Bilanzrichtlinien zugrundeliegende Ansatz generell-abstrakter und daher auslegungsbedürftiger Regelungen[129] steht dem in den US-GAAP verwirklichten Ansatz diametral gegenüber. Analog den IAS geben die US-amerikanischen Regelungen eine möglichst vollständige Leitlinie für die bilanzielle Behandlung der abzubildenden Sachverhalte vor und streben damit die Sicherstellung einer größtmöglichen Übereinstimmung hinsichtlich Aufbereitung und Darstellung der zu vermittelnden Informationen an.[130] Wegen des unterschiedlichen Konkretisierungsgrades ist eine Gegenüber-

---

122 Vgl. *Ordelheide, Dieter* [True and Fair View, 1993], S. 83; *Roberts, Clare/Weetman, Pauline/ Gordon, Paul* [Accounting, 1998], S. 207.

123 Vgl. *Hennrichs, Joachim* [EG-Bilanz-Richtlinie, 1999], S. 143 f.

124 Vgl. *DSR* [E-DRS Nr. 1, 1999], Abs. 24; *Hennrichs, Joachim* [EG-Bilanz-Richtlinie, 1999], S. 143; *Strobel, Wilhelm* [Entwurf, 1999], S. 1129.

125 Vgl. *Hennrichs, Joachim* [EG-Bilanz-Richtlinie, 1999], S. 146; *Strobl, Elisabeth* [Matching Principle, 1994], S. 419; *Zitzelsberger, Siegfried* [EG-Richtlinie, 1998], S. 804.

126 Vgl. *Hulle, Karel v.* [True and Fair View, 1995], S. 319; *Hulle, Karel v./Tas, Leo v.d.* [European Union, 1995], S. 978; *Ordelheide, Dieter* [True and Fair View, 1993], S. 83; *Scheffler, Eberhard* [Rechnungslegung, 1999], S. 1289. A.A. *Hennrichs, Joachim* [EG-Bilanz-Richtlinie, 1999], S. 146; *Meyer-Arndt, Lüder* [Zuständigkeit, 1993], S. 1623; *Zitzelsberger, Siegfried* [EG-Richtlinie, 1998], S. 804.

127 Vgl. *Hennrichs, Joachim* [EG-Bilanz-Richtlinie, 1999], S. 151.

128 Vgl. *Back, Christian* [Interpretation, 1999], S. 202 f.; *Gelhausen, Hans F./Gelhausen, Wolf* [Zuweisung, 1996], S. 574-577; *Herzig, Norbert/Rieck, Ulrich* [Europäisierung, 1998], S. 314.

129 Vgl. *EuGH* [Urt. v. 27.6.1996 C-234/94]; *Hennrichs, Joachim* [EG-Bilanz-Richtlinie, 1999], S. 99.

130 Vgl. *Kontaktausschuß für Richtlinien der Rechnungslegung* [Konformität, 1998], Abs. 6a; *Demming, Claudia* [Rechnungslegung, 1994], S. 239 f.

stellung der Detailvorschriften von SFAS No. 109 mit den Bestimmungen der Bilanzrichtlinien wenig sinnvoll. Die Konformitätsüberprüfung hat sich vielmehr auf die konzeptionelle Ausgestaltung der Steuerabgrenzung zu konzentrieren.[131]

Gegenüber der detaillierten Rechnungslegungsnorm des SFAS No. 109 nehmen in den Bilanzrichtlinien lediglich zwei Vorschriften Bezug auf die Steuerabgrenzung im Konzernabschluß, deren Inhalt vage ist und Wahlrechte einräumt:[132]

- Art. 29 Abs. 4 der 7. EG-Richtlinie schreibt vor, daß „in der konsolidierten Bilanz und in der konsolidierten Gewinn- und Verlustrechnung der Konsolidierungsunterschied zwischen dem Steueraufwand, der dem Geschäftsjahr und den früheren Geschäftsjahren zugerechnet wird, und den für diese Geschäftsjahre bereits gezahlten oder zu zahlenden Steuern zu berücksichtigen ist, soweit sich daraus wahrscheinlich für eines der konsolidierten Unternehmen in absehbarer Zukunft ein tatsächlicher Aufwand ergibt."[133]

- Art. 34 Abs. 11 der 7. EG-Richtlinie verlangt darüber hinaus eine Angabe im Anhang über „den Unterschied zwischen dem Steueraufwand, der in den konsolidierten Gewinn- und Verlustrechnungen des Geschäftsjahres und der vorangegangenen Geschäftsjahre eingesetzt worden ist, und den für diese Geschäftsjahre gezahlten oder zu zahlenden Steuern, sofern dieser Unterschied von Bedeutung für den künftigen Steueraufwand ist. Dieser Betrag kann auch als Gesamtbetrag in der konsolidierten Bilanz unter einem gesonderten Posten mit entsprechender Bezeichnung ausgewiesen werden."[134] Dabei umfassen die im Konzernabschluß abzugrenzenden Steuern auch jene aus der Ebene des Einzelabschlusses.[135]

Der Wortlaut der Bilanzrichtlinien stellt zur Steuerabgrenzung auf die Differenz aus fiktivem Steueraufwand gemäß dem Konzernbilanzergebnis und dem effektiv an den Fiskus zu zahlenden Steueraufwand ab, die sich wahrscheinlich in absehbarer Zukunft umkehrt bzw. für den künftigen Steueraufwand von Bedeutung ist.[136] Damit schreiben

---

131 Vgl. *Kontaktausschuß für Richtlinien der Rechnungslegung* [Konformität, 1998], Abs. 7.

132 Vgl. *Kloos, Gerhard* [Transformation, 1993], S. 302; *Schindler, Joachim* [Konzernbilanzrichtlinie, 1984], S. 1657-1659.

133 7. EGR, Art. 29 Abs. 3.

134 7. EGR, Art. 34 Nr. 11.

135 Vgl. *DSR* [E-DRS Nr. 1, 1999], Abs. 55; *Ordelheide, Dieter* [Verlustvortrag, 1995], S. 617; *Siegel, Theodor* [Latente Steuern, 1985], S. 498. Die Steuerabgrenzung im Einzelabschluß regelt Art. 43 Abs. 1, Nr. 11 der 4. EG-Richtlinie. Diese Vorschrift ist im wesentlichen wortgleich mit derjenigen aus Art. 34 Nr. 11 der 7. EG-Richtlinie und verlangt, daß der „Unterschied zwischen dem Steueraufwand, der dem Geschäftsjahr und den früheren Geschäftsjahren zugerechnet wird, und den für diese Geschäftsjahre gezahlten oder zu zahlenden Steuern, sofern dieser Unterschied für den künftigen Steueraufwand relevant ist", im Anhang oder alternativ in der Bilanz auszuweisen ist.

136 Vgl. *Schindler, Joachim* [Konzernbilanzrichtlinie, 1984], S. 1657.

die Bilanzrichtlinien das GuV-orientierte Steuerabgrenzungskonzept der ‚timing differences' vor.[137] Mit den ‚timing differences' werden ausschließlich erfolgswirksam entstandene Differenzen in die Steuerabgrenzung einbezogen, die sich wahrscheinlich in einem absehbaren Zeitraum ausgleichen.[138] Maßgebend sind jene Bilanzierungs- und Bewertungsunterschiede zwischen Handels- und Steuerbilanz, die sich sowohl bei Entstehung als auch bei Auflösung erfolgswirksam in der GuV niederschlagen[139] und hinsichtlich ihres Umkehrzeitpunkts vorhersehbar sind.[140] Von der Steuerabgrenzung ausgeschlossen werden entsprechend erfolgsneutral zustandegekommene, strikt temporäre Differenzen sowie erfolgswirksam zustandegekommene Differenzen, soweit sie permanenter oder quasi-permanenter Natur sind.[141] Permanente Differenzen sind zeitlich unbegrenzt und gleichen sich nicht aus;[142] quasi-permanente Differenzen kehren sich zwar im Zeitablauf um, die Umkehrung liegt aber nicht in absehbarer Zukunft, so daß das Kriterium der Voraussichtlichkeit nicht erfüllt ist.[143]

Im Gegensatz hierzu ist in SFAS No. 109 das bilanzorientierte Steuerabgrenzungskonzept der ‚temporary differences' vorgeschrieben.[144] Dieses umfaßt sowohl ‚timing differences' als auch quasi-permanente und strikt temporäre, erfolgsneutrale Differenzen. Damit geht die Steuerabgrenzung nach US-GAAP über jene der Bilanzrichtlinien hinaus und führt nicht zwingend zum gleichen Ergebnis.[145] Unterschiede aus den verschiedenen Steuerabgrenzungskonzepten ergeben sich insbesondere im Zusammenhang mit der Entstehung erfolgsneutraler Differenzen aus der Neubewertung von Vermögensgegenständen und Schulden bei der Kapitalkonsolidierung nach der Erwerbsmethode und, außerhalb von Unternehmensakquisitionen, bei der Gewährung steuerfreier Investitionszulagen.[146] Während handelsrechtlich ein Wahlrecht besteht und in Höhe

---

137 Vgl. *Europäische Kommission* [IAS 12, 1997], S. 3; *Hulle, Karel v./Tas, Leo v.d.* [European Union, 1995], S. 987; *Jacobs, Otto H./Rupp, Reinhard* [Geschäftsjahre, 1986], S. 389; *Kloos, Gerhard* [Transformation, 1993], S. 287.

138 Vgl. *Bolin, Manfred/Haeger, Bernd/Zündorf, Horst* [Bilanzrecht, 1985], S. 610; *Coenenberg, Adolf G.* [Jahresabschluß, 2000], S. 375 f.; *Lührmann, Volker* [Steuern, 1997], S. 98.

139 Vgl. *Busse von Colbe, Walther/Seeberg, Thomas* [Vereinbarkeit, 1999], S. 123; *Pellens, Bernhard* [Rechnungslegung, 1999], S. 249.

140 Vgl. *Bergmeister, Konrad/Kupsch, Peter* [Jahresabschluß, 1991], S. 12; *Schindler, Joachim* [Konzernbilanzrichtlinie, 1984], S. 1657.

141 Vgl. *Förschle, Gerhart/Kroner, Mathias* [IAS, 1996], S. 1638.

142 Vgl. *AICPA* [APB Opinion No. 11, 1967], Abs. 33; *Neumann, Patrik* [Steuerabgrenzung, 1992], S. 8 f.

143 Quasi-permanente Differenzen bedürfen zur Umkehrung einer unternehmerischen Disposition, wie beispielsweise Verkauf oder im Extremfall die Liquidation des Unternehmens. Vgl. *Hille, Klaus* [Steuern, 1982], S. 10; *Schindler, Joachim* [Konzernbilanzrichtlinie, 1984], S. 1655.

144 Vgl. *FASB* [SFAS No. 109, 1992], Abs. 8b.

145 Vgl. *Busse von Colbe, Walther/Seeberg, Thomas* [Vereinbarkeit, 1999], S. 123 f.; *Coenenberg, Adolf G.* [Jahresabschluß, 2000], S. 380 f.; *Cotting, René* [Ertragsteuerbeträge, 1995], S. 789 f.

146 Vgl. *Coenenberg, Adolf G./Hille, Klaus* [IAS 12, 1997], S. 541; *Förschle, Gerhart/Kroner, Mathias* [IAS, 1996], S. 1638; Gliederungspunkt 3.2.3.

der Investitionszulage eine Anschaffungskostenminderung verbucht werden kann, ist in der Steuerbilanz der volle Betrag der Anschaffungskosten anzusetzen.[147] Soweit handelsrechtlich die Anschaffungskostenminderung vorgenommen wird, begründet der gegenüber dem steuerlichen Wertansatz niedrigere handelsrechtliche Wertansatz eine strikt temporäre, erfolgsneutral zustandegekommene Differenz, die nach SFAS No. 109 abzugrenzen ist.[148]

Da die gegenüberstehenden Steuerabgrenzungskonzepte zu unterschiedlichen Ergebnissen führen können, scheint die Vereinbarkeit von SFAS No. 109 mit den Bestimmungen der Bilanzrichtlinien problematisch. Im Gegensatz zum DSR und dem IDW, die die Konformität der Steuerabgrenzungskonzepte nicht diskutieren, hat der Kontaktausschuß der Europäischen Kommission zur Problematik Stellung genommen. Diskussionsgrundlage bildet IAS 12,[149] nach dem analog SFAS No. 109 das Konzept der ‚temporary differences' zur Steuerabgrenzung maßgebend ist.[150] Anders als SFAS No. 109 verbietet IAS 12 jedoch die Steuerabgrenzung von erfolgsneutralen Differenzen zwischen Handels- und Steuerbilanz, die nicht durch Unternehmensakquisitionen begründet sind.[151] Die US-amerikanische Steuerabgrenzungsregelung geht daher weiter als IAS 12.

Nach Würdigung der verschiedenen Steuerabgrenzungskonzepte sieht der Kontaktausschuß keine Konformitätsprobleme der Bestimmungen aus IAS 12 mit den Bilanzrichtlinien. Als Begründung führt er aus, daß die praktische Relevanz der Unterschiede zwischen dem bilanzorientierten Ansatz nach dem Konzept der ‚temporary differences' und dem GuV-orientierten Ansatz entsprechend dem Konzept der ‚timing differences' nicht derart ausgeprägt sei, wie dies bei theoretischer Analyse der Konzepte erscheinen mag.[152] Dabei weist der Kontaktausschuß explizit darauf hin, daß IAS 12 bestimmte strikt temporäre, erfolgsneutrale Differenzen aus der Steuerabgrenzung ausschließt.[153]

---

147 Vgl. *Simpson, Raymond E.* [Comparative Analysis, 1999], Abs. 13; § 9 S. 2 InvZulG 1999.

148 Vgl. *FASB* [SFAS No. 109, 1992], Abs. 11 f.; *Simpson, Raymond E.* [Comparative Analysis, 1999], Abs. 13.

149 Mit IAS 12 wird im Text die 1998 in Kraft getretene Version IAS 12 (revised 1996): ‚Income Taxes' gemeint.

150 Vgl. *IASC* [IAS 12, 1996], Abs. 15.

151 Vgl. *IASC* [IAS 12, 1996], Abs. 15(b); *Coenenberg, Adolf G./Hille, Klaus* [IAS 12, 1997], S. 539; *Simpson, Raymond E.* [Comparative Analysis, 1999], Abs. 13.

152 Vgl. *Kontaktausschuß für Richtlinien der Rechnungslegung* [Überprüfung, 1998], S. 3. Keine wesentlichen Unterschiede sehen auch *Hauck, Anton/Michel, Ulrich* [Vorschriften, 1992], S. 452; *Lührmann, Volker* [Steuern, 1997], S. 100-102; *Nikolai, Loren A./Bazley, John D.* [Accounting, 1994], S. 815. Kritisch hierzu *Förschle, Gerhart/Kroner, Mathias* [IAS, 1996], S. 1638; *Gröner, Susanne/Marten, Kai-Uwe/Schmid, Sonja* [Vergleich, 1997], S. 480; *Cotting, René* [Ertragsteuerbeträge, 1995], S. 789 f.; *Westermann, Bernhard* [Weltabschlüsse, 1989], S. 259.

153 Vgl. *Kontaktausschuß für Richtlinien der Rechnungslegung* [Überprüfung, 1998], S. 3.

Die vom Kontaktausschuß angeführte Argumentation der untergeordneten praktischen Relevanz strikt temporärer Differenzen scheint vor dem Hintergrund der Anwendung international anerkannter Rechnungslegungsnormen für die Erstellung befreiender Konzernabschlüsse zweifelhaft. Gerade bei der Konzernabschlußerstellung ist die Neubewertung von Vermögensgegenständen und Schulden im Rahmen der Erstkonsolidierung nach der Erwerbsmethode von Bedeutung. Da die Steuerabgrenzung von SFAS No. 109 über jene des IAS 12 hinausgeht, ist zudem unklar, ob die Argumentation auf SFAS No. 109 übertragen werden kann. Daher bleibt offen, ob das Konzept der temporären Differenzen aus SFAS No. 109 mit den Bilanzrichtlinien in Einklang steht. Für die Beantwortung der Frage ist entscheidend, wieweit das in den Bilanzrichtlinien kodifizierte Steuerabgrenzungskonzept gedehnt werden darf. Dies bleibt durch den EuGH zu klären.[154] Dieser hat in letzter Instanz zu entscheiden, ob das US-amerikanische Steuerabgrenzungskonzept der ‚temporary differences' mit den Bilanzrichtlinien vereinbar ist.

4.3.2.2 Die Steuerabgrenzung nach der ‚liability method'

Für die Steuerabgrenzung stehen verschiedene Methoden zur Verfügung.[155] Während SFAS No. 109 die ‚liability method' verlangt, schreiben die Bilanzrichtlinien kein einheitliches Verfahren vor. Aus der Nichtregelung ergibt sich ein implizites Wahlrecht zwischen ‚deferred method' und ‚liability method'.[156] Das Verfahren der Steuerabgrenzung verursacht folglich kein Konformitätsproblem von Bilanzrichtlinien und SFAS No. 109.

4.3.2.3 Die Aktivierung latenter Steuern aus künftig steuermindernden Differenzen

Hinsichtlich der konkreten Bilanzierungsfähigkeit besteht nach SFAS No. 109 für passive und aktive latente Steuern eine Bilanzierungspflicht.[157] Aktive latente Steuern müssen realisierbar sein. Soweit mit einer Wahrscheinlichkeit von über 50 % von der Realisierung des Steuervorteils aus den künftig steuermindernden temporären Differenzen nicht auszugehen ist, muß eine Wertberichtigung der aktiven Steuerlatenz vorgenommen werden.[158] Aus den Bilanzrichtlinien geht nicht eindeutig hervor, ob die Steuerabgrenzung nur passive oder auch aktive latente Steuern umfaßt.[159] Während

---

[154] Vgl. *Fédération des Experts Comptables Européens* [Comparison, 1999], S. 8.

[155] Vgl. *Beresford, Dennis R./Best, Lawrence C./Craig, Paul W./Weber, Joseph V.* [Income Taxes, 1983], S. 54 f.; *Hille, Klaus* [Steuern, 1982], S. 165-169.

[156] Vgl. *Hulle, Karel v./Tas, Leo v.d.* [European Union, 1995], S. 989; *Kloos, Gerhard* [Transformation, 1993], S. 288; *Schmitz, Rudolf* [Harmonisierung, 1988], S. 11.

[157] Vgl. *FASB* [SFAS No. 109, 1992], Abs. 17b und Abs. 17c.

[158] Vgl. *FASB* [SFAS No. 109, 1992], Abs. 17e.

[159] Vgl. *Vogel, Frank* [Bilanzrichtlinie, 1993], S. 76; *Wiegand, Klaus* [Steuern, 1990], S. 10.

Konsens über die Bildung passiver latenter Steuern herrscht, ist die Bildung aktiver latenter Steuern wegen der damit einhergehenden Ertragsverbuchung umstritten.[160] Eine Begrenzung auf passive latente Steuern ist jedoch nicht kodifiziert. Der Wortlaut verlangt lediglich die Angabe des Unterschiedsbetrags aus fiktivem und effektivem Steueraufwand unabhängig von seinem Vorzeichen. Entsprechend sind auch latente Steuererträge, die sich bei negativem Vorzeichen ergeben, bilanzierungsfähig. Die Steuerabgrenzung in den Bilanzrichtlinien schließt daher die Bildung aktiver latenter Steuern nicht aus.[161]

Die Konformität der Bilanzierungspflicht aktiver und passiver latenter Steuern mit den Bilanzrichtlinien wird lediglich vom Kontaktausschuß ausgehend von IAS 12 diskutiert. Dieser bejaht die Vereinbarkeit der Bilanzierungspflicht mit den EG-Richtlinien.[162] Die Ansatzfähigkeit aktiver latenter Steuern nach den EG-Richtlinien leitet er aus dem Grundsatz der Unternehmensfortführung ab, der die Erzielung hinreichender steuerpflichtiger Gewinne zur Verrechnung der abzugsfähigen temporären Differenzen in künftigen Perioden impliziert. Bei berechtigter Annahme der Unternehmensfortführung sind aktive latente Steuern folglich ansatzfähig. Soweit nicht von einer hinreichenden Gewinnerzielung ausgegangen werden kann, ist der Erhalt des Nettovermögens durch das Unternehmen gefährdet und die Annahme der Unternehmensfortführung möglicherweise nicht mehr gewährleistet. In derartigen Fällen kann aufgrund des Vorsichtsprinzips ein Verzicht auf den Ausweis aktiver latenter Steuern geboten sein. Für die Bildung aktiver latenter Steuern verlangt der Kontaktausschuß die Berücksichtigung des Vorsichtsprinzips im Sinne der 4. EG-Richtlinie. Dies soll gewährleisten, daß latente Steuern nur dann aktiviert werden, wenn kein begründeter Zweifel an der Realisierbarkeit besteht.[163]

Die vom Kontaktausschuß festgestellte Vereinbarkeit der Aktivierungspflicht latenter Steuern mit den Bilanzrichtlinien unter Beachtung des Vorsichtsprinzips läßt die Konformität von Bilanzrichtlinien und SFAS No. 109 vermuten. Letztere verlangen die Aktivierung aller steuermindernder temporärer Differenzen und die Vornahme einer Wertberichtigung, soweit von ihrer Realisierbarkeit anhand des Kriteriums ‚more like-

---

160 Eine Beschränkung auf die Erfassung passiver latenter Steuern entnehmen den Bilanzrichtlinien u.a. *Siegel, Theodor* [Konzeptionsprobleme, 1987], S. 146; *Matschke, Manfred J.* [§ 274 HGB, 1987], Rz. 3; *Schruff, Wienand* [Konzernabschluß, 1984], S. 344.

161 Vgl. *Hulle, Karel v./Tas, Leo v.d.* [European Union, 1995], S. 988; *Altenburger, Otto* [Rechnungslegungsvorschriften, 1997], S. 728; *Bolin, Manfred/Haeger, Bernd/Zündorf, Horst* [Bilanzrecht, 1985], S. 610; *Hartung, Werner* [Wirkung, 1988], S. 53; *Hartung, Werner* [Erwiderung, 1985], S. 1240; *Jacobs, Otto H./Rupp, Reinhard* [Geschäftsjahre, 1986], S. 389; *Kloos, Gerhard* [Transformation, 1993], S. 298; *Vogel, Frank* [Bilanzrichtlinie, 1993], S. 76.

162 Vgl. *Europäische Kommission* [IAS 12, 1997], Abs. 1 f.; *IASC* [IAS 12, 1996], Abs. 24 und Abs. 15.

163 Vgl. *Europäische Kommission* [IAS 12, 1997], Abs. 1.

ly than not' nicht ausgegangen werden kann. Damit wird dem Vorsichtsaspekt in SFAS No. 109 ebenfalls grundsätzlich Rechnung getragen.

4.3.2.4 Aktivierung latenter Steuern für Verlustvorträge

SFAS No. 109 verlangt den Ansatz aktiver latenter Steuern für steuerlich vortragsfähige Verluste, die in der Berichtsperiode entstanden sind.[164] Analog den aktiven Steuerlatenzen aus ‚temporary differences' ist eine Wertberichtigung zu bilden, soweit von der Realisierbarkeit der steuerlichen Vorteile mit einer Wahrscheinlichkeit von über 50 % nicht mehr ausgegangen werden kann.[165]

Der Wortlaut der Bilanzrichtlinien geht nicht auf die Behandlung steuerlicher Verluste bei der Steuerabgrenzung ein.[166] Die Vereinbarkeit der Aktivierungspflicht latenter Steuern aus Verlustvorträgen mit den Vorschriften der Bilanzrichtlinie wird daher kontrovers diskutiert.[167] Mit der Problematik setzen sich sowohl der Kontaktausschuß, der DSR und das IDW als auch die Literatur auseinander. Die Gremien argumentieren über den Begriff des Vermögensgegenstands, die Literatur auf Basis der Gewinnermittlungsnormen.

Bezüglich der IAS, die eine Aktivierung latenter Steuern für den Teil des steuerlichen Verlustvortrags verlangen, der mit künftigen steuerlichen Gewinnen wahrscheinlich verrechnet werden kann,[168] bejaht der Kontaktausschuß die Vereinbarkeit der Aktivierungspflicht mit den Richtlinien. Auch hier greift seiner Ansicht nach der Grundsatz der Unternehmensfortführung, welcher die Erzielung ausreichender künftiger Gewinne zur Realisierung der steuerlichen Vorteile impliziert.[169] Auf nationaler Ebene haben

---

164 Vgl. *FASB* [SFAS No. 109, 1992], Abs. 17c; *Comiskey, Eugene E./Mulford, Charles W.* [Evaluating, 1994], S. 12 f.

165 Vgl. *FASB* [SFAS No. 109, 1992], Abs. 17e; Gliederungspunkt 3.5. Die Aktivierungspflicht der Steuervorteile aus vortragsfähigen Verlusten wird in der deutschsprachigen Literatur vielfach scharf kritisiert. Gegenstand der Kritik ist das bilanzpolitische Gestaltungspotential. Diese ergibt sich aus dem Erfordernis zur Wertberichtigung der aktiven latenten Steuern, soweit mit der Realisierung der Verluste nicht gerechnet werden kann, und der Zuschreibungspflicht bei Wegfall des Wertberichtigungsgrundes. Vgl. *Lachnit, Laurenz/Ammann, Helmut/Müller, Stefan/Wulf, Inge* [Jahresabschlußanalyse, 1998], S. 2181-2184; *Esser, Klaus* [Rechnungslegung, 1998], S. 623; *Mayer-Wegelin, Eberhard* [Konzernabschlüsse, 1999], S. 532 f.; *Schildbach, Thomas* [Differenzen, 1998], S. 945; *Schildbach, Thomas* [Wirklichkeit, 1999], S. 411

166 Vgl. *DSR* [E-DRS Nr. 1, 1999], Abs. 55 und Abs. 128; *IDW* [Abweichungen, 1998], S. 186.

167 Vgl. *Breker, Norbert/Naumann, Klaus-Peter/Tielmann, Sandra* [Wirtschaftsprüfer, 1999], S. 152; *Busse von Colbe, Walther* [Internationalisierung, 1999], S. 470; *Mujkanovic, Robin* [Konzernabschlüsse, 1999], S. 1001; *Ordelheide, Dieter* [Verlustvortrag, 1995], S. 617; *Reker, Jürgen/Pahl, Andreas/Löcke, Jürgen* [Konzernabschluß, 1998], S. 532.

168 Vgl. *IASC* [IAS 12, 1996], Abs. 34.

169 Vgl. *Europäische Kommission* [IAS 12, 1997], Abs. 1.

sich der DSR und das IDW mit der Problematik auseinandergesetzt. Der DSR hält die Aktivierungspflicht für latente Steuern aus vortragsfähigen Verlusten nach IAS und US-GAAP mit den Bilanzrichtlinien vereinbar.[170] Dabei räumt der DSR ein, daß die Konformität nicht unmittelbar aus den Bilanzrichtlinienvorschriften zur Steuerabgrenzung abgeleitet werden kann, aber aus den allgemeinen Aktivierungskriterien folgt. Diese sind vergleichsweise großzügig geregelt und deuten auf einen weitgefaßten Vermögensgegenstandsbegriff hin.[171] Soweit mit hinreichender Wahrscheinlichkeit der aktivierte Betrag durch künftige Steuerersparnisse hereingeholt wird, steht die Aktivierung laut DSR im Einklang mit den Bilanzrichtlinien.[172] Das IDW sieht im Gegensatz hierzu ein Konformitätsproblem.[173] Nach seiner Auffassung kann die Aktivierungsfähigkeit von Steuervorteilen aus vortragsfähigen Verlusten weder aus den Vorschriften zur Steuerabgrenzung noch aus anderen Regelungen abgeleitet werden.[174] Das IDW argumentiert, daß der Vermögensvorteil aus einem Verlustvortrag keinen Vermögensgegenstand im Sinne der Bilanzrichtlinien begründet, da dieser an das Unternehmen gebunden und nicht vom Unternehmen losgelöst verwertbar ist.[175] Das Kriterium der Einzelverwertbarkeit als wesentliche Voraussetzung für das Vorliegen eines Vermögensgegenstands im Sinne der Bilanzrichtlinien ist damit nicht erfüllt.[176] Auch das Vorliegen eines aktiven Rechnungsabgrenzungspostens nach Art. 18 der 4. EG-Richtlinie ist zu verneinen, da aus dem Verlustvortrag nicht wie gefordert Ausgaben erwachsen, die Aufwand für eine bestimmte Zeit nach dem Bilanzstichtag darstellen.[177]

Nach Ansicht der deutschen Institutionen kann die Aktivierungsfähigkeit steuerlicher Verluste nicht aus den für die Steuerabgrenzung maßgebenden Vorschriften der Bilanzrichtlinie abgeleitet werden. Vielmehr ist ein Rückgriff auf die allgemeinen Aktivierungskriterien bzw. den Vermögensgegenstandsbegriff notwendig. Während die Bildung eines aktiven Rechnungsabgrenzungspostens für die Steuervorteile nicht mit dem Wortlaut der Bilanzrichtlinien vereinbar ist,[178] kann die Einordnung eines Steuervorteils aus vortragsfähigen Verlusten als Vermögensgegenstand nicht grundsätzlich ab-

---

170 Vgl. *DSR* [E-DRS Nr. 1, 1999], Abs. 55 und Abs. 128.

171 Vgl. *DSR* [E-DRS Nr. 1, 1999], Abs. 55 und Abs. 128. Dies ergibt sich aus Art. 9 Aktiva C der 4. EG-Richtlinie, der die grundsätzliche Aktivierung von Forschungs- und Entwicklungskosten sowie selbsterstellter immaterieller Anlagewerte zuläßt.

172 Vgl. *DSR* [E-DRS Nr. 1, 1999], Abs. 55 und Abs. 128; *IDW* [EG-Bilanzrichtlinien, 1999], S. 663.

173 Vgl. *IDW* [Abweichungen, 1998], S. 186; *Hulle, Karel v.* [Rechnungslegung, 1998], S. 145.

174 Vgl. *IDW* [Abweichungen, 1998], S. 186.

175 Vgl. *IDW* [Abweichungen, 1998], S. 186; *Schildbach, Thomas* [Differenzen, 1998], S. 945.

176 Vgl. *IDW* [EG-Bilanzrichtlinien, 1999], S. 663. Das IDW leitet die Einzelverwertbarkeit als maßgebliches Kriterium zur Begründung eines Vermögensgegenstandes aus dem Wortlaut der Richtlinien ab. Seiner Ansicht nach ergibt sich dies aus den Sonderregelungen für den nicht einzeln verwertbaren derivativen Geschäfts- oder Firmenwert, die nicht notwendig wären, wenn der Geschäfts- oder Firmenwert in den Bilanzrichtlinien als Vermögensgegenstand aufgefaßt werden würde.

177 Vgl. 4. EGR, Art. 18 S. 1.

178 Vgl. 4. EGR, Art. 18 S. 1; *Ordelheide, Dieter* [Verlustvortrag, 1995], S. 604.

gelehnt werden. Sie hängt vielmehr von der konkreten Interpretation des Begriffes ab. Die vom IDW angeführte Argumentation ist vom deutschen Bilanzierungsverständnis geprägt. Der Begründung, der Vermögensvorteil aus dem vortragsfähigen Verlust sei kein Vermögensgegenstand, weil er nicht losgelöst vom Unternehmen verwertbar ist und damit das Kriterium der Einzelverwertbarkeit nicht erfüllt,[179] liegt eine enge Auffassung des Vermögensgegenstandsbegriffs zugrunde. Nach dem Kriterium der Einzelverwertbarkeit ist ein Vermögensgegenstand gegeben, wenn das betrachtete Gut durch beliebige Art und Weise unternehmensextern in Geld transformiert werden kann.[180] Die Möglichkeit zur Transformation des Gutes in Geld sichert bei Unternehmensfortführung die Deckung der Schulden.[181] Betont wird das Vorsichtsprinzip, das den Begriff des Vermögensgegenstands auf Güter begrenzt, die Schuldendeckungspotential zu Gläubigerschutzzwecken darstellen.[182] Auf Basis dieser Interpretation genügen aktive latente Steuern nicht dem Vermögensgegenstandsbegriff. Die Ableitung der Aktivierungsfähigkeit aus den allgemeinen Bilanzierungsregeln scheitert daher nach Ansicht des IDW.[183]

Im Gegensatz zum IDW, das eine vom Vorsichtsprinzip geprägte deutsche Interpretation des Vermögensgegenstandsbegriffs zugrunde legt, sieht der DSR in den Bilanzrichtlinien einen weit verstandenen Vermögensgegenstandsbegriff kodifiziert, der „sowohl Vermögensgegenstände im Sinne des HGB als auch andere Aktiva, wie z.B. Bilanzierungshilfen und Posten der Rechnungsabgrenzung“[184], umfaßt. Der DSR stellt damit zur Beurteilung der Aktivierungsfähigkeit von Steuervorteilen aus Verlustvorträgen auf eine weite Interpretation eines Vermögensgegenstands ab. Seiner Auffassung nach entspricht der in den Bilanzrichtlinien kodifizierte Vermögensgegenstandsbegriff dem angelsächsischen Verständnis des ‚asset‘, wonach das Vorliegen eines wirtschaftlichen Nutzenpotentials entscheidend ist.[185] Da der Steuervorteil aus vortragsfähigen Verlusten ein Nutzenpotential bildet,[186] kann er unter den Begriff des ‚asset‘ subsumiert werden. Die am britischen Bilanzrecht orientierte Position legitimiert sich nach Ansicht des DSR aus der Überlegung, daß die in anderen europäischen Ländern angewandten Bilanzierungsregeln für die Auslegung der Bilanzrichtlinien heranzuziehen sind, da bei ihrer Duldung durch die Kommission die Vermutung der Richtlinienkon-

---

179 Zu den Vermögensgegenstandskriterien allgemein vgl. *Ballwieser, Wolfgang* [Aktivierung, 1987].

180 Vgl. *Hommel, Michael* [Anlagewerte, 1998], S. 94-97; *Keitz, Isabel v.* [Güter, 1997], S. 24; *Lamers, Alfons* [Aktivierungsfähigkeit, 1981], S. 211 f.; *Schildbach, Thomas* [Jahresabschluß, 1997], S. 157.

181 Vgl. *Keitz, Isabel v.* [Güter, 1997], S. 31.

182 Vgl. *Kloos, Gerhard* [Transformation, 1993], S. 206.

183 Vgl. *IDW* [Abweichungen, 1998], S. 186.

184 *DSR* [E-DRS Nr. 1, 1999], Abs. 128.

185 Vgl. *DSR* [E-DRS Nr. 1, 1999], Abs. 128; *Gimpel-Kloos, Brigitte* [Wahlrechte, 1991], S. 178; *Köhler, Andreas/Rotter, Norbert* [Rechnungslegung, 1994], S. 389 f.

186 Vgl. *Ordelheide, Dieter* [EU-Kommission, 1995], S. 603.

formität besteht.[187] Der Kontaktausschuß scheint dieselbe Position wie der DSR zu vertreten. Zwar diskutiert er nicht die Subsumierung des Steuervorteils aus Verlustvorträgen unter den Begriff des Vermögensgegenstands im Sinne der EG-Richtlinien, in seinen Ausführungen gebraucht er aber die Terminologie ‚deferred tax assets'.[188]

Sowohl die vom IDW als auch die vom DSR vertretene Auffassung ist von länderspezifischem Gedankengut geprägt. Die Bilanzrichtlinien als europäisches Recht stellen jedoch einen eigenständigen Rechtskreis dar, dessen Rechtsbegriffe einer europäischen Auslegung bedürfen.[189] Welche der konträren Interpretationen des Vermögensgegenstandsbegriffs der Bilanzrichtlinie tatsächlich gerecht wird, ist daher zu hinterfragen. In der Bilanzrichtlinie wird der Begriff des Vermögensgegenstandes zwar verwendet, eine Legaldefinition ist aber nicht enthalten. Aufgrund der fehlenden Definition ist der Begriff unbestimmt und auslegungsbedürftig.[190] Die verbindliche Konkretisierung des Vermögensgegenstandsbegriffs obliegt in letzter Instanz dem EuGH. Da klarstellende Urteile vom EuGH hierzu bisher nicht ergangen sind, läßt sich die Klassifizierung aktiver latenter Steuern aus vortragsfähigen Verlusten als Vermögensgegenstand nicht abschließend klären. Offen bleibt daher, ob die Aktivierung latenter Steuern für Verlustvorträge über den Begriff des Vermögensgegenstands auszuschließen bzw. zu legitimieren ist. Die Verwendung der Terminologie ‚deferred tax asset' durch den Kontaktausschuß bildet jedoch ein Indiz dafür, daß der Vermögensgegenstandsbegriff in der Bilanzrichtlinie weit zu interpretieren ist.

Im Gegensatz zu der am Begriff des Vermögensgegenstands ausgerichteten Problemanalyse der Rechnungslegungsinstitutionen wird in der Literatur im wesentlichen anhand der Gewinnermittlungsgrundsätze argumentiert. Die hier geführte Diskussion wird von der Frage dominiert, ob vor dem Hintergrund des Vorsichts- und Realisationsprinzips eine Aktivierung des Steuervorteils zulässig ist.[191] Ausgangspunkt der Überlegung bildet die Möglichkeit künftiger Steuerminderzahlungen, die einem Unternehmen bei Erzielung eines vortragsfähigen Verlustes aufgrund der Verlustverrechnung mit künftigen Gewinnen erwächst. Der vortragsfähige Verlust stellt einen ökonomischen Vorteil dar, der bei Veräußerung des Unternehmens im Kaufpreis entlohnt wird.[192] Dieser Vorteil wird in der Entstehungsperiode des Verlustes begründet. Die tatsächliche Geltendmachung der Steuerminderung durch Verrechnung des vortragsfähigen Verlustes setzt jedoch die Erzielung ausreichender Gewinne in künftigen Peri-

---

187 Vgl. *DSR* [E-DRS Nr. 1, 1999], Abs. 22.

188 Vgl. *Europäische Kommission* [IAS 12, 1997], englischsprachige Version, Abs. 1.

189 Vgl. *Kropff, Bruno* [Gewinnvereinnahmung, 1997], S. 127; Gliederungspunkt 4.3.1.2.

190 Vgl. *Kloos, Gerhard* [Transformation, 1993], S. 205.

191 Vgl. *Hille, Klaus* [Steuern, 1982], S. 79; *Karrenbrock, Holger* [Steuern, 1991], S. 165; *Siegel, Theodor* [Konzeptionsprobleme, 1987], S. 157.

192 Vgl. *Ordelheide, Dieter* [Verlustvortrag, 1995], S. 603; *Popp, Matthias* [Verlustvorträge, 1997], S. 95; *Wolk, Harry I./Tearney, Michael G.* [Carryforward, 1973], S. 293.

oden voraus. Die für die Verrechnung notwendigen künftigen Gewinne sind aber unsicher. Die Inanspruchnahme des Steuervorteils ist deshalb ungewiß.[193]

Aufgrund der fehlenden Sicherheit über die Erzielung entsprechender künftiger Gewinne wird aus Vorsichtsgründen die Aktivierung der Steuervorteile aus vortragsfähigen Verlusten im Entstehungszeitpunkt in der Literatur vielfach abgelehnt.[194] Argumentiert wird, daß der künftige Steuererstattungsanspruch nicht eindeutig bestimmbar ist, weil ungewiß ist, ob bzw. in welcher Höhe Gewinne künftig erwirtschaftet werden.[195] In der Verlustsituation ist gerade ein Indiz dafür zu sehen, daß mit Gewinnen in zukünftigen Perioden nicht gerechnet werden kann.[196] Wegen der Unsicherheit und dem daraus erwachsenden Risiko ist eine Aktivierung der Steuervorteile nicht mit dem Vorsichtsprinzip vereinbar.[197] Zudem würde die Aktivierung einen Verstoß gegen das Realisationsprinzip bedeuten.[198] Diese Argumentation beruht auf der Interpretation des Realisationsprinzips als Gewinnrealisationsprinzip, das die Erfolgsverbuchung an den konkreten Umsatzakt bindet.[199] Die Bilanzierung des Erfolgsbeitrags aus dem Steuervorteil zum Zeitpunkt der Verlustentstehung basiert auf der Erwartung hinreichender Gewinne in künftigen Perioden, die noch nicht realisiert und unsicher sind.[200] Die Annahme künftig erwarteter Gewinne als Bilanzierungsvoraussetzung ist mit dem Gewinnrealisationsprinzip jedoch nicht vereinbar. Vielmehr schließt das Gewinnrealisationsprinzip die Bilanzierung aufgrund erwarteter Gewinne in nachfolgenden Perioden aus.[201] Die Bilanzierung aktiver latenter Steuern aus steuerlich vortragsfähigen Verlusten ist daher nur im Zeitpunkt der tatsächlichen Gewinnrealisierung und Geltendmachung der steuerlichen Verluste möglich.[202]

Dem wird entgegengehalten, daß bei Verzicht auf die Aktivierung der Steuervorteile aus dem vortragsfähigen Verlust der Verlust ohne Kürzung um den Steuervorteil aus der Vortragsmöglichkeit in voller Höhe ausgewiesen wird.[203] Damit ergibt sich eine vorsichtige Vermögens- und Ergebnisdarstellung, die das Bild der Vermögens-, Fi-

---

193 Vgl. *Karrenbrock, Holger* [Steuern, 1991], S. 165.

194 Vgl. *Esser, Klaus* [Rechnungslegung, 1998], S. 617; *Hille, Klaus* [Steuern, 1982], S. 79; *Karrenbrock, Holger* [Steuern, 1991], S. 165.

195 Vgl. *Lochner, Stefan* [Steuern, 1989], S. 2293.

196 Vgl. *Hille, Klaus* [Steuern, 1982], S. 79; *Schildbach, Thomas* [Differenzen, 1998], S. 945. Vgl. hierzu auch *Amir, Eli/Sougiannis, Theodore* [Carryforwards, 1999], S. 1-32.

197 Vgl. *Karrenbrock, Holger* [Steuern, 1991], S. 165.

198 Vgl. *Ordelheide, Dieter* [Verlustvortrag, 1995], S. 611. Kritisch hierzu *Lührmann, Volker* [Steuern, 1997], S. 162.

199 Vgl. *Ballwieser, Wolfgang* [Buchführung, 1999], Rz. 25; *Moxter, Adolf* [Bilanzrechtsprechung, 1999], S. 49; *Siegel, Theodor* [Konzeptionsprobleme, 1987], S. 157.

200 Vgl. *Karrenbrock, Holger* [Steuern, 1991], S. 165.

201 Vgl. *Siegel, Theodor* [Konzeptionsprobleme, 1987], S. 157.

202 Vgl. *Karrenbrock, Holger* [Steuern, 1991], S. 166.

203 Vgl. *Ordelheide, Dieter* [Verlustvortrag, 1995], S. 603.

nanz- und Ertragslage nicht den tatsächlichen Verhältnissen entsprechend wiedergibt.[204] Mithin würde zugunsten des Vorsichtsprinzips die ,true and fair view'-Prämisse verletzt.[205] Soweit mit einer künftigen Inanspruchnahme der steuerlichen Verluste mit hinreichender Sicherheit zu rechnen ist, wird durch die Aktivierung des Steuervorteils die Vermögenslage zutreffender dargestellt, weil der ökonomische Vorteil bilanziell erfaßt wird.[206] Da der Steuervorteil ein Signal für eine mögliche künftige Steuerminderzahlung bildet, bewirkt die Aktivierung zudem eine bessere Aussage über die Finanzlage.[207] Wegen der Zielsetzung latenter Steuern, die in der Periodisierung des auszuweisenden Steueraufwands entsprechend den handelsrechtlich verbuchten Geschäftsvorfällen und Transaktionen besteht, führt die erfolgswirksame Erfassung des Steuervorteils auch zu einem den tatsächlichen Verhältnissen gerechter werdenden Bild der Ertragslage.[208] Vor dem Hintergrund der ,true and fair view'-Prämisse ist die Aktivierung des Steuervorteils aus den Verlustvorträgen im Zeitpunkt der Verlustentstehung gegenüber der Aktivierung im Zeitpunkt der Geltendmachung zu präferieren. Die aus dem Gewinnrealisationsprinzip erwachsenden Bedenken gegen einen vorzeitigen Erfolgsausweis aus der Aktivierung des Steuervorteils werden durch eine weite Interpretation des Realisationsprinzips entkräftet. Danach wird nicht nur auf die tatsächlich realisierten Erfolgsbeiträge, sondern auf die realisierbaren Erfolgsbeiträge abgestellt.[209] Weil mit der Verlustentstehung die Möglichkeit der Realisierung künftiger Steuervorteile begründet wird, kann bereits in diesem Zeitpunkt eine Bilanzierung erfolgen, soweit mit der künftigen Geltendmachung des steuerlichen Verlusts zu rechnen ist.[210] Hiervon ist wegen der Annahme der Unternehmensfortführung regelmäßig auszugehen.[211] Diese impliziert die Erzielung hinreichender steuerpflichtiger Gewinne zur Verrechnung der vortragsfähigen Verluste in künftigen Perioden. Bei berechtigter Annahme der Unternehmensfortführung sind aktive latente Steuern aus steuerlichen Verlustvorträgen folglich ausweisfähig.[212] Soweit aufgrund besonderer Umstände nicht von einer hinreichenden Gewinnerzielung ausgegangen werden kann, ist die Annahme

---

204 Vgl. *Ordelheide, Dieter* [Verlustvortrag, 1995], S. 603; *Wolk, Harry I./Tearney, Michael G.* [Carryforward, 1973], S. 292. A.A. *Mayer-Wegelin, Eberhard* [Konzernabschlüsse, 1999], S. 533.

205 Vgl. *Feldhoff, Michael/Langermeier, Claudia* [Verlustvortrag, 1991], S. 197; *Wolk, Harry I./ Tearney, Michael G.* [Carryforward, 1973], S. 292.

206 Vgl. *Lührmann, Volker* [Steuern, 1997], S. 165; *Neumann, Patrik* [Steuerabgrenzung, 1992], S. 210 f.

207 Vgl. *Feldhoff, Michael/Langermeier, Claudia* [Verlustvortrag, 1991], S. 196.

208 Vgl. *Lührmann, Volker* [Steuern, 1997], S. 165; *Ordelheide, Dieter* [Verlustvortrag, 1995], S. 604.

209 Vgl. *Fédération des Experts Comptables Européens* [Comparison, 1999], S. 20; *Hulle, Karel v./ Tas, Leo v.d.* [European Union, 1995], S. 980.

210 Vgl. *Ordelheide, Dieter* [Verlustvortrag, 1995], S. 611; *Siegel, Theodor* [Konzeptionsprobleme, 1987], S. 157.

211 Vgl. *Neumann, Patrik* [Steuerabgrenzung, 1992], S. 209.

212 Vgl. *Ordelheide, Dieter* [Verlustvortrag, 1995], S. 611.

der Unternehmensfortführung aufzugeben und in der Konsequenz von der Aktivierung latenter Steuern aus dem steuerlichen Verlustvortrag abzusehen.[213]

Die Vereinbarkeit der Aktivierung von Steuervorteilen aus vortragsfähigen Verlusten mit den Bilanzrichtlinien hängt wesentlich von der Gewichtung des Vorsichtsprinzips gegenüber der ‚true and fair view'-Prämisse sowie der Interpretation des Realisationsprinzips ab, welche die Bedeutung von Vorsichtsprinzip und ‚true and fair view'-Prämisse konkretisiert.[214] Der Auffassung vom Vorrang des Vorsichtsprinzips im Zahlenwerk und Beachtung der ‚true and fair view'-Prämisse durch Zusatzinformationen im Anhang im Sinne der Abkopplungsthese steht die Auffassung von der das Vorsichtsprinzip beschränkenden Dominanz der Generalnorm gegenüber.[215] Bei Vorrang des Vorsichtsprinzips gegenüber der ‚true and fair view'-Prämisse wird eine enge Auslegung des Realisationsprinzips gefordert. Erfolgsbeiträge müssen danach durch einen Umsatzakt realisiert sein.[216] Wird hingegen der Generalnorm der Vorrang eingeräumt, wird eine stark am Vorsichtsprinzip ausgerichtete Bilanzierung als verzerrend empfunden. Für das Realisationsprinzip wird eine weite Interpretation präferiert, die die Erfassung von Erfolgsbeiträgen nicht nur auf die realisierten Gewinne beschränkt, sondern unter bestimmten Bedingungen auch realisierbare Gewinne einbezieht.[217]

Während bei Betonung des Vorsichtsprinzips und enger Auffassung des Realisationsprinzips eine Aktivierung abzulehnen ist, wird diese bei Dominanz der Generalnorm und weiter Auffassung des Realisationsprinzips befürwortet. Da die ‚true and fair view'-Prämisse als ‚overriding principle' in den Bilanzrichtlinien kodifiziert ist,[218] scheint das Vorsichtsprinzip begrenzt zu sein auf die Forderung nach einer begründet vorsichtigen Beurteilung der abzubildenden Sachverhalte im Sinne der Generalnorm.[219] Auf eine übergeordnete Stellung der Generalnorm innerhalb der Bilanzrichtlinien deuten die Ausführungen der Europäischen Kommission in der Mitteilung zu Auslegungsfragen hin.[220] Gleichzeitig wird jedoch vom Kontaktausschuß die Rolle des Vorsichtsprinzips als einer der wichtigsten Grundsätze betont.[221] Hinsichtlich des

---

213 Vgl. *Neumann, Patrik* [Steuerabgrenzung, 1992], S. 209.

214 Vgl. *Ordelheide, Dieter* [Verlustvortrag, 1995], S. 609-612; *Debus, Christian* [Steuern, 1997], Rz. 110.

215 Vgl. *Beisse, Heinrich* [Generalnorm, 1988], S. 25-28; *Moxter, Adolf* [Verhältnis, 1995], S. 420-428; *Groh, Manfred* [Tomberger, 1998], S. 817.

216 Vgl. *Beisse, Heinrich* [Generalnorm, 1988], S. 33 f.; *Moxter, Adolf* [Sinn und Zweck, 1987], S. 368-374; *Moxter, Adolf* [Bilanzrechtsprechung, 1999], S. 59.

217 Vgl. *Budde, Wolfgang D.* [Verhältnis, 1988], S. 31-45; *Ellrott, Helmut/Schmidt-Wendt, Dietrich* [§ 255 HGB, 1999], Rz. 457-462; *Selchert, Friedrich* [Teilgewinnrealisierung, 1990], S. 800-805.

218 Vgl. *Hulle, Karel v./Tas, Leo v.d.* [European Union, 1995], S. 951; *Schmitz, Rudolf* [Harmonisierung, 1988], S. 9.

219 Vgl. *Budde, Wolfgang D.* [Verhältnis, 1988], S. 39 f.

220 Vgl. *Europäische Kommission* [Auslegungsfragen, 1997], Abs. 4-6.

221 Vgl. *Europäische Kommission* [IAS 1, 1998], S. 4 f.

Realisationsprinzips beinhalten die Bilanzrichtlinien keine Konkretisierung. Analog dem Begriff des Vermögensgegenstands ist der Begriff des Realisationsprinzips zwar in der Bilanzrichtlinie enthalten, jedoch nicht spezifiziert.[222] Mithin handelt es sich um einen unbestimmten Rechtsbegriff, der auslegungsbedürftig ist. Auf europäischer Ebene läßt der Kontaktausschuß eine weite Interpretation des Realisationsprinzips erkennen, die über die Grenzen des am tatsächlichen Umsatzakt anknüpfenden Realisationsprinzips hinausgeht.[223]

Die Klärung des Verständnisses von Vorsichtsprinzip und Generalnorm sowie Realisationsprinzip hat in letzter Instanz durch den EuGH zu erfolgen. Dieser hat in der Sache ‚Tomberger' erstmals zu Bilanzierungsfragen Stellung genommen.[224] Gegenstand der Vorlage war die Frage, ob die bislang in Deutschland als zulässig angesehene phasengleiche Vereinnahmung von Beteiligungserträgen einer Tochtergesellschaft beim Mutterunternehmen im konkreten Sachverhalt mit den Vorschriften der 4. Bilanzrichtlinie vereinbar ist oder zwingend eine zeitverschobene Gewinnvereinnahmung zu erfolgen hat.[225] Obwohl die Beantwortung der Frage wesentlich von der Ausgestaltung des Realisationsprinzips abhängt, hat der EuGH dieses nicht konkretisiert.[226] In seiner Urteilsbegründung betont er lediglich den ‚true and fair view' als Hauptzielsetzung des Jahresabschlusses und sieht unter Beachtung des Grundsatzes der Bilanzwahrheit in der phasengleichen Gewinnvereinnahmung keinen Verstoß gegen das Realisationsprinzip.[227] Damit hat der EuGH zwar die bisher gängige Bilanzierungspraxis in Deutschland bestätigt, hebt sich durch die Betonung des ‚true and fair view' als Hauptzielsetzung jedoch von der deutschen Interpretation ab, wonach sich die Informationsfunktion der Generalnorm im Sinne der Abkopplungsthese auf Zusatzangaben im Anhang bezieht.[228] Bei seiner zweiten Entscheidung hatte der EuGH darüber zu urteilen, ob die in Deutschland bisher zugelassene Bildung einer Pauschalrückstellung anstelle von Einzelrückstellungen der 4. Richtlinie entspricht und wie eine solche ge-

---

[222] Vgl. *Auer, Kurt V.* [Rechnungslegungsstandards, 1997], S. 62; *Hulle, Karel v./Tas, Leo v.d.* [European Union, 1995], S. 980.

[223] Vgl. *Fédération des Experts Comptables Européens* [Comparison, 1999], S. 20; *Hulle, Karel v./ Tas, Leo v.d.* [European Union, 1995], S. 980.

[224] Vgl. *Eilers, Stephan/Heinemann, Klaus* [Gewinnansprüchen, 1997], S. 29; *Hennrichs, Joachim* [EG-Bilanz-Richtlinie, 1999], S. 133.

[225] Vgl. *Gelhausen, Hans F./Gelhausen, Wolf* [Zuweisung, 1996], S. 573; *Heni, Bernhard* [Anmerkung, 1996], S. 1095; *Moxter, Adolf* [Bilanzrechtsprechung, 1999], S. 54-56.

[226] Vgl. *o.V.* [Schlußanträge, 1996], S. 399 f.; *Hoffmann, Wolf-Dieter* [Vereinnahmung, 1997], S. 8; *Gelhausen, Hans F./Gelhausen, Wolf* [Zuweisung, 1996], S. 576; *Herzig, Norbert/Rieck, Ulrich* [Europäisierung, 1998], S. 314; *Küting, Karlheinz* [Ausstrahlung, 1997], S. 52.

[227] Vgl. *EuGH* [Urt. v. 27.6.1996 C-234/94], Abs. 17 f. und Abs. 24; *Küting, Karlheinz* [Ausstrahlung, 1997], S. 52.

[228] Vgl. *Moxter, Adolf* [Verhältnis, 1995], S. 426-428; *Groh, Manfred* [Tomberger, 1998], S. 816 f.; *Herzig, Norbert/Rieck, Ulrich* [Europäisierung, 1998], S. 315; *Kropff, Bruno* [Gewinnvereinnahmung, 1997], S. 128; *Weber-Grellet, Heinrich* [Bilanzrecht, 1996], S. 2089 f.

gebenenfalls zu bewerten ist.[229] Der EuGH hat sich zur Bildung von Pauschalrückstellungen bekannt und damit die deutsche Vorgehensweise bestätigt.[230] In seiner Urteilsbegründung hebt er mit Verweis auf sein erstes Urteil jedoch wiederum die ‚true and fair view'-Prämisse als Hauptziel der Richtlinie hervor. So ist der für die Urteilsbildung maßgebende Einzelbewertungsgrundsatz „im Licht des mit der Richtlinie verfolgten Zweckes auszulegen, wonach die Jahresabschlüsse (...) ein den tatsächlichen Verhältnissen entsprechendes Bild der Vermögens-, Finanz- und Ertragslage der Gesellschaften zu vermitteln haben"[231]. Auch die Bewertung hat vor dem Hauptziel des ‚true and fair view' zu erfolgen, wodurch die Richtlinie nach den Äußerungen des EuGH begrenzend wirkt.[232] Die Rückstellungsbewertung darf nicht höher sein, als in Anbetracht des jeweiligen Risikos angemessen scheint.[233] Damit erfährt das Vorsichtsprinzip aus der Generalnorm heraus eine Beschränkung.

Die Betonung des ‚true and fair view' zusammen mit der Andeutung eines nachrangigen Vorsichtsprinzips läßt in Bezug auf die Konformitätsfrage der Aktivierung eines Steuervorteils aus vortragsfähigen Verlusten die Vermutung der Vereinbarkeit mit den Bilanzrichtlinien zu.[234] Dies wird durch die Konformitätsüberprüfung des Kontaktausschusses bestätigt, der die grundsätzliche Vereinbarkeit der Aktivierungspflicht mit den Bilanzrichtlinien bejaht, soweit unter Beachtung vorsichtiger Maßstäbe von einer Realisierung der Steuervorteile in künftigen Perioden ausgegangen werden kann.[235] Da die Aktivierungsfähigkeit von Steuervorteilen aus Verlustvorträgen nicht unmittelbar aus dem Wortlaut der Bilanzrichtlinien abgeleitet werden kann, sondern im Wege der Rechtsauslegung zu klären ist, kann die Konformitätsfrage nicht abschließend beantwortet werden. Ihre Klärung bleibt weiterhin der Rechtsprechung des EuGH vorbehalten.

4.3.2.5 Die Konformität der Ausweisvorschriften

Nach SFAS No. 109 sind latente Steuern in Abhängigkeit von ihrer Fristigkeit in der Bilanz auszuweisen, soweit in der Bilanz eine Trennung der kurzfristigen von den langfristigen Posten erfolgt. Während kurzfristige latente Steuern dem Umlaufvermö-

---

229 Vgl. *EuGH* [Urt. v. 14.9.1999 C-275/97], Abs. 18.

230 Vgl. *o.V.* [Anmerkung, 1999], S. 2036 f.

231 *EuGH* [Urt. v. 14.9.1999 C-275/97], Abs. 31. Vgl. hierzu auch *Weber-Grellet, Heinrich* [Anmerkung, 1999], S. 1648.

232 Vgl. *EuGH* [Urt. v. 14.9.1999 C-275/97], Abs. 36; *Peter, Alexander F./Eichhoff, Tanja* [Anmerkung, 1999], S. 438.

233 Vgl. *EuGH* [Urt. v. 14.9.1999 C-275/97], Abs. 39; *Peter, Alexander F./Eichhoff, Tanja* [Anmerkung, 1999], S. 438.

234 Zur Frage der Übertragbarkeit von EuGH-Urteilen auf artverwandte Sachverhalte vgl. *Back, Christian* [Interpretation, 1999], S. 222-224.

235 Vgl. *Europäische Kommission* [IAS 12, 1997], Abs. 1.

gen bzw. den kurzfristigen Verbindlichkeiten zuzuordnen sind, hat der Ausweis langfristiger latenter Steuern unter dem Anlagevermögen bzw. den langfristigen Verbindlichkeiten zu erfolgen.[236] Demgegenüber räumen die Bilanzrichtlinien lediglich die Möglichkeit zum Ausweis latenter Steuern in einem gesonderten Posten mit entsprechender Bezeichnung in der Bilanz ein.[237] Eine Aufteilung nach der Fristigkeit ist nicht verlangt. Fraglich ist, ob der gegliederte Ausweis latenter Steuern mit den Bilanzrichtlinien vereinbar ist.

Während der DSR und das IDW den Ausweis nicht problematisieren, sieht der Kontaktausschuß im Rahmen seiner Konformitätsprüfung von IAS 12 und Bilanzrichtlinien in der Ausweisfrage ein Konfliktpotential begründet. Der Konflikt wird durch das in den IAS formulierte Verbot der Zuordnung aktiver und passiver latenter Steuern zu den kurzfristigen Vermögenswerten bzw. Schulden ausgelöst.[238] Der Kontaktausschuß „kann sich keine Situation vorstellen, in der ein Aktivposten für latente Steuern anders einzustufen wäre, denn als Gegenstand des Umlaufvermögens"[239] und damit als kurzfristigen Vermögenswert. Die Haltung des Kontaktausschusses ist auf die unterschiedliche Definition von Anlage- und Umlaufvermögen in den Bilanzrichtlinien einerseits und den IAS andererseits zurückzuführen.[240] Während die Zuordnung zum Anlage- bzw. Umlaufvermögen in den Bilanzrichtlinien aufgrund der Zweckbestimmung eines Vermögensgegenstands erfolgt,[241] ist im Rahmen der IAS die Fristigkeit im Sinne von Realisierbarkeit bzw. Restlaufzeit maßgebend.[242] Die differierenden Zuordnungskriterien haben nach Ansicht des Kontaktausschusses einen anderen Bilanzausweis zur Folge.[243] Da nach IAS die Gliederung der Bilanzposten nach der Fristigkeit nicht zwingend ist, sondern alternativ eine grobe Gliederung nach der Liquiditätsnähe der Posten gewählt werden kann,[244] läßt sich nach Meinung des Kontaktausschusses der Konformitätskonflikt durch Anwendung der alternativ zulässigen Bilanzgliederung vermeiden.[245]

236 Vgl. *FASB* [SFAS No. 109, 1992], Abs. 41; Gliederungspunkt 3.8.1.

237 Vgl. 4. EGR, Art. 43 Abs. 1, Nr. 11 i.V.m. 7. EGR, Art. 34 Nr. 11.

238 Das Verbot gilt für Unternehmen, die ihre Bilanz nach dem Kriterium der Fristigkeit gliedern. Vgl. *IASC* [IAS 12, 1996], Abs. 70 i.V.m. *IASC* [IAS 1, 1997], Abs. 53.

239 *Europäische Kommission* [IAS 12, 1997], Abs. 3.

240 Vgl. *Busse von Colbe, Walther/Seeberg, Thomas* [Vereinbarkeit, 1999], S. 14.

241 Ein Vermögensgegenstand ist dem Anlagevermögen zuzuordnen, wenn er dazu bestimmt ist, dem Unternehmen auf Dauer zu dienen. Vgl. 4 EGR, Art. 15 Abs. 1 und Abs. 2.

242 Vgl. *IASC* [IAS 1, 1997], Abs. 57-59; *Busse von Colbe, Walther/Seeberg, Thomas* [Vereinbarkeit, 1999], S. 13 f.

243 Vgl. *Europäische Kommission* [IAS 1, 1998], S. 5 f.

244 Vgl. *IASC* [IAS 1, 1997], Abs. 53 i.V.m. *IASC* [IAS 12, 1996], Abs. 70.

245 Vgl. *Europäische Kommission* [IAS 12, 1997], Abs. 3; *Europäische Kommission* [IAS 1, 1998], S. 6.

Aufgrund der fehlenden Gliederungsvorschriften in den Verlautbarungen des FASB und seiner Vorgängerinstitutionen entfalten die SEC-Regeln zur Bilanzgliederung unmittelbare oder als Bilanzierungspraxis prägende Vorschriften mittelbare Bindungswirkung. Entsprechend sind in der Bilanz die kurz- und langfristigen Posten getrennt auszuweisen.[246] In derart strukturierten Bilanzen schlägt die Ausweisvorschrift für latente Steuern aus SFAS No. 109 durch, so daß bei Erstellung eines befreienden Konzernabschlusses nach US-GAAP die latenten Steuern regelmäßig nach dem Kriterium der Fristigkeit gespalten auszuweisen sind.[247] Bei Übertragung der Einschätzung des Kontaktausschusses auf die US-GAAP resultiert daraus ein Konfliktpotential für den Teil der aktiven latenten Steuern, der als langfristig zu klassifizieren ist. Die Zuordnung aktiver latenter Steuern zu den langfristigen Vermögenswerten beanstandet das Gremium als mit den Bestimmungen der Bilanzrichtlinie unvereinbar und will aktive latente Steuern stets als kurzfristig eingestuft wissen. Die vom Kontaktausschuß vertretene Meinung ist ein Indiz dafür, daß SFAS No. 109 in diesem Punkt mit den Bilanzrichtlinien inkompatibel ist.[248] Gegenüber dem bloßen Ausweis der aktiven latenten Steuern unter dem Umlaufvermögen geht mit dem getrennten Ausweis nach der Fristigkeit keine Information verloren. Durch die gegliederte Angabe erfolgt eine feinere Informationsvermittlung als beim ungegliederten Ausweis. Vor dem Hintergrund des Informationsvermittlungsziels des Konzernabschlusses ist daher fraglich,[249] ob die Unvereinbarkeit des Ausweises als gravierend einzustufen ist.[250]

Im Ergebnis ist festzuhalten, daß die Vereinbarkeit der konzeptionellen Ausgestaltung der Steuerabgrenzung nach US-GAAP und EG-Richtlinien nicht pauschal bejaht werden kann. Während Konformität hinsichtlich der Abgrenzungsmethode und der Aktivierung latenter Steuern aus steuerlich vortragsfähigen Verlusten vermutet werden kann, ist die Vereinbarkeit des nach US-GAAP maßgebenden Steuerabgrenzungskonzepts der ‚temporary differences' und der Ausweisvorschriften fraglich. Da die maßgebenden Vorschriften zur Steuerabgrenzung in den Bilanzrichtlinien generell-abstrakt gehalten sind, setzt die Konformitätsüberprüfung der Bilanzrichtlinien mit den IAS bzw. den US-GAAP eine entsprechende Auslegung voraus. Die von der Europäischen Kommission und der durch sie beauftragten Institutionen publizierten Mitteilungen und Verlautbarungen stellen eine wichtige Interpretation der Bilanzrichtlinien dar. Eine verbindliche Auslegung der Bilanzrichtlinien obliegt jedoch dem EuGH, der zu Fragen der Steuerabgrenzung bislang nicht Stellung genommen hat. Eine abschließen-

---

246 Vgl. *SEC* [Reg S-X, 1998], Item 210.5-02; Gliederungspunkt 3.8.1.

247 Vgl. *FASB* [SFAS No. 109, 1992], Abs. 41; Gliederungspunkt 4.2.3.

248 Vgl. *Europäische Kommission* [IAS 12, 1997], Abs. 3; *Busse von Colbe, Walther/Seeberg, Thomas* [Vereinbarkeit, 1999], S. 14.

249 Vgl. *Breker, Norbert/Naumann, Klaus-Peter/Tielmann, Sandra* [Wirtschaftsprüfer, 1999], S. 143; *Ordelheide, Dieter* [Entwurf, 1996], S. 547.

250 Vgl. *Busse von Colbe, Walther/Seeberg, Thomas* [Vereinbarkeit, 1999], S. 14.

de Beantwortung der Konformitätsfrage von SFAS No. 109 mit dem Gemeinschaftsrecht kann daher nicht erfolgen.

4.3.3 Beurteilung der Konformität

Im Zusammenhang mit der Erstellung eines befreienden Konzernabschlusses gem. § 292a HGB nach US-GAAP bleibt zu fragen, was das Erfordernis der Richtlinienkonformität für die Steuerabgrenzung zur Konsequenz hat. In den vorausgehenden Ausführungen wurde deutlich, daß die Vereinbarkeit von SFAS No. 109 mit den entsprechenden Bestimmungen der Bilanzrichtlinie nicht endgültig beantwortet werden kann. Vielmehr bedarf die Problematik wegen der Auslegungsbedürftigkeit der Bilanzrichtlinien einer abschließenden Klärung durch den EuGH. Da der EuGH hierzu bisher nicht Stellung genommen hat, wird vor dem Hintergrund des mit § 292a HGB angestrebten Ziels, der Erleichterung des Zugangs deutscher Unternehmen an die internationalen Kapitalmärkte durch die Akzeptanz eines nach international anerkannten Regelungen aufgestellten Konzernabschlusses,[251] folgende Vorgehensweise für sinnvoll erachtet. Die Bilanzierung von Steuern im befreienden Konzernabschluß sollte uneingeschränkt gemäß SFAS No. 109 erfolgen. Für die in den vorausgehenden Ausführungen im Hinblick auf die Richtlinienkonformität als problematisch herausgearbeiteten Bilanzierungsvorschriften sollte im Anhang durch zusätzliche Erläuterungen auf die Unterschiede gegenüber den Bilanzrichtlinien hingewiesen werden.[252] Die Erläuterungen sollten insbesondere den Unterschied zwischen dem Steuerabgrenzungskonzept der ‚timing differences' gegenüber dem Steuerabgrenzungskonzept der ‚temporary differences' darstellen, auf die Aktivierungspflicht für Steuervorteile aus vortragsfähigen Verlusten aufmerksam machen und den nach der Fristigkeit getrennten Ausweis aktiver latenter Steuern erklären.

Die vorgeschlagene Vorgehensweise ist angreifbar, weil durch das Erfordernis der Richtlinienkonformität dem Gemeinschaftsrecht Vorrang gegenüber den internationalen Rechnungslegungsnormen eingeräumt wird.[253] Da das Gemeinschaftsrecht nicht zur Disposition steht, verlangt insbesondere der Kontaktausschuß im Konfliktfall das Abweichen von den Vorschriften der US-GAAP zugunsten der Richtlinien.[254] Das Ausweichen auf die jeweiligen Vorschriften der Bilanzrichtlinie bei Unvereinbarkeit

---

251 Vgl. *Ernst, Christoph/Seibert, Ulrich/Stuckert, Fritz* [KapAEG, 1998], S. 131-135; *Lührmann, Volker* [Bilanzierungs-Standards, 1996], S. 90 f.

252 Vgl. *Hoyos, Martin/Lechner, Harald* [§ 292a HGB, 1999], Rz. 24; *Mujkanovic, Robin* [Konzernabschlüsse, 1999], S. 1002.

253 Vgl. *Pellens, Bernhard/Bonse, Andreas/Gassen, Joachim* [Perspektiven, 1998], S. 788.

254 Vgl. *Kontaktausschuß für Richtlinien der Rechnungslegung* [Überprüfung, 1998], Abs. 10; *Europäische Kommission* [Auslegungsfragen, 1997], Abs. 61; *Hulle, Karel v.* [Rechnungslegung, 1998], S. 143; *Busse von Colbe, Walther* [Internationalisierung, 1999], S. 470.

mit internationalen Rechnungslegungsgrundsätzen würde im befreienden Konzernabschluß zu einer Vermengung der Regelwerke führen.[255] Eine derartige Vermengung der Regelwerke kann jedoch aus zwei Gründen wenig überzeugen. Einerseits stiftet die Anwendung mehrerer Rechnungslegungssysteme in einem Konzernabschluß Verwirrung beim Adressaten, der im Einzelfall zu prüfen hätte, welchem Bilanzierungssystem gefolgt wurde. Dies birgt die Gefahr der Einstufung eines solchen ‚vermengten' Abschlusses als zweitklassig durch Investoren und Gläubiger.[256] Andererseits ist bei Erstellung eines befreienden Konzernabschlusses nach US-GAAP das Ziel der Börsenzulassung an den US-amerikanischen Kapitalmärkten gefährdet, wenn von der US-GAAP-Bilanzierung aufgrund der fehlenden Richtlinienkonformität im Einzelfall abzuweichen ist.[257] Die mit dem Kapitalaufnahmeerleichterungsgesetz beabsichtigte Vereinfachung des Zugangs an die US-amerikanischen Börsen wird ausgehöhlt, wenn der befreiende Konzernabschluß nur soweit US-GAAP entsprechen darf, soweit Richtlinienkonformität gegeben ist. Fraglich ist, ob ein derart verkürzter US-GAAP-Abschluß für die Zulassung an den US-amerikanischen Börsen ausreicht oder durch Erstellung eines weiteren Rechenwerks, beispielsweise einer Überleitungsrechnung, ergänzt werden müßte. Der dann resultierende Mehraufwand kann jedoch mit der Befreiungsregel nicht gewollt sein und würde die Regelung obsolet werden lassen. Die Absicht des Gesetzgebers, den Unternehmen den Zugang zu internationalen Kapitalmärkten durch Erstellung eines befreienden Konzernabschlusses nach internationalen Regelungen tatsächlich gewähren zu wollen, wird schließlich auch durch den Verzicht der Kodifizierung einschlägiger Sanktionsregelungen für den Fall der Verletzung des Einklangserfordernisses zum Ausdruck gebracht.[258]

Im Ergebnis wird für die Aufstellung eines befreienden Abschlusses nach US-GAAP die uneingeschränkte Anwendung von SFAS No. 109 für sinnvoll erachtet. Dabei sollten für die im Hinblick auf das Erfordernis der Richtlinienkonformität als kritisch erachteten Bilanzierungsvorschriften zusätzliche Erläuterungen quantitativer und qualitativer Art im Anhang gemacht werden, die die unterschiedliche Vorgehensweise verdeutlichen.

---

255 Vgl. *Mayer-Wegelin, Eberhard* [Konzernabschlüsse, 1999], S. 469.

256 Vgl. *Hoyos, Martin/Lechner, Harald* [§ 292a HGB, 1999], Rz. 24.

257 Vgl. *Küting, Karlheinz* [Deutschland, 2000], S. 42; *Pellens, Bernhard/Bonse, Andreas/Gassen, Joachim* [Perspektiven, 1998], S. 788.

258 Vgl. *Ordelheide, Dieter* [Entwurf, 1996], S. 548. Vgl. hierzu auch *Ernst, Christoph/Seibert, Ulrich/Stuckert, Fritz* [KapAEG, 1998], S. 134.

5 Die Anwendung von SFAS No. 109 auf deutsches Steuerrecht

5.1 Latente Steuern vor dem Hintergrund der Ertragsbesteuerung in Deutschland

5.1.1 Die maßgebenden Ertragsteuern und ihre Ausgestaltung

Nach SFAS No. 109 sind bei der Steuerabgrenzung alle abzuführenden Ertragsteuern zu berücksichtigen.[1] Das deutsche Steuerrecht besteuert den erzielten Ertrag von Kapitalgesellschaften durch die Körperschaftsteuer und die Gewerbesteuer sowie den Solidaritätszuschlag.[2] Damit unterliegt der Unternehmensertrag einer dreifachen Ertragsbesteuerung.

- Körperschaftsteuer: Die Körperschaftsteuer besteuert als Subjektsteuer das Einkommen juristischer Personen und dadurch insbesondere das Einkommen der Unternehmen in der Rechtsform der Kapitalgesellschaft.[3] Bemessungsgrundlage bildet das zu versteuernde Einkommen, das nach den einkommen- und körperschaftsteuerlichen Vorschriften zu bestimmen ist.[4] Ausgangspunkt ist das Ergebnis aus der Steuerbilanz, das auf Basis der handelsrechtlichen Bilanzierungs- und Bewertungsvorschriften ermittelt wird. Dieses ist durch die für Kapitalgesellschaften geltenden Regeln des Einkommensteuerrechts und die Vorschriften des Körperschaftsteuerrechts zu modifizieren.[5] Soweit das körperschaftsteuerliche Einkommen negativ ist, kann der Verlust durch Verlustabzug geltend gemacht werden.[6] Der Verlust kann wahlweise durch Verlustrücktrag in den vorangegangenen Veranlagungszeitraum oder durch zeitlich unbegrenzten Verlustvortrag zur Verrechnung mit positivem körperschaftsteuerlichen Einkommen künftiger Veranlagungszeiträume geltend gemacht werden.[7]

---

1 Vgl. *FASB* [SFAS No. 109, 1992], Abs. 4a und Abs. 289.

2 Vgl. *Ellrott, Helmut* [§ 285 HGB, 1999], Rz. 130; *Rose, Gerd* [Ertragsteuern, 1994], S. 25; *Scheffler, Wolfram* [Besteuerung, 1998], S. 213 f.

3 Vgl. *Cattelaens, Heiner/Gottstein, Siegfried/Stegmüller, Hubert/Zenthöfer, Wolfgang* [KSt, 1997], S. 1.

4 Vgl. § 7 Abs. 1 i.V.m. § 8 Abs. 1 KStG.

5 Vgl. § 5 Abs. 1, S. 1 EStG i.V.m. § 8 Abs. 1 KStG; *Kupsch, Peter/Achtert, Frank/Göckeritz, Britta* [Unternehmensbesteuerung, 1997], S. 25 und S. 90; *Rose, Gerd* [Steuerlehre, 1992], S. 55.

6 Vgl. *Scheffler, Wolfram* [Besteuerung, 1998], S. 151 f.

7 Die Möglichkeit zum Verlustrücktrag ist mit Wirkung zum Veranlagungszeitraum 1999 von zwei Jahren auf ein Jahr verkürzt worden. Zusätzlich wurde die Höhe des Verlustrücktrags auf 2 Millionen DM begrenzt. Vgl. § 8 Abs. 4 KStG; *Günkel, Manfred/Fenzl, Barbara* [Steuerentlastungsgesetz, 1999], S. 659.

- Gewerbesteuer: Die Gewerbesteuer ist eine Objektsteuer, die den Gewerbebetrieb natürlicher und juristischer Personen zum Steuergegenstand hat.[8] Die Tätigkeit von Kapitalgesellschaften gilt stets in vollem Umfang als Gewerbebetrieb.[9] Besteuerungsgrundlage der Gewerbesteuer bildet der Gewerbeertrag.[10] Die Ermittlung des Gewerbeertrags basiert auf dem nach den Vorschriften des Einkommen- und Körperschaftsteuerrechts errechneten Gewinn, der dem körperschaftsteuerlichen Einkommen entspricht.[11] Dieser wird durch die gewerbesteuerlichen Hinzurechnungen und Kürzungen modifiziert.[12] Die resultierende Größe bildet den Gewerbeertrag bzw. -verlust. Im Gegensatz zur Körperschaftsteuer kann ein Gewerbeverlust nur durch unbegrenzt langen Verlustvortrag und Verrechnung mit positiven Gewerbeerträgen in künftigen Veranlagungszeiträumen geltend gemacht werden. Ein Verlustrücktrag ist nicht erlaubt.[13] Die Gewerbesteuer ist eine Aufwandssteuer. Sie kürzt als Betriebsausgabe den einkommen- und körperschaftsteuerpflichtigen Gewinn und damit ihre eigene Bemessungsgrundlage sowie jene der Körperschaftsteuer.[14]

- Solidaritätszuschlag: Der Solidaritätszuschlag stellt als Ergänzungsabgabe eine selbständige Steuer dar,[15] die zur Finanzierung der deutschen Einheit erhoben wird.[16] Durch seine Konzeption als Personensteuer unterliegen der Abgabepflicht neben den natürlichen Personen auch juristische Personen, die zur Körperschaftsteuer veranlagt werden.[17] Für diese bildet die festgesetzte Körperschaftsteuer, vermindert um die anzurechnende oder vergütete Körperschaftsteuer die Steuerbemessungsgrundlage.[18] Als festgesetzte Körperschaftsteuer wird die tatsächlich an den Fiskus für das Wirtschaftsjahr abzuführende Körperschaftsteuer bezeichnet.[19] Die Erhebung des Solidaritätszuschlags erfolgt als Zuschlag- bzw. Annexsteuer in

8 Vgl. *Rose, Gerd* [Ertragsteuern, 1994], S. 25.

9 Vgl. § 2 Abs. 2 GewStG; *Karrenbrock, Holger* [Steuern, 1991], S. 220.

10 Vgl. § 7 GewStG; *Petzold, Günter* [GewSt, 1991], S. 104.

11 Vgl. *Knobbe-Keuk, Brigitte* [Unternehmenssteuerrecht, 1993], S. 734; *Kupsch, Peter/Achtert, Frank/Göckeritz, Britta* [Unternehmensbesteuerung, 1997], S. 25. Vgl. hierzu auch Fn. 244.

12 Vgl. § 8 und § 9 GewStG; *Petzold, Günter* [GewSt, 1991], S. 103.

13 Vgl. § 10a GewStG; *Glanegger, Peter/Güroff, Georg* [GewStG, 1999], § 10a Rz. 3; *Rose, Gerd* [Ertragsteuern, 1994], S. 213; *Tipke, Klaus/Lang, Joachim* [Steuerrecht, 1998], § 12 Rz. 36.

14 Vgl. *Petzold, Günter* [GewSt, 1991], S. 12; *Rose, Gerd* [Ertragsteuern, 1994], S. 215-217; *Schneider, Dieter* [Unternehmensbesteuerung, 1994], S. 158 und S. 191.

15 Vgl. *Lindberg, Klaus* [SolZG, 1999], § 1 Rz. 1; *Rekow, Erich* [SolZG, 1999], Rz. 3.

16 Vgl. § 1 SolZG; *Neyer, Wolfgang* [Solidaritätszuschlag, 1999], S. 308; *Frotscher, Gerrit* [SolZG, 1998], Rz. 2.

17 Vgl. § 2 SolZG; *Lindberg, Klaus* [SolZG, 1999], § 1 Rz. 1.

18 Vgl. § 3 Abs. 1, Nr. 1 SolZG; *Dötsch, Ewald* [SolZ, 1993], S. 1441 f.; *Rekow, Erich* [SolZG, 1999], Rz. 7.

19 Vgl. *Cattelaens, Heiner/Gottstein, Siegfried/Stegmüller, Hubert/Zenthöfer, Wolfgang* [KSt, 1997], S. 288.

Form eines Prozentsatzes auf die Einkommen- bzw. Körperschaftsteuerschuld,[20] soweit die festgesetzte Steuerschuld positiv ist.[21] Ein Erstattungsanspruch aus dem Solidaritätszuschlag aufgrund einer negativen Bemessungsgrundlage ergibt sich daher nicht.[22]

Die Ertragsteuern können nicht isoliert betrachtet werden, da sie in ein durch Interdependenzen gekennzeichnetes Steuersystem eingebunden sind.[23] Wechselseitige Beziehungen zwischen den Steuerarten bestehen aufgrund von Bemessungsgrundlageninterdependenzen und Steuerarteninterdependenzen. Erstere bezeichnen die Verbindungen innerhalb von Bemessungsgrundlagen, die aufeinander aufbauen. Letztere beziehen sich auf die Abzugsfähigkeit verschiedener Steuerarten von sich selbst und anderen Steuerarten.[24] Bei den betrachteten Ertragsteuern bildet die aus der Handelsbilanz nach den steuerlichen Bilanzierungs- und Bewertungsvorschriften abgeleitete Steuerbilanz Ausgangspunkt der Besteuerung. Aus ihr ergibt sich der Steuerbilanzgewinn,[25] der im Sinne einer Bemessungsgrundlageninterdependenz den gemeinsamen Nenner für die Bestimmung der körperschaftsteuerlichen und gewerbesteuerlichen Bemessungsgrundlage sowie der für den Solidaritätszuschlag maßgebenden Bemessungsgrundlage bildet. Eine Steuerarteninterdependenz bedingt die Abzugsfähigkeit der Gewerbesteuer als Betriebsausgabe.[26] Nicht abzugsfähig sind demgegenüber die Körperschaftsteuer und der Solidaritätszuschlag.[27]

5.1.2 Die Bewertung temporärer Differenzen und vortragsfähiger Verluste

Temporäre Differenzen ergeben sich aus unterschiedlichen Wertansätzen von Vermögensgegenständen und Schulden in Handels- und Steuerbilanz, die in künftigen Perioden Steuerwirkungen entfalten.[28] Differenzen, die durch die einkommen- bzw. körperschaftsteuerlichen Modifikationen bei Berechnung des zu versteuernden Einkommens entstehen, sind regelmäßig permanent und verursachen keine Steuerwirkungen in

---

20 Vgl. *Frotscher, Gerrit* [SolZG, 1998], Rz. 6; *Winter, Willi* [§ 49 KStG, 1993], Rz. 21; *Orth, Manfred* [Solidaritätszuschlag, 1991], S. 780.

21 Vgl. § 3 Abs. 1, Nr. 1 SolZG.

22 Vgl. *Frotscher, Gerrit* [SolZG, 1998], Rz. 13; *Lindberg, Klaus* [SolZG, 1999], § 3 Abs. 3.

23 Vgl. *Scheffler, Wolfram* [Veranlagungssimulation, 1991], S. 69.

24 Vgl. *Kupsch, Peter/Achtert, Frank/Göckeritz, Britta* [Unternehmensbesteuerung, 1997], S. 7-10; *Wagner, Franz W./Dirrigl, Hans* [Steuerplanung, 1980], S. 155 f.

25 Vgl. *Kupsch, Peter/Achtert, Frank/Göckeritz, Britta* [Unternehmensbesteuerung, 1997], S. 25.

26 Vgl. § 4 Abs. 4 EStG; *Glanegger, Peter/Güroff, Georg* [GewStG, 1999], § 1 Rz. 15; *Petzold, Günter* [GewSt, 1991], S. 15.

27 Vgl. Abschn. 43 Abs. 1 KStR; *Schneider, Dieter* [Unternehmensbesteuerung, 1994], S. 158.

28 Vgl. *Pellens, Bernhard* [Rechnungslegung, 1999], S. 246; Gliederungspunkt 3.2.1.

künftigen Perioden. Sie sind nicht Gegenstand der Steuerabgrenzung.[29] Dies gilt analog für die gewerbesteuerlichen Hinzurechnungen und Kürzungen.[30] Da die Steuerbilanz Ausgangspunkt der Ertragsbesteuerung bildet, werden die temporären Differenzen neben der Körperschaftsteuer auch von der Gewerbesteuer und dem Solidaritätszuschlag erfaßt.[31] In die künftig erwarteten Steuermehr- bzw. -minderbelastungen aus temporären Differenzen fließen folglich die Steuerwirkungen aller relevanter Ertragsteuerarten ein.[32] Unter Beachtung der steuerlichen Interdependenzen kann daher zur Quantifizierung der latenten Steuern aus temporären Differenzen ein kombinierter Steuersatz aus den drei Ertragsteuern herangezogen werden.[33]

Die Bewertung von aktiven latenten Steuern aus vortragsfähigen Verlusten hat für körperschaftsteuerliche Verluste und Gewerbeverluste gesondert zu erfolgen. Dies gebieten einerseits die differierenden Vorschriften zum Verlustabzug. Während das Körperschaftsteuerrecht einen Verlustrücktrag ermöglicht, kennt das Gewerbesteuerrecht nur den Verlustvortrag.[34] Andererseits ist eine gesonderte Berechnung aufgrund der differierenden Bemessungsgrundlagen von Körperschaft- und Gewerbesteuer vorzunehmen. Der für die Körperschaft- und Gewerbesteuer gleichermaßen nach den einkommen- und körperschaftsteuerlichen Vorschriften zu ermittelnde Gewinn ist für die Zwecke der Gewerbesteuer um die gewerbesteuerlichen Hinzurechnungen und Kürzungen zu korrigieren.[35] Dadurch kann trotz positivem (negativem) zu versteuernden Einkommen ein Gewerbeverlust (Gewerbeertrag) entstehen.[36] Aus dem Vorliegen eines körperschaftsteuerlichen Verlustes kann deshalb nicht auf das Vorliegen eines Gewerbeverlustes geschlossen werden und vice versa. Vortragsfähige Verluste sind zur Bildung aktiver latenter Steuern folglich für die Körperschaft- und die Gewerbesteuer gesondert zu bewerten.

Körperschaftsteuerlich vortragsfähige Verluste mindern die Körperschaftsteuerbelastung künftiger Veranlagungszeiträume. Mit der Minderung der Körperschaftsteuerbe-

---

29 Vgl. *Coenenberg, Adolf G./Hille, Klaus* [IAS 12, 1997], Rz. 45; *Hoyos, Martin/Fischer, Norbert* [§ 274 HGB, 1999], Rz. 54; Gliederungspunkt 3.2.5.

30 Vgl. *Baumann, Karl-Hermann* [§ 274 HGB, 1995], Rz. 13; *Hoyos, Martin/Fischer, Norbert* [§ 274 HGB, 1999], Rz. 54; *Neumann, Patrik* [Steuerabgrenzung, 1992], S. 8 f.

31 Vgl. *Bömelburg, Peter* [Abschlußprüfung, 1992], S. 216-219; *Neumann, Patrik* [Steuerabgrenzung, 1992], S. 8 f.

32 Vgl. *Lührmann, Volker* [Steuern, 1997], S. 129 f.; *Selchert, Friedrich W.* [Konzernabschlußpolitik, 1994], S. 36.

33 Vgl. *Bömelburg, Peter* [Abschlußprüfung, 1992], S. 219; *Lührmann, Volker* [Steuern, 1997], S. 129 f.

34 Vgl. *Glanegger, Peter/Güroff, Georg* [GewStG, 1999], § 10a Rz. 3; *Rose, Gerd* [Ertragsteuern, 1994], S. 213.

35 Vgl. § 8 und § 9 GewStG; *Kupsch, Peter/Achtert, Frank/Göckeritz, Britta* [Unternehmensbesteuerung, 1997], S. 33 f.

36 Vgl. *Petzold, Günter* [GewSt, 1991], S. 104.

lastung geht eine Minderung der Belastung aus dem Solidaritätszuschlag einher, der auf die festgesetzte Körperschaftsteuer, vermindert um die anzurechnende oder vergütete Körperschaftsteuer, erhoben wird.[37] Dieser Effekt ist bei der Bewertung der aktiven latenten Steuern aus körperschaftsteuerlich vortragsfähigen Verlusten zu berücksichtigen. Unter Beachtung der steuerlichen Interdependenzen kann ein kombinierter Steuersatz aus Körperschaftsteuer und Solidaritätszuschlag für die Bewertung von körperschaftsteuerlich vortragsfähigen Verlusten angewandt werden.

5.1.3 Der maßgebende Körperschaftsteuersatz für die Bewertung latenter Steuern

Nach dem deutschen Körperschaftsteuerrecht wird bei der Ermittlung der zu zahlenden Körperschaftsteuer danach differenziert, ob Gewinne thesauriert oder ausgeschüttet werden.[38] In einem ersten Schritt wird die körperschaftsteuerliche Tarifbelastung mit dem regulären Körperschaftsteuersatz von derzeit 40 % auf das zu versteuernde Einkommen ermittelt.[39] Sie ist so lange maßgebend, solange die Gewinne thesauriert werden und im Unternehmen bleiben.[40] Bei Ausschüttung der Gewinne ist in einem zweiten Schritt die Thesaurierungsbelastung zu korrigieren und die sogenannte Ausschüttungsbelastung in Höhe von 30 % herzustellen.[41] Dadurch kommt es zu einer Körperschaftsteuerminderung.[42] Gegenüber dem Fiskus ergibt sich durch die Herabschleusung der Thesaurierungsbelastung auf die Ausschüttungsbelastung ein Körperschaftsteuererstattungsanspruch in Höhe des Differenzsteuersatzes von 10 Prozentpunkten.[43] Umfaßt das zu versteuernde Einkommen Gewinne, die von der inländischen Körperschaftsteuer befreit sind, beträgt die Körperschaftsteuertarifbelastung für diese bei Thesaurierung 0 DM. Bei Ausschüttung der Gewinne ist jedoch die Ausschüt-

---

37 Vgl. § 3 SolZG; *Dötsch, Ewald* [SolZ, 1993], S. 1441 f.; *Frotscher, Gerrit* [SolZG, 1998], Rz. 11.

38 Vgl. *Kupsch, Peter/Achtert, Frank/Göckeritz, Britta* [Unternehmensbesteuerung, 1997], S. 93. Die Bundesregierung hat derzeit einen Gesetzentwurf eingebracht, der die Abschaffung des Anrechnungsverfahrens mit seiner zweistufigen Körperschaftsteuerermittlung zugunsten eines Halbeinkünfteverfahrens vorsieht. Für die Verabschiedung des Gesetzentwurfs ist im weiteren die Zustimmung des Bundesrates notwendig. Vgl. *Kruhl, Alfred* [Reform, 2000], S. 173.

39 Vgl. § 23 Abs. 1 KStG; *Cattelaens, Heiner/Gottstein, Siegfried/Stegmüller, Hubert/Zenthöfer, Wolfgang* [KSt, 1997], S. 287. Der Körperschaftsteuersatz wurde durch das Steuerentlastungsgesetz 1999/2000/2001 mit Wirkung zum Veranlagungszeitraum 1999 von 45 % auf 40 % gesenkt. Vgl. *Frotscher, Gerrit* [§ 30 KStG, 1999], Rz. 9; *Herzig, Norbert* [Steuersatzänderungen, 1999], S. 969.

40 Vgl. *Scheffler, Wolfram* [Besteuerung, 1998], S. 129.

41 Vgl. § 23 Abs. 5 i.V.m. § 27 KStG; *Cattelaens, Heiner/Gottstein, Siegfried/Stegmüller, Hubert/ Zenthöfer, Wolfgang* [KSt, 1997], S. 287.

42 Vgl. *Velten, Peter* [§ 23 KStG, 1999], Rz. 28.

43 Vgl. *Scheffler, Wolfram* [Besteuerung, 1998], S. 129. Soweit aus Gewinnen ausgeschüttet wird, die mit dem bis Veranlagungszeitraum 1998 gültigen Körperschaftsteuertarif von 45 % belastet wurden, entsteht ein Körperschaftsteuererstattungsanspruch in Höhe von 15 Prozentpunkten. Vgl. *Rose, Gerd* [Ertragsteuern, 1994], S. 162.

tungsbelastung analog herzustellen, so daß die auszuschüttenden Gewinne gleichmäßig einer Belastung von 30 % unterliegen. Dies bedingt eine Körperschaftsteuererhöhung. Gegenüber dem Fiskus erwächst eine Steuerzahlschuld in Höhe von 30 Prozentpunkten auf die ausgeschütteten Gewinne. Ausgenommen hiervon sind körperschaftsteuerbefreite Eigenkapitalteile aus ausländischen Einkünften und bestimmten Einlagen der Anteilseigner. Für sie erhöht sich die Körperschaftsteuer bei Ausschüttung nicht.[44] Die zweistufige Ermittlung des Körperschaftsteueraufwands im deutschen Körperschaftsteuerrecht hat die regelmäßige Veränderung der Körperschaftsteuerzahllast aufgrund von Ausschüttungen zur Konsequenz.[45]

Mit der Ausschüttung gehen die Gewinne aus der Sphäre der Kapitalgesellschaft auf die Sphäre der Anteilseigner über, welche die Gewinne nach den persönlichen Verhältnissen versteuern müssen. Die vom Fiskus einbehaltene Ausschüttungsbelastung von 30 % wird durch das sogenannte Anrechnungsverfahren als Körperschaftsteueranrechnungsguthaben auf die Steuerschuld der Anteilseigner angerechnet.[46]

Für die Bewertung der latenten Steuern bleibt zu fragen, welcher Steuersatz maßgebend ist. Alternativ stehen sich die Thesaurierungsbelastung, die Ausschüttungsbelastung und ein nach dem Verhältnis von Thesaurierung und Ausschüttung ermittelter Mischsteuersatz gegenüber.[47] Die Anwendung des Thesaurierungssteuersatzes ergibt sich aus der Überlegung heraus, daß temporäre Differenzen keinen Einfluß auf die Dividendenhöhe haben, da „eine Tendenz zu konstanten Gewinnausschüttungen zu vermerken ist."[48] Die temporären Differenzen beeinflussen danach lediglich die Höhe der Rücklagenzuführung.[49] Darüber hinaus wird argumentiert, daß zwischen Gewinnermittlung und Gewinnverwendung zu differenzieren ist. Da die Körperschaftsteuerminderung erst im Zeitpunkt der Ausschüttung und damit bei Gewinnverwendung zu berücksichtigen sei, ist der Thesaurierungssatz zu präferieren.[50]

---

44 Vgl. *Velten, Peter* [§ 23 KStG, 1999], Rz. 28; *Cattelaens, Heiner/Gottstein, Siegfried/Stegmüller, Hubert/Zenthöfer, Wolfgang* [KSt, 1997], S. 287 und S. 480; *Rose, Gerd* [Ertragsteuern, 1994], S. 162.

45 Vgl. *Pellens, Bernhard/Bonse, Andreas/Schremper, Ralf* [Körperschaftsteuersätze, 1998], S. 899.

46 Vgl. *Scheffler, Wolfram* [Besteuerung, 1998], S. 131.

47 Vgl. *Bömelburg, Peter* [Abschlußprüfung, 1992], S. 225; *Neumann, Patrik* [Steuerabgrenzung, 1992], S. 257.

48 *Bömelburg, Peter* [Abschlußprüfung, 1992], S. 227. Vgl. hierzu auch *Karrenbrock, Holger* [Steuern, 1991], S. 258.

49 Vgl. *Hille, Klaus* [Steuern, 1982], S. 218 f.; *Neumann, Patrik* [Steuerabgrenzung, 1992], S. 257.

50 Vgl. *Karrenbrock, Holger* [Steuern, 1991], S. 258 f.; *Lührmann, Volker* [Steuern, 1997], S. 132; *Siegel, Theodor* [Probleme, 1984], S. 1914. Die Anwendung des Thesaurierungssatzes aus der Trennung von Gewinnermittlung und Gewinnverwendung gebietet das Stichtagsprinzip, welches hier begrenzend wirkt. In den US-GAAP wird ein Stichtagsprinzip nicht explizit als eigener Grundsatz formuliert; ein solches läßt sich jedoch aus den Bestimmungen des ‚Conceptual Framework' ableiten. So wird in SFAC No. 5 ausgeführt: „A statement of financial position provides informa-

Den Argumenten für die Bewertung mit der Ausschüttungsbelastung liegt ein Wechsel der Betrachtungsweise weg von der Sphäre der Gesellschaft hin zur Sphäre der Gesellschafter zugrunde, wodurch die Gewinnverwendung in den Vordergrund rückt.[51] Die Bewertung latenter Steuern anhand der Ausschüttungsbelastung beruht auf der Annahme, daß bei Besteuerung mit dem Thesaurierungssteuersatz der Körperschaftsteuererstattungsanspruch begründet wird. Dieser Anspruch geht nicht verloren und wird spätestens bei Liquidation des Unternehmens gegenüber dem Fiskus geltend gemacht. Er ist daher bereits in der Verursachungsperiode der temporären Differenz entstanden und folglich bei der Bestimmung des maßgeblichen Steuersatzes zu berücksichtigen.[52] Die Argumentation vernachlässigt die Zeitkomponente. Dies scheint gerechtfertigt, weil durch das Diskontierungsverbot für latente Steuern der zeitliche Horizont ihrer Realisierung als unmaßgeblich für die Bewertung angesehen wird.[53]

Am konkreten Ausschüttungsverhalten im Auflösungsjahr der temporären Differenzen orientiert sich die Argumentation für die Anwendung eines Mischsteuersatzes aus Thesaurierungs- und Ausschüttungsbelastung.[54] Die Bewertung auf Basis von Thesaurierungs- oder Ausschüttungssteuersatz wird abgelehnt, weil eine logisch einwandfreie Zuordnung einzelner Erfolgsbestandteile zu Ausschüttung bzw. Thesaurierung unmöglich sei. Die Erfolgsbestandteile würden vielmehr in ihrer Gesamtheit zur Ergebnisentstehung beitragen und dadurch insgesamt einer vom Thesaurierungs-Ausschüttungsverhältnis abhängigen Steuerbelastung unterliegen.[55] Die Anwendung eines Mischsteuersatzes, der die voraussichtlich effektive Steuerbelastung angibt, sei daher zu präferieren.[56] Als Richtgröße für die Bestimmung des Mischsteuersatzes wird das Ausschüttungsverhalten vergangener Perioden genannt und die Bildung eines Durchschnittssteuersatzes zur Glättung zufälliger Schwankungen im Ausschüttungsverhalten vorgeschlagen.[57]

---

tion about an entity's assets and liabilities, and equity and their relationships to each other at a moment in time." *FASB* [SFAC No. 5, 1984], Abs. 26. Vgl. hierzu auch *Baker, Richard C./ Rapaccioli, Donna/Solomon, Morton B.* [USA, 1995], S. 3003.

51 Kritisch hierzu *Karrenbrock, Holger* [Steuern, 1991], S. 258 f.; *Neumann, Patrik* [Steuerabgrenzung, 1992], S. 261 f.; *Siegel, Theodor* [Probleme, 1984], S. 1914.

52 Vgl. *Alexandrou, Anthony G.* [Körperschaftsteuersatz, 1996], S. 39; *IDW* [RS HFA 2, 1999], Abs. 63; *Raber, Hans G.* [Körperschaftsteuerreform, 1999], S. 2599.

53 Vgl. *FASB* [SFAS No. 109, 1992], Abs. 199 i.V.m. *IDW* [RS HFA 2, 1999], Abs. 58; Gliederungspunkt 3.6.3.

54 Vgl. *Berlage, Hans* [Steuern, 1993], S. 209; *Neumann, Patrik* [Steuerabgrenzung, 1992], S. 256.

55 Vgl. *Hennig, Bettina* [Steuern, 1982], S. 229; *Karrenbrock, Holger* [Steuern, 1991], S. 257; *Pohlmann, Bettina* [Systematik, 1983], S. 1097.

56 Vgl. *Heydkamp, Werner F.* [Steuerabgrenzung, 1986], S. 1346; *Neumann, Patrik* [Steuerabgrenzung, 1992], S. 263.

57 Vgl. *Bömelburg, Peter* [Abschlußprüfung, 1992], S. 228; *Neumann, Patrik* [Steuerabgrenzung, 1992], S. 263.

Mit der Problematik unterschiedlicher Steuersätze in Abhängigkeit von der Gewinnverwendung hat sich das Emerging Issue Task Force (EITF), welche das FASB als beratendes Gremium unterstützt, auseinandergesetzt und mit EITF No. 95-10 Stellung genommen.[58] Unter Abwägung der verschiedenen Alternativen hat sich das EITF für die Bewertung latenter Steuern auf Basis des Thesaurierungssteuersatzes ausgesprochen.[59] Die Körperschaftsteuerminderungsansprüche aus der Herstellung der Ausschüttungsbelastung sollen nicht in die Bewertung latenter Steuern und damit in den Erfolgsausweis der GuV eingehen.[60] Das EITF trennt entsprechend zwischen Gewinnermittlung und Gewinnverwendung. Davon wird im folgenden ausgegangen.

5.1.4 Die Bestimmung der bewertungsrelevanten Steuersätze

Die zur Bewertung der latenten Steuern aus temporären Differenzen und vortragsfähigen Verlusten anwendbaren kombinierten Steuersätze aus der körperschaftsteuerlichen Tarifbelastung, dem Solidaritätszuschlag und gegebenenfalls dem maßgebenden Gewerbesteuersatz sind unter Beachtung der zwischen den Steuerarten bestehenden Interdependenzen wie folgt zu bestimmen. Es sei:

s_k Körperschaftsteuersatz (Thesaurierungsbelastung): 40 % (gem. § 23 KStG)
s_s Solidaritätszuschlag: 5,5 % (gem. § 4 SolZG)
m Steuermeßzahl: 5 % (gem. § 11 Abs. 2 Nr. 2 GewStG)
h Hebesatz: 400 %[61]
s_g effektiver Gewerbesteuersatz
s_{gf} faktische Belastung aus der Gewerbesteuer
s_{ks} kombinierter Steuersatz (Körperschaftsteuer, Solidaritätszuschlag)
s_{ksg} kombinierter Steuersatz (Körperschaftsteuer, Solidaritätszuschlag, Gewerbesteuer)

Der kombinierte Steuersatz aus Körperschaftsteuer und Solidaritätszuschlag errechnet sich nach Formel (1). Dieser ist für die Bewertung von steuerlichen Vorteilen aus körperschaftsteuerlich vortragsfähigen Verlusten maßgebend.

$$(1) \quad s_{ks} = s_k + s_k \times s_s$$
$$= 0{,}4 + 0{,}4 \times 0{,}055 = 0{,}422$$

58 Vgl. *FASB* [Introduction, 1997], S. i; *Simpson, Raymond E.* [Comparative Analysis, 1999], Abs. 7; *Weiss, Judith* [GAAP, 1998], S. XI.

59 Vgl. *FASB* [EITF No. 95-10, 1995], S. 811; *FASB* [EITF No. 95-20, 1995], S. 833; *Weiss, Judith* [GAAP, 1998], Ch. 14, S. 47.

60 Vgl. *Weiss, Judith* [GAAP, 1998], Ch. 14, S. 47; *KPMG* [Rechnungslegung, 1999], S. 99 f.

61 Der Hebesatz wird von den Gemeinden individuell festgelegt. Vgl. § 16 GewStG; *Theisen, Manuel R.* [Standortwahl, 1991], S. 2197. Im Beispiel wird der Hebesatz mit 400 % angenommen.

Zur Berechnung des kombinierten Steuersatzes aus allen drei Ertragsteuern ist zunächst der Gewerbesteuersatz zu ermitteln, der durch die Anwendung des Hebesatzes auf den Steuermeßbetrag nach Formel (2) bestimmt wird.[62] Die Abzugsfähigkeit der Gewerbesteuer von ihrer eigenen Bemessungsgrundlage wird berücksichtigt, indem der nominelle Steuersatz in einen Steuersatz transformiert wird, der die Insichabzugsfähigkeit erfaßt.[63]

$$(2) \quad s_g = m \times h \times (1 - s_g)$$

$$= \frac{m \times h}{1 + m \times h}$$

Aufgrund der Abzugsfähigkeit der Gewerbesteuer von der körperschaftsteuerlichen Bemessungsgrundlage mindert sich die effektive Gewerbesteuerlast um den Thesaurierungssatz inklusive Solidaritätszuschlag. Im Ergebnis resultiert eine faktische Belastung aus der Gewerbesteuer s_{gf} nach Gleichung (3):

$$(3) \quad s_{gf} = s_g - s_g \times (s_k + s_k \times s_s)$$

$$= s_g \times [1 - s_k(1 + s_s)]$$

$$= \frac{m \times h}{1 + m \times h} \times [1 - s_k(1 + s_s)]$$

$$= \frac{0{,}05 \times 4}{1 + 0{,}05 \times 4} \times [1 - 0{,}4(1 + 0{,}055)] = 0{,}0963$$

Durch Addition des faktischen Gewerbesteuersatzes zum kombinierten Steuersatz aus Körperschaftsteuer inklusive Solidaritätszuschlag errechnet sich der kombinierte Steuersatz aus allen drei Ertragsteuern in Gleichung (4).[64] Dieser ist zur Bewertung der latenten Steuern aus temporären Differenzen zugrunde zu legen.

$$(4) \quad s_{ksg} = s_{ks} + s_{gf}$$

$$= 0{,}422 + 0{,}0963 = 0{,}5183$$

---

62 Vgl. *Rose, Gerd* [Ertragsteuern, 1994], S. 217.

63 Vgl. *Scheffler, Wolfram* [Besteuerung, 1998], S. 215; *Coenenberg, Adolf G.* [Jahresabschluß, 2000], S. 965 f.; *Selchert, Friedrich W.* [Schätzung, 1978], S. 509 f.

64 Vgl. *Scheffler, Wolfram* [Besteuerung, 1998], S. 217 f.

Nach der ‚liability method' sind latente Steuern mit den Steuersätzen zu bewerten, die bei Auflösung der temporären Differenzen bzw. Geltendmachung der steuerlichen Verluste gelten. Der künftig erwartete Steuersatz ist nach SFAS No. 109 durch den am Bilanzstichtag gültigen Steuersatz zu approximieren. Erst mit Verabschiedung einer Steuersatzänderung ist der geänderte, künftige Steuersatz maßgebend.[65] Die quantitativen Angaben aus der Steuersatzänderung haben daher so lange Gültigkeit, solange keine Steuersatzänderung verabschiedet ist.

5.2 Die Bilanzierung des Ausschüttungspotentials aus dem Anrechnungsverfahren

5.2.1 Gliederungsrechnung des verwendbaren Eigenkapitals

Die zweistufige Besteuerung im deutschen Körperschaftsteuerrecht begründet Körperschaftsteuerminderungsansprüche bzw. Körperschaftsteuererhöhungsverpflichtungen gegenüber dem Fiskus, deren handelsrechtliche Behandlung bei zeitlichem Auseinanderfallen von Gewinnrealisierung und -ausschüttung zu hinterfragen ist. Körperschaftsteuerminderungsansprüche entstehen durch Thesaurierung von Gewinnen, die mit der regulären Körperschaftsteuertarifbelastung besteuert werden und bei Ausschüttung in künftigen Perioden von der Thesaurierungsbelastung auf die Ausschüttungsbelastung herabzuschleusen sind.[66] Spiegelbildlich hierzu entstehen Körperschaftsteuererhöhungsverpflichtungen durch Thesaurierung steuerbefreiter Gewinne, soweit sie bei Ausschüttung in künftigen Perioden auf die Ausschüttungsbelastung hochzuschleusen sind.[67]

Das durch Gewinnthesaurierung gebildete Eigenkapital besteht aus regulär besteuerten Teilbeträgen und steuerbefreiten bzw. ermäßigt belasteten Teilbeträgen.[68] Es setzt sich folglich aus Teilbeträgen zusammen, die unterschiedlich mit Körperschaftsteuer belastet wurden. Um die Eigenkapitalbeträge differenzieren zu können, ist steuerrechtlich eine Gliederungsrechnung aufzustellen und fortzuschreiben,[69] in der das für die Ausschüttungen verwendbare Eigenkapital nach folgenden Belastungen zu differenzieren ist:[70]

---

65 Vgl. *FASB* [SFAS No. 109, 1992], Abs. 18 und Abs. 233; Gliederungspunkt 3.6.2.

66 Vgl. § 23 Abs. 5 i.V.m. § 27 KStG; *Förschle, Gerhart/Hoffmann, Karl* [Körperschaftsteuersystem, 1998], S. 2125.

67 Vgl. § 23 Abs. 5 i.V.m. § 27 KStG; *Förschle, Gerhart/Hoffmann, Karl* [Körperschaftsteuersystem, 1998], S. 2125.

68 Vgl. *Frotscher, Gerrit* [§ 30 KStG, 1999], Rz. 35.

69 Vgl. § 30 KStG; *Rose, Gerd* [Ertragsteuern, 1994], S. 166.

70 Vgl. § 30 KStG; *Frotscher, Gerrit* [§ 30 KStG, 1999], Rz. 35.

EK 45 Eigenkapitalteile, die bis einschließlich Veranlagungszeitraum 1998 entstanden sind und einer Besteuerung von 45 % unterlagen.

EK 40 Eigenkapitalteile aus Veranlagungszeiträumen ab 1999, die einer Besteuerung von 40 % unterliegen.

EK 30 Eigenkapitalteile, die aus der Aufgliederung von steuerermäßigten Gewinnen gem. § 32 KStG resultieren.[71]

EK 0 Vermögensmehrungen, die der Körperschaftsteuer nicht unterliegen oder das Eigenkapital in Wirtschaftsjahren vor dem 1.1.1977 erhöht haben.[72] Dabei sind zu differenzieren:

- EK 01 ausländische Einkommensteile und Einkommensteile aus der Aufteilung gem. § 32 KStG,
- EK 02 sonstige Vermögensmehrungen, die weder ausländische Einkünfte noch Gesellschaftereinlagen sind,
- EK 03 verwendbares Eigenkapital, das in Wirtschaftsjahren vor dem 1.1.1977 entstanden ist (Altkapital).
- EK 04 Einlagen der Anteilseigner, die nicht das Nennkapital erhöht haben.[73]

Die Eigenkapitalzugänge sind je nach Belastung in die Gliederungsrechnung des verwendbaren Eigenkapitals aus dem Vorjahr aufzunehmen.[74] Bei Ausschüttungen wird grundsätzlich nach der in § 30 KStG vorgegebenen Reihenfolge vorgegangen. Danach gilt das verwendbare Eigenkapital in der Reihenfolge als ausgeschüttet, in der seine Belastung abnimmt. Ausgehend von EK 45 wird über EK 40 und EK 30 schließlich das nicht mit Körperschaftsteuer belastete EK 0 für die Ausschüttung als verwendet angenommen.[75] Diese Verwendungsfiktion wirkt sich positiv auf die Liquiditätslage des Unternehmens aus, da, soweit vorhanden, erst EK 45 zur Ausschüttung zu verwenden ist.[76] Bei Ausschüttung von EK 45 entsteht eine Körperschaftsteuerminderung von 15 Prozentpunkten, die als zur Ausschüttung verwendet gilt.[77]

---

71 Zur Aufteilung von ermäßigt belasteten Eigenkapitalteilen vgl. *Cattelaens, Heiner/Gottstein, Siegfried/Stegmüller, Hubert/Zenthöfer, Wolfgang* [KSt, 1997], S. 460.

72 Das Anrechnungsverfahren wurde mit Wirkung für den Veranlagungszeitraum 1977 eingeführt. Vgl. *Wrede, Friedrich* [Vor § 27 KStG, 1996], Rz. 1.

73 Die Einlagen müssen das Eigenkapital nach dem 1.1.1977 erhöht haben. Vgl. *Frotscher, Gerrit* [§ 30 KStG, 1999], Rz. 18.

74 Vgl. *Rose, Gerd* [Ertragsteuern, 1994], S. 168.

75 Vgl. § 28 Abs. 3, S. 1 KStG; *Cattelaens, Heiner/Gottstein, Siegfried/Stegmüller, Hubert/Zenthöfer, Wolfgang* [KSt, 1997], S. 393. EK 0 gilt nach der Zahlenskala von EK 01 bis EK 04 als verwendet.

76 Vgl. *Pellens, Bernhard/Bonse, Andreas/Schremper, Ralf* [Körperschaftsteuersätze, 1998], S. 899.

77 Vgl. § 28 Abs. 6 KStG; *Frotscher, Gerrit* [§ 30 KStG, 1999], Rz. 201.

Folgendes Zahlenbeispiel verdeutlicht unter Vernachlässigung des Solidaritätszuschlags das Vorgehen: Bei einer Bruttoausschüttung von 100.000 DM beträgt die tatsächliche Gewinnausschüttung auf Unternehmensebene bei ausreichend vorhandenem EK 45 lediglich 55.000 DM. In Höhe des Zuschlags von 15.000 DM aus der Herstellung der Ausschüttungsbelastung besteht gegenüber dem Fiskus ein Körperschaftsteuerminderungsanspruch, der von der zu zahlenden Körperschaftsteuer des Veranlagungszeitraums subtrahiert wird. Dadurch wird der Liquiditätsabfluß aus dem Unternehmen um den Betrag der Körperschaftsteuerminderung reduziert.[78] Die Ausschüttungsbelastung in Höhe von 30.000 DM erhält der Anteilseigner in Form des Körperschaftsteueranrechnungsguthabens auf seine persönliche Steuerschuld angerechnet.[79] Der aus EK 45 zur Ausschüttung entnommene Teilbetrag repräsentiert wegen der Körperschaftsteuerminderung von 15 % ein Ausschüttungspotential von 127,3 % des Nominalbetrags. Für Beträge aus EK 40 ergibt sich ein Ausschüttungspotential von 116,7 %.[80] Beträge aus dem EK 30 beziffern in Höhe ihres Nennbetrags das Ausschüttungspotential. Dies gilt analog für die von der Körperschaftsteuer befreiten Beträge des EK 01 und EK 04, da diese von der Herstellung der Ausschüttungsbelastung ausgenommen sind.[81] Bei Teilbeträgen aus dem EK 02 und EK 03 ergibt sich bei Ausschüttung eine Körperschaftsteuererhöhung. Entsprechend vermindert sich das Ausschüttungspotential auf 70 % des Nominalbetrags.[82] Bei Ausschüttung haben sie wegen der Körperschaftsteuernachzahlung aus der Herstellung der Ausschüttungsbelastung einen Liquiditätsabfluß in Höhe der Körperschaftsteuererhöhung zur Konsequenz. Aufgrund des Liquiditätsabflusses werden Ausschüttungen aus EK 02 und EK 03 regelmäßig vermieden.[83]

Durch den Einbezug des Solidaritätszuschlags ändert sich das Ausschüttungspotential in Abhängigkeit von der Ausschüttungshöhe und der Zusammensetzung des verwendbaren Eigenkapitals.[84] Der Solidaritätszuschlag stellt eine nichtabziehbare Betriebsausgabe dar, die aus dem verwendbaren Eigenkapital zu begleichen ist.[85] Dadurch mindert er grundsätzlich das zur Ausschüttung verwendbare Eigenkapital.[86] Die Höhe

---

78 Vgl. *Pellens, Bernhard/Bonse, Andreas/Schremper, Ralf* [Körperschaftsteuersätze, 1998], S. 899.

79 Vgl. *Schneider, Dieter* [Unternehmensbesteuerung, 1994], S. 164.

80 Vgl. *Rose, Gerd* [Ertragsteuern, 1994], S. 174 f. Die angegebenen Werte wurden aus Vereinfachungsgründen ohne Berücksichtigung des Solidaritätszuschlags berechnet.

81 Vgl. *Frotscher, Gerrit* [§ 30 KStG, 1999], Rz. 32; *Rose, Gerd* [Ertragsteuern, 1994], S. 175.

82 Vgl. *Meilicke, Heinz* [Tarifbelastung, 1991], S. 241; *Scheffler, Wolfram* [Besteuerung, 1998], S. 144. Aus Vereinfachungsgründen ist der Wert ohne Solidaritätszuschlag berechnet worden.

83 Vgl. *Mayer-Wegelin, Eberhard* [Eigenkapital, 1985], S. 1757; *Pellens, Bernhard/Bonse, Andreas/ Schremper, Ralf* [Körperschaftsteuersätze, 1998], S. 900.

84 Vgl. *Mielke, Axel* [Ausschüttungsbemessung, 1995], S. 387 f.

85 Vgl. *Rekow, Erich* [SolZG, 1999], Rz. 33; *Schaufenberg, Stefan* [Verwendungsreihenfolge, 1996], S. 589.

86 Vgl. *Herzig, Norbert* [Steuersatzänderungen, 1999], S. 974; *Tillich, Peggy/Schaufenberg, Stefan* [Körperschaftsteuertarif, 1999], S. 1718.

der Minderung hängt ihrerseits von der Gewinnverwendung ab, woraus sich eine zirkuläre Abhängigkeit ergibt.[87] Entsprechend den Körperschaftsteuerminderungen bzw. -erhöhungen aus der Herstellung der Ausschüttungsbelastung mindert bzw. erhöht sich die festzusetzende Körperschaftsteuer und die daran anknüpfende Belastung aus dem Solidaritätszuschlag.[88] Bei Ausschüttung von EK 45 und EK 40 entsteht eine Körperschaftsteuerminderung durch die Herabschleusung der Thesaurierungsbelastung auf die Ausschüttungsbelastung. Dadurch reduziert sich die festzusetzende Körperschaftsteuer und der nach ihr zu bemessende Solidaritätszuschlag. Aufgrund der reduzierten Belastung aus dem Solidaritätszuschlag verbleibt mehr verwendbares Eigenkapital und damit mehr Ausschüttungspotential.[89] Bei Ausschüttung von EK 02 und EK 03 steigt die Belastung aus dem Solidaritätszuschlag wegen der Körperschaftsteuererhöhung aus der Herstellung der Ausschüttungsbelastung.[90] Aufgrund der erhöhten Belastung aus dem Solidaritätszuschlag vermindert sich das Ausschüttungspotential entsprechend.[91]

5.2.2 Die handelsrechtliche Erfassung des verwendbaren Eigenkapitals

Aus der steuerlichen Gliederungsrechnung gem. § 30 KStG werden die unterschiedlich belasteten Teilbeträge des verwendbaren Eigenkapitals ersichtlich. Dadurch ist die Höhe der künftigen Körperschaftsteuerminderungsansprüche und Körperschaftsteuererhöhungen und damit das Ausschüttungspotential quantifizierbar. Handelsrechtlich wird dies nicht ersichtlich, weil die Gewinnrücklagen nicht differenziert nach den Belastungskategorien analog der Gliederungsrechnung gem. § 30 KStG darzustellen sind. Dies gilt für das deutsche und US-amerikanische Rechnungslegungssystem gleichermaßen.[92]

Die aus den differierenden Belastungen der thesaurierten Gewinne resultierenden Körperschaftsteuerminderungsansprüche und -erhöhungsverpflichtungen stellen aufschiebend bedingte Steuervorteile bzw. -nachteile dar, die Parallelen zu aktiven und passiven latenten Steuern aufweisen.[93] Körperschaftsteuerminderungsansprüche zeigen

---

87 Vgl. *Herzig, Norbert* [Steuersatzänderungen, 1999], S. 974; *Mielke, Axel* [Ausschüttungsbemessung, 1995], S. 387.

88 Vgl. *Herzig, Norbert* [Steuersatzänderungen, 1999], S. 974; *Mielke, Axel* [Ausschüttungen, 1998], S. 656.

89 Vgl. *Mielke, Axel* [Ausschüttungsbemessung, 1995], S. 387.

90 Vgl. *Schaufenberg, Stefan* [Verwendungsreihenfolge, 1996], S. 589.

91 Vgl. *Herzig, Norbert* [Steuersatzänderungen, 1999], S. 974.

92 Vgl. *Zapf, Bernhard/Krumme, Gerhard* [Steuerpolitik, 1977], S. 159; *Meilicke, Heinz* [Tarifbelastung, 1991], S. 241; *Rautenberg, Hans G.* [Bilanzanalyse, 1982], S. 310; *Pellens, Bernhard/Bonse, Andreas/Schremper, Ralf* [Körperschaftsteuersätze, 1998], S. 903; *Coenenberg, Adolf G.* [Jahresabschluß, 2000], S. 964.

93 Vgl. *Förschle, Gerhart/Hoffmann, Karl* [Körperschaftsteuersystem, 1998], S. 2125; *Meilicke, Heinz* [Tarifbelastung, 1991], S. 241.

Kennzeichen von Forderungen bzw. forderungsähnlichen Ansprüchen, die bei Ausschüttung von EK 45 und EK 40 gegenüber dem Fiskus wirksam werden. Die Merkmale der Körperschaftsteuererhöhungsverpflichtungen, die bei Ausschüttung von EK 02 und EK 03 eine Erhöhung der Steuerzahlschuld zur Konsequenz haben, gleichen denen von Verbindlichkeiten.[94] Da die Ansprüche auf die Körperschaftsteuerminderung grundrechtlich geschützt sind und daher – auch durch eine Steuerrechtsänderung – nicht verloren gehen, handelt es sich zumindest im Ansatz um zeitlich befristete ‚Differenzen'.[95] Dies gilt analog für die Körperschaftsteuernachzahlungsverpflichtungen.[96] Die Ansprüche und Verpflichtungen lassen sich zwar nicht auf unterschiedliche Wertansätze von Vermögensgegenständen und Schulden in Handels- und Steuerbilanz zurückführen, gleichen jedoch den nach SFAS No. 109 aktivierungspflichtigen Ansprüchen auf Körperschaftsteuerminderung aus vortragsfähigen Verlusten.[97] Sie begründen analog den latenten Körperschaftsteuerminderungsansprüchen bedingte Ansprüche auf künftige Steuerminderungen. Für die Steuervorteile aus den vortragsfähigen Verlusten werden bei Vorhandensein ausreichender steuerbarer Beträge in künftigen Perioden aktive latente Steuern ausgewiesen.[98] Im Gegensatz zu aktiven latenten Steuern aus vortragsfähigen Verlusten, deren Realisierung das Vorliegen ausreichender steuerbarer Beträge in künftigen Veranlagungszeiträumen voraussetzt und damit hinsichtlich Höhe und Zeitpunkt unsicher ist, sind die Ansprüche aus den aufschiebend bedingten Steuervor- und -nachteilen ihrer Höhe nach sicher.[99] Unsicher ist lediglich der konkrete Zeitpunkt der Realisierung.[100]

Aufgrund der vorhandenen Parallelen stellt sich die Frage, ob die aufschiebend bedingten Steuervorteile als aktive latente Steuern, die aufschiebend bedingten Steuerbelastungen als passive latente Steuern in der Bilanz auszuweisen sind. In diese Posten wären pro Periode die Beträge einzustellen, die sich aus der fiktiven Herstellung der Ausschüttungsbelastung für das gesamte verwendbare Eigenkapital ergeben würden.[101]

---

94 Vgl. *Pellens, Bernhard/Bonse, Andreas/Schremper, Ralf* [Körperschaftsteuersätze, 1998], S. 903.

95 Vgl. Art. 3 § 37 E-StSenkG; *Raber, Hans G.* [Körperschaftsteuerreform, 1999], S. 2599; *Alexandrou, Anthony G.* [Körperschaftsteuersatz, 1996], S. 39; *IDW* [RS HFA 2, 1999], Abs. 57.

96 Nach dem Gesetzentwurf der Bundesregierung erfolgt eine Körperschaftsteuererhöhung nur noch bei Ausschüttung von EK 02. Vgl. Art. 3 § 37 E-StSenkG; *Kruhl, Alfred* [Reform, 2000], S. 173.

97 Die Parallelen bestehen ebenso bezüglich der Ansprüche auf Körperschaftsteuerminderung aus vortragsfähigen ‚investment tax credits'. Vgl. *FASB* [SFAS No. 109, 1992], Abs. 16; *Alexandrou, Anthony G.* [Körperschaftsteuersatz, 1996], S. 39; *Wagenhofer, Alfred* [IAS, 1999], S. 269; Kapitel 3, Fn. 134 und Fn. 139. Kritisch hierzu *Weiss, Judith* [GAAP, 1998], Ch. 14, S. 47.

98 Vgl. Gliederungspunkt 3.4 i.V.m. Gliederungspunkt 3.5.

99 Vgl. *FASB* [SFAS No. 109, 1992], Abs. 21; *IDW* [RS HFA 2, 1999], Abs. 58.

100 Vgl. *Pellens, Bernhard/Bonse, Andreas/Schremper, Ralf* [Körperschaftsteuersätze, 1998], S. 904.

101 Vgl. *Wysocki, Klaus v.* [Körperschaftsteuerreform, 1985], S. 1912.

Durch den Ausweis derartiger Steuerlatenzen wäre das tatsächlich im Unternehmen vorhandene Ausschüttungspotential für außenstehende Dritte ersichtlich.[102]

Die EITF hat sich mit der Problematik auseinandergesetzt und mit EITF No. 95-10 Stellung genommen.[103] Danach ist auf den Ausweis einer aktiven latenten Steuer für Körperschaftsteuererstattungsansprüche aus der Herstellung der Ausschüttungsbelastung von höher belastetem Eigenkapital zu verzichten.[104] Die Körperschaftsteuerminderungsansprüche sind erst im Zeitpunkt der steuerlichen Geltendmachung in der GuV zu erfassen.[105] Das EITF hat mehrheitlich einen Realisationszeitpunkt abgelehnt, der vor dem Ausschüttungsbeschluß liegt.[106] Damit darf der Steuerertrag aus den aufschiebend bedingten Steuervorteilen nicht gewinnerhöhend antizipiert werden. Die Behandlung von Körperschaftsteuererhöhungsverpflichtungen wurde nicht diskutiert. Ein Verzicht auf den Ansatz passiver latenter Steuern scheint jedoch zwingende Konsequenz.[107]

---

102 Eine über die Körperschaftsteuerminderungsansprüche hinausgehende Bilanzierung der Steuervorteile aus Ansprüchen auf die Körperschaftsteuergutschrift von 30 % und damit des gesamten Ausschüttungspotentials als aktive latente Steuern ist abzulehnen. Die durch Ausschüttung mobilisierbaren Ansprüche auf die Körperschaftsteuergutschrift tragen zwar ebenfalls Kennzeichen von Forderungen bzw. forderungsähnlichen Ansprüchen, weil sie auf die individuelle Einkommen- bzw. Körperschaftsteuerschuld anrechnungsberechtigter Anteilseigner angerechnet werden können und dadurch deren Steuerlast mindern. Da die Steuervorteile jedoch nicht auf der Ebene der Gesellschaft selbst geltend gemacht werden können, sondern ausschließlich auf der Ebene der Anteilseigner, sind sie nicht Bestandteil des in der Bilanz abzubildenden Betriebsvermögens der Gesellschaft. Vielmehr gehören sie der Sphäre der Gesellschafter an. Darüber hinaus würde eine Bilanzierung an der betragsmäßigen Ermittlung der Steuervorteile scheitern, da die Ansprüche auf die Körperschaftsteuergutschrift nur von anrechnungsberechtigten Anteilseignern bei Ausschüttung geltend gemacht werden können, während für nichtanrechnungsberechtigte Anteilseigner die abgeführte Körperschaftsteuer von 30 % definitiv ist. Für die Bezifferung des Betrags an realisierbaren Ansprüchen auf Körperschaftsteuergutschrift müßte die Anzahl der anrechnungsbereichtigten und nichtanrechnungsberechtigten Anteilseigner bekannt sein. Dies ist bei Publikumsgesellschaften regelmäßig nicht der Fall.

103 Vgl. *FASB* [EITF No. 95-10, 1995], S. 811; *Weiss, Judith* [GAAP, 1998], Ch. 14, S. 45-47.

104 Vgl. *FASB* [EITF No. 95-10, 1995], S. 811; *Alexandrou, Anthony G.* [Körperschaftsteuersatz, 1996], S. 39; *KPMG* [Rechnungslegung, 1999], S. 99.

105 Vgl. *FASB* [EITF No. 95-10, 1995], S. 811; *FASB* [EITF No. 95-20, 1995], S. 833; *Volkert, Linda A.* [Payments, 1996], S. 101.

106 Vgl. *Weiss, Judith* [GAAP, 1998], Ch. 14, S. 47; *Pellens, Bernhard/Bonse, Andreas/Schremper, Ralf* [Körperschaftsteuersätze, 1998], S. 903 f.

107 In IAS 12 wird die Behandlung von Körperschaftsteuerminderungsansprüchen und -erhöhungsverpflichtungen nicht explizit geregelt. Die Bilanzierung latenter Steuern für die aufschiebend bedingten Steuervor- und -nachteile mit erfolgswirksamer Erfassung der Gegenkonten in der GuV wird jedoch in der Literatur verlangt. Damit geht die Forderung nach der Bewertung latenter Steuern auf Basis der Ausschüttungsbelastung einher. Vgl. *IDW* [RS HFA 2, 1999], Abs. 57; *Förschle, Gerhart/Hoffmann, Karl* [Körperschaftsteuersystem, 1998], S. 2125 f.; *Pellens, Bernhard/Bonse, Andreas/Schremper, Ralf* [Körperschaftsteuersätze, 1998], S. 899-907; *Wagenhofer, Alfred* [IAS,

Das folgende Beispiel verdeutlicht zunächst die Bilanzierung nach der EITF-Stellungnahme,[108] und dient im weiteren der Veranschaulichung eines alternativen Bilanzierungsvorschlags. Für die Geschäftsjahre 1997 und 1998 wird jeweils eine nach US-amerikanischen Formvorschriften aufgestellte Bilanz mit GuV und eine steuerliche Gliederungsrechnung dargestellt.[109] Das Unternehmen erzielt einen Jahresüberschuß vor Körperschaftsteuer in Höhe von 400 TDM im Jahr 1997, in Höhe von 100 TDM im Jahre 1998. Im Sinne einer kontinuierlichen Dividendenpolitik wird jährlich eine Bruttodividende in Höhe von 200 TDM (140 TDM Bardividende; 60 TDM Anrechnungsguthaben) ausgeschüttet. Das gezeichnete Kapital beläuft sich auf 200 TDM. Die Kapitalrücklage enthält ein Agio aus der Ausgabe von Anteilen in Höhe von 100 TDM, das in der steuerlichen Gliederungsrechnung dem EK 04 zugeordnet ist. Zudem verfügt das Unternehmen über 50 TDM in EK 01 und 50 TDM in EK 02. Ein Solidaritätszuschlag wird nicht erhoben.

Die aus der geplanten Ausschüttung resultierende Körperschaftsteuerminderung fließt handelsrechtlich bereits in den Steueraufwand des abzuschließenden Geschäftsjahrs ein, während sich die ausschüttungsbedingte Änderung im verwendbaren Eigenkapital nur nachrichtlich ergibt.[110] Der in 1997 auszuweisende Steueraufwand in Höhe von 150 TDM berechnet sich aus der Differenz von Thesaurierungsbelastung ($400 \times 0{,}45 = 180$) und Körperschaftsteuerminderung aus der Herstellung der Ausschüttungsbelastung ($140 \times 15/70 = 30$).[111] Nach Abzug der Körperschaftsteuer ergibt sich ein Jahresüberschuß in Höhe von 250 TDM. In die Gewinnrücklagen wird der Anteil von 110 TDM eingestellt, der in der steuerlichen Gliederungsrechnung dem EK 45 zuzuordnen ist. Zur Ausschüttung verbleibt der Bilanzgewinn von 140 TDM, welcher die Bardividende repräsentiert. Um im Geschäftsjahr 1998 die Dividendenkontinuität aufrechtzuerhalten, ist wegen des zu geringen Jahresüberschusses eine Auflösung der Gewinnrücklagen zur Bedienung der Dividendenzahlungen in Höhe von 55 TDM notwendig. Der Steueraufwand des Geschäftsjahres in Höhe von 15 TDM berechnet sich aus der Tarifbelastung des Jahresüberschusses ($100 \times 0{,}45 = 45$) abzüglich der Körperschaftsteuerminderung aus der Herstellung der Ausschüttungsbelastung ($140 \times 15/70 = 30$). Für die Geschäftsjahre ergeben sich die in den Tabellen dargestellten Zahlen von GuV und Bilanz:

1999], S. 269. A.A. *Coenenberg, Adolf G./Hille, Klaus* [Ertragsteuern, 1997], Rz. 101; *Ausschuß für Bilanzierung des Bundesverbandes deutscher Banken* [Steuerabgrenzung, 1999], S. 830 f.

108 Das Beispiel ist an die Ausführungen von Pellens/Bonse/Schremper angelehnt, die basierend auf IAS die Bilanzierung latenter Steuern für die aufschiebend bedingten Steuervor- und -nachteile mit Erfassung der latenten Steueraufwendungen und -erträge in der GuV darstellen. Vgl. *Pellens, Bernhard/Bonse, Andreas/Schremper, Ralf* [Körperschaftsteuersätze, 1998], S. 900 f.; Fn. 106.

109 Vgl. *SEC* [Reg S-X, 1998], Item 210.5-02 und Item 210.5-03.

110 Vgl. *Pellens, Bernhard/Bonse, Andreas/Schremper, Ralf* [Körperschaftsteuersätze, 1998], S. 901.

111 Im Beispiel wird mit der bis einschließlich Veranlagungszeitraum 1998 gültigen Thesaurierungsbelastung von 45 % gerechnet. Vgl. *Frotscher, Gerrit* [§ 30 KStG, 1999], Rz. 9.

GuV	1997	1998
Jahresüberschuß vor KSt	400	100
Steueraufwand KSt	(150)	(15)
Jahresüberschuß nach Steuern	250	85
Zuführung/Auflösung Gewinnrücklagen	(110)	55
Bilanzgewinn	140	140

Aktiva	1997	1998	Passiva	1997	1998
Umlaufvermögen	500	310	Sonstiges Fremdkapital	300	300
Anlagevermögen	600	600	Steuerrückstellung	150	15
			Gezeichnetes Kapital	200	200
			Kapitalrücklage	100	100
			Andere Gewinnrücklagen	210	155
			Bilanzgewinn	140	140
Summe Aktiva	1100	910	Summe Passiva	1100	910

Die folgende steuerliche Gliederungsrechnung zeigt die Veränderungen des verwendbaren Eigenkapitals. Zusätzlich ist das durch die einzelnen Eigenkapitalkategorien repräsentierte Ausschüttungspotential angegeben.

Gliederung des vEK		Summe	EK 45	EK 01	EK 02	EK 04
Einkommen des Jahres 1997	400					
Tarifbelastung 45 %	(180)					
Eigenkapitalzugänge			220			
Bestand 31.12.1997		420	220	50	50	100
Ausschüttungspotential		465	280	50	35	100
Nachrichtlich:						
Gewinnausschüttung	140					
Verringerung EK 45	(110)		(110)			
KSt-Minderung	(30)					
Bestand zum 01.01.1998		310	110	50	50	100
Ausschüttungspotential		325	140	50	35	100
Einkommen des Jahres 1998	100					
Tarifbelastung 45 %	(45)					
Eigenkapitalzugänge			55			
Bestand 31.12.1998		365	165	50	50	100
Ausschüttungspotential		395	210	50	35	100
Nachrichtlich:						
Gewinnausschüttung	140					
Verringerung EK 45	(110)		(110)			
KSt-Minderung	(30)					
Bestand zum 01.01.1999		255	55	50	50	100
Ausschüttungspotential		255	70	50	35	100

Das Beispiel verdeutlicht, welche Informationen aus der dargestellten handelsrechtlichen Bilanzierung der Gewinnverwendung abgeleitet werden können. Aus der Bilanz ist die Veränderung des verwendbaren Eigenkapitals insgesamt erkennbar, aus der

GuV die Höhe der abzuführenden Ertragsteuer. Der ausgewiesene Steueraufwand beruht auf der Thesaurierungsbelastung, die für die auszuschüttenden Beträge herabgeschleust wurde. Nicht ersichtlich ist, in welcher Höhe ausschüttungsbedingte Körperschaftsteuerminderungen bzw. -erhöhungen in den ausgewiesenen Steueraufwand einfließen.[112] Hierzu wäre eine genaue Angabe über die Zusammensetzung der laufenden Steuern erforderlich. Ebenso geht aus dem handelsrechtlichen Ausweis der Gewinnrücklagen in der Bilanz nicht hervor, welcher steuerlichen Kategorie das Eigenkapital angehört. Im Gegensatz zur steuerlichen Gliederungsrechnung ist damit nicht erkennbar, welches Ausschüttungspotential durch das verwendbare Eigenkapital repräsentiert wird.[113] Um die Höhe der ausschüttungsbedingten Körperschaftsteueränderungen und das Ausschüttungspotential bestimmen zu können, wäre die Offenlegung zusätzlicher Angaben erforderlich. Dies wird in der Stellungnahme des EITF jedoch nicht verlangt. Wegen der Nichterfassung der Körperschaftsteuerminderungsansprüche und -erhöhungsverpflichtungen wird das vorhandene Ausschüttungspotential daher nicht ersichtlich.

5.2.3 Würdigung der Bilanzierung nach EITF No. 95-10

Der in der EITF-Stellungnahme vorgeschlagene Verzicht auf die Erfassung der Körperschaftsteuerminderungsansprüche und -erhöhungsverpflichtungen ist vor dem Hintergrund der im ‚Conceptual Framework' vom FASB genannten Zielsetzung zu würdigen. Danach soll das ‚financial reporting' gegenwärtigen und potentiellen Investoren entscheidungsrelevante Informationen vermitteln, die eine Einschätzung der wirtschaftlichen Lage des Unternehmens ermöglichen, welche in der subjektiven Prognose künftiger Zahlungsströme mündet.[114] In den vergangenheitsorientierten, periodisierten Erfolgsgrößen des ‚financial reporting' werden geeignete Indikatoren hierfür gesehen.[115] Das FASB stuft weiter ausführend die Informationen über das Eigenkapital als bedeutsam für die Schätzung der künftig erwarteten Zahlungsströme aus dem Unternehmen ein.[116] Insbesondere die Analyse der Eigenkapitalentwicklung wird für die ‚cash flow'-Prognose als hilfreich gewertet.[117] Dies setzt eine zieladäquate Abbildung des Eigenkapitals voraus.[118]

---

112 Vgl. *Wysocki, Klaus v.* [Körperschaftsteuerreform, 1985], S. 1910.

113 Vgl. *Pellens, Bernhard/Bonse, Andreas/Schremper, Ralf* [Körperschaftsteuersätze, 1998], S. 901 f.

114 Vgl. *FASB* [SFAC No. 1, 1978], Abs. 37; *Kuhlewind, Andreas-Markus* [Bilanzrechtstheorie, 1997], S. 38; Gliederungspunkt 2.2.2.

115 Vgl. *FASB* [SFAC No. 1, 1978], Abs. 44; *Ballwieser, Wolfgang* [Entwicklung, 1993], S. 114 f.

116 Vgl. *FASB* [SFAC No. 1, 1978], Abs. 41 i.V.m. *FASB* [SFAC No. 6, 1985], Abs. 49.

117 Vgl. *Hendriksen, Eldon S./Breda, Michael F. v.* [Accounting, 1991], S. 773 f. und S. 777.

118 Vgl. *Ballwieser, Wolfgang* [Jahresabschlußverbesserungen, 1982], S. 773.

Für gegenwärtige und potentielle Investoren ist von Interesse, „in welcher Höhe ein Unternehmen künftig Ausschüttungen bedienen kann."[119] Dafür ist die Kenntnis des vorhandenen Ausschüttungspotentials von erheblicher Bedeutung.[120] Für die Anteilseigner ist es wesentlich zu wissen, ob die spätere Ausschüttung der Gewinnrücklagen mit Körperschaftsteuerminderungen oder Körperschaftsteuererhöhungen einhergeht.[121] Bezüglich der künftig erwarteten Zahlungsströme aus dem Unternehmen hängt der ökonomische Wert der Gewinnrücklagen von den zugrundeliegenden Eigenkapitalkategorien und damit dem Ausschüttungspotential ab.[122] Unternehmen mit EK 45 und EK 40 weisen mehr Ausschüttungspotential auf als Unternehmen mit EK 02 und EK 03. Die Kenntnis des verfügbaren Ausschüttungspotentials ist deshalb für die Schätzung der künftig erwarteten Zahlungsströme, die diskontiert den Unternehmenswert ergeben, eine wertrelevante Information.[123] Das Vorhandensein von mobilisierbarem EK 45 und EK 40, bei dem der aufschiebend bedingte Steuervorteil durch Ausschüttung realisiert werden kann, erhöht den Unternehmenswert.[124] Entsprechend mindert sich der Unternehmenswert, wenn zur Ausschüttung auf EK 02 und EK 03 zurückgegriffen werden muß, weil mit der Ausschüttung die Steuernachzahlungsverpflichtung eintritt und die zu kapitalisierenden Gewinne mindert.[125] Anteilseigner werden folglich Unternehmen mit mehr Beständen an EK 45 und EK 40 gegenüber Unternehmen mit weniger derartigen Beständen präferieren.[126] Die Offenlegung des Ausschüttungspotentials würde ihnen unter Beachtung bestimmter Restriktionen eine präzisere Prognose der künftigen ‚cash flows' und damit eine präzisere Bestimmung des Unternehmenswerts ermöglichen.[127]

---

119 *Pellens, Bernhard/Bonse, Andreas/Schremper, Ralf* [Körperschaftsteuersätze, 1998], S. 900.

120 Vgl. *IDW-HFA* [Körperschaftsteuerreform, 1977], S. 50; *Wysocki, Klaus v.* [Körperschaftsteuerreform, 1985], S. 1911.

121 Vgl. *IDW-HFA* [Körperschaftsteuerreform, 1977], S. 50.

122 Vgl. *Meilicke, Heinz* [Tarifbelastung, 1991], S. 241 f.; *Faß, Joachim/Hülsmeier, Volker* [Eigenkapital, 1998], S. 1488.

123 Vgl. *Ballwieser, Wolfgang* [Unternehmensbewertung, 1993], S. 153; *Hötzel, Oliver* [Unternehmenskauf, 1993], S. 712; *Wieschermann, Hans-Otto* [Unternehmensbewertung, 1985], S. 254 f.

124 Vgl. *IDW-HFA* [Unternehmensbewertungen, 1983], S. 478; *König, Wolfgang/Zeidler, Gernot W.* [Steuern, 1996], S. 1100. Die Werthaltigkeit des latenten Körperschaftsteueranspruchs ist von seiner Mobilisierbarkeit abhängig. Hierfür sind entsprechende Ausschüttungsmöglichkeiten notwendig. Der Anspruch kann beispielsweise durch die Ausschüttung nicht betriebsnotwendigen Vermögens realisiert werden.

125 Vgl. *König, Wolfgang/Zeidler, Gernot W.* [Steuern, 1996], S. 1099 f.; *Zapf, Bernhard/Krumme, Gerhard* [Steuerpolitik, 1977], S. 159.

126 Vgl. *Pellens, Bernhard/Bonse, Andreas/Schremper, Ralf* [Körperschaftsteuersätze, 1998], S. 900.

127 Vgl. *Wieschermann, Hans-Otto* [Unternehmensbewertung, 1985], S. 255. Dabei ist zu beachten, daß der zukünftige Bestand an verwendbarem Eigenkapital maßgebend ist. Werden nach dem Konzept des Letztjahrsgewinns vergangenheitsbezogene Daten als Indikatoren zugrunde gelegt, sind erwartete Veränderungen der Eigenkapitalstruktur entsprechend zu berücksichtigen.

Aufgrund der Bedeutung des Ausschüttungspotentials erscheint der vom EITF vorgeschlagene Verzicht auf die Erfassung von Körperschaftsteuerminderungsansprüchen und -erhöhungsverpflichtungen, wodurch das Ausschüttungspotential offengelegt würde, im Hinblick auf das Ziel der Vermittlung entscheidungsrelevanter Informationen für die Prognose künftiger ‚cash flows' problematisch.[128] Das Eigenkapital als Residualanspruch der Anteilseigner fällt durch den Ausweisverzicht des Ausschüttungspotentials in Höhe der Körperschaftsteuerminderungsansprüche zu niedrig aus, da die ausschüttbaren Beträge nicht vollständig ausgewiesen werden. In Höhe der Körperschaftsteuererhöhungsverpflichtungen wird es hingegen zu hoch ausgewiesen, da die latenten Steuernachzahlungsverpflichtungen das ausschüttbare Eigenkapital mindern.[129] Um dem Informationsziel gerecht zu werden, wäre gerade die Bilanzierung der Körperschaftsteuerminderungen und -erhöhungen notwendig. Hinsichtlich der vom EITF verabschiedeten Stellungnahme bleibt offen, ob der Ausweisverzicht auf die untergeordnete Bedeutung der Problematik in den USA zurückzuführen ist.[130] Die Frage nach der bilanziellen Behandlung des verwendbaren Eigenkapitals ist als nationale Besonderheit des deutschen Körperschaftsteuerrechts in erster Linie für deutsche Unternehmen von beachtlicher Dimension.

Da die Kenntnis des Ausschüttungspotentials im Hinblick auf das vom FASB vorgegebene Rechnungslegungsziel der Vermittlung entscheidungsrelevanter Informationen zur ‚cash flow'-Prognose erstrebenswert ist, wird im folgenden eine Bilanzierungslösung für die Körperschaftsteuerminderungsansprüche und -erhöhungsverpflichtungen im Sinne einer de-lege-ferenda-Betrachtung vorgestellt. Mit der Bilanzierungslösung wird erstmals das Ausschüttungspotential offengelegt, was dem Informationsvermittlungsziel entspricht, und gleichzeitig durch Vermeidung einer vorzeitigen erfolgswirksamen Erfassung der aufschiebend bedingten Steuervor- bzw. -nachteile der Anspruch des EITF umgesetzt. Durch die Erfolgsneutralität hebt sich die vorzustellende Lösung von den bisher in der Literatur diskutierten Vorgehensweisen zur Bilanzierung des Ausschüttungspotentials im Zusammenhang mit den IAS ab.[131]

---

128 Vgl. *Pellens, Bernhard/Bonse, Andreas/Schremper, Ralf* [Körperschaftsteuersätze, 1998], S. 903 f.; *Förschle, Gerhart/Hoffmann, Karl* [Körperschaftsteuersystem, 1998], S. 2126.

129 Vergleichbare Verzerrungen des ausgewiesenen Eigenkapitals sieht das FASB als Konsequenz von Ausnahmeregelungen bei der Steuerabgrenzung. Vgl. *FASB* [SFAS No. 109, 1992], Abs. 171.

130 Vgl. *Pellens, Bernhard/Bonse, Andreas/Schremper, Ralf* [Körperschaftsteuersätze, 1998], S. 904.

131 Zur Bilanzierung der Körperschaftsteuerminderungsansprüche und -erhöhungsverpflichtungen im Zusammenhang mit den IAS vgl. *Pellens, Bernhard/Bonse, Andreas/Schremper, Ralf* [Körperschaftsteuersätze, 1998], S. 904. Vgl. hierzu auch *IDW* [RS HFA 2, 1999], Abs. 57; *Förschle, Gerhart/Hoffmann, Karl* [Körperschaftsteuersystem, 1998], S. 2125 f.; *Wagenhofer, Alfred* [IAS, 1999], S. 269.

5.2.4 Körperschaftsteuererstattungsansprüche als aktive latente Steuern

Die bilanzielle Erfassung der Körperschaftsteuererstattungsansprüche und Körperschaftsteuererhöhungsverpflichtungen setzt das Vorliegen von ‚assets' und ‚liabilities' voraus. Es gilt daher zu prüfen, ob die aufschiebend bedingten Steuervorteile den ‚asset'-Kriterien, die aufschiebend bedingten Steuernachteile den ‚liability'-Kriterien genügen.[132]

‚Assets' stellen wirtschaftliche Nutzenpotentiale dar, die in der Verfügungsmacht des bilanzierenden Unternehmens stehen und Ergebnis vergangener Geschäftsvorfälle oder Ereignisse sind.[133] Um die ‚asset'-Kriterien zu erfüllen, muß der Anspruch aus latenten Körperschaftsteuerminderungen ein entsprechendes Nutzenpotential darstellen, das sich direkt oder indirekt in künftigen Netto-Einzahlungsströmen konkretisiert.[134] Der aufschiebend bedingte Steuervorteil wird bei Ausschüttung in künftigen Perioden wirksam und mindert die an den Fiskus abzuführende Körperschaftsteuerzahlschuld. Dadurch wird der künftige Zahlungsmittelabfluß aus dem Unternehmen reduziert, was die erwarteten ‚net cash inflows' begünstigt. Soweit in den Ausschüttungsperioden eine Körperschaftsteuererstattung erfolgt, werden die ‚net cash inflows' durch den Zahlungsmittelzufluß direkt gestützt. Das Vorliegen eines wirtschaftlichen Nutzenpotentials ist daher zu bejahen. Weiter wird verlangt, daß das Nutzenpotential in der Verfügungsmacht des Unternehmens steht. Der aufschiebend bedingte Steuervorteil bedarf zu seiner Realisierung eines Ausschüttungsbeschlusses durch die Anteilseigner in der Hauptversammlung.[135] Da die Hauptversammlung ein Organ der Gesellschaft ist, spricht die Notwendigkeit von Gesellschafterbeschlüssen zur Mobilisierung der aufschiebend bedingten Steuervorteile nicht gegen das Innehaben von Verfügungsmacht und Kontrolle über das wirtschaftliche Nutzenpotential durch die Gesellschaft.[136] Der Mittelzuwachs aus der Körperschaftsteuerminderung bzw. -erstattung und damit aus dem wirtschaftlichen Nutzenpotential bleibt jedoch nicht im Unternehmen, sondern gilt als für die Ausschüttung verwendet und fließt an die Anteilseigner ab.[137] Zu fragen ist, ob dies für die Einordnung des aufschiebend bedingten Steuervorteils als ‚asset' schädlich ist. Für ‚assets' wird kein dauerhafter Verbleib im Unternehmen verlangt. Vielmehr können diese neben anderen Einsatzalternativen auch für Ausschüttungs-

---

132 Vgl. *FASB* [SFAC No. 6, 1985], Abs. 25 f.; *Kuhlewind, Andreas-Markus* [Bilanzrechtstheorie, 1997], S. 153.

133 Vgl. *FASB* [SFAC No. 6, 1985], Abs. 25; *Kuhlewind, Andreas-Markus* [Bilanzrechtstheorie, 1997], S. 153; Gliederungspunkt 3.3.5.

134 Vgl. *FASB* [SFAC No. 6, 1985], Abs. 26; *Pellens, Bernhard* [Rechnungslegung, 1999], S. 144.

135 Vgl. § 174 AktG; *IDW* [RS HFA 2, 1999], Abs. 57.

136 Vgl. *Förschle, Gerhart/Hoffmann, Karl* [Körperschaftsteuersystem, 1998], S. 2125.

137 Vgl. § 28 Abs. 6, S. 1 KStG.

zwecke verwendet werden.[138] Daher ist die Weiterleitung des Mittelzuwachses an die Anteilseigner als unschädlich einzuordnen.[139] Nach dem dritten Kriterium muß das wirtschaftliche Nutzenpotential Ergebnis vergangener Geschäftsvorfälle oder Ereignisse sein. Ursächlich für die Entstehung des aufschiebend bedingten Steuervorteils ist die Erzielung eines ausschüttbaren Gewinns, der zunächst mit dem regulären Körperschaftsteuertarif besteuert wird. Mit der Gewinnerzielung und Besteuerung durch die Thesaurierungsbelastung entsteht der Anspruch auf Körperschaftsteuerminderung.[140] Die tatsächliche Mobilisierung des Anspruchs findet bei Verabschiedung eines Ausschüttungsbeschlusses statt. Fraglich ist, welcher der genannten Zeitpunkte maßgebendes Ereignis für die Begründung eines ‚asset' bildet. Das EITF steht einem vor dem Ausschüttungsbeschluß liegenden Realisationszeitpunkt ablehnend gegenüber und sieht den Zeitpunkt der Verabschiedung des Ausschüttungsbeschlusses als entscheidend an.[141] Demgegenüber versteht das FASB bei aktiven latenten Steuern aus temporären Differenzen und steuerlich vortragsfähigen Verlusten den Entstehungszeitpunkt der temporären Differenz bzw. des steuerlich vortragsfähigen Verlustes als maßgebendes Ereignis für die Begründung der Steuerlatenzen.[142] Als irrelevant wird ausdrücklich der Zeitpunkt der Erzielung ausreichender steuerbarer Erträge gewertet, obwohl diese die tatsächliche Realisierung der Steuervorteile erst ermöglichen.[143] Dieser Zeitpunkt wurde in dem vorhergehenden SFAS No. 96 als Realisationszeitpunkt verfochten.[144] Mit SFAS No. 109 hat sich das FASB explizit gegen diese Sichtweise zugunsten eines früheren Realisationszeitpunkts entschieden.[145] Daraus folgt, daß für Steuervorteile aus Körperschaftsteuerminderungsansprüchen entgegen der vom EITF vertretenen Meinung der Entstehungszeitpunkt des Anspruchs und damit der Zeitpunkt der Gewinnerzielung als maßgebendes Ereignis aufzufassen ist. Die tatsächliche Mobilisierung durch Verabschiedung eines Gesellschafterbeschlusses ist demnach nicht ausschlaggebend. Entscheidend für die Begründung des latenten Steuervorteils aus den Körperschaftsteuerminderungsansprüchen ist die Gewinnerzielung, welche ein vergangenes Ereignis der abzubildenden Berichtsperiode darstellt und bereits stattgefunden hat. Im Ergebnis bleibt festzuhalten, daß das Nutzenpotential aus den Körperschaftsteuerminderungsansprüchen den ‚asset'-Kriterien genügt und daher aktivierungsfähig ist.

---

138 Vgl. *FASB* [SFAC No. 6, 1985], Abs. 184. Kritisch hierzu *Weiss, Judith* [GAAP, 1998], Ch. 14, S. 47.

139 Vgl. *Förschle, Gerhart/Hoffmann, Karl* [Körperschaftsteuersystem, 1998], S. 2125.

140 Vgl. § 23 Abs. 5 i.V.m. § 27 KStG.

141 Vgl. *Weiss, Judith* [GAAP, 1998], Ch. 14, S. 47; *Pellens, Bernhard/Bonse, Andreas/Schremper, Ralf* [Körperschaftsteuersätze, 1998], S. 903 f.

142 Vgl. *FASB* [SFAS No. 109, 1992], Abs. 85.

143 Vgl. *FASB* [SFAS No. 109, 1992], Abs. 83.

144 Vgl. *FASB* [SFAS No. 96, 1987], Abs. 102.

145 Vgl. *FASB* [SFAS No. 109, 1992], Abs. 83-85.

5.2.5 Körperschaftsteuererhöhungsverpflichtungen als passive latente Steuern

Die Einordnung als ‚liability' setzt am Bilanzstichtag das Vorliegen einer Verpflichtung gegenüber Dritten voraus, die wahrscheinlich künftige Vermögenstransfers zur Folge hat, denen sich das Unternehmen nicht entziehen kann. Die Verpflichtung muß Ergebnis vergangener Geschäftsvorfälle oder Ereignisse sein.[146]

Die Erfüllung der ‚liability'-Kriterien durch die Körperschaftsteuererhöhungsverpflichtung verlangt das Bestehen einer Verpflichtung gegenüber Dritten, die wahrscheinlich künftige Vermögenstransfers zur Folge hat. Die aufschiebend bedingten Steuernachteile aus verwendbarem Eigenkapital der Kategorie EK 02 und EK 03 begründen künftige Steuermehrbelastungen, weil sie bei Ausschüttung Steuernachzahlungen gegenüber dem Fiskus zur Konsequenz haben und damit Liquiditätsabflüsse bedingen.[147] Folglich besteht eine Verpflichtung am Bilanzstichtag, die in einem Vermögenstransfer mündet. Nach dem zweiten Kriterium darf die Verpflichtung der Gesellschaft nur wenig bzw. keinen Ermessensspielraum zur Vermeidung des Vermögenstransfers gewähren.[148] Die Hauptversammlung kann durch Beschluß auf die Ausschüttung verzichten und diese hinausschieben. Da die Verpflichtung auch bei einer Steuerrechtsänderung nicht erlischt,[149] ist lediglich der konkrete Eintrittszeitpunkt der steuerlichen Mehrbelastung unsicher, nicht jedoch die künftige Steuermehrbelastung als solches. Das Unternehmen hat keinen Ermessensspielraum zur Vermeidung des künftigen Vermögenstransfers. Die Erfüllung des zweiten Kriteriums durch die latenten Körperschaftsteuererhöhungsverpflichtungen ist daher zu bejahen. Für das Vorliegen einer ‚liability' muß die Verpflichtung auf vergangenen Geschäftsvorfällen und Ereignissen beruhen. Analog den aufschiebend bedingten Steuervorteilen werden aufschiebend bedingte Steuernachteile durch die Erzielung steuerbefreiter bzw. ermäßigt belasteter Gewinne verursacht. Davon unabhängig ist der Zeitpunkt, zu dem die Steuernachzahlung infolge eines Ausschüttungsbeschlusses vom Fiskus tatsächlich eingefordert wird. Zu fragen ist, welcher der alternativen Zeitpunkte das maßgebende Ereignis für die Begründung der Verpflichtung zur Steuernachzahlung darstellt. Bei passiven latenten Steuern bildet nach Ansicht des FASB der Entstehungszeitpunkt der temporären Differenzen das entscheidende Ereignis, welcher die ‚liability' begründet.[150] Auf die latenten Körperschaftsteuererhöhungsverpflichtungen übertragen, ist das maß-

---

146 Vgl. *FASB* [SFAC No. 6, 1985], Abs. 35 f.; *Kuhlewind, Andreas-Markus* [Bilanzrechtstheorie, 1997], S. 162; Gliederungspunkt 3.3.3.

147 Vgl. *Pellens, Bernhard/Bonse, Andreas/Schremper, Ralf* [Körperschaftsteuersätze, 1998], S. 900. Zu den möglichen Änderungen aufgrund des Gesetzentwurfes der Bundesregierung vgl. Fn. 96.

148 Vgl. *FASB* [SFAC No. 6, 1985], Abs. 36; *Kupsch, Peter* [Rückstellungen, 2000], S. 119.

149 Vgl. *Alexandrou, Anthony G.* [Körperschaftsteuersatz, 1996], S. 39; *IDW* [RS HFA 2, 1999], Abs. 57. Die geplante Steuerrechtsänderung beschränkt die Erhöhungsverpflichtung jedoch auf die Ausschüttung von EK 02. Vgl. Art. 3 § 37 E-StSenkG; *Kruhl, Alfred* [Reform, 2000], S. 173.

150 Vgl. *FASB* [SFAS No. 109, 1992], Abs. 79.

gebende Ereignis im Zeitpunkt der Gewinnerzielung zu sehen, da dieser ursächlich für die Entstehung der Verpflichtung ist. Die Gewinnerzielung stellt ein vergangenes Ereignis der abzubildenden Berichtsperiode dar. Der aufschiebend bedingte Steuernachteil ist entsprechend Ergebnis der Vergangenheit. Latente Körperschaftsteuererhöhungsverpflichtungen erfüllen damit die ‚liability'-Kriterien und sind passivierungsfähig.

Im Ergebnis ist die Bilanzierungsfähigkeit von latenten Körperschaftsteuerminderungsansprüchen und -erhöhungsverpflichtungen als Voraussetzung für die bilanzielle Erfassung zu bejahen.

5.2.6 Vorschlag zur Erfassung des Ausschüttungspotentials

5.2.6.1 Der Begriff des ‚comprehensive income'

Ausgangspunkt der Überlegungen bildet der nach US-GAAP maßgebende Begriff des ‚comprehensive income', welcher in das ‚Conceptual Framework' bereits im Jahr 1980 aufgenommen, jedoch erst mit dem im Jahr 1997 verabschiedeten SFAS No. 130 hinsichtlich Erfassung und Ausweis der Ergebnisbestandteile spezifiziert wurde.[151] In SFAS No. 6 wird das ‚comprehensive income' als die Veränderung des Eigenkapitals aus den Geschäftsvorfällen und Ereignissen der Berichtsperiode definiert, die nicht auf Zahlungsströme von und zu den Anteilseignern zurückzuführen sind.[152] Außer den Kapitalerhöhungen, Kapitalherabsetzungen und Dividendenzahlungen an die Anteilseigner umfaßt der Begriff des ‚comprehensive income' alle Eigenkapitalveränderungen, die auf Aufwendungen und Erträgen des abzubildenden Berichtsjahrs beruhen.[153] Das FASB geht von einem umfassenden Gesamtergebnis aus, das neben den in der Berichtsperiode realisierten Erfolgsbeiträgen des ‚net income' aus der GuV mit dem ‚other comprehensive income' auch unrealisierte, an der GuV vorbei direkt im Eigenkapital erfaßte Erfolgsbeiträge enthält.[154]

---

151 Der Begriff des ‚comprehensive income' wurde erstmals in SFAC No. 3 eingeführt, das durch SFAC No. 6 ersetzt wurde. Das FASB hat mit SFAS No. 130 keine Ansatz- oder Bewertungsfragen zum ‚comprehensive income' geregelt. Diese werden weiterhin durch die spezifischen Rechnungslegungsstandards geklärt. Vgl. *FASB* [SFAS No. 130, 1997], Abs. 1, Abs. 4 und Abs. 7; *Fitzsimons, Adrian P./Thompson, James W.* [Reporting, 1996], S. 99.

152 Vgl. *FASB* [SFAC No. 6, 1985], Abs. 70; *FASB* [SFAS No. 130, 1997], Abs. 8; *Heynitz, Harald v.* [Comprehensive Income, 1997], S. 17.

153 Vgl. *FASB* [SFAS No. 130, 1997], Abs. 8 und Abs. 11; *Kieso, Donald E./Weygandt, Jerry J.* [Accounting, 1998], S. 166.

154 Vgl. *FASB* [SFAS No. 130, 1997], Abs. 15; *Holzer, Peter/Ernst, Christian* [Comprehensive Income, 1999], S. 353 f.; Gliederungspunkt 3.8.2.2.

Das ‚other comprehensive income‘ ist in eine gesonderte Bilanzposition des Eigenkapitals einzustellen.[155] Es umfaßt die nach US-GAAP bilanziell zu berücksichtigenden Erfolgsbeiträge des abzubildenden Berichtsjahrs, die Bestandteil des ‚comprehensive income‘ bilden, aber vom ‚net income‘ ausgeschlossen sind.[156] Hierbei handelt es sich um Wertänderungen bestimmter Vermögensgegenstände und Schulden, die noch nicht durch Veräußerung oder Fälligkeit realisiert wurden und daher nicht dem ‚net income‘ zuzurechnen sind.[157] Beispielhaft hierfür sind unrealisierte Erfolgsbeiträge aus der Fremdwährungsumrechnung, der Anpassung von Pensionsverpflichtungen an die Mindesthöhe sowie der Kursänderung von Wertpapieren, die der Kategorie ‚available-for-sale‘ zugeordnet sind.[158] Mit ihrer Erfassung geht eine Veränderung des Eigenkapitals einher, die sich nicht im ‚net income‘ niederschlägt.[159] Das ‚other comprehensive income‘ stellt folglich eine Ergebnisposition dar, die aufgrund des sogenannten ‚income statement by-pass‘ nicht über die GuV in das Eigenkapital eingeht.[160]

Die im ‚other comprehensive income‘ erfaßten Erfolgsbeiträge sind bedingt und bedürfen zu ihrer Realisierung eines zusätzlichen Ereignisses wie beispielsweise Verkauf oder Fälligkeit. Mit dem Eintritt des Ereignisses sind die unrealisierten Aufwendungen, Erträge, Gewinne und Verluste, die in den Vorperioden und der laufenden Periode im ‚other comprehensive income‘ erfaßt wurden, aus diesem auszubuchen und als realisierte Größen in der GuV erfolgswirksam zu erfassen.[161] Innerhalb des ‚comprehensive income‘ hat der Eintritt eines Realisationsereignisses damit die Umgliederung der unrealisierten Erfolgsbeiträge des ‚other comprehensive income‘ zu den realisierten Erfolgsbeiträgen der GuV zur Konsequenz.[162] Durch die als ‚reclassification adjustments‘ bezeichneten Anpassungen wird eine Doppelerfassung von Erfolgsbeiträgen sowohl im ‚net income‘ als auch im ‚other comprehensive income‘ ausgeschlossen.[163]

---

155 Vgl. *Beresford, Dennis R./Johnson, Todd L./Reither, Cheri L.* [Income Statement, 1996], S. 72; *Beine, Frank* [Überleitung, 1998], S. 1000.

156 Vgl. *FASB* [SFAS No. 130, 1997], Abs. 10; *Heynitz, Harald v.* [Comprehensive Income, 1997], S. 17.

157 Vgl. *Holzer, Peter/Ernst, Christian* [Comprehensive Income, 1999], S. 362.

158 Vgl. *FASB* [SFAS No. 130, 1997], Abs. 17; *Dhaliwal, Dan/Subramanyam, K. R./Trezevant, Robert* [Performance, 1999], S. 46; *Smith, Pamela A./Reither, Cheri L.* [Effect, 1996], S. 15-19.

159 Vgl. *FASB* [SFAS No. 130, 1997], Abs. 18; *Williams, Jan R.* [GAAP Guide, 1999], Ch. 42, S. 12.

160 Vgl. *Kieso, Donald E./Weygandt, Jerry J.* [Accounting, 1998], S. 166; *Holzer, Peter/Ernst, Christian* [Comprehensive Income, 1999], S. 357.

161 Vgl. *Holzer, Peter/Ernst, Christian* [Comprehensive Income, 1999], S. 362; *Williams, Jan R.* [GAAP Guide, 1999], Ch. 42, S. 14.

162 Vgl. *Holzer, Peter/Ernst, Christian* [Comprehensive Income, 1999], S. 362.

163 ‚Reclassification adjustments‘ sind für unrealisierte Erfolgsbeiträge aus Anpassungen der Pensionsverpflichtungen an die Mindesthöhe aus Praktikabilitätsgründen nicht vorzunehmen. Vgl. *FASB* [SFAS No. 130, 1997], Abs. 21; *Goldberg, Irwin* [Income Statement, 1999], Ch.7, S. 17; *Luecke, Randall W./Meeting, David T.* [Income, 1998], S. 48.

Gleichzeitig wird erreicht, daß der Erfolgsbeitrag erst zum Realisationszeitpunkt in das Periodenergebnis der GuV eingeht.[164]

SFAS No. 130 enthält für das ‚other comprehensive income' detaillierte Ausweis- und Erläuterungspflichten.[165] Danach ist zusätzlich zur GuV ein Rechenwerk für die Erfassung des ‚other comprehensive income' aufzustellen, in dem die unrealisierten Erfolgsbeiträge aufzunehmen sind.[166] Das Rechenwerk kann alternativ im Anschluß an die GuV angehängt, durch das ‚statement of comprehensive income' als eigenständige Gesamtergebnisrechnung ausgewiesen oder innerhalb der Eigenkapitalveränderungsrechnung aufgezeigt werden.[167] In diesem Rechenwerk sind ausgehend vom ‚net income' die unrealisierten Erfolgsbeiträge für jede Komponente getrennt offenzulegen.[168] Dabei sind pro Komponente die in der Berichtsperiode vorzunehmenden ‚reclassification adjustments' zu berücksichtigen. Für den Ausweis besteht ein Wahlrecht, wonach die unrealisierten Erfolgsbeiträge und zugehörigen ‚reclassification adjustments' nach Zu- und Abgang getrennt oder als saldierte Größen, die im Anhang nach Zu- und Abgang aufgeschlüsselt werden, ausgewiesen werden können.[169] Die Summe der unrealisierten Erfolgsbeiträge und ‚reclassification adjustments' bildet das ‚other comprehensive income', das in die Bilanz einzustellen ist. Zusammen mit dem ‚net income' errechnet sich das ‚comprehensive income'.[170] Der am Bilanzstichtag vorhandene Bestand an ‚other comprehensive income' ist nach SFAS No. 130 in einer gesonderten, von den Kapital- und Gewinnrücklagen getrennten und durch entsprechende Bezeichnung eindeutig kenntlich zu machenden Eigenkapitalposition zu erfassen.[171] Der Bestand an ‚other comprehensive income' ist alternativ in der Bilanz, der Eigenkapitalveränderungsrechnung oder im Anhang in die verursachenden Komponenten

---

164 Vgl. *FASB* [SFAS No. 130, 1997], Abs. 18 f. und Abs. 89; *Holzer, Peter/Ernst, Christian* [Comprehensive Income, 1999], S. 362.

165 Vgl. *FASB* [SFAS No. 130, 1997], Abs. 1 und Abs. 7; *Fitzsimons, Adrian P./Thompson, James W.* [Reporting, 1996], S. 99.

166 Vgl. *Holzer, Peter/Ernst, Christian* [Comprehensive Income, 1999], S. 357; *Smith, Pamela A./ Reither, Cheri L.* [Effect, 1996], S. 15.

167 Vgl. *FASB* [SFAS No. 130, 1997], Abs. 22; *Kieso, Donald E./Weygandt, Jerry J.* [Accounting, 1998], S. 166-168; *Hirst, Eric/Hopkins, Patrick* [Judgements, 1998], S. 50 und S. 63.

168 Vgl. *FASB* [SFAS No. 130, 1997], Abs. 22; *Heynitz, Harald v.* [Comprehensive Income, 1997], S. 19.

169 Vgl. *FASB* [SFAS No. 130, 1997], Abs. 20; *Luecke, Randall W./Meeting, David T.* [Income, 1998], S. 48.

170 Vgl. *FASB* [SFAS No. 130, 1997], Abs. 22 und Appendix B; *Beine, Frank* [Überleitung, 1998], S. 1000; *Smith, Pamela A./Reither, Cheri L.* [Effect, 1996], S. 14.

171 Als angemessene Bezeichnung für den Bilanzausweis wird in der Literatur der Terminus ‚accumulated comprehensive other income' vorgeschlagen. Vgl. *FASB* [SFAS No. 130, 1997], Abs. 26, S. 2; *Kieso, Donald E./Weygandt, Jerry J.* [Accounting, 1998], S. 168; *Williams, Jan R.* [GAAP Guide, 1999], Ch. 42, S. 17.

wie beispielsweise Wertpapiere, Fremdwährungsumrechnung, Anpassungen der Pensionsverpflichtungen an die Mindesthöhe aufzugliedern.[172]

Mit SFAS No. 130 ist erstmals eine differenzierte Berichterstattung über das ‚comprehensive income' mit dem Ziel der besseren Einblicksgewährung in die Ertragslage des Unternehmens konkretisiert worden.[173] Dabei wurden insbesondere detaillierte Ausweis- und Erläuterungspflichten zum ‚other comprehensive income' vorgegeben.[174] Durch die untergliederte Darstellung von Bestand und Bestandsveränderung des ‚other comprehensive income' werden die Bewegungen innerhalb des Postens ersichtlich. Verständnisprobleme und Mißinterpretationen der unternehmerischen Tätigkeit bei außenstehenden Dritten, die sich bei pauschalem Ausweis der Größe ‚comprehensive income' ergeben könnten, sollen dadurch vermieden werden.[175] Gleichzeitig soll externen Adressaten eine Beurteilung der Auswirkungen von Veränderungen der einzelnen Positionen im Hinblick auf das künftige Jahresergebnis ermöglicht werden.[176] Mit den detaillierten Angaben wird gegenüber einem Pauschalausweis der Größe ‚comprehensive income' die Verbesserung der Prognose künftiger ‚cash flows' angestrebt.[177]

5.2.6.2 Erfassung des Ausschüttungspotentials als ‚other comprehensive income'

Bei den nach SFAS No. 130 im ‚other comprehensive income' zu erfassenden Erfolgsbeiträgen handelt es sich um bedingte Gewinne und Verluste, die zur Realisierung eines weiteren Ereignisses bedürfen. Das Vorliegen einer Bedingung kennzeichnet in vergleichbarer Weise die Körperschaftsteuerminderungsansprüche und -erhöhungsverpflichtungen, die als aufschiebend bedingte Steuervor- und -nachteile zur Mobilisierung einen Ausschüttungsbeschluß durch die Hauptversammlung voraussetzen. Aufgrund der Parallele liegt die Bilanzierung latenter Steuern für die Körperschaftsteuerminderungsansprüche und -erhöhungsverpflichtungen und Erfassung der Gegenkonten im ‚other comprehensive income' nahe. Die latenten Steuererträge und -aufwendungen

---

172 Vgl. *FASB* [SFAS No. 130, 1997], Abs. 26, S. 3; *Williams, Jan R.* [GAAP Guide, 1999], Ch. 42, S. 17.

173 Vgl. *Dhaliwal, Dan/Subramanyam, K. R./Trezevant, Robert* [Performance, 1999], S. 45; *Smith, Pamela A./Reither, Cheri L.* [Effect, 1996], S. 14.

174 Vgl. *Heynitz, Harald v.* [Comprehensive Income, 1997], S. 17; *Smith, Pamela A./Reither, Cheri L.* [Effect, 1996], S. 15.

175 Vgl. *FASB* [SFAS No. 130, 1997], Abs. 13; *Fitzsimons, Adrian P./Thompson, James W.* [Reporting, 1996], S. 100.

176 Vgl. *FASB* [SFAS No. 130, 1997], Abs. 13; *Holzer, Peter/Ernst, Christian* [Comprehensive Income, 1999], S. 364; *Williams, Jan R.* [GAAP Guide, 1999], Ch. 42, S. 13.

177 Vgl. *FASB* [SFAS No. 130, 1997], Abs. 12 f.; *Fitzsimons, Adrian P./Thompson, James W.* [Reporting, 1996], S. 100; *Kieso, Donald E./Weygandt, Jerry J.* [Accounting, 1998], S. 168; *Dhaliwal, Dan/Subramanyam, K. R./Trezevant, Robert* [Performance, 1999], S. 64.

aus der fiktiven Herstellung des Ausschüttungspotentials werden dadurch erfolgsneutral verbucht.

Der in dieser Arbeit vorzustellende Bilanzierungsvorschlag sieht den Ansatz aktiver latenter Steuern für die Körperschaftsteuerminderungsansprüche in der Bilanz vor, die als latenter Steuerertrag das ‚other comprehensive income' und damit das Eigenkapital erhöhen. Entsprechend sind für latente Körperschaftsteuererhöhungsverpflichtungen passive latente Steuern zu bilden. Sie mindern als latenter Steueraufwand das ‚other comprehensive income' und folglich das Eigenkapital.

Zur Quantifizierung der aktiven latenten Steuern ist die Ausschüttungsbelastung auf die zunächst mit der Thesaurierungsbelastung versteuerten Gewinne herzustellen. Für die Ermittlung der passiven latenten Steuern ist im Gegenzug die Ausschüttungsbelastung auf die steuerbefreiten bzw. -ermäßigten Gewinne zu bilden. Ausgenommen sind lediglich dem EK 01 zuzuordnende Gewinne, bei deren Ausschüttung die Körperschaftsteuer gem. § 40 Nr. 1 KStG nicht erhöht wird.[178] Sie sind in voller Höhe für Dividendenzahlungen verwendbar und mindern das Ausschüttungspotential nicht.[179] Der Wert der aktiven und passiven latenten Steuern ergibt sich jeweils aus der Differenz von Körperschaftsteuertarifbelastung und Ausschüttungsbelastung. Die resultierenden Beträge sind je nach Vorzeichen als latenter Steuerertrag bzw. -aufwand im ‚other comprehensive income' zu verbuchen. Dies gilt für die realisierten Gewinne aus der GuV sowie die unrealisierten Gewinne aus dem ‚other comprehensive income' gleichermaßen. Soweit für das abzubildende Berichtsjahr eine Dividendenzahlung beschlossen ist, werden die Körperschaftsteuerminderungsansprüche bzw. -erhöhungsverpflichtungen gegenüber dem Fiskus wirksam und Ausschüttungspotential mobilisiert. Die bedingten Steuervor- bzw. -nachteile gelten dann als realisiert. Entsprechend sind sie durch ‚reclassification adjustments' aus dem ‚other comprehensive income' auszubuchen und erfolgswirksam in die GuV einzustellen. Sie mindern den laufenden Steueraufwand des Berichtsjahrs. Die Höhe der aktiven latenten Steuern aus Körperschaftsteuerminderungsansprüchen ergibt sich aus den erfolgsneutral zu erfassenden latenten Steuererträgen abzüglich der korrespondierenden ‚reclassification adjustments'. Spiegelbildlich hierzu ergibt sich der Wert der passiven latenten Steuern aus den erfolgsneutral zu erfassenden latenten Steueraufwendungen vermindert um die zugehörigen ‚reclassification adjustments'.[180]

---

178 Vgl. *Cattelaens, Heiner/Gottstein, Siegfried/Stegmüller, Hubert/Zenthöfer, Wolfgang* [KSt, 1997], S. 386; *Pellens, Bernhard/Bonse, Andreas/Schremper, Ralf* [Körperschaftsteuersätze, 1998], S. 905.

179 Vgl. *Rose, Gerd* [Ertragsteuern, 1994], S. 175.

180 Nach SFAS No. 130 sind die Steuerwirkungen aus den im ‚other comprehensive income' zu erfassenden Komponenten offenzulegen. Der Wert der Erfolgsbeiträge kann wahlweise vor oder nach Steuern ausgewiesen werden. Das Wahlrecht ist für die Erfolgsbeiträge aus Körperschaftsteuerminderungsansprüchen oder -erhöhungsverpflichtungen hinfällig, da sie Steuereffekte verkörpern und als solche nicht mehr der Besteuerung unterliegen. Vgl. *FASB* [SFAS No. 130, 1997], Abs. 24.

Der im ,other comprehensive income' verbleibende Saldo aus latenten Steuererträgen und -aufwendungen sowie den Anpassungen aus den ,reclassification adjustments' gibt die Veränderung des Ausschüttungspotentials gegenüber dem Vorjahr an und ist in die Bilanz einzustellen. Soweit in der Bilanz lediglich der kumulierte Wert des ,other comprehensive income' aufgenommen wird, sind in der Eigenkapitalveränderungsrechnung oder im Anhang die Bestandsangaben der zugrundeliegenden Komponenten gesondert offenzulegen. Der Bestand an latenten Steuern aus den aufschiebend bedingten Steuervor- und -nachteilen gibt das im Unternehmen vorhandene Ausschüttungspotential an, d.h. den Betrag, der sich aus der fiktiven Herstellung der Ausschüttungsbelastung für das gesamte verwendbare Eigenkapital ergibt.

Durch den Ausweis der aufschiebend bedingten Steuervor- und -nachteile im ,other comprehensive income' bleibt der in der GuV ausgewiesene Steueraufwand unberührt, was die in EITF No. 95-10 angestrebte Vermeidung eines frühzeitigen erfolgswirksamen Ausweises des Ausschüttungspotentials gewährleistet.[181] In der GuV werden die laufenden und latenten Steuern uneingeschränkt nach den Vorschriften von SFAS No. 109 bilanziert. Maßgebend für ihre Bewertung ist grundsätzlich der körperschaftsteuerliche Thesaurierungssatz. Lediglich für die in der Periode auszuschüttenden Gewinne werden dann die aus der Herstellung der Ausschüttungsbelastung resultierenden Steuererträge bzw. -aufwendungen in der GuV erfaßt. Sie mindern bzw. erhöhen den laufenden Steueraufwand. Die Summe aus erfolgswirksam und erfolgsneutral erfaßten Ertragsteuern entspricht in jeder Periode genau der Ausschüttungsbelastung in Höhe von 30 % auf die ausschüttungsfähigen, um Bestandteile des EK 01 bereinigten Gewinne.[182]

Die konkrete Vorgehensweise des dargestellten Bilanzierungsvorschlags wird an dem in Gliederungspunkt 5.2.2 eingeführten Beispiel verdeutlicht. Dabei wird angenommen, daß außer den aufschiebend bedingten Steuervor- und -nachteilen keine weiteren unrealisierten Erfolgsbeiträge als ,other comprehensive income' zu erfassen sind. Der in der GuV auszuweisende Körperschaftsteueraufwand und damit der Jahresüberschuß nach Steuern sowie die Zuführung bzw. Auflösung der Gewinnrücklagen bleiben unverändert. In der Bilanz sind aktive und passive latente Steuern für die Körperschaftsteuerminderungsansprüche und -erhöhungsverpflichtungen auszuweisen. Zusätzlich ist im Eigenkapital eine Position für den Bestand an ,other comprehensive income' zu bilden.

Zur Erfassung des ,other comprehensive income' wird das ,statement of comprehensive income' ergänzt. Darin werden die Zu- und Abgänge der latenten Steuererträge aus den Körperschaftsteuerminderungsansprüchen erfaßt. Im Jahr 1997 ist ein latenter

---

181 Vgl. *FASB* [EITF No. 95-10, 1995], S. 811; Gliederungspunkt 5.2.2.

182 Vgl. *Wysocki, Klaus v.* [Körperschaftsteuerreform, 1985], S. 1912; *Pellens, Bernhard/Bonse, Andreas/Schremper, Ralf* [Körperschaftsteuersätze, 1998], S. 905.

Steuerertrag aus der fiktiven Herstellung der Ausschüttungsbelastung auf den Gewinn von 400 TDM in Höhe von 60 TDM (400 × 0,15 = 60) im ‚other comprehensive income' zu verbuchen. Aufgrund der Dividendenzahlung wird im Berichtsjahr das Ausschüttungspotential anteilig mobilisiert (140 × 15/70 = 30). Das zunächst vollständig im ‚other comprehensive income' erfaßte Ausschüttungspotential ist wegen der teilweisen Mobilisierung des Körperschaftsteuerminderungsanspruchs durch ein ‚reclassification adjustment' umzugliedern.[183] Der anteilige latente Steuerertrag ist auszubuchen und erfolgswirksam in die GuV einzustellen. Für den im ‚other comprehensive income' verbleibenden Saldo in Höhe von 30 TDM ist in der Bilanz eine aktive latente Steuer anzusetzen. Auf der Passivseite erhöht der Saldo den Anfangsbestand des ‚accumulated other comprehensive income'. Dieser ist wegen des vorhandenen EK 02, das bei Ausschüttung zu einer Körperschaftsteuererhöhung in Höhe von 15 TDM (50 × 0,3 = 15) führt, negativ. Für das negative Ausschüttungspotential des EK 02 wurde bereits in vorangegangenen Berichtsjahren eine passive latente Steuer in die Bilanz aufgenommen, die wegen der Verwendungsfiktion des § 28 Abs. 3 KStG in den betrachteten Berichtsjahren unberührt bleibt.

Im Berichtsjahr 1998 ist zur Aufrechterhaltung der Dividendenkontinuität und Ausschüttung einer Bruttodividende in Höhe von 200 TDM (140 TDM Bardividende; 60 TDM Anrechnungsguthaben) eine Auflösung der Gewinnrücklagen zur Bedienung der Dividendenzahlungen erforderlich. Der Auflösungsbetrag beläuft sich auf 55 TDM. In Höhe des auf die aufgelösten Gewinnrücklagen entfallenden Körperschaftsteuerminderungsanspruchs von 15 TDM (55 × 15/55 = 15) sind die aktiven latenten Steuern erfolgswirksam aufzulösen. Im ‚statement of comprehensive income' sind folgende Angaben offenzulegen. Als Zugang ist aus dem im Berichtsjahr erwirtschafteten Jahresüberschuß zunächst das Ausschüttungspotential in Höhe von 15 TDM (100 × 0,15 = 15) zu erfassen. Wegen der Dividendenzahlung wird ein Ausschüttungspotential in Höhe von 30 TDM mobilisiert, das durch ein ‚reclassification adjustment' aus dem ‚statement of comprehensive income' auszubuchen und in der GuV erfolgswirksam zu erfassen ist. Der Betrag entfällt zur Hälfte auf das im Berichtsjahr entstandene Ausschüttungspotential, zur anderen Hälfte sind die aktiven latenten Steuern aus dem Körperschaftsteuerminderungsanspruch aufzulösen. Der negative Saldo aus latentem Steuerertrag und ‚reclassification adjustment' in Höhe von -15 TDM bildet das ‚other comprehensive income', das in die Bilanz einzustellen ist. Für das Berichtsjahr 1998 reduziert sich der Bestand an ‚accumulated other comprehensive income' auf 0 TDM. Die aktiven latenten Steuern aus dem Körperschaftsteuerminderungsanspruch stehen den passiven latenten Steuern aus der Körperschaftsteuererhöhungsverpflichtung in gleicher Höhe gegenüber. Die folgenden Tabellen zeigen die GuV mit angehängtem ‚statement of comprehensive income' und die Bilanz.

[183] Vgl. *FASB* [SFAS No. 109, 1992], Abs. 18 und Abs. 135.

GuV	1997	1998
Jahresüberschuß vor KSt	400	100
Steueraufwand KSt	(150)	(15)
Jahresüberschuß nach Steuern	250	85
Statement of Comprehensive Income		
Jahresüberschuß nach Steuern	250	85
latenter Steuerertrag	60	15
reclassification adjustment	(30)	(30)
Other Comprehensive Income	30	(15)
Comprehensive Income	280	70
Zuführung/Auflösung Eigenkapital		
Gewinnrücklagen	(110)	55
Acc. Other Comprehensive Income	(30)	15
Bilanzgewinn	140	140

Aktiva	1997	1998	Passiva	1997	1998
Umlaufvermögen	500	310	Sonstiges Fremdkapital	300	300
Anlagevermögen	600	600	Steuerrückstellung	150	15
aktive Steuerlatenz	**30**	**15**	**passive Steuerlatenz**	**15**	**15**
			Gezeichnetes Kapital	200	200
			Kapitalrücklage	100	100
			Andere Gewinnrücklagen	210	155
			Acc. Other Comprehensive Income	**15**	**0**
			Bilanzgewinn	140	140
Summe Aktiva	1130	925	Summe Passiva	1130	925

Durch die im Beispiel vorgestellte Bilanzierungslösung für latente Körperschaftsteuerminderungsansprüche und -erhöhungsverpflichtungen wird das Ausschüttungspotential des Unternehmens in seiner tatsächlichen Höhe ersichtlich und ökonomisch richtig wiedergegeben.[184] Das ‚accumulated other comprehensive income' zeigt den Betrag an, der aus der fiktiven Herstellung der Ausschüttungsbelastung für das gesamte verwendbare Eigenkapital resultiert.[185] Unverändert bleiben die in der GuV auszuweisenden laufenden und latenten Ertragsteuern, der Jahresüberschuß und die Veränderung der Gewinnrücklagen, weil die latenten Steuererträge bzw. -aufwendungen aus den aufschiebend bedingten Steuervorteilen und -nachteilen als unrealisierte Erfolgsbeiträge Bestandteil des ‚other comprehensive income' bilden. Die latenten Steuererträge bzw. -aufwendungen werden, wie in EITF No. 95-10 gefordert, erst mit der Mobilisierung des Ausschüttungspotentials durch Verabschiedung eines Ausschüttungsbeschlusses erfolgswirksam erfaßt.[186] Mit der Verabschiedung des Ausschüttungsbeschlusses

184 Vgl. *Pellens, Bernhard/Bonse, Andreas/Schremper, Ralf* [Körperschaftsteuersätze, 1998], S. 904; *Wagenhofer, Alfred* [IAS, 1999], S. 269.

185 Vgl. *Wysocki, Klaus v.* [Körperschaftsteuerreform, 1985], S. 1912.

186 Vgl. *FASB* [EITF No. 95-10, 1995], S. 811; Gliederungspunkt 5.2.2.

werden sie aus dem ‚other comprehensive income' in der GuV umgegliedert. Da die ‚reclassification adjustments' für jede Komponente gesondert offenzulegen sind,[187] wird ersichtlich, in welcher Höhe ausschüttungsbedingte Körperschaftsteuerminderungen bzw. -erhöhungen in den laufenden Steueraufwand einfließen. Die Summe aus den erfolgswirksam und erfolgsneutral erfaßten Ertragsteuern entspricht in jeder Periode genau der Ausschüttungsbelastung in Höhe von 30 % auf die ausschüttungsfähigen Gewinne.

Das vorhandene Ausschüttungspotential wird im Beispiel durch das ‚accumulated other comprehensive income' unmittelbar wiedergegeben, weil dieses ausschließlich die latenten Steuererträge und -aufwendungen aus den Körperschaftsteuerminderungsansprüchen und -erhöhungsverpflichtungen beinhaltet. Soweit unrealisierte Erfolgsbeiträge aus weiteren Komponenten zu berücksichtigen sind, wird durch die geforderte Aufgliederung des Bestandes an ‚accumulated other comprehensive income' die Höhe des vorhandenen Ausschüttungspotentials ersichtlich.

Die genaue Zusammensetzung des verwendbaren Eigenkapitals, wie sie durch die steuerliche Gliederungsrechnung aufgezeigt wird, geht aus der Handelsbilanz nicht hervor. Da aktive latente Steuern für Körperschaftsteuerminderungsansprüche zu bilden sind, passive latente Steuern für Körperschaftsteuererhöhungsverpflichtungen, läßt die Analyse der aktiven und passiven Steuerlatenzen jedoch Rückschlüsse auf die Zusammensetzung des ausgewiesenen Ausschüttungspotentials und damit auf die Struktur des verwendbaren Eigenkapitals zu.[188] Wegen der steuerlichen Verwendungsfiktion können ausschüttungsbedingte Einflüsse auf die künftig erwartete Liquiditätssituation des Unternehmens eingeschätzt werden. Da das verwendbare Eigenkapital in der Reihenfolge abnehmender Belastung als zur Ausschüttung verwendet gilt,[189] werden bei Vorhandensein von aktiven latenten Steuern aus Körperschaftsteuerminderungsansprüchen Dividendenzahlungen aus EK 45 und EK 40 bedient und Körperschaftsteuerminderungsansprüche geltend gemacht. Dies wirkt sich positiv auf die Liquiditätssituation des Unternehmens aus. Bei Fehlen aktiver latenter Steuern aus Körperschaftsteuerminderungsansprüchen und gleichzeitigem Vorhandensein passiver latenter Steuern aus Körperschaftsteuererhöhungsverpflichtungen kann dies ein Indiz dafür sein, daß auf niedriger belastetes Eigenkapital zur Bedienung der Dividendenzahlungen zurückgegriffen werden muß. Dies ist wegen der fehlenden Körperschaftsteuerminderungsansprüche für die Liquiditätssituation des Unternehmens vergleichsweise ungünstig.[190]

---

187 Vgl. *FASB* [SFAS No. 109, 1992], Abs. 20.

188 Werden für den Ausweis in der Bilanz die aktiven und passiven latenten Steuern aus den Körperschaftsteuerminderungsansprüchen und -erhöhungsverpflichtungen saldiert, sind im Anhang die unsaldierten Größen offenzulegen. Vgl. *FASB* [SFAS No. 109, 1992], Abs. 43.

189 Vgl. § 28 Abs. 3 KStG; *Cattelaens, Heiner/Gottstein, Siegfried/Stegmüller, Hubert/Zenthöfer, Wolfgang* [KSt, 1997], S. 393.

190 Vgl. Gliederungspunkt 5.2.1.

Da der ausgeführte Bilanzierungsvorschlag das Ausschüttungspotential offenlegt und Rückschlüsse auf ausschüttungsbedingte Liquiditätsfolgen für das Unternehmen zuläßt, stellt er im Gegensatz zu dem vom EITF vorgeschlagenen Bilanzierungsverzicht wesentliche Informationen für die Beurteilung der künftigen Zahlungsströme bereit. Gleichzeitig wird durch die Bilanzierungslösung, wie in EITF No. 95-10 gefordert, die frühzeitige erfolgswirksame Erfassung der aufschiebend bedingten Steuervor- und -nachteile vermieden. Der vorgestellte Bilanzierungsvorschlag vermag das Rechnungslegungsziel der Informationsvermittlung zur ‚cash flow'-Prognose gegenüber dem vom EITF empfohlenen Bilanzierungsverzicht latenter Steuern aus Körperschaftsteuerminderungsansprüchen und -erhöhungsverpflichtungen besser zu gewährleisten und ist daher zu präferieren.

5.2.6.3 Einwendungen gegen den Bilanzierungsvorschlag

Die Definition des ‚comprehensive income' umfaßt alle Erträge, Aufwendungen, Gewinne und Verluste, die auf Geschäftsvorfälle und Ereignisse des abzubildenden Berichtsjahrs zurückzuführen sind und nicht auf Eigenkapitalveränderungen durch Zahlungen von und zu den Anteilseignern beruhen.[191] Nicht in den Definitionsbereich fallen demnach Eigenkapitalveränderungen wie Gewinnausschüttungen, Kapitalerhöhungen und -herabsetzungen, die durch gesellschaftsrechtliche Entscheidungen begründet sind.[192] Gegen die vorgestellte Bilanzierungslösung kann eingewandt werden, daß die steuerliche Geltendmachung der Körperschaftsteuerminderungsansprüche und -erhöhungsverpflichtungen einen durch die Hauptversammlung verabschiedeten Ausschüttungsbeschluß voraussetzt und damit auf einer gesellschaftsrechtlichen Entscheidung beruht, die in Zahlungen an die Anteilseigner mündet. Die Erfassung der Körperschaftsteuerminderungsansprüche und -erhöhungsverpflichtungen als Komponenten des ‚other comprehensive income' wäre dann unzulässig. Der Einwand zeigt sich bei genauer Betrachtung des Besteuerungsprozesses als haltlos. Nach dem deutschen Körperschaftsteuerrecht vollzieht sich die Besteuerung in zwei Stufen.[193] Im ersten Schritt wird auf das zu versteuernde Einkommen zunächst die Körperschaftsteuertarifbelastung ermittelt. Hiervon zeitlich unabhängig wird in einem zweiten Schritt nach Verabschiedung eines entsprechenden Ausschüttungsbeschlusses, der in einer Dividendenzahlung an die Anteilseigner mündet, die Ausschüttungsbelastung hergestellt. Die Körperschaftsteuerminderungsansprüche und -erhöhungsverpflichtungen entstehen im Zeitpunkt der Gewinnerzielung und Besteuerung mit dem Körperschaftsteuertarif. Sie werden nicht erst mit der gesellschaftsrechtlichen Entscheidung über die Gewinnverwendung begründet. Der Ausschüttungsbeschluß ist lediglich für die tatsächliche Mobilisierung des Körperschaftsteuerminderungsanspruchs bzw. der Körperschaftsteuer-

---

[191] Vgl. *FASB* [SFAS No. 130, 1997], Abs. 10. Vgl. hierzu auch *FASB* [SFAC No. 6, 1985], Abs. 68.

[192] Vgl. *Holzer, Peter/Ernst, Christian* [Comprehensive Income, 1999], S. 357.

[193] Vgl. *Förster, Jutta* [Anrechnungsverfahren, 1997], S. 364.

erhöhungsverpflichtung durch Herstellung der Ausschüttungsbelastung notwendig, nicht jedoch für seine Begründung. Da die Entstehung der Körperschaftsteuerminderungsansprüche und -erhöhungsverpflichtungen nicht von den gesellschaftsrechtlichen Entscheidungen über die Gewinnverwendung und den daran anknüpfenden Zahlungen an die Anteilseigner abhängt, ist die Erfassung der bedingt aufschiebenden Steuervor- und -nachteile im ,other comprehensive income' nicht schädlich.

Zusammenfassend bleibt festzuhalten, daß der vom EITF geforderte Bilanzierungsverzicht latenter Steuern für Körperschaftsteuerminderungsansprüche und -erhöhungsverpflichtungen wegen der erheblichen Bedeutung der Informationen über das vorhandene Ausschüttungspotential für die Einschätzung künftiger Zahlungsströme als kritisch anzusehen ist.[194] Um der im ,Conceptual Framework' formulierten Zielsetzung der Informationsvermittlung zur Prognose künftiger ,cash flows' gerecht zu werden, scheint die bilanzielle Erfassung des Ausschüttungspotentials gerade notwendig. Die vorgestellte Bilanzierungslösung genügt durch den erfolgsneutralen Ansatz latenter Steuern für die Körperschaftsteuerminderungsansprüche und -erhöhungsverpflichtungen dem Informationsziel und den Vorgaben des EITF. Vor dem Hintergrund der Bedeutung des Ausschüttungspotentials ist sie deshalb gegenüber dem Bilanzierungsverzicht aus der EITF-Stellungnahme vorziehenswürdig. Da die Problematik wegen der verstärkten Anwendung deutscher Unternehmen von US-GAAP Tragweite besitzt, wäre eine überarbeitete Rechnungslegungsempfehlung in Anlehnung an die Bilanzierungslösung wünschenswert.

---

194 Vgl. *Pellens, Bernhard/Bonse, Andreas/Schremper, Ralf* [Körperschaftsteuersätze, 1998], S. 903 f. Zur Bedeutung des Ausschüttungspotentials in der Unternehmensbewertung vgl. *Faß, Joachim/ Hülsmeier, Volker* [Eigenkapital, 1998], S. 1488-1492; *Hötzel, Oliver* [Unternehmenskauf, 1993], S. 712; *König, Wolfgang/Zeidler, Gernot W.* [Steuern, 1996], S. 1100.

5.3 Der gesetzlich maßgebende Steuersatz in der Überleitungsrechnung

5.3.1 Grundlegende Darstellung der Problematik

5.3.1.1 Probleme bei der Bestimmung des gesetzlich maßgebenden Steuersatzes

Die Überleitungsrechnung dient dazu, das Zustandekommen der Abweichung zwischen rechnerischem und tatsächlich ausgewiesenem Steueraufwand in der GuV externen Adressaten ersichtlich zu machen. Ausgangspunkt der Rechnung bildet der rechnerische Steueraufwand, welcher den „income tax expense that would result from applying domestic federal statutory tax rates to pretax income from continuing operations"[195] darstellt. Der rechnerische Steueraufwand ergibt sich demnach durch Besteuerung des Ergebnisses der gewöhnlichen Geschäftstätigkeit vor Steuern mit dem nationalen ‚gesetzlich maßgebenden Steuersatz' und stellt die bei Kenntnis des Vorsteuerergebnisses aufgrund der gesetzlich vorgegebenen Steuersätze erwartete Steuerbelastung dar. Ausgehend davon sollen die Steuereffekte aufgezeigt werden, die das Auseinanderfallen von ausgewiesenem und rechnerischem Steueraufwand bedingen.[196]

Bei Aufstellung eines befreienden Konzernabschlusses nach US-GAAP stellt sich für deutsche Konzerne die Frage, wie der bei Übertragung auf die deutschen Verhältnisse zunächst unbestimmte Begriff ‚gesetzlich maßgebender Steuersatz'[197] zu interpretieren ist. Probleme ergeben sich diesbezüglich aufgrund der spezifischen Ausgestaltung der Ertragsbesteuerung im deutschen Steuerrecht. Im Zusammenhang mit der Abbildung der Körperschaftsteuer in der Überleitungsrechnung erwachsen Fragen aus der differenzierten Besteuerung der thesaurierten gegenüber den ausgeschütteten Gewinnen. Es ist zu prüfen, welche Konsequenzen dies für den rechnerischen Steueraufwand hat. Weitere Fragen folgen aus der dreifachen Ertragsbesteuerung der Kapitalgesellschaften

---

195 *FASB* [SFAS No. 109, 1992], Abs. 47, S. 1.

196 Vgl. Gliederungspunkt 3.8.3.4.

197 Der Hinweis in *FASB* [SFAS No. 109, 1992], Abs. 47, S. 2 „(t)he ‚statutory' tax rates shall be the regular tax rates if there are alternative tax systems" ist nur wenig hilfreich. Hier wird auf die ‚alternative minimum tax' abgestellt, welche im US-amerikanischen Steuerrecht neben der regulären Einkommensteuer erhoben wird. Die ‚alternative minimum tax' soll vermeiden, daß Unternehmen, die handelsbilanziell positive Ergebnisse ausweisen, aufgrund der Inanspruchnahme zahlreicher steuerlicher Vergünstigungen nach der regulären Einkommensteuer keine oder nahezu keine Steuern zahlen. Hierfür ist eine doppelte Ermittlung der Einkünfte vorgeschrieben, auf deren Grundlage die Steuerschuld aus der regulären Einkommensteuer und zusätzlich jene aus der ‚alternative minimum tax' bestimmt wird. Die höhere der beiden Steuerbelastungen bestimmt die an den Fiskus abzuführende Steuerschuld. Vgl. *Kieso, Donald E./Weygandt, Jerry J.* [Accounting, 1998], S. 1152 f. Derart alternativ nebeneinanderstehende Ertragsteuern kennt das deutsche Steuerrecht nicht. Für die Kapitalgesellschaften sind zwar mehrere Arten von Ertragsteuern relevant. Die hieraus resultierenden Steuerbelastungen müssen von den Unternehmen jedoch kumulativ abgeführt werden.

mit Körperschaftsteuer, Gewerbesteuer und Solidaritätszuschlag.[198] Fraglich ist, wie die in einem wechselseitigen Beziehungsgeflecht stehenden Ertragsteuerarten in der Überleitungsrechnung abzubilden sind. Zur Lösung der genannten Probleme sind mehrere Vorgehensweisen denkbar, die im folgenden diskutiert werden.

5.3.1.2 Der anzuwendende Steuersatz zur Abbildung der Körperschaftsteuer

Die Körperschaftsteuer verlangt eine differierende Besteuerung für thesaurierte und auszuschüttende Gewinne. Während im Unternehmen verbleibende Gewinne mit der Thesaurierungsbelastung von 40 % besteuert werden, unterliegen auszuschüttende Gewinne der Ausschüttungsbelastung von 30 %. Zu fragen ist, welcher Steuersatz im rechnerischen Steueraufwand für die Abbildung der Körperschaftsteuer heranzuziehen ist. Alternativ stehen sich die Thesaurierungsbelastung, die Ausschüttungsbelastung und ein nach dem Verhältnis von Thesaurierung und Ausschüttung ermittelter Mischsteuersatz gegenüber. SFAS No. 109 enthält dazu keine klärende Regelung. Eine Lösung ist deshalb vor dem Hintergrund der mit der Überleitungsrechnung verfolgten Zielsetzung abzuleiten. Von Bedeutung ist hierbei, daß der rechnerische Steueraufwand eine fiktive Größe darstellen soll, die den aufgrund der Kenntnis von Vorsteuerergebnis und gesetzlich maßgebendem Steuersatz erwarteten Steueraufwand wiedergeben soll.

Für die Abbildung der Körperschaftsteuer im rechnerischen Steueraufwand kann nach der Systematik des Körperschaftsteuergesetzes vorgegangen werden, wonach die Körperschaftsteuer in zwei Schritten berechnet wird. Während im ersten Schritt die Tarifbelastung auf das körperschaftsteuerliche Einkommen ermittelt wird, erfolgt in einem zweiten Schritt die Herstellung der Ausschüttungsbelastung, soweit Dividendenzahlungen vorgenommen werden.[199] Übertragen auf die Überleitungsrechnung bedeutet dies, daß die Körperschaftsteuer im rechnerischen Steueraufwand zunächst mit der Thesaurierungsbelastung abzubilden ist. Die resultierenden Besteuerungsfolgen aus der Vornahme von Gewinnausschüttungen werden dann auf einer nachgelagerten Ebene berücksichtigt, indem für die ausschüttungsbedingte Minderung bzw. Erhöhung der Körperschaftsteuer ein Korrekturposten angesetzt wird. Dieser zeigt den Absolutbetrag der im Zusammenhang mit der Gewinnausschüttung angefallenen Korrektur der körperschaftsteuerlichen Tarifbelastung auf. Da der rechnerische Steueraufwand die erwartete Steuerbelastung bei Kenntnis des handelsrechtlichen Bruttoergebnisses und des gesetzlich maßgebenden Steuersatzes abbilden soll, kann unterstellt werden, daß über die bloße Kenntnis der Steuersätze hinaus auch die Kenntnis der Körper-

---

[198] Vgl. *Rose, Gerd* [Ertragsteuern, 1994], S. 25; *Buchloh, Hans-Jürgen* [Gewerbesteuer, 1990], S. 33; *Oestreicher, Andreas/Spengel, Christoph* [Besteuerung, 1997], S. 1040; Gliederungspunkt 5.1.1.

[199] Vgl. *Wagner, Franz W./Dirrigl, Hans* [Steuerplanung, 1980], S. 179.

schaftsteuerfestsetzungstechnik in die Erwartungsbildung einfließt. Für die Überleitungsrechnung wird dann ebenfalls ein zweistufiges Vorgehen angenommen, mit Abbildung der Thesaurierungsbelastung im rechnerischen Steueraufwand und Herstellung der Ausschüttungsbelastung in einem eigenen Korrekturschritt. Die Ermittlung der Körperschaftsteuerbelastung auf Basis des Thesaurierungssatzes für Zwecke des rechnerischen Steueraufwands ist insofern geeignet, den geforderten erwarteten Steueraufwand aufzuzeigen.

Anstelle der Thesaurierungsbelastung kann die Körperschaftsteuer im rechnerischen Steueraufwand auf Basis der Ausschüttungsbelastung abgebildet werden. Die Anwendung der Ausschüttungsbelastung impliziert die Prämisse der Vollausschüttung bei gleichzeitigem Fehlen von tariflich belastetem Eigenkapital.[200] Von der Vollausschüttung kann jedoch aufgrund der für notwendig erachteten Gewinnthesaurierung zur Substanzerhaltung regelmäßig nicht ausgegangen werden.[201] Um zum ausgewiesenen Steueraufwand zu gelangen, muß für die nicht ausgeschütteten Gewinne in einem nachgelagerten Schritt durch Ansatz eines gesonderten Korrekturpostens die Thesaurierungsbelastung hergestellt werden. Dieses Vorgehen entspricht nicht der im Steuergesetz vorgegebenen Technik zur Ermittlung der Körperschaftsteuer. Vielmehr steht es der gesetzlichen Erhebungstechnik diametral gegenüber. Die Anwendung der Ausschüttungsbelastung zur Erfassung der Körperschaftsteuerbelastung im rechnerischen Steueraufwand ist daher nicht geeignet, um den bei Kenntnis der Steuersätze und der Körperschaftsteuerfestsetzungstechnik erwarteten Steueraufwand abzubilden.

Bei Verwendung eines Mischsteuersatzes entsprechend dem Verhältnis von Thesaurierungs- und Ausschüttungsbelastung werden die aus der Gewinnausschüttung resultierenden Besteuerungsfolgen bereits in den rechnerischen Steuersatz einbezogen.[202] Ein gesonderter Korrekturposten aufgrund der differierenden Besteuerung thesaurierter und ausgeschütteter Gewinne muß insofern nicht gebildet werden. Um auf Basis eines Mischsteuersatzes die Erwartungsbildung zu ermöglichen, muß ein konstantes Ausschüttungsverhalten unterstellt werden, das den Mischsteuersatz unverändert läßt. Da sich Schwankungen des Ausschüttungsverhaltens nicht vermeiden lassen, bildet der

---

200 Vgl. *Neumann, Patrik* [Steuerabgrenzung, 1992], S. 261. Soweit tariflich belastetes Eigenkapital vorliegt, gilt dieses aufgrund der Verwendungsfiktion des § 28 Abs. 3, S. 1 KStG als zur Ausschüttung verwendet.

201 Vgl. *Piltz, Klaus* [Gewinnverwendungspolitik, 1988], S. 647. Anhand empirischer Untersuchungen der Ausschüttungspolitik kann die These der Vollausschüttung nicht belegt werden. Vielmehr läßt sich eine Ausschüttungsquote nachweisen, die Schwankungen unterliegt. Vgl. *Augustin, Reinhard R.* [Ausschüttungspolitik, 1994], S. 662; *Beusch, Karl* [Rücklagenbildung, 1987], S. 36.

202 Vgl. *Berlage, Hans* [Steuern, 1993], S. 209; *Hennig, Bettina* [Steuern, 1982], S. 228 f.; *Neumann, Patrik* [Steuerabgrenzung, 1992], S. 263.

Mischsteuersatz keine konstante Größe[203] und ist vom Bilanzleser nur eingeschränkt prognostizierbar. Dies beeinträchtigt die Erwartungsbildung. Die Ermittlung der Körperschaftsteuerlast auf Basis eines Mischsteuersatzes für die Zwecke des rechnerischen Steueraufwands wird deshalb der Forderung nach der Abbildung des erwarteten Steueraufwands nicht gerecht.

Anhand der dargestellten Ausführungen wird deutlich, daß lediglich die Thesaurierungsbelastung zur Bemessung der Körperschaftsteuer im rechnerischen Steueraufwand dem Anspruch gerecht wird, den erwarteten Steueraufwand wiederzugeben.

5.3.1.3 Umfang des gesetzlich maßgebenden Steuersatzes

Ausgehend von der Abbildung der Körperschaftsteuer durch die Thesaurierungsbelastung im rechnerischen Steueraufwand bleibt zu klären, ob der gesetzlich maßgebende Steuersatz auf den Körperschaftsteuersatz begrenzt ist oder die weiteren Ertragsteuern zu integrieren hat. Für die Zusammensetzung des gesetzlich maßgebenden Steuersatzes sind drei grundsätzliche Varianten denkbar. Dem tariflichen Körperschaftsteuersatz von 40 % stehen alternativ ein Mischsteuersatz von 42,2 %,[204] resultierend aus Körperschaftsteuer und Solidaritätszuschlag, sowie ein Mischsteuersatz aus Körperschaftsteuer inklusive Solidaritätszuschlag und Gewerbesteuer gegenüber.[205] Für die letztgenannte Alternative ergeben sich aufgrund der Ausgestaltung der Gewerbesteuer für die einzelnen Unternehmen individuelle Steuersätze. Welcher der alternativen Steuersätze als maßgebend anzusehen ist, kann aus SFAS No. 109 nicht beantwortet werden. Es läßt sich lediglich entnehmen, daß der Ausgangspunkt durch „the amount of income tax expense that would result from applying domestic federal statutory tax rates to pretax income“[206] gebildet wird. Ob sich der Begriff ‚income tax‘ lediglich auf die Besteuerung des Unternehmenseinkommens nach dem Körperschaftsteuergesetz bezieht oder auch die weiteren relevanten Ertragsteuern umfaßt, bleibt offen. In der

---

203 Vgl. *Hille, Klaus* [Steuern, 1982], S. 217; *Neumann, Patrik* [Steuerabgrenzung, 1992], S. 263. Vgl. hierzu auch die Untersuchungen von *Augustin, Reinhard R.* [Ausschüttungspolitik, 1994], S. 662; *Beusch, Karl* [Rücklagenbildung, 1987], S. 36.

204 Vgl. Gliederungspunkt 5.1.4.

205 Die Bildung eines Mischsteuersatzes aus Gewerbesteuer und Solidaritätszuschlag ohne Körperschaftsteuer scheint vor dem Hintergrund der zentralen Stellung der Körperschaftsteuer wenig sinnvoll. Die Belastungen aus Gewerbesteuer und Solidaritätszuschlag werden im Verhältnis zur Körperschaftsteuer als Sonder- bzw. Zusatzbelastungen angesehen. Vgl. *Tipke, Klaus/Lang, Joachim* [Steuerrecht, 1998], § 12 Rz. 1; *Schneider, Dieter* [Unternehmensbesteuerung, 1994], S. 194 f. Ein Mischsteuersatz von Gewerbesteuer und Körperschaftsteuer wird nicht diskutiert. Die Ausklammerung des Solidaritätszuschlags bei gleichzeitiger Einbeziehung der Gewerbesteuer ist wegen der engen Anbindung des Solidaritätszuschlags an die Körperschaftsteuer nicht plausibel. Vgl. *Dötsch, Ewald* [SolZ, 1993], S. 1440; *Drenseck, Walter* [§ 51a EStG, 1997], Rz. 6.

206 *FASB* [SFAS No. 109, 1992], Abs. 47, S. 1. Vgl. hierzu auch Fn. 197.

deutschsprachigen Literatur ist die Problematik bislang noch nicht diskutiert worden. Sie bietet daher keine Hilfestellung.

Die fehlende Klarheit bezüglich des gesetzlich maßgebenden Steuersatzes führt in praxi zu unterschiedlichen Vorgehensweisen. Eine Gegenüberstellung der von deutschen Unternehmen zugrunde gelegten Steuersätze zur Ermittlung des rechnerischen Steueraufwands kommt für die Geschäftsjahre 1997 und 1998 zu folgenden Ergebnissen:[207]

	Daimler		Dt. Telekom		SAP		Veba		Fresenius		Pfeiffer	
	1998	1997	1998	1997	1998	1997	1998	1997	1998	1997	1998	1997
angewandter Steuersatz	**56**	**57**	**45**	**45**	**45**	**45**	**45**	**45**	**47,475**	**48,375**	**56,5**	**56,5**
KSt	45	45	45	45	45	45	45	45	45	45	-	-
GewSt	8,525	8,625	-	-	14,3	13,5	-	-	-	-	-	-
SolZ	5,5	7,5	5,5	5,5	5,5	-	-	-	5,5	7,5	-	-
effektiver Steuersatz	-	-	50,3	45,2	42,8	42,5	51,8	39,3	50,2	50,6	-	-

Abbildung 5.1: Übersicht der angewandten Steuersätze in den Überleitungsrechnungen deutscher Unternehmen

Die Übersicht verdeutlicht, daß die Unternehmen differierende Steuersätze für die Ermittlung des rechnerischen Steueraufwands verwenden. Während die Deutsche Telekom, SAP und Veba lediglich den Körperschaftsteuersatz heranziehen, rechnet Fresenius mit einem Mischsteuersatz aus Körperschaftsteuer und Solidaritätszuschlag. Demgegenüber verwenden DaimlerChrysler und Pfeiffer Vacuum einen Mischsteuersatz aus den Ertragsteuern inklusive Solidaritätszuschlag. Aufgrund der über die Gemeinden hinweg differierenden Hebesätze sind die angewandten Steuersätze nicht identisch. Zusätzlich zu den jeweils angewandten gesetzlich maßgebenden Steuersätzen differieren die im Textteil gegebenen Informationen über die relevanten Ertragsteuersätze. DaimlerChrysler und SAP nennen den tariflichen Körperschaftsteuersatz, den Solidaritätszuschlag und die Belastung aus der Gewerbesteuer explizit. Während SAP die gewerbesteuerliche Effektivbelastung angibt, zeigt DaimlerChrysler die faktische Gewerbesteuerbelastung auf, die unter Berücksichtigung der Abzugsfähigkeit der Gewerbesteuer von der Körperschaftsteuer verbleibt. Die Deutsche Telekom, Veba

207 Die Abbildung listet die deutschen Unternehmen auf, die an der NYSE notiert sind und in ihrem Abschluß eine Überleitungsrechnung nach SFAS No. 109, Abs. 47 publiziert haben. Vgl. *Hirsch, Thomas/Schiereck, Dirk* [Handel, 1999], S. 197; *Laupenmühlen, Michael/Münz, Sandra* [SEC-Berichtsvorschrift, 1998], S. 2031; *Wilhelm, Christiane* [Kapitalmarkt, 1998], S. 364. Die ebenfalls an der NYSE gelistete Gesellschaft SGL Carbon hat für die betrachteten Geschäftsjahre keine Überleitungsrechnung aufgestellt. Die seit 1997 an der NYSE notierte Gesellschaft Hoechst bilanziert nach IAS und leitet für die Zwecke der Börsennotierung ausgehend von IAS auf US-GAAP über. Die von Hoechst erstellte Überleitungsrechnung basiert auf IAS 12 (revised) und wird daher nicht in die Übersicht aufgenommen. Seit 1998 gehört BASF auch zum Kreis der an der NYSE notierten deutschen Unternehmen. BASF hat für das Geschäftsjahr 1998 den HGB-Abschluß auf US-GAAP übergeleitet. Eine Steuerüberleitung wurde darin jedoch nicht vorgenommen.

und Fresenius nennen die Steuersätze von Körperschaftsteuer und Solidaritätszuschlag, geben jedoch keine Auskunft über die prozentuale Belastung aus der Gewerbesteuer. Pfeiffer Vacuum verzichtet auf eine Erläuterung des angewandten Steuersatzes ganz.

5.3.1.4 Steuersatzunabhängige und steuersatzabhängige Korrekturmaßnahmen

In der Überleitungsrechnung lassen sich steuersatzunabhängige und steuersatzabhängige Korrekturposten ausmachen. Steuersatzunabhängige Korrekturposten mindern bzw. erhöhen unabhängig von der konkreten Ausgestaltung des gesetzlich maßgebenden Steuersatzes den rechnerischen Steueraufwand als Absolutbeträge. Zu diesen Posten zählen Beträge aus der Geltendmachung steuerlich vortragsfähiger Verluste. Diese sind absolut vorgegeben und zeigen die Höhe der Steuerminderung aufgrund der geltend gemachten Verluste auf. Des weiteren ist der für die Herstellung der Ausschüttungsbelastung aufgrund der Anwendung des Thesaurierungssatzes zur Ermittlung des rechnerischen Steueraufwands notwendige Korrekturposten unabhängig von der Ausgestaltung des gesetzlich maßgebenden Steuersatzes und durch die geplante Gewinnverwendung in seiner Höhe absolut vorgegeben. Je nach Vorzeichen ist er vom rechnerischen Steueraufwand zu subtrahieren bzw. zu addieren. Steuersatzunabhängig sind auch Korrekturbeträge aus der Beachtung von Sondervorschriften für die Bilanzierung latenter Steuern. Die hierfür anzusetzenden Beträge sind ihrem Wert nach ebenfalls absolut vorgegeben. Sie zeigen die Höhe der im Berichtsjahr vorgenommenen Wertberichtigungen auf aktive latente Steuern und die Korrekturbeträge infolge von Steuersatzänderungen. Da die genannten Posten vom angewandten gesetzlich maßgebenden Steuersatz nicht tangiert werden, bleiben sie in der weiteren Analyse unberücksichtigt.

Demgegenüber ergeben sich steuersatzabhängige Korrekturmaßnahmen zum einen durch die spezifische Ausgestaltung des gesetzlich maßgebenden Steuersatzes. Zum anderen variiert je nach angewandtem Steuersatz die Betragsermittlung der Korrekturposten für die steuerrechtlich nicht oder nicht voll abzugsfähigen Aufwendungen[208] und die steuerfreien Einnahmen[209]. Erstere mindern das handelsrechtliche Ergebnis in

---

208 Einen Katalog nichtabziehbarer Aufwendungen enthält § 10 KStG. Darüber hinaus finden sich im Einkommensteuerrecht zusätzliche Abzugsverbote, die von Körperschaften zu beachten sind. Beispiele hierzu finden sich in § 3c EStG sowie § 4 Abs. 5-7 EStG. Vgl. *Cattelaens, Heiner/Gottstein, Siegfried/Stegmüller, Hubert/Zenthöfer, Wolfgang* [KSt, 1997], S. 87-90.

209 Der in § 3 EStG aufgeführte Katalog an steuerfreien Einnahmen ist gem. Abschn. 27 Abs. 1 KStR teilweise auch für Körperschaften maßgebend. Weitere Steuerbefreiungen gewährt das Investitionszulagengesetz bei entsprechenden Investitionen gem. § 9 InvZulG 1999. Als steuerfreie Einnahmen können auch ausländische Einkünfte angesehen werden, die aufgrund von Doppelbesteuerungsabkommen von der deutschen Körperschaftsteuer befreit sind. Vgl. *Horschitz, Harald/Groß, Walter/Weidner, Werner* [Bilanzsteuerrecht, 1997], S. 55; *Hundsdoerfer, Jochen* [Investitionszuschüsse, 1999], S. 381 f.; *Cattelaens, Heiner/Gottstein, Siegfried/Stegmüller, Hubert/Zenthöfer, Wolfgang* [KSt, 1997], S. 298. Der auf ausländische Betriebsstätten entfallende Gewerbeertrag unterliegt gem. § 2 Abs. 1 GewStG i.V.m. § 9 Nr. 3 GewStG nicht der Gewerbesteuer.

voller Höhe, während sie die ertragsteuerlichen Bemessungsgrundlagen nicht oder nicht vollständig kürzen. Letztere erhöhen das handelsrechtliche Ergebnis, gehen jedoch in die Bemessungsgrundlagen der Ertragsteuern nicht ein. Die resultierenden permanenten Differenzen sind in der Überleitungsrechnung zu korrigieren.

Die in praxi vorzufindende Anwendung unterschiedlicher Steuersätze zur Ermittlung des rechnerischen Steueraufwands hat differierende Korrekturmaßnahmen und unterschiedlich berechnete Korrekturbeträge zur Folge. Die gewünschte Vergleichbarkeit der Überleitungsrechnungen über die Unternehmen hinweg wird dadurch erschwert.[210] Um dem in SFAC No. 2 geforderten Grundsatz der ‚comparability' gerecht zu werden, ist die Anwendung eines einheitlich ausgestalteten Steuersatzes von allen betroffenen Unternehmen zu fordern.[211] Dadurch ließen sich die Differenzen bezüglich Korrekturbedarf und Betragsermittlung vermeiden. Ergebnis wäre eine bessere Vergleichbarkeit der Daten.

In der Arbeit wird durch eine kritische Analyse erstmals geklärt, welchem der drei alternativen Steuersätze der Vorrang einzuräumen ist, um dem mit der ‚tax reconciliation' verfolgten Informationsziel gerecht zu werden. Der bloßen Anwendung des Körperschaftsteuersatzes steht die Verwendung von Mischsteuersätzen gegenüber. Das Informationsziel verlangt die Bereitstellung von Daten, die den Vergleich der steuerlichen Belastung verschiedener Unternehmen zu einem Zeitpunkt sowie eines Unternehmens im Zeitablauf gewährleisten.[212] Zudem soll die Prognose künftiger ‚cash flows' unterstützt werden.[213] Um eine begründete Auswahl treffen zu können, sind die Vor- und Nachteile der einzelnen Alternativen zu erarbeiten und vor dem Hintergrund des Informationsziels zu würdigen. Die Analyse hat auf zwei Ebenen stattzufinden. Untersuchungsgegenstand der ersten Ebene bildet der rechnerische Steueraufwand, der die Ausgangsgröße der ‚tax reconciliation' darstellt. Auf der nächsten Ebene sind die Konsequenzen des gewählten gesetzlich maßgebenden Steuersatzes bezüglich der Korrekturposten zu analysieren.

Ausgehend von der bloßen Anwendung des Körperschaftsteuersatzes wird in einem nächsten Schritt die Anwendung eines umfassenden Mischsteuersatzes aus allen drei Ertragsteuern diskutiert. Abschließend wird als dritte Alternative der kombinierte Steuersatz aus Körperschaftsteuer und Solidaritätszuschlag analysiert. Unter Beachtung der mit der Überleitungsrechnung verfolgten Zielsetzung ist abschließend die zu präferierende Alternative aufzuzeigen.

---

210 Vgl. *Beresford, Dennis R./Best, Lawrence C./Craig, Paul W./Weber, Joseph V.* [Income Taxes, 1983], S. 128; *Brozovsky, John* [Review, 1994], S. 48 f.; *Stickney, Clyde P.* [Disclosure, 1979], S. 423.

211 Vgl. *FASB* [SFAC No. 2, 1980], Abs. 111.

212 Vgl. Gliederungspunkt 3.8.3.1 und im speziellen Gliederungspunkt 3.8.3.4.

213 Vgl. Gliederungspunkt 2.2.2.

5.3.2 Gegenüberstellung der alternativen Vorgehensweisen

5.3.2.1 Bloße Anwendung des Körperschaftsteuersatzes

Nach dem Wortlaut von SFAS No. 109 ist für die Zwecke der ‚tax reconciliation' der ausgewiesene Steueraufwand auf das Bruttoergebnis der gewöhnlichen Geschäftstätigkeit dem „amount of income tax expense that would result from applying domestic federal statutory tax rates to pretax income from continuing operations"[214] gegenüberzustellen. Laut Terminologie wird bezüglich des rechnerischen Steueraufwands auf den Einkommensteueraufwand abgestellt, der sich durch Anwendung der nach dem Bundessteuergesetz maßgebenden nationalen Steuersätze ergibt. Im deutschen Steuerrecht wird das Einkommen von Unternehmen in der Rechtsform von Kapitalgesellschaften durch die Körperschaftsteuer besteuert.[215] Die zur Körperschaftsteuer zusätzlich erhobenen Ertragsteuern Solidaritätszuschlag und Gewerbesteuer haben dagegen nicht die Besteuerung des Einkommens als solches zum Ziel.[216] Übertragen auf die deutschen Verhältnisse läßt sich daher argumentieren, daß der rechnerische Steueraufwand lediglich die Belastung aus der Körperschaftsteuer wiederzugeben hat.

Die These wird hinsichtlich des Verzichts der Einbeziehung der Gewerbesteuer, die als Objektsteuer auf die Besteuerung des Gewerbeertrags der Gewerbebetriebe abzielt,[217] durch ein vergleichbares Vorgehen in den USA gestützt. Im US-amerikanischen Steuerrecht existiert zwar keine Gewerbesteuer, Parallelen hierzu weisen jedoch die von den Bundesstaaten und Gemeinden in Form von ‚state and local income taxes'[218] erhobenen Körperschaftsteuern auf. Die mit einer jeweils eigenen, souveränen Steuerhoheit ausgestatteten Gebietskörperschaften haben das Recht, unabhängig von der Bundesregierung selbständig Steuern auf das Einkommen zu erheben,[219] die von der Bundeseinkommensteuer abzugsfähig sind.[220] Basis dieser Besteuerung bildet im allgemeinen das nach den Vorschriften des IRC ermittelte steuerpflichtige Einkommen. Ausgehend davon sind nach den individuellen gesetzlichen Bestimmungen der Gebietskör-

---

214 *FASB* [SFAC No. 2, 1980], Abs. 47.

215 Vgl. *Kupsch, Peter/Achtert, Frank/Göckeritz, Britta* [Unternehmensbesteuerung, 1997], S. 5; *Stolterfoht, Joachim N.* [Verhältnis, 1993], S. 497.

216 Vgl. Gliederungspunkt 5.1.1.

217 Vgl. *Glanegger, Peter/Güroff, Georg* [GewStG, 1999], § 1 Rz. 14; *Kupsch, Peter/Achtert, Frank/Göckeritz, Britta* [Unternehmensbesteuerung, 1997], S. 5 f.; Gliederungspunkt 5.1.1.

218 Unter dem Begriff ‚local taxes' subsumiert das FASB auch die sogenannten ‚franchise taxes', welche der deutschen Gewerbesteuer ähnlich sind. Vgl. *FASB* [SFAS No. 109, 1992], Abs. 4a i.V.m. *Müssener, Ingo* [USA, 1998], Rz. 251.

219 Vgl. *Zschiegner, Hans* [Steuerrecht, 1990], S. 59-62.

220 Vgl. *Rudden, John T.* [Besteuerung, 1994], S. 76; *Smith, James K.* [Vergleich, 1991], S. 147.

perschaften unterschiedliche Zurechnungen und Kürzungen vorzunehmen.[221] Das modifizierte Einkommen wird dann mit den jeweiligen Steuersätzen der Bundesstaaten und Gemeinden belastet. Aufgrund der unabhängigen Steuergesetzgebung der einzelnen Gebietskörperschaften variiert die finanzielle Belastung in Abhängigkeit vom Standort.[222] Nach dem Gewerbesteuergesetz ist der auf Basis der einkommen- bzw. körperschaftsteuerlichen Vorschriften ermittelte Gewinn aus Gewerbebetrieb ebenfalls um Hinzurechnungen und Kürzungen zu korrigieren. Aus dem resultierenden Gewerbeertrag errechnet sich durch Anwendung der Steuermeßzahl und des Hebesatzes die Gewerbesteuer.[223] Diese steht gem. Art. 106 Abs. 6 GG den Gemeinden zu, die berechtigt sind, die Hebesätze individuell festzulegen.[224] Durch die Hebesatzautonomie werden bei der Gewerbesteuer ebenfalls differierende Belastungen in Abhängigkeit vom Standort hervorgerufen.

Aufgrund der gewerbesteuerlichen Modifikationen sowie der gemeindeabhängigen Hebesätze ist die Gewerbesteuer in ihrer Ausprägung mit den US-amerikanischen Körperschaftsteuern der Bundesstaaten und Gemeinden vergleichbar.[225] Das in den USA verlangte Vorgehen zur Abbildung der ‚state and local income taxes' in der ‚tax reconciliation' kann daher analog für die Abbildung der Gewerbesteuer gefordert werden. Nach dem Wortlaut aus SFAS No. 109 ist die Berücksichtigung der ‚state and local income taxes' im gesetzlich maßgebenden Steuersatz und entsprechend im rechnerischen Steueraufwand nicht beabsichtigt. Dem Wortlaut folgend ist das Vorsteuerergebnis lediglich mit den „domestic federal statutory tax rates"[226] und damit den gemäß Bundessteuergesetz relevanten Steuersätzen zu multiplizieren. Die hinter den ‚state and local income taxes' stehenden Gesetze sind jedoch keine Bundesgesetze, sondern auf der Ebene der Bundesstaaten angesiedelt.[227] Die Äußerungen der SEC bestätigen, daß der Wortlaut aus SFAS No. 109 eng auszulegen ist. Die SEC lehnt die Bildung eines kombinierten Steuersatzes aus ‚state and federal income tax' explizit ab und verlangt die ausschließliche Berücksichtigung der Bundeskörperschaftsteuer.[228] Statt der Einbeziehung in den rechnerischen Steueraufwand ist die unter Berücksichti-

---

221 Vgl. *Rudden, John T.* [Besteuerung, 1994], S. 75; *Wood, Robert* [State Corporate Taxation, 1991], S. 178; *Zschiegner, Hans* [US-Einkommensteuerrecht, 1998], S. 993 und S. 996.

222 Vgl. *Zschiegner, Hans* [Steuerrecht, 1990], S. 60; *Zschiegner, Hans* [US-Einkommensteuerrecht, 1998], S. 993.

223 Vgl. *Petzold, Günter* [GewSt, 1991], S. 16.

224 Vgl. Art. 106 Abs. 6, S. 2 GG; *Tipke, Klaus* [Steuerrechtsordnung, 1993], S. 826 f.

225 Vgl. *Rudden, John T.* [Besteuerung, 1994], S. 75; *Zitzelsberger, Heribert* [Gewerbesteuer, 1989], S. 91.

226 *FASB* [SFAS No. 109, 1992], Abs. 47, S. 1.

227 Vgl. *Kramer, Jörg D.* [Finanzverfassungen, 1990], S. 39; *Stamm, Friedrich H.* [Bundesfinanzen, 1969], S. 15 f.

228 Vgl. *SEC* [SAB, 1998], Topic 6-I, Nr. 1. Im Gegensatz hierzu sieht IAS 12 explizit die Einbeziehung lokaler Steuern vor, soweit ihre Bemessungsgrundlagen im wesentlichen mit dem zu versteuernden Einkommen korrespondieren. Vgl. *IASC* [IAS 12, 1996], Abs. 85.

gung der Abzugsfähigkeit von der Bundeseinkommensteuer verbleibende Steuerbelastung aus den ‚state and local income taxes' in einem gesonderten Korrekturposten aufzuzeigen.[229] Für die faktische Gewerbesteuerbelastung kann daher der Ausweis in einem eigenen Korrekturposten gegenüber der Einbeziehung in den rechnerischen Steueraufwand verlangt werden.

Der Verzicht auf die Einbeziehung des Solidaritätszuschlags läßt sich aus seiner besonderen Zielsetzung heraus begründen. Er wurde als Ergänzungsabgabe zur Finanzierung der deutschen Einheit im Jahr 1991 eingeführt.[230] In seiner ursprünglichen Version ist er als befristeter Zuschlag auf die Einkommen- bzw. Körperschaftsteuer für die Veranlagungszeiträume 1991 und 1992 ausgestaltet worden. Die Belastung daraus betrug im Ergebnis 3,75 %.[231] Da der Finanzbedarf für den Aufbau der neuen Bundesländer nicht gedeckt werden konnte, wurde mit Wirkung zum Veranlagungszeitraum 1995 erneut ein Solidaritätszuschlag eingeführt, der zeitlich nicht begrenzt ist.[232] Der Gesetzgeber hat jedoch die Absicht bekundet, die Notwendigkeit eines Solidaritätszuschlags mittelfristig zu prüfen, und eine schnelle Beseitigung geplant.[233] Eine erste Maßnahme hierzu war die Senkung des Zuschlags von 7,5 % auf 5,5 % zum Veranlagungszeitraum 1998.[234] Die Ausführungen zeigen, daß der Solidaritätszuschlag lediglich als vorübergehende Einnahmequelle mit dem besonderen Ziel ‚Finanzierung der Wiedervereinigung' gedacht ist und nicht der Besteuerung des Einkommens an sich dient. Vor dem Hintergrund des Wortlauts von SFAS No. 109, der auf den Einkommensteueraufwand abstellt, ist die Einbeziehung des Solidaritätszuschlags in den rechnerischen Steueraufwand daher nicht zwingend.

Bei bloßer Anwendung der körperschaftsteuerlichen Tarifbelastung zur Berechnung des rechnerischen Steueraufwands bildet der rechnerische Steueraufwand die Gesamtbelastung aus den Ertragsteuern nicht vollständig ab. Die ermittelte Größe ist aufgrund der Ausklammerung von Gewerbesteuer und Solidaritätszuschlag nicht umfassend. Lediglich die aus der Körperschaftsteuer resultierende Belastung wird in der Ausgangsgröße angegeben. Die fehlenden Belastungen sind jeweils durch gesonderte Kor-

---

229 Vgl. *SEC* [FRR, 1998], Item 204.02. Hierbei ist der Steuereffekt aus der Abzugsfähigkeit der ‚state and local income taxes' von der Bundeseinkommensteuer zu berücksichtigen.

230 Vgl. *Lindberg, Klaus* [SolZG, 1999], § 1 Rz. 1.

231 Der Solidaritätszuschlag aus dem Solidaritätsgesetz vom 24.6.1991 wurde auf die Einkommen- und Körperschaftsteuer, die für den Zeitraum vom 1.7.1991 bis zum 30.6.1992 entstand, mit 7,5 % erhoben. Wegen der Berechnung der Einkommen- und Körperschaftsteuer als Jahressteuer ergab sich aus dem Solidaritätszuschlag eine Belastung in Höhe von 3,75 % auf die festgesetzte Einkommen- und Körperschaftsteuer. Vgl. *Frotscher, Gerrit* [SolZG, 1998], Rz. 1; *Orth, Manfred* [Solidaritätszuschlag, 1991], S. 779.

232 Vgl. *Drenseck, Walter* [§ 51a EStG, 1997], Rz. 4; *Rüter, Monika* [Belastungswirkungen, 1994], S. 1023.

233 Vgl. *Frotscher, Gerrit* [SolZG, 1998], Rz. 3; *Lindberg, Klaus* [SolZG, 1999], § 1 Rz. 1.

234 Vgl. *Frotscher, Gerrit* [SolZG, 1998], Rz. 3.

rekturposten in die Überleitungsrechnung aufzunehmen. Dabei ist zu beachten, daß die Gewerbesteuer die körperschaftsteuerliche Bemessungsgrundlage als Betriebsausgabe kürzt.[235] Diese Steuerarteninterdependenz wird bei der Multiplikation des Vorsteuerergebnisses der gewöhnlichen Geschäftstätigkeit mit dem Körperschaftsteuersatz nicht berücksichtigt. Die im rechnerischen Steueraufwand ausgewiesene Körperschaftsteuertarifbelastung ist daher zu hoch. Die entstehende Verzerrung ist aufzufangen, indem die Abzugsfähigkeit der Gewerbesteuer von der körperschaftsteuerlichen Bemessungsgrundlage auf der Ebene der Gewerbesteuer in der Überleitungsrechnung berücksichtigt wird. Der anzusetzende Korrekturposten für die Gewerbesteuer zeigt dann nicht den gesamten Betrag der in der Periode angefallenen Gewerbesteuer auf. Er umfaßt lediglich die faktische Belastung aus der Gewerbesteuer, die nach der gewerbesteuerbedingten Kürzung der Körperschaftsteuer verbleibt.[236] Dieses Vorgehen entspricht dem von der SEC befürworteten Verfahren im Umgang mit den ebenfalls von der US-amerikanischen Bundeskörperschaftsteuer abzugsfähigen ‚state and local income taxes'.[237]

Bei Begrenzung des gesetzlich maßgebenden Steuersatzes auf die Körperschaftsteuer ist zur Ermittlung der Korrekturbeträge weiterer steuersatzabhängiger Korrekturposten nur der körperschaftsteuerliche Thesaurierungssatz zugrunde zu legen. Die jeweiligen Steuereffekte aus Gewerbesteuer und Solidaritätszuschlag sind nicht zu berücksichtigen. Sie bilden Bestandteil der für diese Ertragsteuern angesetzten Korrekturposten. Die für die nicht oder nicht voll abzugsfähigen Aufwendungen auszuweisenden Belastungen zeigen daher nur den Anteil, der auf die Körperschaftsteuer entfällt. Ebenso wird bei den steuerfreien Einnahmen lediglich die auf die Körperschaftsteuer entfallende Entlastung ersichtlich. Da die Steuereffekte aus der Gewerbesteuer und dem Solidaritätszuschlag fehlen, sind die offenzulegenden Steuerwirkungen aus den betrachteten Aufwendungen und Erträgen in den Korrekturposten nicht umfassend.

Wie in den Ausführungen verdeutlicht, werden bei ausschließlicher Anwendung des Körperschaftsteuersatzes die Belastungen aus den einzelnen Ertragsteuern in der Überleitungsrechnung gesondert aufgezeigt und unter Beachtung weiterer Korrekturposten zum ausgewiesenen Steueraufwand summiert. Dieses Vorgehen weist Parallelen zur Veranlagungssimulation auf. Hierbei handelt es sich um ein Verfahren, das in der betriebswirtschaftlichen Steuerlehre als Methode des Steuerbelastungsvergleichs zur Quantifizierung steuerlicher Belastungen herangezogen wird.[238] Bei der Veranla-

---

235 Vgl. Gliederungspunkt 5.1.1.

236 Zur Berechnung der faktischen Belastung aus der Gewerbesteuer vgl. Gliederungspunkt 5.1.4.

237 Vgl. *SEC* [FRR, 1998], Item 204.02. Im Gegensatz zu den SEC-Vorschriften lassen sich aus den Verlautbarungen des FASB keine derartigen Hinweise entnehmen.

238 Die Veranlagungssimulation wird bei betriebswirtschaftlichen Untersuchungen oder Planungen zur Ermittlung konkreter, individueller Steuerwirkungen eingesetzt. Ziel ist die Berechnung der Steuerschuld, die sich bei Realisierung eines bestimmten Sachverhalts ergeben würde. Hierzu wird das

gungssimulation wird die Steuerbelastung jeder einzelnen maßgebenden Steuerart unter Berücksichtigung der bestehenden Interdependenzen zunächst gesondert ermittelt und aufgelistet. Die verschiedenen Steuerbelastungen werden dann zur Gesamtsteuerschuld addiert.[239] Charakteristisch ist das gesonderte Aufzeigen der aus den einzelnen Steuerarten hervorgerufenen Belastungen.[240] Der Aufbau der Überleitungsrechnung bei bloßer Anwendung des Körperschaftsteuersatzes als gesetzlich maßgebenden Steuersatz gleicht wegen des isolierten Ausweises der Belastungen aus Körperschaftsteuer, Gewerbesteuer und Solidaritätszuschlag der Veranlagungssimulation.

5.3.2.2 Einbeziehung aller Ertragsteuern in den gesetzlich maßgebenden Steuersatz

5.3.2.2.1 Grundlagen

Wird der Wortlaut aus SFAS No. 109 dahingehend interpretiert, daß „the amount of income tax expense that would result from applying domestic federal statutory tax rates to pretax income from continuing operations“[241] auf die gesamte Belastung aus den Steuern vom Einkommen und Ertrag abzielt, welche durch Bundesgesetze erhoben werden, so hat der gesetzlich maßgebende Steuersatz alle Ertragsteuern zu umfassen. Durch die Multiplikation des Vorsteuerergebnisses mit einem derartigen Mischsteuersatz werden alle maßgeblichen Ertragsteuerarten im rechnerischen Steueraufwand abgebildet. Ausgangspunkt der Überleitungsrechnung ist dann eine umfassende Größe.

Die Einbeziehung von Gewerbesteuer und Solidaritätszuschlag in den gesetzlich maßgebenden Steuersatz ist wegen unterschiedlicher Bemessungsgrundlagen problematisch. Diese stehen nicht unabhängig nebeneinander, sondern bauen aufeinander auf.[242] Gemeinsame Basis ist das nach den Gewinnermittlungsvorschriften aus Einkommen- und Körperschaftsteuerrecht ermittelte Ergebnis.[243] Aus dieser Größe wird das für die Bemessung der körperschaftsteuerlichen Thesaurierungsbelastung maßgebende ‚zu versteuernde Einkommen‘, der für die Gewerbesteuer maßgebende Gewinn aus Ge-

---

Veranlagungsverfahren der Finanzbehörden modellmäßig nachgeahmt. Vgl. *Scheffler, Wolfram* [Veranlagungssimulation, 1991], S. 70; *Rose, Gerd* [Steuerlehre, 1992], S. 32.

239 Vgl. *Scheffler, Wolfram* [Veranlagungssimulation, 1991], S. 70.

240 Vgl. *Mielke, Axel P.* [Teilsteuerrechnung, 1997], S. 69.

241 *FASB* [SFAC No. 2, 1980], Abs. 47.

242 Vgl. *Wagner, Franz W./Dirrigl, Hans* [Steuerplanung, 1980], S. 155.

243 Vgl. § 8 Abs. 1 KStG; § 7 GewStG; § 3 Abs. 1, Nr. 1 SolZG; *Cattelaens, Heiner/Gottstein, Siegfried/Stegmüller, Hubert/Zenthöfer, Wolfgang* [KSt, 1997], S. 73 und S. 670; *Glanegger, Peter/Güroff, Georg* [GewStG, 1999], § 7 Rz. 1; *Heidemann, Otto* [Solidaritätszuschlag, 1993], S. 2501.

werbebetrieb und die Bemessungsgrundlage des Solidaritätszuschlags abgeleitet.[244] Zur Ermittlung der für die betrachteten Steuerarten maßgebenden Bemessungsgrundlagen muß das nach den einkommen- und körperschaftsteuerrechtlichen Gewinnermittlungsvorschriften resultierende Ergebnis jedoch modifiziert werden.[245] Dadurch ist eine Identität der Bemessungsgrundlagen regelmäßig nicht gegeben. Die pauschale Multiplikation des Vorsteuerergebnisses mit einem Mischsteuersatz zur Ermittlung des rechnerischen Steueraufwands wird diesen sogenannten steuerartenrechtlichen Differenzen nicht gerecht. Die Konsequenzen hieraus werden zunächst für die Gewerbesteuer, anschließend für den Solidaritätszuschlag aufgezeigt.

5.3.2.2.2 Einbeziehung der Gewerbesteuer

Für die Zwecke der Gewerbesteuer sind ausgehend von dem nach den Gewinnermittlungsvorschriften aus Einkommen- und Körperschaftsteuergesetz errechneten Ergebnis Modifikationen in Form von Hinzurechnungen und Kürzungen gem. §§ 8 und 9 GewStG vorzunehmen.[246] Wie in Abbildung 5.2 verdeutlicht, weicht dadurch der Gewerbeertrag regelmäßig von der körperschaftsteuerlichen Bemessungsgrundlage ab.

Vorschriften	**Steuerbilanz-Ergebnis**	Bemessungsgrundlage
Gewinnermittlungs-vorschriften von EStG und KStG	+ nichtabziehbare Aufwendungen - abziehbare Erträge +/- Sonstige	
	= **zu versteuerndes Einkommen[247] / Gewinn aus dem Gewerbebetrieb**	KSt
§ 8 und § 9 GewStG	+ Hinzurechnungen - Kürzungen	
	= **Gewerbeertrag**	GewSt

Abbildung 5.2: Bemessungsgrundlage für die Körperschaft- und die Gewerbesteuer

244 Vgl. § 7 KStG und § 7 GewStG i.V.m. § 8 Abs. 1 KStG. Zur Bestimmung des Gewinns aus Gewerbebetrieb bedarf es gem. Abschn. 38 Abs. 1 GewStR einer selbständigen Gewinnermittlung. Auf den zur Festsetzung der Körperschaftsteuer ermittelten Gewinn kann zurückgegriffen werden. Für die Zwecke der Gewerbesteuer ist dieser jedoch zu korrigieren. Die hierbei durchzuführenden Korrekturen sind im allgemeinen gegenüber den Modifikationen gem. § 8 und § 9 GewStG vergleichsweise gering und wenig bedeutsam. Vgl. *Knobbe-Keuk, Brigitte* [Unternehmenssteuerrecht, 1993], S. 734; *Petzold, Günter* [GewSt, 1991], S. 104.

245 Vgl. *Wagner, Franz W./Dirrigl, Hans* [Steuerplanung, 1980], S. 155.

246 Vgl. *Petzold, Günter* [GewSt, 1991], S. 167; *Scheffler, Wolfram* [Besteuerung, 1998], S. 183.

247 Hierbei handelt es sich um das Einkommen vor Verlustabzug und Freibetrag. Vgl. *Rose, Gerd* [Ertragsteuern, 1994], S. 195.

Bei der pauschalen Anwendung eines Mischsteuersatzes werden im Rahmen der Ermittlung des rechnerischen Steueraufwands die differierenden Bemessungsgrundlagen von Körperschaftsteuer und Gewerbesteuer nicht berücksichtigt. Vielmehr wird für die Berechnung der erwarteten Belastung aus den Ertragsteuern dieselbe Bemessungsgrundlage „Ergebnis der gewöhnlichen Geschäftstätigkeit" zugrunde gelegt. Wegen der Mißachtung der für die Gewerbeertragsermittlung vorzunehmenden Modifikationen führt das Vorgehen zu einem rechnerischen Steueraufwand, der mit einem systematischen Fehler behaftet ist. Dies wird anhand eines Zahlenbeispiels verdeutlicht. Ausgangspunkt bildet ein Unternehmen mit folgenden Daten:[248]

Ergebnis vor Steuern	1.000 GE
Grundbesitzkürzung	50 GE
KSt inkl. SolZ	42,2 %[249]
GewSt	5 % Steuermeßzahl 400 % Hebesatz ⇨ 9,63 % faktische Belastung[250]
Mischsteuersatz	51,83 %
Dauerschuldzinsen	Variable

Um ausgehend vom Ergebnis vor Steuern, welches für die Zwecke der ‚tax reconciliation' die Grundlage zur Ermittlung des rechnerischen Steueraufwands bildet, die gewerbesteuerliche Bemessungsgrundlage abzuleiten, ist der Gewinn aus Gewerbebetrieb durch Hinzurechnungen und Kürzungen zu modifizieren. Das Beispiel enthält exemplarisch sowohl den Fall der Hinzurechnung als auch den der Kürzung. Der Hinzurechnungsbedarf resultiert gem. § 8 Nr. 1 GewStG aus den Dauerschuldzinsen, welche zur Hälfte zum Gewinn aus Gewerbebetrieb addiert werden müssen.[251] Demgegenüber sind Kürzungen gem. § 9 Nr. 1 GewStG für den vorhandenen Grundbesitz vorzunehmen.[252] Auf Grundlage des so ermittelten Gewerbeertrags berechnet sich durch Anwendung des Hebesatzes und der Steuermeßzahl die Gewerbesteuer.

248 Aus Vereinfachungsgründen werden im Beispiel Freibeträge nicht berücksichtigt.

249 Da der Solidaritätszuschlag als Ergänzungsabgabe auf die Körperschaftsteuer erhoben wird, schlägt die Abzugsfähigkeit der Gewerbesteuer von der körperschaftsteuerlichen Bemessungsgrundlage auf ihn durch. Vor diesem Hintergrund erfolgt die Berücksichtigung des Zuschlags im Beispiel. Hierbei wird angenommen, daß keine Ausschüttungen erfolgen und anrechenbare oder zu vergütende Körperschaftsteuer nicht gegeben ist. Vgl. Gliederungspunkt 5.1.4.

250 Zur Berechnung der faktischen Belastung aus der Gewerbesteuer vgl. Gliederungspunkt 5.1.4.

251 Im Rahmen der Hinzurechnungen des § 8 GewStG kommt den Dauerschuldzinsen eine vergleichsweise große Bedeutung zu, da eine Fremdfinanzierung mit Krediten fast immer gegeben ist. Vgl. *Petzold, Günter* [GewSt, 1991], S. 186; *Rose, Gerd* [Ertragsteuern, 1994], S. 196.

252 Die Kürzung des Grundstückreinertrags beim Gewerbeertrag dient der Vermeidung einer Doppelbelastung des Grundbesitzes durch Grundsteuer einerseits und Gewerbesteuer andererseits. Vgl.

Beispiel	fakt. GewSt-Belastung		Gesamtsteuerbelastung	
	Pauschale	Modifikation	Pauschale	Modifikation
Ergebnis vor Steuern	1.000	1.000	1.000	1.000
+ DS-Zinsen		x		
- Grundbesitzkürzung		(50)		
Summe	**1.000**	**f(x)**	**1.000**	**1.000**
Tarif in %	9,63	9,63	51,83	42,20
Steueraufwand	96	0,0963*f(x)	518	422
Gesamtsteueraufwand			**518**	**(422+0,0963*f(x))**

Im Beispiel wird die Ertragsteuerbelastung aus der pauschalen Multiplikation des Ergebnisses vor Steuern mit dem Mischsteuersatz aus den drei Steuerarten ermittelt. Diese wird der Ertragsteuerbelastung gegenübergestellt, die sich bei korrekter Berücksichtigung der Hinzurechnungen und Kürzungen gem. § 8 und § 9 GewStG ergibt. Dabei wird in der zweiten und dritten Spalte jeweils die Steuerbelastung aus der Gewerbesteuer isoliert betrachtet. Die zweite Spalte zeigt den Anteil der Steuerlast, der bei pauschaler Anwendung des Mischsteuersatzes auf die Gewerbesteuer entfällt. Dem steht in der dritten Spalte die unter Beachtung der notwendigen Hinzurechnungen und Kürzungen korrekt ermittelte Gewerbesteuerlast vergleichend gegenüber. Der Differenzbetrag zwischen den beiden Gewerbesteuerbelastungen variiert in Abhängigkeit von der Variablen. In der vierten und fünften Spalte wird die gesamte Steuerlast aus den Ertragsteuern ermittelt. Dabei enthält die vierte Spalte den Gesamtsteueraufwand, der sich aufgrund der pauschalen Anwendung des Mischsteuersatzes ergibt. Demgegenüber zeigt die fünfte Spalte den Gesamtsteueraufwand, der bei korrekter Beachtung der gewerbesteuerlichen Modifikationen den rechnerischen Steueraufwand darstellen würde. Dieser setzt sich zusammen aus der in der dritten Spalte berechneten Gewerbesteuer und der in der fünften Spalte ermittelten Körperschaftsteuer inklusive Solidaritätszuschlag. Die Differenz aus den gegenüberstehenden Gesamtsteuerbelastungen spiegelt die Differenz aus den Gewerbesteuerbelastungen wider und variiert entsprechend in Abhängigkeit der Variablen.

Sowohl die Gewerbesteuerbelastung als auch die Gesamtsteuerbelastung aus der pauschalen Anwendung des Mischsteuersatzes bleiben aufgrund der Nichtbeachtung der Modifikationen bei Variation der Dauerschuldzinsen konstant. Der in der zweiten Spalte errechnete Gewerbesteueraufwand beläuft sich auf 96 GE; der in der vierten Spalte errechnete Gesamtsteueraufwand beträgt 518 GE.

Glanegger, Peter/Güroff, Georg [GewStG, 1999], § 9 Nr. 1, Rz. 1; *Knobbe-Keuk, Brigitte* [Unternehmenssteuerrecht, 1993], S. 747.

Variante 1	fakt. GewSt-Belastung		Gesamtsteuerbelastung	
	Pauschale	Modifikation	Pauschale	Modifikation
Ergebnis vor Steuern	1.000	1.000	1.000	1.000
+ DS-Zinsen		0		
- Grundbesitzkürzung		(50)		
Summe	**1.000**	**950**	**1.000**	**1.000**
Tarif in %	9,63	9,63	51,83	42,20
Steueraufwand	96	91	518	422
Gesamtsteueraufwand			**518**	**513**
Differenz		**(5)**		**(5)**
Prozentual		-5%		-1%

Die für die Zwecke der Gewerbesteuer vorzunehmenden Hinzurechnungen und Kürzungen beschränken sich in Variante 1 auf die Grundbesitzkürzung, welche das Ergebnis vor Steuern um 50 von 1.000 GE auf 950 GE mindert. Korrekturbedarf aufgrund von Dauerschuldzinsen ist nicht gegeben. Unter Berücksichtigung der Kürzung leitet sich eine Gewerbesteuerlast in Höhe von 91 GE ab, welche eine korrekt ermittelte Gesamtsteuerlast von 513 GE zur Folge hat. Die bei pauschaler Anwendung des Mischsteuersatzes mit Verzicht auf die gewerbesteuerlichen Modifikationen errechnete Gewerbesteuerlast in Höhe von 96 GE ist demgegenüber um 5 GE zu hoch. Entsprechend ist die pauschal ermittelte Gesamtsteuerlast mit 518 GE gegenüber der korrekt ermittelten Gesamtsteuerlast zu hoch. Der Fehler aus der pauschalen Anwendung eines Mischsteuersatzes führt zu einer um 5 % zu hohen faktischen Gewerbesteuerbelastung. Bezogen auf die Gesamtsteuerlast macht der Fehler einen Anteil von 1 % aus.

Variante 2	fakt. GewSt-Belastung		Gesamtsteuerbelastung	
	Pauschale	Modifikation	Pauschale	Modifikation
Ergebnis vor Steuern	1.000	1.000	1.000	1.000
+ DS-Zinsen		200		
- Grundbesitzkürzung		(50)		
Summe	**1.000**	**1.150**	**1.000**	**1.000**
Tarif in %	9,63	9,63	51,83	42,20
Steueraufwand	96	111	518	422
Gesamtsteueraufwand			**518**	**533**
Differenz		**15**		**15**
Prozentual		16%		3%

In Variante 2 beträgt der Wert der zu addierenden Dauerschuldzinsen 200 GE. Dadurch wird der Kürzungsbedarf aus dem Grundbesitz überkompensiert. Im Gegensatz zu Variante 1 verbleibt insgesamt ein positiver Effekt aus den gewerbesteuerlichen Modifikationen, der das Ergebnis vor Steuern um 150 GE auf 1.150 GE erhöht. Die zugehörige Gewerbesteuerlast beläuft sich auf 111 GE gegenüber 96 GE bei pauschaler Anwendung des Mischsteuersatzes. Dies bedingt eine Differenz in Höhe von 15

GE. Die pauschal errechnete Gewerbesteuer und die daraus abgeleitete Gesamtsteuer sind um 15 GE zu niedrig ausgewiesen. Gegenüber der korrekt ermittelten Gewerbesteuer macht dies einen Anteil von 16 % aus. Bezogen auf die Gesamtsteuerbelastung ergibt sich ein um 3 % zu geringer Wert. Während der Fehler aus der Anwendung eines pauschalen Mischsteuersatzes in Variante 1 den Ausweis einer zu hohen Steuerbelastung zur Konsequenz hatte, verursacht er in Variante 2 eine zu gering ausgewiesene Steuerbelastung.

Variante 3	fakt. GewSt-Belastung		Gesamtsteuerbelastung	
	Pauschale	Modifikation	Pauschale	Modifikation
Ergebnis vor Steuern	1.000	1.000	1.000	1.000
+ DS-Zinsen		500		
- Grundbesitzkürzung		(50)		
Summe	**1.000**	**1.450**	**1.000**	**1.000**
Tarif in %	9,63	9,63	51,83	42,20
Steueraufwand	96	140	518	422
Gesamtsteueraufwand			**518**	**562**
Differenz		**44**		**44**
Prozentual		46%		9%

Variante 3 zeigt die Veränderung von Gewerbesteuer- und Gesamtsteuerlast bei Erhöhung der zu addierenden Dauerschuldzinsen von 200 GE auf 500 GE. Der Fehler aus der pauschalen Anwendung des Mischsteuersatzes erhöht sich dadurch von 14 GE auf 44 GE. Dies hat gegenüber der korrekt ermittelten Gewerbesteuerbelastung einen um 46 % zu niedrig angesetzten Betrag zur Konsequenz. Hinsichtlich der Gesamtsteuerbelastung ist der pauschal ermittelte Betrag um 9 % gegenüber dem korrekt ermittelten Wert zu gering. Vor dem Hintergrund der von der SEC vorgegebenen Wesentlichkeitsgrenze von 5 % ist dieser Fehlbetrag als wesentlich einzustufen.

Im folgenden wird die Variante 3 des Beispiels modifiziert. Anstelle des positiven Vorsteuerergebnisses von 1.000 GE tritt ein negativer Wert in Höhe von 50 GE.

Modifizierte Variante 3	fakt. GewSt-Belastung		Gesamtsteuerbelastung	
	Pauschale	Modifikation	Pauschale	Modifikation
Ergebnis vor Steuern	(50)	(50)	(50)	(50)
+ DS-Zinsen		500		
- Grundbesitzkürzung		(50)		
Summe	**(100)**	**400**	**(100)**	**(100)**
Tarif in %	9,63	9,63	51,83	42,20
Steueraufwand	(5)	39	(26)	(21)
Gesamtsteueraufwand			**(26)**	**18**

Bei der modifizierten Variante 3 resultiert für die Zwecke der ‚tax reconciliation' durch das negative Vorsteuerergebnis bei pauschaler Anwendung des Mischsteuersatzes ein Steuererstattungsanspruch in Höhe von 5 GE aus der Gewerbesteuer. Bezogen auf die Gesamtsteuerbelastung errechnet sich ein Steuererstattungsanspruch aus Körperschaft- und Gewerbesteuer in Höhe von 26 GE. Demgegenüber ist das negative Vorsteuerergebnis bei korrekter Berücksichtigung der Hinzurechnungen und Kürzungen für die Zwecke der Gewerbesteuer um 450 GE zu erhöhen. Dadurch ergibt sich ein positiver Gewerbeertrag in Höhe von 400 GE. Dieser führt zu einer Gewerbesteuerlast in Höhe von 39 GE, welche den Steuererstattungsanspruch aus der Körperschaftsteuer in Höhe von 21 GE überkompensiert. Der Effekt bedingt eine positive Gesamtsteuerlast in Höhe von 18 GE. Während bei der pauschalen Anwendung des Mischsteuersatzes auf das Vorsteuerergebnis ein Steuererstattungsanspruch in Höhe von 26 GE resultiert, verbleibt bei korrekter Berechnung der Gesamtsteuerlast eine Steuerschuld.

Anhand des Beispiels wird deutlich, daß ein systematischer Fehler aufgrund der regelmäßig fehlenden Identität von körperschaft- und gewerbesteuerlicher Bemessungsgrundlage entsteht, der in Abhängigkeit von den gewerbesteuerlichen Hinzurechnungen und Kürzungen schwankt. Die Richtung des Fehlers wird durch das Vorzeichen der summierten Modifikationen festgelegt. Seiner Höhe nach kann der systematische Fehler wesentlich sein. Darüber hinaus können wegen der vorzunehmenden Modifikationen die Vorzeichen der Bemessungsgrundlagen auseinanderfallen. Im Beispiel wird diese Situation in der modifizierten Variante 3 anhand eines negativen Vorsteuerergebnisses verdeutlicht, welchem durch die gewerbesteuerlichen Hinzurechnungen und Kürzungen ein positiver Gewerbeertrag gegenübersteht. Der entgegengesetzte Effekt des negativen Gewerbeertrags bei gleichzeitig positivem Vorsteuerergebnis entsteht, wenn der Kürzungsbedarf die Summe aus positivem Vorsteuerergebnis und Hinzurechnungsbedarf übersteigt.[253] Das Auseinanderfallen der Vorzeichen kann durch die pauschale Anwendung des Mischsteuersatzes nicht abgebildet werden, weil hierbei die Ermittlung des rechnerischen Steueraufwands lediglich auf der einen Größe ‚Ergebnis der gewöhnlichen Geschäftstätigkeit' beruht. Die steuerartenrechtlichen Regelungen, die differierende Bemessungsgrundlagen von Körperschaftsteuer und Gewerbesteuer zur Konsequenz haben, bleiben außer acht.

Der am Beispiel verdeutlichte systematische Fehler des rechnerischen Steueraufwands aus der pauschalen Anwendung des Mischsteuersatzes läßt sich formal wie folgt ausdrücken. Gegeben sei:

E	Ergebnis vor Steuern
$M^{(+)}$	Hinzurechnungen
$M^{(-)}$	Kürzungen
s_{ks}	kombinierter Steuersatz (Körperschaftsteuer, Solidaritätszuschlag)

[253] Vgl. *Petzold, Günter* [GewSt, 1991], S. 103.

s_{gf} faktische Belastung aus der Gewerbesteuer[254]
s_{ksg} kombinierter Steuersatz (Körperschaftsteuer, Solidaritätszuschlag, Gewerbesteuer)
S_P Steuerbelastung aus pauschaler Anwendung des kombinierten Steuersatzes
S_K korrekte Steuerbelastung

Die Berechnung der Ertragsteuerbelastung bei Anwendung eines kombinierten Steuersatzes erfolgt nach Gleichung (1a). Demgegenüber stellt Gleichung (2a) die korrekte Berechnung der Ertragsteuerbelastung dar:

(1a) $S_P = E \times s_{ksg} = (E \times s_{ks}) + (E \times s_{gf})$

(2a) $S_K = (E \times s_{ks}) + [(E + M^{(+)} - M^{(-)}) \times s_{gf}]$

(3a) $S_K - S_P = (M^{(+)} - M^{(-)}) \times s_{gf}$

Gleichung (3a) drückt den systematischen Fehler als Funktion der gewerbesteuerlichen Modifikationen aus.[255] Seine Höhe ergibt sich aus dem Produkt von gewerbesteuerlichen Modifikationen und faktischer Gewerbesteuerbelastung. Der im Einzelfall ermittelte Wert drückt den durch die Gewerbesteuer bedingten systematischen Fehler des rechnerischen Steueraufwands aus. Um ausgehend von dem verzerrten rechnerischen Steueraufwand zum ausgewiesenen Steueraufwand zu gelangen, muß in der ‚tax reconciliation' ein gesonderter Korrekturposten gebildet werden, der den systematischen Fehler auffängt. Die Gewerbesteuerbelastung wird durch Einbeziehen der Gewerbesteuer in den gesetzlich maßgebenden Steuersatz im rechnerischen Steueraufwand nicht umfassend abgebildet.

5.3.2.2.3 Einbeziehung des Solidaritätszuschlags

Bei der Einbeziehung des Solidaritätszuschlags in den gesetzlich maßgebenden Steuersatz ergibt sich analog zur Gewerbesteuer das Problem der Mißachtung unterschiedlicher Bemessungsgrundlagen. Die Bemessung des Solidaritätszuschlags richtet sich bei Kapitalgesellschaften nach der Körperschaftsteuerschuld[256] und setzt damit die Ermittlung der Körperschaftsteuer voraus. Hierfür ist zunächst die körperschaftsteuerliche Bemessungsgrundlage ‚zu versteuerndes Einkommen' zu bestimmen, die im ersten

---

254 Zur Berechnung der faktischen Belastung aus der Gewerbesteuer vgl. Gliederungspunkt 5.1.4.

255 Keine fehlerhafte Auswirkung aus der Anwendung des Mischsteuersatzes resultiert nur, wenn kein Hinzurechnungs- bzw. Kürzungsbedarf gem. §§ 8 und 9 GewStG besteht oder die Hinzurechnungen und Kürzungen sich in gleicher Höhe gegenüberstehen und dadurch zu Null addieren.

256 Vgl. § 23 Abs. 1 KStG; *Tipke, Klaus/Lang, Joachim* [Steuerrecht, 1998], § 8 Rz. 36.

Schritt mit dem Thesaurierungssatz belastet wird.[257] Die resultierende Körperschaftsteuertarifbelastung ist für die Ermittlung der Bemessungsgrundlage des Solidaritätszuschlags in einem zweiten Schritt zu korrigieren, soweit für das im Veranlagungszeitraum endende Wirtschaftsjahr Gewinnausschüttungen vorgenommen wurden.[258] Für die zur Ausschüttung verwendeten Beträge ist die Ausschüttungsbelastung herzustellen.[259] Dadurch errechnet sich die festzusetzende Körperschaftsteuer, die abschließend um die anrechenbare oder zu vergütende Körperschaftsteuer zu mindern ist.[260] Die verbleibende Körperschaftsteuer stellt die Steuerschuld dar, welche gem. § 3 SolZG die Bemessungsgrundlage für den Solidaritätszuschlag bildet. Soweit diese positiv ist, wird ein Solidaritätszuschlag erhoben.[261] Ein negativer Solidaritätszuschlag wird in den gesetzlichen Vorschriften ausgeschlossen, so daß ein Erstattungsanspruch aus dem Solidaritätszuschlag nicht entsteht.[262] Der Zuschlag von 5,5 % wird damit auf die Körperschaftsteuer nach ausschüttungsbedingten Korrekturen sowie Modifikationen aufgrund anrechenbarer oder zu vergütender Körperschaftsteuer erhoben.[263] Abbildung 5.3 faßt die Ermittlung der betrachteten Bemessungsgrundlagen zusammen.

Vorgehen	**Steuerbilanz-Ergebnis**	Bemessungsgrundlage
Gewinnermittlungs-vorschriften des EStG und KStG	+ nichtabziehbare Aufwendungen - abziehbare Erträge +/- Sonstige	
	= **zu versteuerndes Einkommen**	KSt
• Thesaurierungs-belastung	= Tarifbelastung	
• Ausschüttungs-belastung	- Minderungen + Erhöhungen	
• weitere Korrek turen	- **anrechenbare KSt oder** - **vergütete KSt**	
	= **verbleibende Körperschaftsteuer**	SolZ

Abbildung 5.3: Bemessungsgrundlage für die Körperschaftsteuer und den Solidaritätszuschlag

257 Vgl. § 8 Abs. 3 KStG; *Tipke, Klaus/Lang, Joachim* [Steuerrecht, 1998], § 11 Rz. 19.

258 Vgl. § 23 Abs. 5 KStG i.V.m. § 27 KStG; *Rekow, Erich* [§ 27 KStG, 1999], Rz. 64-94.

259 Vgl. § 23 Abs. 5 KStG i.V.m. § 27 KStG; *Rekow, Erich* [§ 27 KStG, 1999], Rz. 64-94.

260 Vgl. *Heidemann, Otto* [Solidaritätszuschlag, 1993], S. 2501; *Lindberg, Klaus* [SolZG, 1999], § 3 Rz. 3.

261 Vgl. *Dötsch, Ewald* [SolZ, 1993], S. 1440; *Orth, Manfred* [Solidaritätszuschlag, 1991], S. 779.

262 Vgl. *Frotscher, Gerrit* [SolZG, 1998], Rz. 13; *Lindberg, Klaus* [SolZG, 1999], § 3 Rz. 3.

263 Vgl. *Frotscher, Gerrit* [SolZG, 1998], Rz. 12 f.

Bei der Ermittlung des rechnerischen Steueraufwands durch die pauschale Multiplikation des Vorsteuerergebnisses mit dem kombinierten Steuersatz aus Körperschaftsteuer und Solidaritätszuschlag werden die in Abbildung 5.3 markierten steuerartenrechtlichen Differenzen der Bemessungsgrundlagen nicht berücksichtigt. Das Vorgehen beinhaltet daher auch hinsichtlich des Solidaritätszuschlags einen systematischen Fehler.[264] Im folgenden Beispiel wird dies verdeutlicht. Dabei wird auf die Einbeziehung der Gewerbesteuer verzichtet, weil dieser für das Aufzeigen der Bemessungsgrundlagendifferenzen von Körperschaftsteuer und Solidaritätszuschlag keine Bedeutung zukommt. Der kombinierte Steuersatz und der Gesamtsteueraufwand des Beispiels umfassen daher lediglich die Körperschaftsteuer und den Solidaritätszuschlag. Ausgangspunkt bilden die in der Übersicht aufgelisteten Unternehmensdaten:

Ergebnis vor Steuern	1.000 GE
anzurechnende KSt	100 GE
KSt-Tarif in %	40
SolZ in %	5,5
KSt inkl. SolZ in %	42,2[265]
Ausschüttung	Variable

Ausgehend von der Körperschaftsteuertarifbelastung, welche für die Zwecke der ‚tax reconciliation‘ auf der Basis des Ergebnisses vor Steuern ermittelt wird, ist im Beispiel für die steuerartenrechtlich korrekte Ermittlung der Bemessungsgrundlage des Solidaritätszuschlags die Ausschüttungsbelastung herzustellen und die anrechenbare Körperschaftsteuer entsprechend zu berücksichtigen. Auf die verbleibende Körperschaftsteuerschuld wird der Solidaritätszuschlag erhoben, soweit die Steuerschuld positiv ist.

---

264 Keine fehlerhaften Auswirkungen aus der Anwendung des kombinierten Steuersatzes ergeben sich dann, wenn ein Korrekturbedarf aufgrund von Ausschüttungen und anzurechnender oder zu vergütender Körperschaftsteuer nicht besteht oder der bestehende Korrekturbedarf sich gegenseitig aufhebt und zu Null addiert. Vgl. *Frotscher, Gerrit* [SolZG, 1998], Rz. 12.

265 Auf die Einbeziehung des Gewerbesteuersatzes in den Mischsteuersatz wird verzichtet, da für das Aufzeigen der Bemessungsgrundlagendifferenz von Körperschaftsteuer und Solidaritätszuschlag der Gewerbesteuer keine Bedeutung zukommt.

Beispiel	Steuerbelastung	
	Pauschale	Modifikation
Ergebnis vor Steuern	1.000	1.000
Thesaurierungsbelastung in %	40	40
KSt-Tarifbelastung	400	400
- Ausschüttungsbelastung		x
- anzurechnende KSt		(100)
festgesetzte KSt	**400**	**f(x)**
Tarif in %	5,5	5,5
SolZ	**22**	**0,055*f(x)**
Gesamtsteueraufwand	**422**	**f(x)+0,055*f(x)**

Die Gesamtsteuerbelastung aus der pauschalen Vorgehensweise ergibt sich durch Multiplikation des Ergebnisses vor Steuern mit dem kombinierten Steuersatz aus Körperschaftsteuer und Solidaritätszuschlag. Sie wird in der zweiten Spalte des Beispiels getrennt nach den Anteilen aus der Körperschaftsteuertarifbelastung und dem Solidaritätszuschlag gezeigt. Ihr Wert ist aufgrund der Nichtbeachtung der notwendigen Modifikationen unabhängig von der Variable und beträgt konstant 422 GE. Auf den Solidaritätszuschlag entfällt ein Anteil in Höhe von 22 GE. In der dritten Spalte wird der Solidaritätszuschlag korrekt auf Basis der verbleibenden Körperschaftsteuerschuld ermittelt. Der errechnete Wert wird für die Zwecke der ‚tax reconciliation' zur körperschaftsteuerlichen Thesaurierungsbelastung addiert. Dadurch ergibt sich der Gesamtsteueraufwand, der unter Beachtung der Bemessungsgrundlagendifferenz im rechnerischen Steueraufwand abzubilden wäre. Die resultierende Differenz der gegenüberstehenden Gesamtsteuerbelastungen spiegelt die Differenz zwischen pauschal und korrekt ermitteltem Solidaritätszuschlag wider.

Variante 1	Steuerbelastung	
	Pauschale	Modifikation
Ergebnis vor Steuern	1.000	1.000
Thesaurierungsbelastung in %	40	40
KSt-Tarifbelastung	**400**	**400**
- Ausschüttungsbelastung		(50)
- anzurechnende KSt		(100)
verbleibende KSt		**250**
Tarif in %	5,5	5,5
SolZ	**22**	**14**
Gesamtsteueraufwand	**422**	**414**
Differenz		**(8)**
Prozentual		-2%

In Variante 1 ist eine ausschüttungsbedingte Minderung der Körperschaftsteuertarifbelastung in Höhe von 50 GE vorzunehmen. Damit wird die Hälfte des in der Periode erwirtschafteten Ergebnisses als Dividende an die Anteilseigner ausbezahlt. Zusammen mit der Korrekturmaßnahme aufgrund der anzurechnenden Körperschaftsteuer verbleibt eine Körperschaftsteuerschuld von 250 GE, welche die korrekte Bemessungsgrundlage für den Solidaritätszuschlag bildet. Der Solidaritätszuschlag daraus beläuft sich auf 14 GE, was eine steuerliche Gesamtbelastung von 414 GE bedingt. Dagegen ist der Solidaritätszuschlag sowie die Gesamtsteuerbelastung aus der pauschalen Anwendung des kombinierten Steuersatzes mit 22 GE bzw. 422 GE um 8 GE zu hoch angesetzt. Aus dem systematischen Fehler folgt eine um 2 % zu hoch ausgewiesene Gesamtsteuerbelastung.

Variante 2	Steuerbelastung	
	Pauschale	Modifikation
Ergebnis vor Steuern	1.000	1.000
Thesaurierungsbelastung in %	40	40
KSt-Tarifbelastung	**400**	**400**
- Ausschüttungsbelastung		(100)
- anzurechnende KSt		(100)
verbleibende KSt		**200**
Tarif in %	5,5	5,5
SolZ	**22**	**11**
Gesamtsteueraufwand	**422**	**411**
Differenz		**(11)**
Prozentual		-3%

In Variante 2 wird die Veränderung von Solidaritätszuschlag und Gesamtsteuerbelastung bei Erhöhung der Ausschüttungsbelastung von 50 GE auf 100 GE verdeutlicht. Dies entspricht der Vollausschüttung des in der Periode erwirtschafteten Ergebnisses. Die festzusetzende Körperschaftsteuer vermindert sich dadurch auf 200 GE. Aus dem Solidaritätszuschlag erwächst eine Belastung in Höhe von 11 GE. Der Fehler aus der pauschalen Anwendung des kombinierten Steuersatzes steigt gegenüber Variante 1 um 3 GE auf 11 GE. Bezogen auf die Gesamtsteuerbelastung bedeutet dies einen um 3 % zu hohen Steueraufwand.

Die Variante 2 wird im folgenden modifiziert und das Ergebnis vor Steuern von 1.000 GE auf 500 GE vermindert.

Modifizierte Variante 2	Steuerbelastung Pauschale	Modifikation
Ergebnis vor Steuern	500	500
Thesaurierungsbelastung in %	40	40
KSt-Tarifbelastung	**200**	**200**
- Ausschüttungsbelastung		(100)
- anzurechnende KSt		(100)
verbleibende KSt		**0**
Tarif in %	5,5	5,5
SolZ	**11**	**0**
Gesamtsteueraufwand	**211**	**200**
Differenz		**(11)**
Prozentual		-5%

In der modifizierten Variante 2 ergibt sich aufgrund des verminderten Vorsteuerergebnisses in Verbindung mit der Herstellung der Ausschüttungsbelastung und der Berücksichtigung der anzurechnenden Körperschaftsteuer eine Körperschaftsteuerschuld von Null.[266] Damit fällt keine Belastung aus dem Solidaritätszuschlag an. Für die Zwecke der ‚tax reconciliation' verbleibt bei entsprechender Berücksichtigung der Bemessungsgrundlagendifferenz lediglich die körperschaftsteuerliche Tarifbelastung in Höhe von 200 GE. Bei pauschaler Anwendung des kombinierten Steuersatzes wird demgegenüber ein Solidaritätszuschlag in Höhe von 11 GE berechnet. Die resultierende Gesamtsteuerbelastung ist daher um 11 GE zu hoch, was einem Anteil von 5 % entspricht. Dieser Fehler ist vor dem Hintergrund der von der SEC bestimmten Wesentlichkeitsgrenze als wesentlich einzustufen.

Für das Grundbeispiel wird als dritte Variante eine Erhöhung der Körperschaftsteuer im Zusammenhang mit der Herstellung der Ausschüttungsbelastung angenommen.[267]

266 In der modifizierten Variante 2 wird unterstellt, daß über den Jahresüberschuß hinaus aus dem tariflich belasteten Eigenkapital ausgeschüttet wird. Hierfür ist die Ausschüttungsbelastung herzustellen. Diese mindert die körperschaftsteuerliche Tarifbelastung des Veranlagungszeitraums.

267 Eine Erhöhung im Zusammenhang mit der Herstellung der Ausschüttungsbelastung ergibt sich dann, wenn für die Ausschüttung über den Bilanzgewinn hinaus Eigenkapital zu verwenden ist, welches nicht mit Körperschaftsteuer belastet ist, oder gem. § 35 KStG nicht ausreichend verwendbares Eigenkapital für die Gewinnausschüttung vorhanden ist. Die Steuerschuld hieraus ist durch eine entsprechende Körperschaftsteuererhöhung auf die Ausschüttungsbelastung hochzuschleusen. Vgl. § 35 KStG; *Cattelaens, Heiner/Gottstein, Siegfried/Stegmüller, Hubert/Zenthöfer, Wolfgang* [KSt, 1997], S. 322; *Frotscher, Gerrit* [SolZG, 1998], Rz. 12.

Variante 3	Steuerbelastung	
	Pauschale	Modifikation
Ergebnis vor Steuern	1.000	1.000
Thesaurierungsbelastung in %	40	40
KSt-Tarifbelastung	**400**	**400**
- Ausschüttungsbelastung		200
- anzurechnende KSt		(100)
verbleibende KSt		**500**
Tarif in %	5,5	5,5
SolZ	**22**	**28**
Gesamtsteueraufwand	**422**	**428**
Differenz		**6**

Aufgrund der ausschüttungsbedingten Erhöhung der Körperschaftsteuer verbleibt in Variante 3 für die Bemessung des Solidaritätszuschlags eine Körperschaftsteuerlast in Höhe von 500 GE. Daraus ergibt sich ein Solidaritätszuschlag in Höhe von 28 GE. Dieser übersteigt den bei pauschaler Anwendung des kombinierten Steuersatzes resultierenden Solidaritätszuschlag in Höhe von 22 GE um 6 GE. Entsprechend ist der korrekt ermittelte Gesamtsteueraufwand gegenüber dem pauschal ermittelten höher. Während bei den vorausgehenden Varianten der korrekt ermittelte Solidaritätszuschlag jeweils geringer als der pauschal ermittelte Solidaritätszuschlag war, wechselt hier die Richtung des Fehlers.

Durch das Beispiel wird der systematische Fehler aus der Mißachtung der differierenden Bemessungsgrundlagen von Körperschaftsteuer und Solidaritätszuschlag ersichtlich. Die Höhe des Fehlers schwankt in Abhängigkeit der vorzunehmenden Anpassungen aus der Herstellung der Ausschüttungsbelastung und der Addition der anzurechnenden oder zu vergütenden Körperschaftsteuer. Die Fehlerrichtung ergibt sich aus dem Vorzeichen der summierten Modifikationen. Darüber hinaus kann das Vorzeichen der betrachteten Bemessungsgrundlagen aufgrund der zur Ermittlung des Solidaritätszuschlags notwendigen Anpassungen der Körperschaftsteuertarifbelastung auseinanderfallen. Im Beispiel entsteht trotz positiver Körperschaftsteuertarifbelastung aufgrund der Modifikationen keine Steuerschuld aus dem Solidaritätszuschlag. Ein entgegengerichteter Effekt resultiert, wenn die Summe aus einer negativen Körperschaftsteuertarifbelastung und der anzurechnenden oder zu vergütenden Körperschaftsteuer durch eine Körperschaftsteuererhöhung im Zusammenhang mit der Herstellung der Ausschüttungsbelastung überkompensiert wird. Dadurch verbleibt trotz negativer Körperschaftsteuertarifbelastung eine positive Körperschaftsteuerschuld, die zu einer Belastung aus dem Solidaritätszuschlag führt.[268] Das Auseinanderfallen der Bemessungsgrundlagen kann durch die pauschale Anwendung eines kombinierten Steuersatzes, der

[268] Vgl. *Frotscher, Gerrit* [SolZG, 1998], Rz. 12.

sich lediglich auf die eine Größe ‚Ergebnis vor Steuern‘ bezieht, nicht abgebildet werden, da die steuerartenrechtlichen Differenzen, die unterschiedliche Bemessungsgrundlagen bedingen, hierbei nicht berücksichtigt werden.

Der systematische Fehler läßt sich abstrakt wie folgt ausdrücken:

E	Ergebnis vor Steuern
$A^{(-)}$	Minderung aus der Herstellung der Ausschüttungsbelastung
$A^{(+)}$	Erhöhung aus der Herstellung der Ausschüttungsbelastung
$K^{A/V}$	anzurechnende oder zu vergütende Körperschaftsteuer
s_k	Körperschaftsteuersatz
s_s	Solidaritätszuschlag
s_{ks}	kombinierter Steuersatz (Körperschaftsteuersatz, Solidaritätszuschlag)
S_P	Steuerbelastung aus pauschaler Anwendung des kombinierten Steuersatzes
S_K	korrekte Steuerbelastung

Gleichung (1b) zeigt die resultierende Steuerbelastung aus der pauschalen Anwendung des kombinierten Steuersatzes. Demgegenüber bildet Gleichung (2b) Grundlage für die korrekte Ermittlung der Gesamtsteuerbelastung:

$$\text{(1b)} \quad S_P = (E \times s_k) = (E \times s_k) + (E \times s_k \times s_s)$$

$$\text{(2b)} \quad S_K = (E \times s_k) + \left[\left(E \times s_k - A^{(-)} + A^{(+)} - K^{A/V}\right) \times s_s\right]$$

$$\text{(3b)} \quad S_K - S_P = \left(A^{(+)} - A^{(-)} - K^{A/V}\right) \times s_s$$

Gleichung (3b) drückt den systematischen Fehler als Funktion der Modifikationen aus der Herstellung der Ausschüttungsbelastung sowie der Einbeziehung von anrechenbarer oder zu vergütender Körperschaftsteuer aus. Um von einem durch pauschale Anwendung des kombinierten Steuersatzes ermittelten rechnerischen Steueraufwand zum ausgewiesenen Steueraufwand zu gelangen, muß der systematische Fehler in der Überleitungsrechnung aufgefangen werden. Für die Steuerbelastung aus den für die Ermittlung des Solidaritätszuschlags notwendigen Anpassungen der Körperschaftsteuertarifbelastung ist ein Korrekturposten auszuweisen. Analog zur Gewerbesteuer wird die Belastung aus dem Solidaritätszuschlag durch die Einbeziehung des Solidaritätszuschlags in den gesetzlich maßgebenden Steuersatz im rechnerischen Steueraufwand nicht vollständig abgebildet.

5.3.2.2.4 Ergebnis

Im Ergebnis zeigt sich, daß bei Anwendung eines kombinierten Steuersatzes aus allen maßgebenden Ertragsteuern der ermittelte rechnerische Steueraufwand eine umfassende Größe darstellt. Diese ist jedoch mit systematischen Fehlern behaftet, welche durch die Mißachtung der von der körperschaftsteuerlichen Bemessungsgrundlage regelmäßig abweichenden Bemessungsgrundlagen von Gewerbesteuer und Solidaritätszuschlag begründet sind. Im rechnerischen Steueraufwand wird die faktische Gewerbesteuerbelastung aus den gewerbesteuerlichen Hinzurechnungen und Kürzungen sowie die Belastung aus dem Solidaritätszuschlag auf die Differenz von Körperschaftsteuertarifbelastung und Körperschaftsteuerschuld nicht erfaßt. Um dennoch vom rechnerischen Steueraufwand zum ausgewiesenen Steueraufwand zu gelangen, sind diese Belastungen in der Überleitungsrechnung durch gesonderte Korrekturposten aufzufangen.

Bei Anwendung des umfassenden Mischsteuersatzes müssen die Korrekturbeträge der weiteren steuersatzabhängigen Korrekturposten auf Basis des umfassenden Mischsteuersatzes ermittelt werden. Im Gegensatz zur Überleitungsrechnung bei bloßer Anwendung des Körperschaftsteuertarifs als gesetzlich maßgebendem Steuersatz werden hier keine Korrekturposten für die Belastungen aus der Gewerbesteuer und dem Solidaritätszuschlag als solche gebildet. Die Korrekturposten für die nicht oder nicht voll abziehbaren Aufwendungen sowie die steuerfreien Erträge haben daher über die Körperschaftsteuer hinaus die zugehörigen Steuerwirkungen aus der Gewerbesteuer und dem Solidaritätszuschlag zu erfassen. Damit wird die gesamte Steuerbelastung ersichtlich, die auf die nicht oder nicht voll abzugsfähigen Aufwendungen entfällt. Entsprechend wird die gesamte Steuerentlastung aus den steuerfreien Erträgen in der Überleitungsrechnung aufgezeigt. Die angesetzten Korrekturbeträge bilden die durch die betrachteten Aufwendungen und Erträge hervorgerufenen Steuerwirkungen vollständig ab.

Die bei Anwendung des umfassenden Mischsteuersatzes resultierende ‚tax reconciliation' gleicht der in der betriebswirtschaftlichen Steuerlehre angewandten Teilsteuerrechnung.[269] Hierbei handelt es sich ebenfalls um eine Methode des Steuerbelastungsvergleichs. Diese zeigt im Gegensatz zur Veranlagungssimulation die steuerliche Gesamtbelastung jedoch nicht als Summe der Einzelbelastungen aus den relevanten Steuerarten auf.[270] Vielmehr wird hier die gesamte Steuerbelastung nach den verursachenden betriebswirtschaftlichen Größen gegliedert dargestellt und die jeweils zugehörige Effektivbelastung gesondert offengelegt.[271] Hierfür werden die juristischen Bemessungsgrundlagen in die interessierenden betriebswirtschaftlichen Größen, die sogenannten Teilgrößen, zerlegt.[272] Gemeinsame Teilgrößen werden über die relevanten

---

269 Die Teilsteuerrechnung wurde als Methode des Steuerbelastungsvergleichs von Gerd Rose entwikkelt. Vgl. *Rose, Gerd* [Steuerlehre, 1992], S. 38-66; *Mann, Gerhard* [Modelle, 1991], S. 60.

270 Vgl. *Scheffler, Wolfram* [Veranlagungssimulation, 1991], S. 74.

271 Vgl. *Eisenach, Manfred* [Steuerplanung, 1974], S. 137; *Scheffler, Wolfram* [Veranlagungssimulation, 1991], S. 74; *Wagner, Franz W./Dirrigl, Hans* [Steuerplanung, 1980], S. 154.

272 Vgl. *Dziadkowski, Dieter* [Elemente, 1973], S. 23 f.; *Heigl, Anton/Pickert, Gisela* [Unternehmensbesteuerung, 1994], S. 554; *Rose, Gerd* [Steuerlehre, 1992], S. 39. Kritisch zum Terminus ‚betriebswirtschaftliche Größe' äußert sich Dieter Schneider. Er betont, daß es sich lediglich um über

Steuerarten hinweg ausgemacht.[273] Für jede Teilgröße wird dann der zugehörige Teilsteuersatz ermittelt. Dabei handelt es sich um einen Multifaktor, der die Steuersätze all jener Steuerarten aggregiert, welche die Teilgröße belasten.[274] Die Teilsteuersätze geben die effektive Be- oder Entlastung und damit die Steuerwirkung einer betriebswirtschaftlichen Größe an.[275] Sie ordnen den betriebswirtschaftlichen Größen ihr jeweiliges steuerliches Gewicht zu.[276] Das Produkt von Teilgröße und Teilsteuersatz ergibt als Synthese die sogenannte Teilsteuer.[277] Die Teilsteuern isolieren und verdeutlichen dadurch die konkreten Steuerwirkungen, die durch die einzelnen betriebswirtschaftlichen Größen verursacht werden.[278]

Übertragen auf die ‚tax reconciliation' kann der bei Anwendung des umfassenden Mischsteuersatzes resultierende rechnerische Steueraufwand als Teilsteuer interpretiert werden. Aus dieser Perspektive heraus gibt der rechnerische Steueraufwand die Steuerwirkung an, die bei der Ertragsbesteuerung durch die Teilgröße ‚Ergebnis vor Steuern' hervorgerufen wird. Die steuerartenspezifischen Modifikationen stellen weitere Teilgrößen dar, welche mit den entsprechenden Teilsteuersätzen zu multiplizieren sind. Bezogen auf die Überleitungsrechnung weist der für die Gewerbesteuer anzusetzende Korrekturposten die Teilsteuer aus, die auf die gewerbesteuerlichen Hinzurechnungen und Kürzungen zurückzuführen ist. Der zugehörige Teilsteuersatz ist der unter Beachtung der Steuerarteninterdependenzen errechnete Gewerbesteuersatz. Entsprechend enthält der für den Solidaritätszuschlag anzusetzende Korrekturposten die Teilsteuer, welche durch die Belastung der Differenz von Körperschaftsteuertarifbelastung und Körperschaftsteuerschuld mit dem Solidaritätszuschlag als Teilsteuersatz bedingt ist. Die weiteren steuersatzabhängigen Korrekturposten können als Teilsteuern aufgefaßt werden, die die Steuerwirkung aus den einkommen- und körperschaftsteuerlichen Modifikationen des handelsrechtlichen ‚Ergebnisses vor Steuern' aufgrund der nicht oder nicht voll abziehbaren Aufwendungen und der steuerfreien Erträge verdeutlichen.[279] Der maßgebende Teilsteuersatz zur Erfassung der Steuerwirkungen dieser betriebswirtschaftlichen Größen ist der kombinierte Steuersatz aus Körperschaftsteuer, Gewerbesteuer und Solidaritätszuschlag.

---

mehrere Steuerarten zusammengefaßte steuerrechtliche Bezugsgrößen handelt. Vgl. *Schneider, Dieter* [Meßkonzepte, 1990], S. 500 f.

273 Vgl. *Kupsch, Peter/Achtert, Frank/Göckeritz, Britta* [Unternehmensbesteuerung, 1997], S. 63.

274 Vgl. *Mann, Gerhard* [Modelle, 1991], S. 60; *Rose, Gerd* [Steuerlehre, 1992], S. 41; *Schneider, Dieter* [Meßkonzepte, 1990], S. 500.

275 Vgl. *Scheffler, Wolfram* [Veranlagungssimulation, 1991], S. 72.

276 Vgl. *Rose, Gerd* [Steuerlehre, 1992], S. 38.

277 Vgl. *Eisenach, Manfred* [Steuerplanung, 1974], S. 153; *Mann, Gerhard* [Modelle, 1991], S. 60; *Wagner, Franz W./Dirrigl, Hans* [Steuerplanung, 1980], S. 154.

278 Vgl. *Rose, Gerd* [Steuerlehre, 1992], S. 38.

279 Vgl. *Wagner, Franz W./Dirrigl, Hans* [Steuerplanung, 1980], S. 160.

Aus der Perspektive der Teilsteuerrechnung relativiert sich die Bedeutung des systematischen Fehlers im rechnerischen Steueraufwand. Die Anwendung des umfassenden Mischsteuersatzes zur Multiplikation des ‚Ergebnisses vor Steuern' zielt vor diesem Verständnis nicht darauf ab, die steuerartenrechtlich korrekte Gesamtsteuerlast darzustellen. Vielmehr wird beabsichtigt, das steuerliche Gewicht des Bemessungsgrundlagenteils ‚Ergebnis vor Steuern' und die dadurch hervorgerufene konkrete Steuerbelastung abzubilden.[280]

5.3.2.3 Anwendung des Körperschaftsteuersatzes inklusive Solidaritätszuschlag

Als dritte Alternative des gesetzlich maßgebenden Steuersatzes wird die Verwendung eines kombinierten Steuersatzes aus Körperschaftsteuer und Solidaritätszuschlag diskutiert. Dieses Vorgehen basiert auf der in Gliederungspunkt 5.3.2.1 ausgeführten engen Auffassung des Wortlauts von SFAS No. 109, wonach der rechnerische Steueraufwand auf die Belastung aus der Besteuerung des Einkommens abstellt. Die Gewerbesteuer bleibt hier unberücksichtigt, da sie auf die Besteuerung des Gewerbebetriebs als Objekt abzielt und nicht unmittelbar der Einkommensbesteuerung dient. Bezüglich des Solidaritätszuschlags läßt sich analog argumentieren, daß die mit ihm verfolgte Zielsetzung auf die konkrete Aufgabe ‚Finanzierung der deutschen Einheit' abstellt und nicht originär die Einkommensbesteuerung verfolgt. Aufgrund seiner besonderen Rechtsnatur kann seine Einbeziehung aber dennoch begründet werden.

Der Solidaritätszuschlag ist seiner Rechtsnatur nach eine Ergänzungsabgabe zur Einkommen- bzw. Körperschaftsteuer im Sinne des Art. 106 Abs. 1 Nr. 6 GG.[281] In seiner Ausgestaltung knüpft er unmittelbar an den Einkommen- bzw. Körperschaftsteuertatbestand an. Abgabepflichtig sind gem. § 2 SolZG alle einkommensteuerpflichtigen natürlichen Personen sowie alle körperschaftsteuerpflichtigen juristischen Personen. Die Bemessungsgrundlage bildet die geschuldete Einkommen- bzw. Körperschaftsteuer, soweit diese positiv ist.[282] Bei Vorliegen einer positiven Einkommen- bzw. Körperschaftsteuerschuld kommt es daher zwingend zu einer Belastung aus dem Solidaritätszuschlag. Ohne explizit das Ziel der Einkommensbesteuerung zu verfolgen, bildet das Einkommen der natürlichen und juristischen Personen die besteuerte Größe. Der Solidaritätszuschlag kann daher als besondere Ausprägung der Einkommensbesteuerung interpretiert werden. Eine derart enge Verbindung besteht zwischen Einkommen- bzw. Körperschaftsteuer und Gewerbesteuer nicht. Ihnen liegt zwar mit den einkommen-

---

280 Vgl. *Mann, Gerhard* [Modelle, 1991], S. 60; *Rose, Gerd* [Steuerlehre, 1992], S. 38.

281 Vgl. § 1 SolZG; *Frotscher, Gerrit* [SolZG, 1998], Rz. 7; *Lindberg, Klaus* [SolZG, 1999], § 1 Rz. 1.

282 Vgl. § 3 SolZG; *Lindberg, Klaus* [SolZG, 1999], § 3 Rz. 2 f.; *Orth, Manfred* [Solidaritätszuschlag, 1991], S. 779. Die Erhebung eines Solidaritätszuschlags auf Basis der Einkommensteuer erfolgt nur, wenn die geschuldete Einkommensteuer die im Gesetz kodifizierte Null-Zone überschreitet. Vgl. § 3 SolZG i.V.m. *Drenseck, Walter* [§ 51a EStG, 1997], Rz. 7.

und körperschaftsteuerlichen Gewinnermittlungsvorschriften eine gemeinsame Basis zugrunde; die Ableitung eines vergleichbaren Kausalzusammenhangs ist aber nicht möglich. Von diesem Verständnis ausgehend wird die Einbeziehung des Solidaritätszuschlags bei gleichzeitigem Verzicht auf die Gewerbesteuer plausibel.

Bei Verwendung eines aus Körperschaftsteuer und Solidaritätszuschlag kombinierten Steuersatzes als gesetzlich maßgebendem Steuersatz fehlt im resultierenden rechnerischen Steueraufwand die Belastung aus der Gewerbesteuer. Insofern liegt keine umfassende Größe vor. Gleichzeitig enthält der rechnerische Steueraufwand einen systematischen Fehler aufgrund der Mißachtung der differierenden Bemessungsgrundlagen von Körperschaftsteuer und Solidaritätszuschlag. Um ausgehend vom ermittelten rechnerischen Steueraufwand dennoch zum ausgewiesenen Steueraufwand zu kommen, muß zum einen für die fehlende Belastung aus der Gewerbesteuer ein gesonderter Korrekturposten angesetzt werden. Zum anderen ist ein entsprechender Korrekturposten für die Bereinigung des systematischen Fehlers aus der Bemessungsgrundlagendifferenz von Körperschaftsteuer und Solidaritätszuschlag zu bilden.

Die Korrekturbeträge der weiteren steuersatzabhängigen Korrekturposten der ‚tax reconciliation' sind auf Grundlage des kombinierten Steuersatzes zu ermitteln. Die zugehörigen Steuereffekte aus der Gewerbesteuer werden hierbei nicht berücksichtigt. Sie sind bereits in dem für die Abbildung der Gewerbesteuerbelastung anzusetzenden Korrekturposten enthalten. Da für den Solidaritätszuschlag als solches kein Korrekturposten ausgewiesen wird, muß der Steuereffekt hieraus zusätzlich zur Körperschaftsteuer in die jeweiligen steuersatzabhängigen Korrekturposten aufgenommen werden. Die ausgewiesene Steuerbelastung aufgrund der nicht oder nicht voll abziehbaren Aufwendungen zeigt daher den Steuereffekt, der durch die Körperschaftsteuer und den Solidaritätszuschlag hervorgerufen wird. Analog wird bezüglich der steuerfreien Einnahmen die aufgrund des kombinierten Steuersatzes verursachte Steuerentlastung deutlich. Die zugehörigen Steuereffekte aus der Gewerbesteuer fehlen jedoch. Die Korrekturposten umfassen daher die durch sie verursachten Steuerwirkungen nicht vollständig.

Die Überleitungsrechnung aus der Anwendung des kombinierten Steuersatzes kann im Gegensatz zu den vorausgehend dargestellten Alternativen nicht in analoger Weise einem Verfahren der Belastungsrechnung aus der betriebswirtschaftlichen Steuerlehre zugeordnet werden. In der resultierenden Überleitungsrechnung werden vielmehr Merkmale der Veranlagungssimulation und der Teilsteuerrechnung vermengt. Der für die Belastung aus der Gewerbesteuer anzusetzende Korrekturposten kann als Merkmal der Veranlagungssimulation aufgefaßt werden, da dieser auf eine Steuerart abstellt und die dadurch verursachte Belastung als solche offenlegt.[283] Demgegenüber entspricht der Ansatz eines Korrekturpostens für die Bemessungsgrundlagendifferenz von Körperschaftsteuer und Solidaritätszuschlag dem Vorgehen der Teilsteuerrechnung. Aus

283 Vgl. Gliederungspunkt 5.3.2.1.

den vorzunehmenden Modifikationen ergibt sich die maßgebende Teilgröße, die mit dem Solidaritätszuschlag als Teilsteuersatz belastet wird. Der ausgewiesene Korrekturbetrag zeigt die dadurch hervorgerufene Teilsteuer.[284]

5.3.2.4 Zusammenfassender Überblick

Zusammenfassend bleibt festzuhalten, daß in Abhängigkeit des angewandten Steuersatzes sowohl der Umfang des rechnerischen Steueraufwands als auch die Struktur der steuersatzabhängigen Korrekturposten, wie Abbildung 5.4 veranschaulicht, differieren.

angewandter Steuersatz / Korrekturbedarf	KSt 40 %	KSt + SolZ 42,2 %	KSt + SolZ + GewSt[285] 52 %
Gewerbesteuer	+ gesamte GewSt nach KSt	+ gesamte GewSt nach KSt	+/- BMG-Differenzen
Solidaritätszuschlag	+ gesamter SolZ	+/- BMG-Differenzen	+/- BMG-Differenzen
nichtabziehbare Aufwendungen	+ 40 %	+ 42,2 %	+ 52 %
steuerfreie Einnahmen	- 40 %	- 42,2 %	- 52 %
Verlustvortrag	Absolutbetrag der geltend gemachten kstl. und gewstl. Verlustvorträge		
Ausschüttungen	Absolutbetrag aus Herstellung der Ausschüttungsbelastung		
latente Steuern	Absolutbetrag d. Korrekturen aus Wertberichtigungen/Steuersatzänderungen		
ausgewiesener Steueraufwand	Steueraufwand (KSt + GewSt + SolZ)		

Abbildung 5.4: Korrekturbedarf in Abhängigkeit vom angewandten Steuersatz

Die Abbildung 5.4 zeigt die alternativen Ausprägungen der Überleitungsrechnung mit ihren differierenden Korrekturmaßnahmen bezüglich der auszuweisenden Korrekturposten sowie der Berechnung der Korrekturbeträge in Abhängigkeit vom zugrundeliegenden Steuersatz. Ausgehend vom rechnerischen Steueraufwand aus der Anwendung der gegenüberstehenden Steuersätze wird jeweils über die einzelnen Korrekturposten zum ausgewiesenen Steueraufwand übergeleitet. Durch den Steuersatz wird dabei zum einen festgelegt, ob für die faktische Gewerbesteuerbelastung und ggf. die Belastung aus dem Solidaritätszuschlag in der Überleitungsrechnung Korrekturposten gebildet werden müssen oder nur die auf die jeweiligen Bemessungsgrundlagenanpassungen entfallenden Belastungen aus der Gewerbesteuer und ggf. dem Solidaritätszuschlag

284 Vgl. Gliederungspunkt 5.3.2.2.

285 Der Mischsteuersatz aus allen drei Steuerarten wird in der Übersicht mit 52 % angenommen.

auszuweisen sind. Je nach angewandtem Steuersatz variiert zum anderen die Betragsermittlung der weiteren steuersatzabhängigen Korrekturposten. In Abbildung 5.4 sind ergänzend die Absolutbeträge aus den steuersatzunabhängigen Korrekturmaßnahmen aufgenommen. Diese ergeben sich aus der Geltendmachung steuerlich vortragsfähiger Verluste, der Herstellung der Ausschüttungsbelastung und der Korrekturen am Bestand der latenten Steuern.

Die alternativen Überleitungsrechnungen weisen Parallelen zu Methoden des Steuerbelastungsvergleichs aus der betriebswirtschaftlichen Steuerlehre auf. Während die Überleitungsrechnung aus der bloßen Anwendung des Körperschaftsteuersatzes als gesetzlich maßgebendem Steuersatz Merkmale der Veranlagungssimulation besitzt, ist die Struktur der Überleitungsrechnung aus der Anwendung eines umfassenden Mischsteuersatzes der Teilsteuerrechnung vergleichbar. Demgegenüber vermengt die Überleitungsrechnung aus der Anwendung der Kombination von Körperschaftsteuersatz und Solidaritätszuschlag Merkmale der Veranlagungssimulation und der Teilsteuerrechnung.

5.3.3 Würdigung der alternativen Steuersätze

5.3.3.1 Bestimmung der Würdigungskriterien

Die mit der Überleitungsrechnung vermittelten Informationen sollen externen Adressaten einen Vergleich der Daten verschiedener Unternehmen zu einem Zeitpunkt sowie eines Unternehmens im Zeitablauf ermöglichen, um unterschiedliche effektive Steuersätze und ihre Ursachen analysieren und beurteilen zu können.[286] Die Gewährleistung der zwischenbetrieblichen Vergleichbarkeit von Daten setzt nach dem Grundsatz der ‚comparability' voraus, daß im Sinne einheitlicher Bewertungsmethoden die Zusammensetzung des gesetzlich maßgebenden Steuersatzes über die Unternehmen hinweg gleichgerichtet erfolgt.[287] Dadurch wird erreicht, daß die Struktur der Überleitungsrechnungen verschiedener Unternehmen identisch ist und Unterschiede in den ausgewiesenen Posten nicht auf differierende Bewertungsmethoden zurückgehen. Die einmal gewählte Zusammensetzung des gesetzlich maßgebenden Steuersatzes ist zur Sicherung der Vergleichbarkeit im Zeitablauf nach dem Grundsatz der ‚consistency' über die Perioden hinweg beizubehalten.[288] Welche der dargestellten alternativen Zusammensetzungen des gesetzlichen Steuersatzes von den betroffenen Unternehmen im

---

[286] Vgl. *Barth, Mary E./Murphy, Christine M.* [Disclosures, 1994], S. 4; *Stickney, Clyde P.* [Disclosure, 1979], S. 422; *Wheeler, James E./Galliart, Willard H.* [Allocation, 1974], S. 45; Gliederungspunkt 2.2.3 i.V.m. Gliederungspunkt 3.8.3.4.

[287] Vgl. *FASB* [SFAC No. 2, 1980], Abs. 111 f.; *Brozovsky, John* [Review, 1994], S. 48; *Kuhlewind, Andreas-Markus* [Bilanzrechtstheorie, 1997], S. 92 f.

[288] Vgl. *FASB* [SFAC No. 2, 1980], Abs. 120.

Zeitablauf stetig angewandt werden sollte, bleibt abschließend zu analysieren. Hierfür sind zunächst adäquate Auswahlkriterien abzuleiten.

Auswahlkriterien ergeben sich aus der mit der ‚tax reconciliation' über die Vergleichbarkeit hinaus verfolgten Zielsetzung.[289] Von Interesse ist dabei zum einen die Frage, ob der Zusammenhang zwischen Ergebnis vor Steuern und ausgewiesenem Steueraufwand bei allen drei Alternativen gleichermaßen deutlich wird. Zum anderen sind die möglichen Steuersätze hinsichtlich ihres Beitrags zum übergeordneten Rechnungslegungsziel der Vermittlung entscheidungsrelevanter Informationen zur Prognose künftiger ‚cash flows' abzuwägen. Aufgrund der herausgearbeiteten Parallelen der je nach Ausgestaltung des gesetzlich maßgebenden Steuersatzes spezifischen Überleitungsrechnungen zu Methoden des Steuerbelastungsvergleichs der betriebswirtschaftlichen Steuerlehre kann in der Analyse auf die Stärken und Schwächen dieser Methoden zurückgegriffen werden.

5.3.3.2 Die Verdeutlichung des Zusammenhangs von Ergebnis vor Steuern und ausgewiesenem Steueraufwand

Bei der Frage, ob die verschiedenen Ausprägungen des gesetzlich maßgebenden Steuersatzes den Zusammenhang zwischen Ergebnis vor Steuern und ausgewiesenem Steueraufwand gleichermaßen verdeutlichen, konzentriert sich die Betrachtung auf den rechnerischen Steueraufwand und die für die Gewerbesteuer und den Solidaritätszuschlag anzusetzenden Korrekturposten. Diesen liegen in Abhängigkeit von der Zusammensetzung des gesetzlich maßgebenden Steuersatzes unterschiedliche Besteuerungsgrößen zugrunde. Ihre Qualität gilt es, in diesem Zusammenhang zu hinterfragen. Die weiteren steuersatzabhängigen Korrekturposten weisen hingegen identische Besteuerungsgrößen auf, die lediglich mit den unterschiedlichen gesetzlich maßgebenden Steuersätzen multipliziert werden. Sie sind hier von untergeordneter Bedeutung.

Ein wichtiger Vorzug der Veranlagungssimulation gegenüber der Teilsteuerrechnung liegt in ihrer Verständlichkeit begründet.[290] Durch das Aufzeigen der einzelnen Steuerartenbelastungen kann das Zustandekommen der Gesamtsteuerbelastung leicht nachvollzogen werden.[291] Für den externen Adressaten gilt es lediglich zu wissen, welche Steuerarten für die Besteuerung relevant sind. Detailwissen über steuerliche Einzelregelungen ist nicht erforderlich. Demgegenüber setzt das Verständnis der im Rahmen der Teilsteuerrechnung aufgeführten Teilsteuern detaillierte Kenntnisse der Eigenarten

---

289 Vgl. Gliederungpunkt 3.8.3.4.

290 Vgl. *Scheffler, Wolfram* [Veranlagungssimulation, 1991], S. 74.

291 Vgl. *Mielke, Axel P.* [Teilsteuerrechnung, 1997], S. 69.

des Steuersystems voraus. Um das Berechnungsschema erfassen zu können, müssen die Bemessungsgrundlagen- sowie Steuerarteninterdependenzen bekannt sein.[292]

Auf die Überleitungsrechnung bezogen hat dies folgende Konsequenz. Die bei bloßer Anwendung der Körperschaftsteuertarifbelastung als gesetzlich maßgebendem Steuersatz resultierende, der Veranlagungssimulation vergleichbare Überleitungsrechnung vermag den Zusammenhang zwischen Ergebnis vor Steuern und ausgewiesenem Steueraufwand in anschaulicher Weise zu verdeutlichen. Ausgehend von dem Produkt aus Vorsteuerergebnis und Körperschaftsteuertarifbelastung als rechnerischem Steueraufwand werden Schritt für Schritt die für die Abweichung von rechnerischem und ausgewiesenem Steueraufwand verantwortlichen Sachverhalte aufgezeigt. Dabei sind die Belastungen aus Gewerbesteuer und Solidaritätszuschlag jeweils gesondert offenzulegen. Durch den getrennten Ausweis der Körperschaftsteuertarifbelastung und der Belastungen aus Gewerbesteuer sowie Solidaritätszuschlag geht die Zusammensetzung der Steuerbelastung aus der Überleitungsrechnung besonders anschaulich hervor.[293] Das Nachvollziehen des Berechnungsschemas setzt über die bloße Kenntnis der dreifachen Ertragsbesteuerung kein Detailwissen über die steuerlichen Einzelregelungen voraus.[294]

Im Gegensatz dazu ergibt sich bei Ermittlung des rechnerischen Steueraufwands auf Basis eines umfassenden Mischsteuersatzes eine alle Ertragsteuern berücksichtigende Größe. Die Anwendung des Mischsteuersatzes als gesetzlich maßgebenden Steuersatz legt die Vermutung nahe, daß der dadurch ermittelte rechnerische Steueraufwand alle Ertragsteuern hinreichend abbildet. Dieses Vorgehen kann jedoch wegen der differierenden Bemessungsgrundlagen keine steuerartenrechtlich korrekte Ermittlung der Ertragsteuerbelastung leisten. Es ergeben sich systematische Fehler aus der Mißachtung der Bemessungsgrundlagendifferenz von Körperschaftsteuer gegenüber Gewerbesteuer und Solidaritätszuschlag, die korrigiert werden müssen. Durch den Ansatz gesonderter Korrekturposten werden die fehlenden Belastungen aus den gewerbesteuerlichen Hinzurechnungen und Kürzungen einerseits und den ausschüttungsbedingten Körperschaftsteuererhöhungen bzw. -minderungen sowie der anzurechnenden oder zu vergütenden Körperschaftsteuer für den Solidaritätszuschlag andererseits aufgefangen. Diese Korrekturposten können als Teilsteuern aufgefaßt werden. Die Teilgrößen entstehen aus den gewerbesteuerlichen Modifikationen und den zur Ermittlung des Solidaritätszuschlags vorzunehmenden Anpassungen. Die Teilsteuersätze sind mit dem faktischen Gewerbesteuersatz und dem Solidaritätszuschlag gegeben. Durch diese Korrekturposten wird zunächst der rechnerische Steueraufwand bereinigt, bevor die schrittweise Überleitung zum ausgewiesenen Steueraufwand erfolgt. Das Verständnis der resultierenden, der Teilsteuerrechnung ähnlichen Überleitungsrechnung erfordert Detailkennt-

---

292 Vgl. *Wagner, Franz W./Dirrigl, Hans* [Steuerplanung, 1980], S. 154.

293 Vgl. *Mielke, Axel P.* [Teilsteuerrechnung, 1997], S. 69.

294 Vgl. *Scheffler, Wolfram* [Veranlagungssimulation, 1991], S. 74.

nisse über die Bemessungsgrundlagen- und Steuerarteninterdependenzen zwischen Körperschaftsteuer, Gewerbesteuer und Solidaritätszuschlag.[295]

In abgeschwächter Form gilt dies auch für die bei Anwendung eines kombinierten Steuersatzes aus Körperschaftsteuertarifbelastung und Solidaritätszuschlag resultierende Überleitungsrechnung. Während der hierbei anzusetzende Korrekturposten für die Belastung aus der Gewerbesteuer lediglich das Wissen um die Gewerbesteuer voraussetzt und daher unproblematisch ist, wird der die Bemessungsgrundlagendifferenz von Körperschaftsteuer und Solidaritätszuschlag bereinigende Korrekturposten nur bei entsprechenden Detailkenntnissen des Besteuerungsverfahrens verständlich.

Im Ergebnis bleibt festzuhalten, daß die Überleitungsrechnung aus der Anwendung des Körperschaftsteuertarifs als gesetzlich maßgebenden Steuersatz den Zusammenhang zwischen Ergebnis vor Steuern und ausgewiesenem Steueraufwand im Vergleich zu den Überleitungsrechnungen aus der Anwendung kombinierter Steuersätze auf anschauliche Weise zu verdeutlichen vermag, ohne Detailkenntnisse über die Einzelregelungen des Steuerrechts vorauszusetzen. Für die Nachvollziehbarkeit genügt die Kenntnis der zur Ertragsbesteuerung relevanten Steuerarten. Hingegen erfordert das Verständnis der Korrekturposten in Folge der Anwendung von Mischsteuersätzen ein hinreichendes Detailwissen über die Bemessungsgrundlagen- und Steuerarteninterdependenzen zwischen den Ertragsteuern.

5.3.3.3 Der Informationsbeitrag zur Prognose künftig erwarteter ‚cash flows'

Neben dem Aufzeigen des Zusammenhangs von Ergebnis vor Steuern und ausgewiesenem Steueraufwand sollen mit der Überleitungsrechnung Informationen vermittelt werden, die die Prognose künftiger ‚cash flows' verbessern.[296] Hierfür sind die Gründe des Auseinanderfallens von gesetzlich maßgebendem und effektivem Steuersatz transparent zu machen und die zugehörigen Steuerwirkungen zu quantifizieren. Durch die Kenntnis der einzelnen Abweichungsgründe und der damit einhergehenden Steuerwirkungen soll analysiert werden können, ob steuerliche Be- oder Entlastungen ihrer Natur nach einmalig oder kontinuierlich sind.[297] Zudem haben die offengelegten Daten die Beurteilung der ertragsteuerlichen Auswirkungen von Veränderungen der Abweichungsgründe zu ermöglichen. Unter Beachtung bestimmter Restriktionen soll die Analyse Rückschlüsse auf die Entwicklung künftig erwarteter Zahlungsmittelabflüsse

---

295 Vgl. *Wagner, Franz W./Dirrigl, Hans* [Steuerplanung, 1980], S. 154.

296 Vgl. *Beresford, Dennis R./Best, Lawrence C./Craig, Paul W./Weber, Joseph V.* [Income Taxes, 1983], S. 128; *Bernstein, Leopold A.* [Analysis, 1993], S. 386.

297 Vgl. *Bernstein, Leopold A.* [Analysis, 1993], S. 386.

im Zusammenhang mit der Ertragsbesteuerung gewährleisten und die ‚cash flow'-Prognose unterstützen.[298]

Je nach Zusammensetzung des gesetzlich maßgebenden Steuersatzes variieren die Betragsangaben von rechnerischem Steueraufwand und steuersatzabhängigen Korrekturposten und damit die aufgezeigten Steuerwirkungen. Es gilt zu prüfen, ob sich aus den dargestellten Alternativen des gesetzlich maßgebenden Steuersatzes eine Variante ausmachen läßt, die eine vorziehenswürdige Quantifizierung der Abweichungsgründe leistet. Die Vorziehenswürdigkeit bestimmt sich nach dem Informationsbeitrag, den der betrachtete gesetzlich maßgebende Steuersatz für die Ableitung einer Schätzgrundlage zur ‚cash flow'-Prognose vermittelt.

Innerhalb der Methoden des Steuerbelastungsvergleichs bestehen hinsichtlich der Analysemöglichkeit wesentliche Unterschiede.[299] Bei der Veranlagungssimulation wird die Gesamtsteuerbelastung steuerartenorientiert präsentiert.[300] Daher sind lediglich die Steuerbelastungen aus den einzelnen Steuerarten ersichtlich. Im Rahmen ökonomischer Fragestellungen interessieren Steuerwirkungen, die isolierte betriebswirtschaftliche Größen verursachen. Derartige Steuerwirkungen gehen aus der Veranlagungssimulation nicht hervor.[301] Es wird daher nicht ersichtlich, mit welchem Gewicht einzelne betriebswirtschaftliche Größen im Sinne von Bemessungsgrundlagenteilen durch die verschiedenen Steuerarten belastet werden. Ebenso geht das Zusammenwirken der Steuerarten aufgrund der Bemessungsgrundlagen- und Steuerarteninterdependenzen nicht hervor.[302] Zur Ermittlung von Steuerbelastungsänderungen infolge der Variation einzelner betriebswirtschaftlicher Größen ist grundsätzlich eine erneute Veranlagungssimulation mit vollständiger Neuberechnung der Belastungen aus den betrachteten Steuerarten erforderlich.[303]

Die unmittelbare Zuordnungsmöglichkeit von Steuerwirkungen zu den verursachenden betriebswirtschaftlichen Größen vermag demgegenüber die Teilsteuerrechnung zu leisten.[304] Die nach dieser Methode ermittelten Teilsteuersätze geben an, mit welchem

---

298 Vgl. *SEC* [FRR, 1998], Item 204.01. Entsprechend dem Konzept des Letztjahrsgewinns wird in einem ersten Schritt unterstellt, daß die in der Vergangenheit gegebenen Bedingungen in der Zukunft konstant auftreten und die Steuerwirkungen in die Zukunft extrapolierbar sind. In einem nächsten Schritt werden für möglich erachtete alternative Unternehmensentwicklungen durchgespielt und die ausgelösten Veränderungen der Steuerwirkungen analysiert. Vgl. *Moxter, Adolf* [Unternehmensbewertung, 1983], S. 107-110; Gliederungspunkt 2.2.2.

299 Vgl. *Scheffler, Wolfram* [Veranlagungssimulation, 1991], S. 74.

300 Vgl. *Rose, Gerd* [Steuerlehre, 1992], S. 38.

301 Vgl. *Mann, Gerhard* [Modelle, 1991], S. 59 f.; *Scheffler, Wolfram* [Veranlagungssimulation, 1991], S. 74.

302 Vgl. *Mielke, Axel P.* [Teilsteuerrechnung, 1997], S. 69.

303 Vgl. *Scheffler, Wolfram* [Veranlagungssimulation, 1991], S. 74.

304 Vgl. *Mielke, Axel P.* [Teilsteuerrechnung, 1997], S. 74; *Rose, Gerd* [Steuerlehre, 1992], S. 38.

prozentualen Maß eine interessierende betriebswirtschaftliche Größe steuerlich be- oder entlastet wird.[305] Die Teilsteuer quantifiziert die resultierende konkrete Steuerwirkung. Durch Addition der Teilsteuern errechnet sich schließlich die Gesamtsteuerbelastung.[306] Der Vorteil der Teilsteuerrechnung liegt darin begründet, daß die Frage nach der Entwicklung der Steuerbelastung aufgrund der Variation einzelner betriebswirtschaftlicher Größen sofort beantwortet werden kann.[307] Die steuerlichen Be- oder Entlastungen aus der Veränderung von Teilgrößen können mit Hilfe der Teilsteuersätze unmittelbar quantifiziert werden, ohne die gesamte Veranlagungssimulation erneut durchführen zu müssen.[308] Im Rahmen von Planungs- und Entscheidungsrechnungen ist die Teilsteuerrechnung daher von Vorteil.[309] Aus betriebswirtschaftlicher Sicht wird deshalb der Informationswert der Teilsteuerrechnung gegenüber der Veranlagungssimulation höher eingestuft.[310]

Bezogen auf die Überleitungsrechnung zeigen sich wegen der vorhandenen Parallelen zu den Methoden des Steuerbelastungsvergleichs analoge Unterschiede in der Analysemöglichkeit. Diese werden mit Hilfe der Abbildung 5.5 veranschaulicht.

betriebswirtschaftl. Größe / Steuersatz	Ergebnis vor Steuern	GewSt-Modifikationen	SolZ-Anpassungen	weitere steuersatzabhängige Korrekturposten	ausgewiesene Belastung
KSt-Tarifbelastung	x			x	KSt
fakt. GewSt	x	x		x	GewSt
SolZ-Satz	x		x	x	SolZ
ausgewiesene Belastung	Teilsteuer	Teilsteuer	Teilsteuer	Teilsteuer	

Abbildung 5.5: Ausweisdifferenzen

Die Überleitungsrechnung aus der bloßen Anwendung des Körperschaftsteuertarifs gibt entsprechend der Veranlagungssimulation die Körperschaftsteuertarifbelastung sowie die Belastungen aus der Gewerbesteuer und dem Solidaritätszuschlag steuerartenorientiert an. Die ausgewiesenen Steuerwirkungen von Gewerbesteuer und Solidaritätszuschlag entsprechen der Summe der durch die Variable x gekennzeichneten Werte, die in der Abbildung 5.5 über die Spalten hinweg pro Zeile addiert werden. Hinsichtlich der Körperschaftsteuertarifbelastung, die den rechnerischen Steuerauf-

305 Vgl. *Mann, Gerhard* [Modelle, 1991], S. 60; *Rose, Gerd* [Steuerlehre, 1992], S. 41.

306 Vgl. *Wagner, Franz W./Dirrigl, Hans* [Steuerplanung, 1980], S. 155.

307 Vgl. *Scheffler, Wolfram* [Veranlagungssimulation, 1991], S. 74; *Wagner, Franz W./Dirrigl, Hans* [Steuerplanung, 1980], S. 155; *Dziadkowski, Dieter* [Elemente, 1973], S. 30.

308 Vgl. *Heigl, Anton/Pickert, Gisela* [Unternehmensbesteuerung, 1994], S. 555.

309 Vgl. *Eisenach, Manfred* [Steuerplanung, 1974], S. 350.

310 Vgl. *Rose, Gerd* [Steuerlehre, 1992], S. 38; *Scheffler, Wolfram* [Veranlagungssimulation, 1991], S. 74.

wand bildet, wird die Summation über die Spalten hinweg durchbrochen. Für die Ermittlung des rechnerischen Steueraufwands wird lediglich auf das Ergebnis vor Steuern abgestellt. Die körperschaftsteuerlichen Be- oder Entlastungen aus den weiteren steuersatzabhängigen Korrekturposten, welche Abbildung 5.5 dunkel schraffiert hervorhebt, werden gesondert in der Überleitungsrechnung aufgezeigt. Diese Korrekturposten enthalten ausschließlich die Steuerwirkungen aus der Körperschaftsteuer, nicht jedoch die durch sie hervorgerufene Steuerwirkung aus der Gewerbesteuer und dem Solidaritätszuschlag. Die ausgewiesenen Korrekturbeträge legen daher die Steuerwirkungen nicht umfassend im Sinne von Teilsteuern offen, so daß der Anteil dieser Korrekturposten an der Gesamtsteuerbelastung nicht ersichtlich wird.[311] Da die steuerlichen Be- oder Entlastungen der weiteren steuersatzabhängigen Korrekturposten nicht in vollem Umfang hervorgehen, können die ertragsteuerlichen Auswirkungen von künftig für möglich erachteten Veränderungen dieser Abweichungsgründe nicht unmittelbar umfassend quantifiziert werden. Bei bloßer Anwendung des Körperschaftsteuersatzes erfolgt in der Überleitungsrechnung zudem keine Zuordnung der Steuerwirkungen auf die zugrundeliegenden betriebswirtschaftlichen Größen im Sinne von Bemessungsgrundlagenteilen. Da das Zusammenwirken von Bemessungsgrundlagen- und Steuerarteninterdependenzen nicht transparent wird, bleibt unsichtbar, wie die einzelnen betriebswirtschaftlichen Größen in die ausgewiesenen Belastungen aus Körperschaftsteuer, Gewerbesteuer und Solidaritätszuschlag eingehen. Dies schränkt die Einschätzung der ertragsteuerlichen Auswirkungen aus der Variation der betriebswirtschaftlichen Größen ein. Die Prognose künftig erwarteter Steuerwirkungen und folglich künftiger ‚cash flows' ist daher nur begrenzt möglich. Der Informationsbeitrag der Überleitungsrechnung aus der bloßen Anwendung des Körperschaftsteuertarifs ist damit für die Zwecke der ökonomischen Analyse nicht befriedigend.

Bei der Anwendung eines umfassenden Mischsteuersatzes aus allen drei Ertragsteuern erfolgt demgegenüber kein steuerartenorientierter Ausweis der Belastungen. Entsprechend der Teilsteuerrechnung werden das Ergebnis vor Steuern, die steuerartenspezifischen Modifikationen und die weiteren steuersatzabhängigen Korrekturposten als Bemessungsgrundlagenteile mit den maßgebenden Teilsteuersätzen multipliziert. Die jeweils hervorgerufene Steuerwirkung wird damit gesondert offengelegt. Die ausgewiesenen Steuerbelastungen bzw. -entlastungen ergeben sich aus Abbildung 5.5 durch Addition der mit der Variablen x gekennzeichneten Werte einer Spalte über die Zeilen hinweg. Mit dem rechnerischen Steueraufwand wird die Steuerwirkung aus dem ‚Ergebnis vor Steuern' als Teilsteuer umfassend aufgezeigt. Entsprechend werden die steuerartenspezifischen Modifikationen mit den zugehörigen Teilsteuersätzen multipliziert und die resultierenden Steuerwirkungen ausgewiesen. Die Korrekturbeträge der weiteren steuersatzabhängigen Korrekturposten basieren auf dem umfassenden Mischsteuersatz und legen die gesamte, durch sie verursachte Steuerwirkung offen. Bei An-

[311] Vgl. *Mielke, Axel P.* [Teilsteuerrechnung, 1997], S. 74; *Scheffler, Wolfram* [Veranlagungssimulation, 1991], S. 74.

wendung eines Mischsteuersatzes aus Körperschaftsteuer, Gewerbesteuer und Solidaritätszuschlag werden dadurch die Steuerwirkungen aus dem Ergebnis vor Steuern und den Abweichungsgründen jeweils vollständig quantifiziert. Der auf die einzelnen Bemessungsgrundlagenteile entfallende Anteil an der Gesamtsteuerbelastung wird ersichtlich. Im Gegensatz zur Überleitungsrechnung aus der Anwendung des bloßen Körperschaftsteuertarifs läßt die hier resultierende Überleitungsrechnung durch die Offenlegung der Steuerwirkungen aus den Bemessungsgrundlagenteilen bei Kenntnis der zugrundeliegenden Teilsteuersätze unmittelbar Rückschlüsse auf die ertragsteuerliche Auswirkung einer Veränderung des Vorsteuerergebnisses und/oder der Abweichungsgründe zu. Dadurch können unter Beachtung bestimmter Bedingungen Schätzungen über die künftige Entwicklung von Zahlungsmittelabflüssen aus der Ertragsbesteuerung vorgenommen werden, was der Prognose künftiger ‚cash flows' dient. Die Überleitungsrechnung aus der Anwendung eines umfassenden Mischsteuersatzes vermag folglich gegenüber jener aus der bloßen Anwendung des Körperschaftsteuertarifs hinsichtlich des Ziels der ‚cash flow'-Prognose einen höheren Informationsbeitrag zu leisten. Sie ist insofern vorziehenswürdig.

Wird die Überleitungsrechnung auf der Grundlage eines kombinierten Steuersatzes aus Körperschaftsteuertarifbelastung und Solidaritätszuschlag entwickelt, so wird analog zur Veranlagungssimulation die Belastung aus der Gewerbesteuer steuerartenorientiert aufgezeigt. Die Steuerwirkungen aus den Modifikationen im Zusammenhang mit der Bemessung des Solidaritätszuschlags werden hingegen als Teilsteuer im Sinne der Teilsteuerrechnung aufgezeigt. Dieses Vorgehen läßt sich anhand der Abbildung 5.5 nicht als einheitliches Addieren über die Spalten oder Zeilen hinweg beschreiben. Vielmehr ergibt sich eine Vermengung der beiden Summationsrichtungen. Hinsichtlich der Gewerbesteuer werden die Werte innerhalb der Zeile über die Spalten hinweg summiert, hinsichtlich der Körperschaftsteuer und des Solidaritätszuschlags wird unter Auslassung der Gewerbesteuer auf die Spalte abgestellt und über die Zeilen hinweg addiert. Der rechnerische Steueraufwand und die weiteren steuersatzabhängigen Korrekturposten zeigen entsprechend die zugehörigen Steuerwirkungen aus der Körperschaftsteuer und dem Solidaritätszuschlag auf. Die Gewerbesteuer fließt in diese Größen nicht ein. Die offengelegten Belastungen sind daher nicht umfassend. Der auf das Vorsteuerergebnis und weitere steuersatzabhängige Korrekturposten entfallende Anteil an der Gesamtsteuerbelastung wird nicht ersichtlich. Wie bei der Überleitungsrechnung aus der bloßen Anwendung des Körperschaftsteuertarifs ist keine Zuordnung der Steuerwirkungen auf die zugrundeliegenden betriebswirtschaftlichen Größen gegeben. Das Zusammenwirken von gewerbesteuerlichen und körperschaftsteuerlichen Bemessungsgrundlagenteilen wird nicht transparent. Dadurch ist die Einschätzung der ertragsteuerlichen Auswirkungen von Veränderungen des Vorsteuerergebnisses und der Abweichungsgründe nur eingeschränkt möglich. Dies beeinträchtigt die Prognose künftiger Steuerwirkungen und damit künftiger ‚cash flows'. Die Überleitungsrechnung aus der Anwendung des kombinierten Mischsteuersatzes vermag deshalb für die ökonomische Analyse keinen befriedigenden Informationsbeitrag zu leisten.

Im Ergebnis ist vor dem Hintergrund des Ziels der ‚cash flow'-Prognose die Anwendung eines alle Ertragsteuern umfassenden Mischsteuersatzes zur Quantifizierung des rechnerischen Steueraufwands zu präferieren. Die hierbei resultierende Überleitungsrechnung legt die Steuerwirkungen aus dem Vorsteuerergebnis und der steuersatzabhängigen Korrekturposten als Teilsteuern umfassend offen und ermöglicht dadurch das Ableiten von Aussagen über die Entwicklung der Ertragsteuern bei Veränderung der genannten Größen. Dies unterstützt die Schätzung der künftig erwarteten Zahlungsmittelabflüsse aus den Ertragsteuern und dient der ‚cash flow'-Prognose. Im Gegensatz hierzu sind bei den alternativen Überleitungsrechnungen die dem Ergebnis vor Steuern und den weiteren steuersatzabhängigen Abweichungsgründen zugeordneten Steuerwirkungen nicht umfassend. Wegen der steuerartenorientierten Offenlegung der Belastungen wird bei der Überleitungsrechnung aus der Anwendung des bloßen Körperschaftsteuertarifs nicht transparent, wie einzelne betriebswirtschaftliche Größen in die ausgewiesenen Belastungen von Körperschaftsteuer, Solidaritätszuschlag und Gewerbesteuer eingehen. Dies gilt auch für die Überleitungsrechnung aus der Anwendung des kombinierten Steuersatzes aus Körperschaftsteuertarif und Solidaritätszuschlag hinsichtlich des Zusammenwirkens der Bemessungsgrundlagen von Gewerbesteuer mit den beiden weiteren Ertragsteuern. Die Frage, wie sich die Steuerbelastung bei Variation der Abweichungsgründe verändert, kann daher nicht hinreichend beantwortet werden. Für die Einschätzung der künftigen Entwicklung der Ertragsteuern und damit die Prognose künftiger ‚cash flows' bilden die resultierenden Überleitungsrechnungen keine geeignete Grundlage. Hinsichtlich des Informationsbeitrags zur ‚cash flow'-Prognose ist die Quantifizierung der in der Überleitungsrechnung aufzuzeigenden Steuerwirkungen mit dem umfassenden Mischsteuersatz den alternativen Vorgehensweisen überlegen und damit vorzuziehen.

5.3.3.4 Kritische Würdigung der Ergebnisse

In den vorausgehenden Ausführungen wurden die alternativen Zusammensetzungen des gesetzlich maßgebenden Steuersatzes vor dem Hintergrund der mit der Überleitungsrechnung verfolgten Zielsetzung diskutiert. Die jeweiligen Stärken und Schwächen der einzelnen Varianten stellt Abbildung 5.6 vergleichend gegenüber.

Informationsziel / gesetzl. maßgebender Steuersatz	Anschaulichkeit	Cash-flow-Prognose
KSt	+	–
kombinierter Steuersatz: KSt + SolZ + GewSt	–	+
kombinierter Steuersatz: KSt + SolZ	–	–

Abbildung 5.6: Vergleich der Steuersatzalternativen

Aus Abbildung 5.6 geht hervor, daß die resultierende Überleitungsrechnung aus der Anwendung des bloßen Körperschaftsteuertarifs zwar den Zusammenhang zwischen Ergebnis vor Steuern und ausgewiesenem Steuersatz anschaulich zu verdeutlichen vermag, weil sie keine Detailkenntnisse des Steuersystems für das Verständnis erfordert. Bezüglich der Prognose künftig erwarteter ‚cash flows' liefert sie jedoch keine zufriedenstellende Datenbasis. Demgegenüber setzt das Verständnis des Zusammenhangs von Ergebnis vor Steuern und ausgewiesenem Steueraufwand anhand der Korrekturposten aus der Überleitungsrechnung bei Anwendung des kombinierten Steuersatzes aus den drei relevanten Steuerarten Detailkenntnisse des Steuersystems voraus. Hinsichtlich des Ziels der ‚cash flow'-Prognose bilden die hierbei ausgewiesenen Steuerwirkungen jedoch eine vorziehenswürdige Grundlage. Die Überleitungsrechnung aus der Anwendung eines kombinierten Steuersatzes aus Körperschaftsteuer und Solidaritätszuschlag vermag hingegen weder den Zusammenhang von Vorsteuerergebnis und ausgewiesenem Steueraufwand ohne entsprechendes Detailwissen anschaulich zu verdeutlichen noch eine geeignete Quantifizierung der Steuerwirkungen zur Unterstützung des Ziels der ‚cash flow'-Prognose zu leisten. Der kombinierte Steuersatz aus diesen beiden Ertragsteuern bildet daher keine zieladäquate Größe zur Entwicklung der Überleitungsrechnung.

Der Vorteil der Überleitungsrechnung aus der bloßen Anwendung des Körperschaftsteuertarifs hinsichtlich des Kriteriums der Anschaulichkeit des Zusammenhangs von Ergebnis vor Steuern und ausgewiesenem Steueraufwand relativiert sich durch die Profilbestimmung des Adressatenkreises, für den die Informationsvermittlung im ‚financial reporting' konzipiert ist. Die in SFAC No. 1 zunächst weit gefaßte Zielgruppe[312] wird auf ‚investors and creditors and their advisors' verengt.[313] Diesen sollen mit dem ‚financial reporting' Informationen bereitgestellt werden, welche unter Beachtung der individuellen Risikopräferenz und Zeithorizonte als Grundlage zur Ableitung ökonomischer Entscheidungen dienen.[314] Den Investoren und Kreditgebern sollen anhand der Daten subjektive Einschätzungen über Höhe, Unsicherheit und Zeithorizont künftig erwarteter Zahlungsströme ermöglicht werden.[315] Vom fokussierten Adressatenkreis wird angenommen, daß entsprechende Vorkenntnisse für das Verständnis unternehmerischer Aktivitäten vorhanden sind. Die im ‚financial reporting' vermittelten Informationen haben daher dem Anspruch zu genügen, für den interessierten, fachkundigen Adressaten nachvollziehbar zu sein.[316] Die Ausrichtung des ‚financial reporting' an den Informationsbedürfnissen professioneller Investoren und Kreditgeber mit entspre-

---

312 Vgl. *FASB* [SFAC No. 1, 1978], Abs. 16, S. 2 und Abs. 24, S. 2.

313 Vgl. *FASB* [SFAC No. 1, 1978], Abs. 30, S. 4; *Baetge, Jörg/Roß, Heinz-Peter* [Fair presentation, 2000], S. 37; *Hendriksen, Eldon S./Breda, Michael F. v.* [Accounting, 1991], S. 128.

314 Vgl. *FASB* [SFAC No. 1, 1978], Abs. 21 und Abs. 33; *Kuhlewind, Andreas-Markus* [Bilanzrechtstheorie, 1997], S. 39; Gliederungspunkt 2.2.2.

315 Vgl. *FASB* [SFAC No. 1, 1978], Abs. 32 und Abs. 37, S. 1; *Wüstemann, Jens* [GAAP, 1999], S. 128 f.

316 Vgl. *FASB* [SFAC No. 1, 1978], Abs. 34, S. 2; *Beaver, William H.* [Revolution, 1998], S. 11.

chender Qualifikation wird in jüngster Zeit verstärkt betont.[317] Insbesondere die Rolle der Finanzanalysten als höher qualifizierte Informationsintermediäre für fachlich weniger versierte Investoren und Kreditgeber rückt zunehmend in den Vordergrund.[318] Die Anforderungen professioneller Adressaten bilden daher Maßstab für die inhaltliche Ausgestaltung der Informationsvermittlung.[319]

Bei einem derart qualifizierten Adressatenkreis kann vom Vorhandensein entsprechenden Detailwissens über das Steuersystem mit seinen Bemessungsgrundlagen- und Steuerarteninterdependenzen ausgegangen werden. Dadurch verliert der Vorteil der Überleitungsrechnung aus der bloßen Anwendung des Mischsteuersatzes bezüglich des Kriteriums der Anschaulichkeit an Bedeutung. Der Zusammenhang zwischen Vorsteuerergebnis und ausgewiesenem Steueraufwand wird für den fachkundigen Adressaten auch anhand der Überleitungsrechnung auf Basis des umfassenden Mischsteuersatzes deutlich, weil er wegen seiner Detailkenntnisse die hierbei vorzunehmenden Korrekturen aufgrund der gewerbesteuerlichen Modifikationen und der Anpassungen im Zusammenhang mit der Bemessung des Solidaritätszuschlags nachvollziehen kann.

Da sich das primäre Interesse der fachkundigen Investoren, Kreditgeber und Finanzanalysten auf die Prognose künftiger Zahlungsströme richtet,[320] gewinnt das Kriterium des Informationsbeitrags, den die alternativen Zusammensetzungen des gesetzlich maßgebenden Steuersatzes hierzu leisten, eine übergeordnete Bedeutung. Die ökonomisch gehaltvolleren Aussagen im Hinblick auf das Ziel der ‚cash flow'-Prognose lassen sich aus der Überleitungsrechnung bei Anwendung des Mischsteuersatzes ableiten. Diese läßt im Gegensatz zu den beiden alternativen Überleitungsrechnungen unmittelbar Rückschlüsse auf die Veränderung der Ertragsteuern bei Variation der Abweichungsgründe zu. Dadurch kann die Entwicklung von Zahlungsmittelabflüssen aufgrund der Ertragsbesteuerung eingeschätzt werden, was das Ziel der Prognose künftiger ‚cash flows' unterstützt. Die aus der Anwendung des umfassenden Mischsteuersatzes heraus entwickelte Überleitungsrechnung vermag daher gegenüber den alternativen Überleitungsrechnungen einen höheren Informationsbeitrag zu leisten. Aus der Analyse der nach deutschem Steuerrecht möglichen Zusammensetzungen des gesetzlich maßgebenden Steuersatzes geht deshalb der umfassende Mischsteuersatz aus Körperschaftsteuer, Gewerbesteuer und Solidaritätszuschlag als zu präferierende Variante hervor.

---

317 Vgl. *AICPA* [Improving, 1994], S. 8; *McEwen, Ruth A./Hunton, James E.* [Forecast, 1999], S. 2.

318 Vgl. *FASB* [SFAC No. 1, 1978], Abs. 35 i.V.m. *McEwen, Ruth A./Hunton, James E.* [Forecast, 1999], S. 2.

319 Vgl. *AICPA* [Improving, 1994], S. 9; *Beaver, William H.* [Revolution, 1998], S. 10 f.; *Berndlmaier, Alexander F./Klein, Georg A.* [Kundenorientierung, 1997], S. 1090.

320 Vgl. *FASB* [SFAC No. 1, 1978], Abs. 32 und Abs. 37 i.V.m. *Bernstein, Leopold A.* [Analysis, 1993], S. 386.

Die Anwendung des umfassenden Mischsteuersatzes steht jedoch im Widerspruch zum Wortlaut von SFAS No. 109 in seiner engen Interpretation und den Äußerungen der SEC, welche die Einbeziehung der mit der Gewerbesteuer vergleichbaren ‚state and local income taxes' in den gesetzlich maßgebenden Steuersatz explizit ablehnt.[321] Ausgehend vom Wortlaut, der auf „the amount of income tax expense that would result from applying domestic federal statutory income tax rates"[322] abstellt, läßt sich bei Übertragung auf die deutschen Verhältnisse die Einbeziehung der Gewerbesteuer und des Solidaritätszuschlags zusätzlich zum Körperschaftsteuertarif in den gesetzlich maßgebenden Steuersatz nicht grundsätzlich ausschließen. Werden unter dem Terminus ‚income tax' allgemein die Steuern auf Einkommen und Ertrag aus den Bundessteuergesetzen verstanden, so ist die Einbeziehung mit dem Wortlaut kompatibel. Bei den Belastungen aus Gewerbesteuer und Solidaritätszuschlag handelt es sich um Ertragsteuern, die im Gegensatz zu den US-amerikanischen ‚state and local income taxes' auf Bundesgesetzen beruhen.

Der Verzicht auf die Einbeziehung der Gewerbesteuer wegen ihrer Parallelen zu den US-amerikanischen ‚state and local income taxes', welche nach den Vorgaben der SEC nicht in den gesetzlich maßgebenden Steuersatz aufzunehmen sind, ist wegen der bestehenden Belastungsdifferenzen nicht zwingend. Die Steuerbelastung aus der deutschen Gewerbesteuer ist deutlich höher als jene aus den US-amerikanischen ‚state and local income taxes'.[323] Auf die Gewerbesteuer entfällt im Vergleich ein größerer Anteil an der gesamten Ertragsteuerbelastung.[324] Aufgrund des Belastungsunterschieds läßt sich der von der SEC geforderte Verzicht auf die Einbeziehung der ‚state and local income taxes' in den gesetzlich maßgebenden Steueraufwand nicht unmittelbar auf die spezifischen Gegebenheiten des deutschen Steuerrechts übertragen und bildet keine verhältnismäßige Richtlinie für die Behandlung der Gewerbesteuer. Die Beschränkung des gesetzlich maßgebenden Steuersatzes auf die Körperschaftsteuertarifbelastung, gegebenenfalls inklusive Solidaritätszuschlag, mit Verweis auf die Äußerungen der SEC entbehrt einer inhaltlichen Fundierung und ist pragmatischer Natur.

---

321 Vgl. Gliederungspunkt 5.3.2.1.

322 *FASB* [SFAS No. 109, 1992], Abs. 43, S. 1.

323 Der von Jakobs 1998 durchgeführte Steuerbelastungsvergleich anhand eines computergestützten Unternehmensmodells, das über einen Zeitraum von zehn Perioden die ökonomische Entwicklung einer Kapitalgesellschaft simuliert, stellt u.a. die deutsche Gewerbesteuer den US-amerikanischen Bundessteuern gegenüber. Dabei ist die Belastung aus der deutschen Gewerbesteuer im Vergleich um 39 % höher als jene des US-amerikanischen Pendants. Dies geht auf einen bei durchschnittlich 17,5 % liegenden deutschen Steuersatz gegenüber einem bei durchschnittlich 8,8 % liegenden US-amerikanischen Steuersatz zurück. Der Nachteil aus dem hohen Steuersatz kann nicht durch die zunächst niedrigere körperschaftsteuerliche Bemessungsgrundlage ausgeglichen werden, da die gewerbesteuerlichen Modifikationen die gewerbesteuerliche Bemessungsgrundlage des Modellunternehmens erhöhen. Vgl. *Jacobs, Otto H.* [Belastung, 1998], S. 456-466. Zu ähnlichen Ergebnissen kommt *Smith, James K.* [Vergleich, 1991], S. 230. Vgl. hierzu auch *Rudden, John T.* [Besteuerung, 1994], S. 76-80; *Zschiegner, Hans* [US-Einkommensteuerrecht, 1998], S. 995 f.

324 Vgl. *Zitzelsberger, Heribert* [Gewerbesteuer, 1989], S. 91.

Für die eingangs gestellte Frage, welchem der drei alternativen Steuersätze der Vorrang einzuräumen ist, kommt die Analyse zu folgendem Ergebnis: Aufgrund der Zielgruppe der fachkundigen Investoren, Kapitalgeber und Finanzanalysten mit ihrem primären Interesse an der Prognose künftiger Zahlungsmittelströme ist entgegen den Vorgaben der SEC für die nach US-GAAP bilanzierenden deutschen Unternehmen die einheitliche Anwendung eines Mischsteuersatzes aus Körperschaftsteuer, Gewerbesteuer und Solidaritätszuschlag für die Erstellung der Überleitungsrechnung zu fordern. Dieser ist den alternativen Zusammensetzungen des gesetzlich maßgebenden Steuersatzes hinsichtlich des interessierenden Informationsbeitrags zur ‚cash flow'-Prognose überlegen.

6 Thesenförmige Zusammenfassung

1. Bei Erstellung eines befreienden Konzernabschlusses nach US-GAAP gem. § 292a HGB hat die Bilanzierung von Ertragsteuern nach SFAS No. 109 zu erfolgen. Dabei entstehen Probleme im Zusammenhang mit den Befreiungsvoraussetzungen und der spezifischen Ausgestaltung des deutschen Steuerrechts, die es aufzuzeigen gilt. Vor dem Hintergrund des übergeordneten Rechnungslegungszwecks sind hierfür zieladäquate Lösungsvorschläge zu entwickeln.

2. In den USA hat die geschichtliche Entwicklung zu einer weitgehenden Trennung von handels- und steuerrechtlicher Rechnungslegung geführt, so daß keine Identität zwischen den jeweiligen Bilanzierungs- und Bewertungsmethoden besteht. Das Ergebnis vor Steuern und das Steuerbilanzergebnis weichen deshalb regelmäßig voneinander ab. Der tatsächliche Steueraufwand korrespondiert nicht mit dem handelsrechtlichen Ergebnis vor Steuern. Um dem Grundsatz des ‚accrual basis accounting' gerecht zu werden, ist die Forderung nach einer Steuerabgrenzung laut geworden. Mit den latenten Steuern sind in die Handelsbilanz entsprechend Korrekturposten zur Periodisierung des tatsächlichen Steueraufwands eingeführt worden.

3. Zur konkreten Ausgestaltung der Steuerabgrenzung sind in den USA mit der ‚deferred method', der ‚liability method' und der ‚net of tax method' verschiedene Methoden entwickelt worden. Hinsichtlich der in die Steuerabgrenzung einzubeziehenden Differenzen werden mit dem ‚partial approach' und dem ‚comprehensive approach' zwei alternative Ansätze diskutiert. Die unterschiedlichen Steuerabgrenzungsmethoden und -ansätze waren Inhalt bereits mehrfach überarbeiteter Rechnungslegungsstandards. Das derzeit gültige SFAS No. 109 regelt die Bilanzierung von Ertragsteuern und verlangt die Bildung latenter Steuern nach der ‚liability method' sowie eine umfassende Steuerabgrenzung nach dem ‚comprehensive approach'.

4. SFAS No. 109 legt der Steuerabgrenzung das Konzept der ‚temporary differences' zugrunde. Als temporäre Differenzen werden die Unterschiedsbeträge der Wertansätze von Vermögensgegenständen und Schulden in Handels- und Steuerbilanz bezeichnet, soweit diese in künftigen Perioden ein Über- oder Unterschreiten des Steuerbilanzergebnisses gegenüber dem handelsrechtlichen Ergebnis vor Steuern begründen. Für die künftig erwarteten Steuerwirkungen aus den temporären Differenzen sind nach dem ‚comprehensive approach' bis auf wenige Ausnahmefälle latente Steuern zu bilden. Permanente Differenzen sind von der Steuerabgrenzung ausgeschlossen.

5. Passive latente Steuern sind für künftig steuerbare Differenzen zu bilden, aktive latente Steuern für künftig steuermindernde Differenzen. SFAS No. 109 verlangt

zudem die Bilanzierung aktiver latenter Steuern für die Steuervorteile aus vortragsfähigen Verlusten. Nach der ‚liability method' steht der zutreffende Vermögens- und Schuldenausweis im Vordergrund. Entsprechend werden die passiven latenten Steuern als Verbindlichkeiten für künftig erwartete Steuermehrbelastungen aufgefaßt, aktive latente Steuern hingegen als Forderungen bzw. forderungsähnliche Ansprüche gegenüber dem Fiskus für künftig erwartete Steuerminderungen.

6. Die Realisierung der Steuerminderungen aus aktiven latenten Steuern setzt das Vorhandensein ausreichender steuerbarer Beträge zur Verrechnung der temporären Differenzen und der Geltendmachung der vortragsfähigen Verluste in künftigen Perioden voraus. Soweit aufgrund des Fehlens ausreichend steuerbarer Beträge von der künftigen Realisierung aktiver latenter Steuern mit einer Wahrscheinlichkeit von über 50 % nicht ausgegangen werden kann, ist mit der ‚valuation allowance' eine Wertberichtigung vorzunehmen.

7. Nach der ‚liability method' haben die latenten Steuern die künftig erwarteten Steuermehrzahlungen und -entlastungen darzustellen. Da die zukünftigen Steuerwirkungen im Vordergrund stehen, sind zur Bewertung der temporären Differenzen und vortragsfähigen Verluste die bei Auflösung der temporären Differenzen bzw. Geltendmachung der Verlustvorträge maßgebenden Steuersätze anzuwenden. Diese werden bis zur Verabschiedung von Steuersatzänderungen durch die am Bilanzstichtag gültigen Steuersätze approximiert.

8. In der Bilanz sind die aktiven und passiven latenten Steuern gegliedert nach ihrer Fristigkeit auszuweisen. Die in der Periode verursachten laufenden und latenten Steueraufwendungen bzw. -erträge sind je nach Entstehung erfolgswirksam in der GuV auszuweisen bzw. erfolgsneutral im ‚other comprehensive income' zu erfassen. Für den am Bilanzstichtag vorhandenen Bestand an latenten Steuern sind im Anhang die verursachenden Sachverhalte in einer Übersicht aufzuzeigen. Ebenso ist die Zusammensetzung des ausgewiesenen Steueraufwands bzw. -ertrags zu verdeutlichen. Mit Hilfe einer Überleitungsrechnung ist der Zusammenhang zwischen dem Ergebnis vor Steuern und dem ausgewiesenen Steueraufwand zu erklären.

9. Die Befreiungsregelung des § 292a HGB räumt die Möglichkeit zur Erstellung eines befreienden Konzernabschlusses nach US-GAAP ein. Bei Klärung des unbestimmten Begriffs US-GAAP wird deutlich, daß über die vom FASB und seinen Vorgängerinstitutionen erlassenen Verlautbarungen hinaus auch die SEC-Vorschriften GAAP bilden und Bindungswirkung entfalten. Bei der Bilanzierung der Ertragsteuern im Rahmen der Erstellung eines befreienden Konzernabschlusses nach US-GAAP sind neben den Regelungen aus SFAS No. 109 auch die von der SEC in ihren Verlautbarungen kodifizierten Offenlegungspflichten zu beachten.

10. Zur Entfaltung befreiender Wirkung gem. § 292a HGB muß der Konzernabschluß insbesondere mit den EG-Richtlinien konform und hinsichtlich seiner Aussagekraft

einem nach HGB-Normen aufgestellten Konzernabschluß gleichwertig sein. Die Prüfung des Kriteriums der Gleichwertigkeit zielt auf einen Vergleich von Rechnungslegungssystemen ab, welcher aufgrund des Fehlens eindeutiger, in vergleichbare Maßgrößen transformierbarer Rechnungslegungszwecke problematisch ist. Aufgrund der Schwierigkeit wird die Beurteilung des Kriteriums an die Überprüfung der Richtlinienkonformität gebunden. Bei Übereinstimmung des Konzernabschlusses mit den Bilanzrichtlinien wird die Gleichwertigkeit angenommen.

11. Die Überprüfung der Richtlinienkonformität setzt das Verständnis des Europäischen Gemeinschaftsrechts als eigenständigen Rechtskreis voraus, dessen Rechtsbegriffe sich unabhängig von national geprägtem Gedankengut zu autonomen Begriffen des Gemeinschaftsrechts emanzipieren und in letzter Instanz ausschließlich vom EuGH ausgelegt werden dürfen. Die Richtlinienkonformität der Regelungen zur Bilanzierung latenter Steuern aus SFAS No. 109 scheint im Hinblick auf die ‚liability method' als maßgebende Steuerabgrenzungsmethode und die Aktivierungspflicht für latente Steuern aus vortragsfähigen Verlusten gegeben. Das nach SFAS No. 109 verlangte Steuerabgrenzungskonzept der ‚temporary differences' sowie die Pflicht des getrennten Ausweises kurz- und langfristiger latenter Steuern scheint demgegenüber problematisch. Da die abschließende Klärung dem EuGH noch obliegt, kann die Richtlinienkonformität nicht endgültig beantwortet werden. Bei der Erstellung eines befreienden Konzernabschlusses nach US-GAAP wird vor dem Hintergrund der Befreiungsabsicht des Gesetzgebers die uneingeschränkte Anwendung der Steuerabgrenzungsnormen für sinnvoll erachtet. Dabei sollten allerdings entsprechende Anhangsangaben zu den problematischen Bilanzierungsvorschriften gemacht werden.

12. In die Steuerabgrenzung sind nach SFAS No. 109 alle maßgebenden Ertragsteuern einzubeziehen. Für deutsche börsennotierte Unternehmen sind dies die Körperschaftsteuer, die Gewerbesteuer und der Solidaritätszuschlag. Die differierende Besteuerung thesaurierter gegenüber ausgeschütteter Gewinne im deutschen Körperschaftsteuerrecht wirft die Frage nach dem maßgebenden Körperschaftsteuersatz zur Bewertung latenter Steuern auf. Das EITF schreibt die Bemessung der Steuerwirkung aus temporären Differenzen und vortragsfähigen Verlusten auf Basis der Thesaurierungsbelastung vor und spricht sich gegen eine Bewertung mit Ausschüttungsbelastung aus, weil die erfolgswirksame Erfassung eines Steuerertrags vor Eintritt des Ausschüttungsbeschlusses abgelehnt wird.

13. Die aus der Differenzierung von Thesaurierungs- und Ausschüttungsbesteuerung resultierenden Körperschaftsteuerminderungsansprüche und -erhöhungsverpflich tungen stellen aufschiebend bedingte Steuervor- und -nachteile dar, die Parallelen zu latenten Steuern aus temporären Differenzen und vortragsfähigen Verlusten aufweisen. Die aufschiebend bedingten Steuervor- und -nachteile geben die Höhe des vorhandenen Ausschüttungspotentials an. Ihre Kenntnis ist für die Prognose künftig erwarteter ‚cash flows' aus dem Unternehmen wesentlich, da sie die Steu-

erbelastungen bzw. -entlastungen bei Ausschüttung in künftigen Perioden verdeutlichen. Ihre bilanzielle Abbildung wird in EITF No. 95-10 jedoch explizit abgelehnt, weil die zugehörige Steuerwirkung nicht erfolgswirksam antizipiert werden soll.

14. Wegen der Bedeutung des Ausschüttungspotentials wird aufgrund des übergeordneten Rechnungslegungsziels der Informationsvermittlung entgegen dem vom EITF ausgesprochenen Verbot die Bilanzierung latenter Steuern für die aufschiebend bedingten Steuervor- und -nachteile empfohlen. In der Arbeit wird ein Bilanzierungsvorschlag unterbreitet, der einerseits das Ausschüttungspotential offenlegt, andererseits den Anspruch des EITF umsetzt und eine vorzeitige erfolgswirksame Erfassung der aufschiebend bedingten Steuervor- und -nachteile vermeidet. Da die Körperschaftsteuerminderungsansprüche und -erhöhungsverpflichtungen im Zeitpunkt der Gewinnerzielung und Besteuerung verursacht werden, jedoch erst bei Verabschiedung eines Ausschüttungsbeschlusses tatsächlich mobilisiert werden, ist die erfolgsneutrale Erfassung der Gegenkonten im ‚other comprehensive income' möglich. Diese Größe umfaßt bedingte Erfolgskomponenten, die zu ihrer Realisierung weiterer Ereignisse bedürfen und deshalb an der GuV vorbei direkt in das Eigenkapital eingehen. Durch die Verbuchung der latenten Steueraufwendungen und -erträge als unmittelbare Eigenkapitalveränderungen berühren sie, den Vorgaben des EITF folgend, die GuV nicht. Mit Verabschiedung eines Ausschüttungsbeschlusses und tatsächlicher Mobilisierung der Körperschaftsteuerminderungsansprüche und -erhöhungsverpflichtungen werden sie durch Auflösung der latenten Steuern erfolgswirksam.

15. Die Überleitungsrechnung dient dazu, das Zustandekommen der Abweichung zwischen rechnerischem und ausgewiesenem Steueraufwand in der GuV externen Adressaten ersichtlich zu machen. Ausgangspunkt bildet der rechnerische Steueraufwand, der durch Multiplikation des Ergebnisses vor Steuern mit dem gesetzlich maßgebenden Steuersatz zu ermitteln ist. Für deutsche Unternehmen stellt sich aufgrund der dreifachen Ertragsbesteuerung die Frage, wie der gesetzlich maßgebende Steuersatz zu verstehen ist. Der ausschließlichen Anwendung der körperschaftsteuerlichen Thesaurierungsbelastung steht alternativ ein Mischsteuersatz aus Körperschaftsteuer und Solidaritätszuschlag sowie ein umfassender Mischsteuersatz aus Körperschaftsteuer, Solidaritätszuschlag und Gewerbesteuer gegenüber. Je nach Ausgestaltung des Steuersatzes variiert die Struktur der Korrekturposten und die Ermittlung der Korrekturbeträge. Die Regelungen aus SFAS No. 109 enthalten hierzu keine Lösung.

16. Die spezifischen Überleitungsrechnungen weisen Parallelen zu Methoden des Steuerbelastungsvergleichs aus der betriebswirtschaftlichen Steuerlehre auf. Die Überleitungsrechnung aus der Anwendung des Körperschaftsteuersatzes als gesetzlich maßgebendem Steuersatz zeigt in den Korrekturposten die Steuerbelastungen aus den einzelnen Ertragsteuern gesondert auf und besitzt dadurch Merkmale

der Veranlagungssimulation. Demgegenüber resultiert bei Anwendung eines umfassenden Mischsteuersatzes eine Überleitungsrechnung, welche die Steuerwirkungen einzelner betriebswirtschaftlicher Größen isoliert und im Sinne von Teilsteuern offenlegt. Sie gleicht der Teilsteuerrechnung. Bei Anwendung eines kombinierten Steuersatzes aus Körperschaftsteuer und Solidaritätszuschlag enthält die Überleitungsrechnung einen Korrekturposten zur Abbildung der Belastung aus der Gewerbesteuer als isolierte Ertragsteuer sowie Korrekturposten für Steuerwirkungen einzelner betriebswirtschaftlicher Größen im Sinne von Teilsteuern. Damit werden Merkmale der Veranlagungssimulation und der Teilsteuerrechnung vermengt.

17. Zur Sicherung der überbetrieblichen Vergleichbarkeit ist die einheitliche Ausgestaltung des gesetzlich maßgebenden Steuersatzes über die Unternehmen hinweg notwendig. Ausgehend vom Ziel der Vermittlung entscheidungsrelevanter Informationen zur Unterstützung von Investitionsentscheidungen kann mit Hilfe der Methoden des Steuerbelastungsvergleichs gezeigt werden, daß die Überleitungsrechnung aus der Anwendung eines umfassenden Mischsteuersatzes den alternativen Überleitungsrechnungen überlegen ist. Durch die Offenlegung der Korrekturbeträge als Teilsteuern können unmittelbar Aussagen über die Entwicklung der Ertragsteuern bei Veränderung der zugrundeliegenden betriebswirtschaftlichen Größen abgeleitet werden. Dies fundiert die Schätzung künftig erwarteter Zahlungsmittelabflüsse aus den Ertragsteuern und dient der ‚cash flow'-Prognose. Die alternativen Überleitungsrechnungen ermöglichen durch das Aufzeigen isolierter Belastungen aus einzelnen Steuerarten demgegenüber keine unmittelbare Quantifizierung der Auswirkungen von Veränderungen einzelner betriebswirtschaftlicher Größen. Sie sind daher für die Beurteilung der künftig erwarteten Belastungen aus den Ertragsteuern und damit die ‚cash flow'-Prognose vergleichsweise ungünstig.

Literaturverzeichnis

AICPA [APB Opinion No. 10, 1966]: Accounting Principles Board Opinion No. 10: Omnibus Opinion, 1966, in: FASB (Hrsg.): Original Pronouncements, Accounting Standards as of June 1, 1999, Bd. 2, New York u.a. 1999, S. 141-146.

AICPA [APB Opinion No. 11, 1967]: Accounting Principles Board Opinion No. 11: Accounting for Income Taxes, 1967, in: FASB (Hrsg.): Original Pronouncements, Accounting Standards as of June 1, 1992, Bd. 2, New York u.a. 1992, S. 147-161.

AICPA [APB Opinion No. 16, 1970]: Accounting Principles Board Opinion No. 16: Business Combinations, 1970, in: FASB (Hrsg.): Original Pronouncements, Accounting Standards as of June 1, 1999, Bd. 2, New York u.a. 1999, S. 201-222.

AICPA [APB Opinion No. 17, 1970]: Accounting Principles Board Opinion No. 17: Intangible Assets, 1970, in: FASB (Hrsg.): Original Pronouncements, Accounting Standards as of June 1, 1999, Bd. 2, New York u.a. 1999, S. 223-229.

AICPA [APB Opinion No. 20, 1971]: Accounting Principles Board Opinion No. 20: Accounting Changes, 1971, in: FASB (Hrsg.): Original Pronouncements, Accounting Standards as of June 1, 1999, Bd. 2, New York u.a. 1999, S. 244-258.

AICPA [APB Opinion No. 21, 1971]: Accounting Principles Board Opinion No. 21: Interest on Receivable and Payables, 1971, in: FASB (Hrsg.): Original Pronouncements, Accounting Standards as of June 1, 1999, Bd. 2, New York u.a. 1999, S. 259-265.

AICPA [APB Opinion No. 22, 1972]: Accounting Principles Board Opinion No. 22: Disclosure of Accounting Policies, 1972, in: FASB (Hrsg.): Original Pronouncements, Accounting Standards as of June 1, 1999, Bd. 2, New York u.a. 1999, S. 266-269.

AICPA [APB Opinion No. 23, 1972]: Accounting Principles Board Opinion No. 23: Accounting for Income Taxes – Special Areas, 1972, in: FASB (Hrsg.): Original Pronouncements, Accounting Standards as of June 1, 1999, Bd. 2, New York u.a. 1999, S. 270-278.

AICPA [ARB No. 43, 1953]: Accounting Research Bulletin No. 43: Restatement and Revision of Accounting Research Bulletins, 1953, in: FASB (Hrsg.): Original Pronouncements, Accounting Standards as of June 1, 1999, Bd. 2, New York u.a. 1999, S. 5-57.

AICPA [ARB No. 51, 1959]: Accounting Research Bulletin No. 51: Consolidated Financial Statements, 1959, in: FASB (Hrsg.): Original Pronouncements, Accounting Standards as of June 1, 1999, Bd. 2, New York u.a. 1999, S. 74-79.

AICPA [Conformity, 1971]: Policy Statement on Conformity of Tax and Financial Accounting, in: Journal of Accountancy, Vol. 132, No. 6 (1971), S. 75-77.

AICPA [Improving, 1994] (Hrsg.): Improving Business Reporting – A Customer Focus: Meeting the Information Needs of Investors and Creditors, Comprehensive Report of the Special Committee on Financial Reporting, New York 1994.

AICPA [Objectives, 1973]: Objectives of Financial Statements, Report of the Study Group on the Objectives of Financial Statements, New York 1973.

AICPA [Rule 203, 1988]: Code of Professional Conduct, Rule 203: Accounting Principles, 1988, in: AICPA (Hrsg.): Professional Standards as of June 1, Bd. 2, New York 1997, S. 4269-5173.

AICPA [SAS No. 58, 1989]: Statement on Auditors Standards No. 58: Reports on Audited Financial Statements, 1989, in: AICPA (Hrsg.): Professional Standards as of June 1, Bd. 1, New York 1997, S. 811-855.

AICPA [SAS No. 69, 1992]: Statement on Auditors Standards No. 69: The Meaning of Present Fairly in Conformity with Generally Accepted Accounting Prinziples in the Independent Auditor's Report, 1992, in: AICPA (Hrsg.): Professional Standards as of June 1, Bd. 1, New York 1997, S. 715-722.

Alexandrou, Anthony G. [Körperschaftsteuersatz, 1996]: EITF Issue 95-10: Der gespaltene deutsche Körperschaftsteuersatz im handelsrechtlichen Abschluß nach US-GAAP, in: KPMG (Hrsg.): USA-Mitteilungen, Mai 1996, New York 1996, S. 39-40.

Altenburger, Otto [Rechnungslegungsvorschriften, 1997]: Inwieweit sind die deutschen Rechnungslegungsvorschriften EU-konform?, in: BFuP, 49. Jg. (1997), S. 721-736.

Amir, Eli/Kirschenheiter, Michael/Willard, Kirsten [Valuation, 1997]: The Valuation of Deferred Taxes, in: Contemporary Accounting Research, Vol. 14, No. 4 (1997), S. 597-622.

Amir, Eli/Sougiannis, Theodore [Carryforwards, 1999]: Analysts' Interpretation and Investors' Valuation of Tax Carryforwards, in: Contemporary Accounting Research, Vol. 16, No. 1 (1999), S. 1-33.

Antognini, Walter G./Chung, Kwang-Hyun [Carryforwards, 1992]: Deferred Tax Accounting for Tax Carryforwards, in: The CPA Journal, Vol. 62 (1992), S. 58-65.

Arnett, Harold E. [Uniformity, 1969]: Taxable Income vs. Financial Income: How Much Uniformity Can We Stand?, in: The Accounting Review, Vol. 44 (1969), S. 482-494.

Assmann, Heinz-Dieter [Prospekthaftung, 1985]: Prospekthaftung als Haftung für die Verletzung kapitalmarktbezogener Informationsverkehrspflichten nach deutschem und US-amerikanischem Recht, Köln u.a. 1985.

Auer, Kurt V. [Rechnungslegungsstandards, 1997]: International harmonisierte Rechnungslegungsstandards aus Sicht der Aktionäre, Wiesbaden 1997.

Augustin, Reinhard R. [Ausschüttungspolitik, 1994]: Ausschüttungspolitik deutscher und amerikanischer börsennotierter Unternehmen, in: RIW, 40. Jg. (1994), S. 659-662.

Ausschuß für Bilanzierung des Bundesverbandes deutscher Banken [Steuerabgrenzung, 1999]: Schlüsselfragen bilanzieller Steuerabgrenzung nach IAS, in: Die Bank, o.Jg., Nr. 12 (1999), S. 829-831.

Ayers, Benjamin C. [Value-Relevance, 1998]: Deferred Tax Accounting Under SFAS No. 109: An Empirical Investigation of its Incremental Value-Relevance Relative to APB No. 11, in: The Accounting Review, Vol. 73 (1998), S. 195-212.

Back, Christian [Interpretation, 1999]: Richtlinienkonforme Interpretation des Handelsbilanzrechts: abstrakte Vorgehensweise und konkrete Anwendung am Beispiel des EuGH vom 27. Juli 1996, Frankfurt a.M. 1999.

Baetge, Jörg [Bilanzen, 1996]: Bilanzen, 4. Aufl., Düsseldorf 1996.

Baetge, Jörg [Konzernbilanzen, 2000]: Konzernbilanzen, 4. Aufl., Düsseldorf 2000.

Baetge, Jörg/Roß, Heinz-Peter [Fair presentation, 2000]: Was bedeutet „fair presentation"?, in: Ballwieser, Wolfgang (Hrsg.): US-amerikanische Rechnungslegung, 4. Aufl., Stuttgart 2000, S. 29-47.

Baker, Richard C./Rapaccioli, Donna/Solomon, Morton B. [USA, 1995]: United States of America – Individual Accounts, in: Ordelheide, Dieter/KPMG (Hrsg.): Transnational Accounting, Bd. 2, London 1995, S. 2957-3095.

Ballwieser, Wolfgang [Aktivierung, 1987]: Grundsätze der Aktivierung und Passivierung, in: Castan, Edgar u.a. (Hrsg.): Beck'sches Handbuch der Rechnungslegung, Bd. I, München 1987, Abschnitt B 130 (Stand: März 1999).

Ballwieser, Wolfgang [Aussagegehalt, 1997]: Das Verhältnis von Aussagegehalt und Nachprüfbarkeit amerikanischer Rechnungslegung, in: WPK-Mitt., Sonderheft Juni 1997, 36. Jg. (1997), S. 51-56.

Ballwieser, Wolfgang [Buchführung, 1999]: Grundsätze ordnungsmäßiger Buchführung, in: Castan, Edgar u.a. (Hrsg.): Beck'sches Handbuch der Rechnungslegung, Bd. I, München 1987, Abschnitt B 105 (Stand: März 1999).

Ballwieser, Wolfgang [Entwicklung, 1993]: Die Entwicklung der Theorie der Rechnungslegung in den USA, in: Wagner, Franz W. (Hrsg.): Ökonomische Analyse des Bilanzrechts, Düsseldorf, Frankfurt a.M. 1993, S. 107-138.

Ballwieser, Wolfgang [Germany, 1995]: Germany – Individual Accounts, in: Ordelheide, Dieter/KPMG (Hrsg.): Transnational Accounting, Bd. 1, London 1995, S. 1395-1546.

Ballwieser, Wolfgang [Jahresabschlußverbesserungen, 1982]: Zur Begründbarkeit informationsorientierter Jahresabschlußverbesserungen, in: ZfbF, 34. Jg. (1982), S. 772-793.

Ballwieser, Wolfgang [Komplexitätsreduktion, 1990]: Unternehmensbewertung und Komplexitätsreduktion, 3. Aufl., Wiesbaden 1990.

Ballwieser, Wolfgang [Rechnungslegungsgremium, 1999]: HGB-Konzernabschlußbefreiung und privates Rechnungslegungsgremium, in: Küting, Karlheinz/Langenbucher, Günther (Hrsg.): Internationale Rechnungslegung, FS Weber, Stuttgart 1999, S. 433-449.

Ballwieser, Wolfgang [Übernahme, 1997]: Chancen und Gefahren einer Übernahme amerikanischer Rechnungslegung, in: Budde, Wolfgang D./Moxter, Adolf/Offerhaus, Klaus (Hrsg.): Handelsbilanz und Steuerbilanz, FS Beisse, Düsseldorf 1997, S. 25-43.

Ballwieser, Wolfgang [Unternehmensbewertung, 1993]: Methoden der Unternehmensbewertung, in: Gebhardt, Günther/Gerke, Wolfgang/Steiner, Manfred (Hrsg.): Handbuch des Finanzmanagements, München 1993, S. 151-176.

Ballwieser, Wolfgang [Vergleich, 1997]: Grenzen des Vergleichs von Rechnungslegungssystemen – dargestellt anhand von HGB, US-GAAP und IAS, in: Forster, Karl-Heinz u.a. (Hrsg.): Aktien- und Bilanzrecht, FS Kropff, Düsseldorf 1997, S. 371-391.

Barber, Barry/Pitman, Robert L. [Taxes, 1992]: Goodbye SFAS 96: Accounting for Income Taxes, in: Corporate Controller, Vol. 4, Iss. 4 (1992), S. 13-16.

Barth, Mary E./Murphy, Christine M. [Disclosures, 1994]: Required Financial Statement Disclosures: Purposes, Subject, Number, and Trends, in: Accounting Horizons, Vol. 8, No. 4 (1994), S. 1-22.

Bartholdy, Karl [Steuerrecht, 1963]: Steuerrecht in Europa (außer Ostblock) und Amerika, in: Bartholdy, Karl/Seidler, Gerhard/Wilhelm, Herbert (Hrsg.): Zweigbetriebe, Niederlassungen und Beteiligungen im Ausland, München 1963, S. 281-384.

Bartsch, Robert A. J./Casabona, Patrick [Understanding, 1992]: Understanding the New Requirements for Income-Tax Accounting, in: The Practical Accountant, Vol. 25, Iss. 7 (1992), S. 22-38.

Bartsch, Robert A. J./Erickson, Naomi [Real Estate, 1993]: SFAS No. 109's Impact on Real Estate, in: Real Estate Accounting & Taxation, Vol. 7, Iss. 4 (1993), S. 13-23.

Baumann, Karl-Hermann [§ 274 HGB, 1995]: Kommentierung zu § 274 HGB, in: Küting, Karlheinz/Weber, Claus-Peter (Hrsg.): Handbuch der Rechnungslegung, Kommentar zur Bilanzierung und Prüfung, Bd. Ia, 4. Aufl., Stuttgart 1995.

Beams, Floyd A. [Accounting, 1996]: Advanced Accounting, 6. Aufl., Upper Saddle River, New Jersey 1996.

Beaver, William H. [Revolution, 1998]: Financial Accounting: An Accounting Revolution, 3. Aufl., Upper Saddle River, New Jersey 1998.

Beechy, Thomas H. [Conceptual, 1983]: Accounting for Income Taxes: Conceptual Considerations and Empirical Analysis – A Research Study, Toronto 1983.

Behn, Bruce K./Eaton, Tim V./Williams, Jan R. [Determinants, 1998]: The Determinants of the Deferred Tax Allowance Account Under SFAS No. 109, in: Accounting Horizons, Vol. 12, No. 1 (1998), S. 63-78.

Beine, Frank [Überleitung, 1998]: Überleitung vom HGB-Abschluß zu US-GAAP Statements, in: BB, 53. Jg. (1998), S. 995-1001.

Beisse, Heinrich [Generalnorm, 1988]: Die Generalnorm des neuen Bilanzrechts, in: Knoppe-Keuk, Brigitte/Klein, Franz/Moxter, Adolf (Hrsg.): Handelsrecht und Steuerrecht, FS Döllerer, Düsseldorf 1988, S. 25-44.

Belkaoui, Ahmed R. [Theory, 1992]: Accounting Theory, 3. Aufl., London u.a. 1992.

Beresford, Dennis R. [Tax Accounting, 1982]: Deferred Tax Accounting Should Be Changed, in: The CPA Journal, Vol. 52, No. 6 (1982), S. 16-23.

Beresford, Dennis R./Best, Lawrence C./Craig, Paul W./Weber, Joseph V. [Income Taxes, 1983]: Accounting for Income Taxes: A Review of Alternatives, in: FASB (Hrsg.): Research Report, Stamford, CT 1983.

Beresford, Dennis R./Johnson, Todd L./Reither, Cheri L. [Income Statement, 1996]: Is a Second Income Statement Needed?, in: Journal of Accountancy, Vol. 181, No. 4 (1996), S. 69-72.

Bergmeister, Konrad/Kupsch, Peter [Jahresabschluß, 1991]: Latente Steuern im Jahresabschluß von Wohnungsunternehmen, Düsseldorf 1991.

Berlage, Hans [Steuern, 1993]: Einzelveräußerungsstatik und Bilanzierung latenter Steuern, Hamburg 1993.

Berndlmaier, Alexander F./Klein, Georg A. [Kundenorientierung, 1997]: Kundenorientierung in der US-amerikanischen Rechnungslegung: Der Comprehensive Report des Special Committee on Financial Reporting, in: DB, 50. Jg. (1997), S. 1089-1095.

Bernstein, Leopold A. [Analysis, 1993]: Financial Statements Analysis: Theory, Application and Interpretation, 5. Aufl., Homewood, Boston 1993.

Beusch, Karl [Rücklagenbildung, 1987]: Rücklagenbildung im Konzern, in: Havermann, Hans (Hrsg.): Bilanz- und Konzernrecht, FS Goerdeler, Düsseldorf 1987, S. 25-44.

Bevis, Donald J./Perry, Raymond E. [Income Taxes, 1969]: Accounting for Income Taxes – An Interpretation of APB Opinion No. 11, New York 1969.

Bielstein, Mark M./Trott, Edward W. [Approach, 1992]: The New Approach to Accounting for Income Taxes, in: Management Accounting, Vol. 74, Iss. 2 (1992), S. 43-47.

Biener, Herbert/Schatzmann, Jürgen [Konzernbilanzrichtlinie, 1983]: Konzern-Rechnungslegung: Erläuterungen zur 7. EG-Richtlinie (Konzernbilanzrichtlinie) sowie eine synoptische Darstellung der Entstehung der Richtlinie und weitere Materialien, Düsseldorf 1983.

Biergans, Enno [Einkommensteuer, 1992]: Einkommensteuer, 6. Aufl., München, Wien 1992.

Bittker, Boris I./Eustice, James S. [Federal Income Taxation, 1997]: Federal Income Taxation of Corporations and Shareholders, 6. Aufl., Boston 1997.

Black, Homer A. [Allocation, 1966]: Interperiod Allocation of Corporate Income Taxes, in: AICPA (Hrsg.): Accounting Research Study No. 9, New York 1966.

Bleckmann, Albert [Auslegung, 1992]: Probleme der Auslegung europäischer Richtlinien, in: ZGR, 21. Jg. (1992), S. 364-375.

Bleckmann, Albert [Richtlinie, 1986]: Die Richtlinie im Europäischen Gemeinschaftsrecht und im Deutschen Recht, in: Leffson, Ulrich/Rückle, Dieter/Großfeld, Bernhard (Hrsg.): Handwörterbuch unbestimmter Rechtsbegriffe im Bilanzrecht des HGB, Köln 1986, S. 11-28.

Blumenwitz, Dieter [Einführung, 1998]: Einführung in das anglo-amerikanische Recht, 6. Aufl., München 1998.

Böcking, Hans-Joachim/Benecke, Birka [Fair value, 2000]: Die *fair value*-Bewertung von Finanzinstrumenten, in: Ballwieser, Wolfgang (Hrsg.): US-amerikanische Rechnungslegung, 4. Aufl., Stuttgart 2000, S. 193-239.

Böcking, Hans-Joachim/Orth, Christian [KapAEG, 1998]: Neue Vorschriften zur Rechnungslegung und Prüfung durch das KonTraG und das KapAEG, in: DB, 51. Jg. (1998), S. 1241-1246.

Böcking, Hans-Joachim/Orth, Christian [Systemwidrigkeiten, 1998]: Offene Fragen und Systemwidrigkeiten bei den neuen Rechnungslegungs- und Prüfungsvorschriften des KonTraG und des KapAEG, in: DB, 51. Jg. (1998), S. 1873-1879.

Bohan, Michael P. [Developments, 1979]: Accounting Developments, in: Journal of Accounting, Auditing and Finance, Vol. 3 (1979), S. 76-82.

Bolin, Manfred/Haeger, Bernd/Zündorf, Horst [Bilanzrecht, 1985]: Einzelaspekte des künftigen Bilanzrechts, in: DB, 38. Jg. (1985), S. 605-611.

Bömelburg, Peter [Abschlußprüfung, 1992]: Grundsätze ordnungsmäßiger Abschlußprüfung für latente Steuern im Konzernabschluß, München 1992.

Bowen, Robert M./Burgstahler, David/Daley, Lane A. [Cash Flows, 1987]: The Incremental Information Content of Accrual Versus Cash Flows, in: The Accounting Review, Vol. 62 (1987), S. 723-747.

Breda, Michael F. v./Ferris, Kenneth R. [Understanding, 1989]: Accounting For Deferred Income Taxes: Understanding the New Approach, in: Journal of Managerial Issues, Vol. 1, No. 1 (1989), S. 76-85.

Breker, Norbert/Naumann, Klaus-Peter/Tielmann, Sandra [Wirtschaftsprüfer, 1999]: Der Wirtschaftsprüfer als Begleiter der Internationalisierung der Rechnungslegung, in: WPg, 52. Jg. (1999), S. 140-154 u. S. 185-195.

Brezovec, Dick/Snow, Tommy [Complexity, 1992]: The Complexity of Statement 109, in: The Bankers Magazine, Vol. 175, Iss. 4 (1992), S. 68-74.

Brief, Richard P. [Century, 1987]: Corporate Financial Reporting: At the Turn of the Century, in: Journal of Accountancy, Vol. 163, No. 5 (1987), S. 142-157.

Brotte, Jörg [Geschäftsberichte, 1997]: US-amerikanische und deutsche Geschäftsberichte: Notwendigkeit, Regulierung und Praxis jahresabschlußergänzender Informationen, Wiesbaden 1997.

Brown, Clifford D. [Income Reporting, 1993]: The Emergence of Income Reporting, in: Coffman, Edward N./Tondkar, Rasoul H./Previts, Gary J. (Hrsg.): Historical Perspectives of Selected Financial Accounting Topics, Homewood, Boston 1993, S. 59-79.

Brozovsky, John [Review, 1994]: A Review of Changes Affecting Accounting for Liabilities, in: Journal of Commercial Lending, Vol. 76, Iss. 7 (1994), S. 48-53.

Bublitz, Bruce O./Zuckerman, Gilroy J. [Discounting, 1988]: Discounting Deferred Taxes: A New Approach, in: Advances in Accounting, Vol. 6 (1988), S. 55-69.

Buchloh, Hans-Jürgen [Gewerbesteuer, 1990]: Reform der Unternehmensbesteuerung – insbesondere der Gewerbesteuer, in: BB, 45. Jg. (1990), S. 33-36.

Budde, Wolfgang D. [Verhältnis, 1988]: Das Verhältnis des „True and Fair View“ zu den Grundsätzen ordnungsmäßiger Buchführung und zu den Einzelrechnungslegungsvorschriften, in: Mellwig, Winfried/Moxter, Adolf/Ordelheide, Dieter (Hrsg.): Einzelabschluß und Konzernabschluß – Beiträge zum neuen Bilanzrecht, Bd. 1, Wiesbaden 1988, S. 27-45.

Burton, John C. [Financial Reporting, 1982]: Statements in Quotes: The SEC and Financial Reporting: the Sand in the Oyster, in: Journal of Accountancy, Vol. 153, No. 6 (1982), S. 34-48.

Busse von Colbe, Walther [Internationalisierung, 1999]: Internationalisierung der Konzernrechnungslegung börsennotierter Mutterunternehmen durch das KapAEG und das KonTraG, in: Küting, Karlheinz/Langenbucher, Günther (Hrsg.): Internationale Rechnungslegung, FS Weber, Stuttgart 1999, S. 463-497.

Busse von Colbe, Walther/Ordelheide, Dieter [Konzernabschlüsse, 1993]: Konzernabschlüsse, Rechnungslegung für Konzerne nach betriebswirtschaftlichen Grundsätzen und gesetzlichen Vorschriften, 6. Aufl., Wiesbaden 1993.

Busse von Colbe, Walther/Seeberg, Thomas [Vereinbarkeit, 1999] (Hrsg.): Vereinbarkeit internationaler Konzernrechnungslegung mit handelsrechtlichen Grundsätzen: Empfehlungen des Arbeitskreises „Externe Unternehmensrechnung“ der Schmalenbach-Gesellschaft – Deutsche Gesellschaft für Betriebswirtschaft e.V., ZfbF Sonderheft 39, 2. Aufl., Frankfurt a.M. 1999.

Caemmerer, Ernst v. [Publizitätsinteressen, 1962]: Publizitätsinteressen der Öffentlichkeit und Gesellschaftsrecht, in: Barz, Carl H. u.a. (Hrsg.): Das Frankfurter Publizitätsgespräch, Frankfurt a.M. 1962, S. 141-183.

Cairns, David [Compatible, 1997]: Are IASs and US-GAAP Compatible?, in: Accountancy, Vol. 119, No. 1242 (1997), S. 60-61.

Cannon, Arthur M. [Independence, 1952]: Tax Pressures on Accounting Principles and Accountants‘ Independence, in: The Accounting Review, Vol. 27 (1952), S. 419-426.

Cattelaens, Heiner/Gottstein, Siegfried/Stegmüller, Hubert/Zenthöfer, Wolfgang [KSt, 1997]: Körperschaftsteuer, 12. Aufl., Stuttgart 1997.

Chaney, Paul K./Jeter, Debra C. [Simplicity, 1989]: Accounting for Deferred Income Taxes: Simplicity? Usefulness?, in: Accounting Horizons, Vol. 3, No. 2 (1989), S. 6-13.

Coenenberg, Adolf G. [Jahresabschluß, 2000]: Jahresabschluß und Jahresabschlußanalyse, 17. Aufl., Landsberg a. Lech 2000.

Coenenberg, Adolf G./Haller, Axel [Rechnungslegung, 1993]: Externe Rechnungslegung, in: Hauschildt, Jürgen/Grün, Oskar (Hrsg.): Ergebnisse empirischer betriebswirtschaftlicher Forschung, FS Witte, Stuttgart 1993, S. 557-599.

Coenenberg, Adolf G./Hille, Klaus [Ertragsteuern, 1997]: IAS 12: Bilanzierung von Ertragsteuern (Accounting for Taxes on Income), in: Baetge, Jörg/Dörner, Dietrich/Kleekämper, Heinz/Wollmert, Peter (Hrsg.): Rechnungslegung nach International Accounting Standards (IAS), Stuttgart 1997, S. 397-441.

Coenenberg, Adolf G./Hille, Klaus [IAS 12, 1997]: Latente Steuern nach der neu gefaßten Richtlinie IAS 12, in: DB, 50. Jg. (1997), S. 537-544.

Collins, William A./Mautz, David R. [Income Taxes, 1998]: Accounting for Income Taxes, in: Schroeder, Richard G./Myrtle, Clark W. (Hrsg.): Accounting Theory, 6. Aufl., New York u.a. 1998, S. 561-569.

Comiskey, Eugene E./Mulford, Charles W. [Disclosure, 1991]: Income Tax Disclosure: Their Role in Credit Analysis, in: Commercial Lending Review, Vol. 7, Iss. 1 (1991/1992), S. 15-31.

Comiskey, Eugene E./Mulford, Charles W. [Evaluating, 1994]: Evaluating Deferred Tax Assets: Some Guidance for Lenders, in: Commercial Lending Review, Vol. 9, Iss. 3 (1994), S. 12-25.

Cotting, René [Ertragsteuerbeträge, 1995]: Analyse von latenten Ertragsteuerbeträgen im Konzernabschluss, in: STH, 69. Jg. (1995), S. 787-796.

David, René/Spinosi, Camille J./Grasmann, Günther [Rechtssysteme, 1989]: Einführung in die großen Rechtssysteme der Gegenwart, 2. Aufl., München 1989.

Davidson, Sidney/Anderson, George D. [Development, 1993]: The Development of Accounting and Auditing Standards, in: Coffman, Edward N./Tondkar, Rasoul H./Previts, Gary J. (Hrsg.): Historical Perspectives of Selected Financial Accounting Topics, Homewood, Boston 1993, S. 3-29.

Davidson, Sidney/Skelton, Lisa/Weil, Roman L. [Controversy, 1977]: A Controversy Over the Expected Behavior of Deferred Tax Credits, in: Journal of Accountancy, Vol. 143, No. 4 (1977), S. 53-59.

Debus, Christian [Steuern, 1997]: Latente Steuern, in: Castan, Edgar u.a. (Hrsg.): Beck'sches Handbuch der Rechnungslegung, Bd. II, München 1987, Abschnitt C 440 (Stand: März 1999).

Delaney, Patrick R./Adler, James R./Epstein, Barry J./Foran, Michael F. [GAAP, 1997]: GAAP 97, Interpretation and Application of Generally Accepted Accounting Principles 1997, New York u.a. 1997.

Demming, Claudia [Rechnungslegung, 1994]: US-amerikanische Rechnungslegung, in: Gräfer, Horst/ Demming, Claudia (Hrsg.): Internationale Rechnungslegung, Stuttgart 1994, S. 229-306.

Deutscher Bundestag [Beschlußempfehlung KapAEG, 1998]: Beschlußempfehlung und Bericht des Rechtsausschusses zu dem Gesetzentwurf der Bundesregierung: Entwurf eines Gesetzes zur Verbesserung der Wettbewerbsfähigkeit deutscher Konzerne an internationalen Kapitalmärkten und zur Erleichterung der Aufnahme von Gesellschafterdarlehen (Kapitalaufnahmeerleichterungsgesetz – KapAEG), Drucksache 13/9909, Bonn 1998.

Dhaliwal, Dan/Subramanyam, K. R./Trezevant, Robert [Performance, 1999]: Is Comprehensive Income Superior to Net Income as a Measure of Firm Performance?, in: Journal of Accounting and Economics, Vol. 26 (1999), S. 43-46.

Ditkoff, James H. [Crossroads, 1977]: Financial Tax Accounting at the Crossroads, in: Journal of Accountancy, Vol. 144, No. 2 (1977), S. 69-80.

Dötsch, Ewald [SolZ, 1993]: Föderales Konsolidierungsprogramm: Der neue Solidaritätszuschlag zur Körperschaftsteuer, in: DB, 46. Jg. (1993), S. 1440-1444.

Drenseck, Walter [§ 51a EStG, 1999]: Kommentierung zu § 51a EStG, in: Schmidt, Ludwig (Hrsg.): Einkommensteuergesetz, Kommentar, 18. Aufl., München 1999.

Drummond, Christina/Wigle, Seymour L. [Allocation, 1981]: Let's Stop Taking Comprehensive Tax Allocation for Granted, in: CA Magazine, Vol. 14, Iss. 10 (1981), S. 56-61.

DSR [E-DRS Nr. 1, 1999]: Entwurf – Deutscher Rechnungslegungsstandard Nr. 1 (E-DRS 1): Befreiender Konzernabschluß nach § 292a HGB, Entwurf vom 23. September 1999, Bonn 1999.

Dubroff, Harold [Claim of Right, 1985]: Claim of Right Doctrine, in: Tax Law Review, Vol. 40 (1985), S. 729-771.

Dubroff, Harold/Cahill, Connie M./Norris, Michael D. [Relationship, 1983]: Tax Accounting: The Relationship of Clear Reflection of Income to Generally Accepted Accounting Principles, in: Albany Law Review, Vol. 47 (1983), S. 354-407.

Dusemond, Michael [Konzernabschluß, 1999]: Ursachen latenter Steuern im Konzernabschluß nach HGB und IAS, in: Küting, Karlheinz/Langenbucher, Günther (Hrsg.): Internationale Rechnungslegung, FS Weber, Stuttgart 1999, S. 311-342.

Dyckman, Thomas R./Dukes, Roland E./Davis, Charles J. [Accounting, 1995]: Intermediate Accounting, 3. Aufl., Chicago u.a. 1995.

Dyckman, Thomas R./Dukes, Roland E./Davis, Charles J. [Accounting Bd. 1, 1998]: Intermediate Accounting, Bd. 1, 4. Aufl., Boston, Massachusetts u.a. 1998.

Dyckman, Thomas R./Dukes, Roland E./Davis, Charles J. [Accounting Bd. 2, 1998]: Intermediate Accounting, Bd. 2, 4. Aufl., Boston, Massachusetts u.a. 1998.

Dziadkowski, Dieter [Elemente, 1973]: Die Elemente des Steuerbilanz-Gewinns, Diss., Köln 1973.

Eaton, Tim V./Williams, Jan R. [Valuing, 1998]: Valuing Deferred Tax Assets Under SFAS No. 109, in: Management Accounting, Vol. 79, No. 9 (1998), S. 46-50.

Ebert, Marius [Accounting, 1990]: Einflußgrößen und Strukturen des britischen Accounting, Frankfurt a.M. u.a. 1990.

Eckstein, Hans-Martin/Fuhrmann, Sven [Nichtanerkennung, 1998]: Steuerliche Nichtanerkennung von Drohverlustrückstellungen – Abgrenzung zu anderen Rückstellungen, in: DB, 51. Jg. (1998), S. 529-534.

Eilers, Stephan/Heinemann, Klaus [Gewinnansprüchen, 1997]: Urteil des EuGH zur phasengleichen Aktivierung von Gewinnansprüchen – Anmerkungen aus der Sicht von Verfahrensbeteiligten, in: Herzig, Norbert (Hrsg.): Europäisierung des Bilanzrechts, Konsequenzen der Tomberger-Entscheidung des EuGH für die handelsrechtliche Rechnungslegung und die steuerliche Gewinnermittlung, Köln 1997, S. 25-40.

Eisenach, Manfred [Steuerplanung, 1974]: Entscheidungsorientierte Steuerplanung, Wiesbaden 1974.

Eisolt, Dirk [Konzernrechnungslegung, 1992]: US-amerikanische und deutsche Konzernrechnungslegung: Untersuchung amerikanischer Vorschriften über den Konzernabschluß und systematischer Vergleich mit ausgewählten Vorschriften des HGB, Hamburg 1992.

Eisolt, Dirk [Konzernrechnungslegung, 1993]: Die rechtlichen Grundlagen der amerikanischen Konzernrechnungslegung, in: AG, 38. Jg. (1993), S. 209-234.

Ellrott, Helmut [§ 285 HGB, 1999]: Kommentierung zu § 285 HGB, in: Budde, Wolfgang D. u.a. (Hrsg.): Beck'scher Bilanz-Kommentar: Der Jahresabschluß nach Handels- und Steuerrecht: Konzernabschluß, Prüfung, Offenlegung: §§ 238 und 339 HGB, 4. Aufl., München 1999.

Ellrott, Helmut/Schmidt-Wendt, Dietrich [§ 255 HGB, 1999]: Kommentierung zu § 255 HGB, in: Budde, Wolfgang D. u.a. (Hrsg.): Beck'scher Bilanz-Kommentar: Der Jahresabschluß nach Handels- und Steuerrecht: Konzernabschluß, Prüfung, Offenlegung: §§ 238 und 339 HGB, 4. Aufl., München 1999.

Elsing, Siegfried [Rechtssystem, 1990]: Grundzüge des Rechts- und Regierungssystems, des Gesellschafts- sowie des Trustrechts der Vereinigten Staaten von Amerika, in: Kramer, Jörg D. (Hrsg.): Grundzüge des US-amerikanischen Steuerrechts, Stuttgart 1990, S. 3-34.

Ernst, Christoph [KapAEG, 1998]: KonTraG und KapAEG sowie aktuelle Entwicklungen zur Rechnungslegung und Prüfung in der EU, in: WPg, 51. Jg. (1998), S. 1025-1035.

Ernst, Christoph/Seibert, Ulrich/Stuckert, Fritz [KapAEG, 1998]: KonTraG, KapAEG, StückAG, EuroEG: Textausgabe mit Begründungen der Regierungsentwürfe, Stellungnahmen des Bundesrates mit Gegenäußerungen der Bundesregierung, Berichten des Rechtsausschusses des Deutschen Bundestages, Düsseldorf 1998.

Eskew, Robert K./Jensen, Daniel L. [Accounting, 1996]: Financial Accounting, 5. Aufl., New York u.a. 1996.

Esser, Klaus [Rechnungslegung, 1998]: Die deutsche Rechnungslegung auf dem Weg zu internationalen Standards, in: Möller, Hans P./Schmidt, Franz (Hrsg.): Rechnungswesen als Instrument für Führungsentscheidungen, FS Coenenberg, Stuttgart 1998, S. 617-631.

Europäische Kommission [Auslegungsfragen, 1997]: Mitteilung der Kommission zu Auslegungsfragen im Hinblick auf bestimmte Artikel der vierten und der siebenten Richtlinie des Rates auf dem Gebiet der Rechnungslegung, XV/7009/97DE, o.O. 1997.

Europäische Kommission [IAS 1, 1998]: Prüfung der Vereinbarkeit zwischen IAS 1 und den europäischen Rechnungslegungsrichtlinien, XV/7030/98DE, o.O. 1998.

Europäische Kommission [IAS 12, 1997]: Prüfung der Vereinbarkeit von IAS 12 mit den europäischen Rechnungslegungsrichtlinien, XV/7012/97DE, o.O. 1997. In der englischsprachigen Version überschrieben mit: Examination of the Conformity Between IAS 12 and The European Accounting Directives, XV/7012/97EN.

Everling, Ulrich [Auslegung, 1992]: Zur Auslegung des durch EG-Richtlinien angeglichenen nationalen Rechts, in: ZGR, 21. Jg. (1992), S. 376-395.

Farnsworth, Allan E. [Legal System, 1996]: An Introduction to the Legal System of the United States, 3. Aufl., New York 1996.

FASB [Classification, 1999]: Current Text: Balance Sheet Classification: Current Assets and Current Liabilities, Section B05, in: FASB (Hrsg.): Current Text, Accounting Standards as of June 1, 1999, Bd. 1, New York u.a. 1999, S. 4471-4491.

FASB [Discussion Memorandum, 1983]: Discussion Memorandum: Accounting for Income Taxes, Stamford, CT 1983.

FASB [EITF No. 95-10, 1995]: Emerging Issues Task Force No. 95-10, Accounting for Tax Credits Related to Dividend Payments in Accordance with FASB Statement No. 109, 1995, in: FASB (Hrsg.): EITF Abstracts, A Summary of Proceedings of the FASB Emerging Issues Task Force as of September 18, 1997, Norwalk, CT 1997, S. 811-812.

FASB [EITF No. 95-20, 1995]: Emerging Issues Task Force No. 95-20, Measurement in the Consolidated Financial Statements of a Parent of the Tax Effects Related to the Operations of a Foreign Subsidiary That Receives Tax Credits Related to Dividend Payments, 1995, in: FASB (Hrsg.): EITF Abstracts, A Summary of Proceedings of the FASB Emerging Issues Task Force as of September 18, 1997, Norwalk, CT 1997, S. 833-834.

FASB [FIN No. 21, 1978]: FASB Interpretation No. 21: Accounting for Leases in a Business Combination, 1978, in: FASB (Hrsg.): Original Pronouncements, Accounting Standards as of June 1, 1999, Bd. 2, New York u.a. 1999, S. 586-596.

FASB [FIN No. 40, 1993]: FASB Interpretation No. 40: Applicability of Generally Accepted Accounting Principles to Mutual Life Insurance and Other Enterprises, 1993, in: FASB (Hrsg.): Original Pronouncements, Accounting Standards as of June 1, 1999, Bd. 2, New York u.a. 1999, S. 691-695.

FASB [Introduction, 1997]: Introduction, in: FASB (Hrsg.): EITF Abstracts, A Summary of Proceedings of the FASB Emerging Issues Task Force as of September 18, 1997, Norwalk, CT 1997.

FASB [SFAC No. 1, 1978]: Statement of Financial Accounting Concepts No. 1: Objectives of Financial Reporting by Business Enterprises, 1978, in: FASB (Hrsg.): Original Pronouncements, Accounting Standards as of June 1, 1999, Bd. 2, New York u.a. 1999, S. 1005-1020.

FASB [SFAC No. 2, 1980]: Statement of Financial Accounting Concepts No. 2: Qualitative Characteristics of Accounting Information, 1980, in: FASB (Hrsg.): Original Pronouncements, Accounting Standards as of June 1, 1999, Bd. 2, New York u.a. 1999, S. 1021-1055.

FASB [SFAC No. 5, 1984]: Statement of Financial Accounting Concepts No. 5: Recognition and Measurement in Financial Statements of Business Enterprises, 1984, in: FASB (Hrsg.): Original Pronouncements, Accounting Standards as of June 1, 1999, Bd. 2, New York u.a. 1999, S. 1082-1107.

FASB [SFAC No. 6, 1985]: Statement of Financial Accounting Concepts No. 6: Elements of Financial Statements, 1985, in: FASB (Hrsg.): Original Pronouncements, Accounting Standards as of June 1, 1999, Bd. 2, New York u.a. 1999, S. 1108-1161.

FASB [SFAS No. 6, 1975]: Statement of Financial Accounting Standards No. 6: Classification of Short-Term Obligations Expected to Be Refinanced, 1975, in: FASB (Hrsg.): Original Pronouncements, Accounting Standards as of June 1, 1999, Bd. 1, New York u.a. 1999, S. 51-62.

FASB [SFAS No. 13, 1976]: Statement of Financial Accounting Standards No. 13: Accounting for Leases, 1976, in: FASB (Hrsg.): Original Pronouncements, Accounting Standards as of June 1, 1999, Bd. 1, New York u.a. 1999, S. 95-144.

FASB [SFAS No. 37, 1980]: Statement of Financial Accounting Standards No. 37: Balance Sheet Classification of Deferred Income Taxes, 1980, in: FASB (Hrsg.): Original Pronouncements, Accounting Standards as of June 1, 1999, Bd. 1, New York u.a. 1999, S. 428-433.

FASB [SFAS No. 95, 1987]: Statement of Financial Accounting Standards No. 95: Statement of Cash Flows No. 95, 1987, in: FASB (Hrsg.): Original Pronouncements, Accounting Standards as of June 1, 1999, Bd. 1, New York u.a. 1999, S. 1045-1088.

FASB [SFAS No. 96, 1987]: Statement of Financial Accounting Standards No. 96: Accounting for Income Taxes, 1987, in: FASB (Hrsg.): Original Pronouncements, Accounting Standards as of June 1, 1992, Bd. 1, New York u.a. 1992, S. 1089-1159.

FASB [SFAS No. 105, 1990]: Statement of Financial Accounting Standards No. 105: Disclosure of Information about Financial Instruments with Off-Balance-Sheet Risk and Financial Instruments with Concentrations of Credit Risk, 1990, in: FASB (Hrsg.): Original Pronouncements, Accounting Standards as of June 1, 1999, Bd. 1, New York u.a. 1999, S. 1245-1272.

FASB [SFAS No. 109, 1992]: Statement of Financial Accounting Standards No. 109: Accounting for Income Taxes, 1992, in: FASB (Hrsg.): Original Pronouncements, Accounting Standards as of June 1, 1999, Bd. 1, New York u.a. 1999, S. 1412-1481.

FASB [SFAS No. 130, 1997]: Statement of Financial Accounting Standards No. 130: Reporting Comprehensive Income, 1997, in: FASB (Hrsg.): Original Pronouncements, Accounting Standards as of June 1, 1999, Bd. 1, New York u.a. 1999, S. 2014-2047.

FASB [SFAS No. 133, 1998]: Statement of Financial Accounting Standards No. 133 Accounting for Derivative Instruments and Hedging Activities, 1998, in: FASB (Hrsg.): Original Pronouncements, Accounting Standards as of June 1, 1999, Bd. 1, New York u.a. 1999, S. 2098-2251.

Faß, Joachim/Hülsmeier, Volker [Eigenkapital, 1998]: Der Einfluß der Zusammensetzung des steuerlichen Eigenkapitals auf den Wert von Unternehmen, in: DStR, 36. Jg. (1998), S. 1487-1492.

Fédération des Experts Comptables Européens [Comparison, 1999]: Comparison of the EC Accounting Directives and IASs, A Contribution to International Accounting Developments – April 1999, o.O. 1999.

Feldhoff, Michael/Langermeier, Claudia [Verlustvortrag, 1991]: Zur Aktivierbarkeit des Steuereffekts aus Verlustvortrag nach § 10d EStG, in: DStR, 29. Jg. (1991), S. 195-197.

Fikentscher, Wolfgang [Fallnorm, 1980]: Eine Theorie der Fallnorm als Grundlage von Kodex- und Fallrecht (code law und case law), in: ZfRV, 21. Jg. (1980), S. 161-174.

Fitzsimons, Adrian P./Thompson, James W. [Reporting, 1996]: Accounting – Reporting Comprehensive Income, in: Commercial Lending Review, Vol. 11, Iss. 4 (1996), S. 95-103.

Förschle, Gerhart/Hoffmann, Karl [Körperschaftsteuersystem, 1998]: Latente Steuern nach IAS 12 unter Berücksichtigung des deutschen Körperschaftsteuersystems, in: DB, 51. Jg. (1998), S. 2125-2129.

Förschle, Gerhart/Kroner, Mathias [IAS, 1996]: International Accounting Standards: Offene Fragen zur künftigen Steuerabgrenzung, in: DB, 49. Jg. (1996), S. 1633-1639.

Förster, Jutta [Anrechnungsverfahren, 1997]: Das körperschaftsteuerliche Anrechnungsverfahren, in: Kley, Max D./Sünner, Eckart/Willemsen, Arnold (Hrsg.): Steuerrecht, Steuer- und Rechtspolitik, Wirtschaftsrecht und Unternehmensverfassung, Umweltrecht, FS Ritter, Köln 1997, S. 363-379.

Frankenberg, Peter [Vergleich, 1993]: Jahresabschlüsse im internationalen Vergleich: Analyse US-amerikanischer und deutscher Unternehmen, Wiesbaden 1993.

Frey, Lutz [Börsengang, 1999]: Auswirkungen des Börsenganges auf Rechnungslegung und Publizität, in DStR, 37. Jg. (1999), S. 294-300.

Frotscher, Gerrit [§ 30 KStG, 1999]: § 30 KStG, Gliederung des verwendbaren Eigenkapitals, in: Frotscher, Gerrit/Maas, Ernst (Hrsg.): Körperschaftsteuergesetz – Umwandlungssteuergesetz, Kommentar, Bd. 2, Freiburg 1978 (Stand: August 1999).

Frotscher, Gerrit [SolZG, 1998]: Solidaritätszuschlaggesetz (SolZG 1995), in: Frotscher, Gerrit/Maas, Ernst (Hrsg.): Köperschaftsteuergesetz – Umwandlungssteuergesetz, Kommentar, Bd. 3, Freiburg 1978 (Stand: November 1998).

Gafford, Wade W./Finan, Mary A. [SEC, 1985]: How to Find Answers to SEC Questions, in: Journal of Accountancy, Vol. 159, No. 4 (1985), S. 104-114.

Gelhausen, Hans F./Gelhausen, Wolf [Zuweisung, 1996]: Die „Zuweisung" des Gewinns – eine neue bilanzrechtliche Kategorie?, in: WPg, 49. Jg. (1996), S. 2089-2092.

Gertzman, Stephen F. [Federal Tax Accounting, 1993]: Federal Tax Accounting, 2. Aufl., Boston 1993.

Gessler, Ernst [Aktienrecht, 1965]: Der Bedeutungswandel der Rechnungslegung im Aktienrecht, in: Muthesius, Volker (Hrsg.): 75 Jahre Treuhand-Gesellschaft 1890-1965, Frankfurt a.M. 1965, S. 129-164.

Gimpel-Kloos, Brigitte [Wahlrechte, 1991]: Die Ausübung nationaler Wahlrechte im Hinblick auf die Zielsetzungen der 4. EG-Richtlinie, Heidelberg 1991.

Gingele, Rudolf [Abschluß, 1988]: Der konsolidierte Abschluß in den Vereinigten Staaten, Frankfurt a.M. u.a. 1988.

Glanegger, Peter/Güroff, Georg [GewStG, 1999]: Gewerbesteuergesetz, 4. Aufl., München 1999.

Goldberg, Irwin [Income Statement, 1999]: Income Statement Presentation and Earnings per Share, in: Carmichael, Douglas R./Lilien, Steven B./Mellman, Martin (Hrsg.): Accountants' Handbook, 9. Aufl., New York u.a. 1999, Ch. 7.

Gore, Pelham [Framework, 1992]: The FASB Conceptual Framework Project 1973-1985, Manchester, New York 1992.

Grady, Paul [GAAP, 1965]: Inventory of Generally Accepted Accounting Principles for Business Enterprises, Accounting Research Study No. 7, New York 1965.

Gräfer, Horst [Report, 1992]: Annual Report: Der US-amerikanische Jahresabschluß, Stuttgart 1992.

Graham, Willard J. [Allocation, 1959]: Allocation of Income Taxes, in: Journal of Accountancy, Vol. 107, No. 1 (1959), S. 57-67.

Granof, Michael H./Short, Daniel G. [Financial Statements, 1983]: Financial Statements: Income Statements and Balance Sheets, in: Davidson, Sidney/Weil, Roman L. (Hrsg.): Handbook of Modern Accounting, 3. Aufl., New York u.a. 1983, Ch. 2.

Greenberg, Robert R./Johnson, Glenn L./Ramesh, K. [Cash Flow, 1986]: Earnings versus Cash Flow as a Predictor of Future Cash Flow Measures, in: Journal of Accounting, Auditing and Finance, Vol. 1, Iss. 4 (1986), S. 266-277.

Gregory, George J./Petree, Thomas R./Vitray, Randall J. [Consequences, 1993]: Unlocking the Tax Consequences of FASB 109, in: Business Credit, Vol. 95, Iss. 4 (1993), S. 10-13.

Gregory, George J./Petree, Thomas R./Vitray, Randall J. [Implementation, 1992]: SFAS 109: Planning for Implementation and Beyond, in: Journal of Accountancy, Vol. 174, No. 6 (1992), S. 44-50.

Groh, Manfred [Tomberger, 1998]: Der Fall Tomberger – Nachlese und Ausblick, in: DStR, 36. Jg. (1998), S. 813-819.

Gröner, Susanne/Marten, Kai-Uwe/Schmid, Sonja [Vergleich, 1997]: Latente Steuern im internationalen Vergleich, in: WPg, 50. Jg. (1997), S. 479-488.

Gujarathi, Mahendra R./Stanley, Biggs F. [Purchase Commitments, 1988]: Accounting for Purchase Commitments: Some Issues and Recommendations, in: Accounting Horizons, Vol. 2, No. 3 (1988), S. 75-82.

Günkel, Manfred/Fenzl, Barbara [Steuerentlastungsgesetz, 1999]: Ausgewählte Fragen zum Steuerentlastungsgesetz: Bilanzierung und Verlustverrechnung, in: DStR, 37. Jg. (1999), S. 649-660.

Haar, Alfred [Steuern, 1981]: Die Berücksichtigung latenter Steuern in den Jahresabschlüssen internationaler Konzerne, Diss., St. Gallen 1981.

Haller, Axel [GAAP, 1990]: Die „Generally Accepted Accounting Principles", in: ZfbF, 42. Jg. (1990), S. 751-777.

Haller, Axel [Grundlagen, 1994]: Die Grundlagen der externen Rechnungslegung in den USA, 4. Aufl., Stuttgart 1994.

Haller, Axel [Maßgeblichkeit, 1992]: Der Grundsatz der Maßgeblichkeit der Handels- für die Steuerbilanz, in: RIW, 38. Jg. (1992), S. 43-48.

Haller, Axel [Verhältnis, 1988]: Das Verhältnis von steuerrechtlicher und „handelsrechtlicher" Rechnungslegung in den USA, in: DBW, 48. Jg. (1988), S. 723-733.

Haller, Axel [Ziele, 2000]: Wesentliche Ziele und Merkmale US-amerikanischer Rechnungslegung, in: Ballwieser, Wolfgang (Hrsg.): US-amerikanische Rechnungslegung, 4. Aufl., Stuttgart 2000, S. 1-27.

Hartung, Werner [Erwiderung, 1985]: Erwiderung auf den Beitrag von Bareis, in: BB, 40. Jg. (1985), S. 1239-1241.

Hartung, Werner [Wirkung, 1988]: Unmittelbare Wirkung von Bestimmungen der EG-Bilanzrichtlinie?, in: RIW, 34. Jg. (1988), S. 52-55.

Harwood, Dale S. [Allocation, 1961]: Yet More on Tax Allocation, in: The Accounting Review, Vol. 36 (1961), S. 619-625.

Hauck, Anton/Michel, Ulrich [Vorschriften, 1992]: Neue Vorschriften zur Bilanzierung latenter Steuern in den USA, in: WPg, 45. Jg. (1992), S. 451-455.

Haueisen, Bernd [Gewinnermittlungsvorschriften, 1990]: Steuerliche Gewinnermittlungsvorschriften in den Vereinigten Staaten, in: Kramer, Jörg D. (Hrsg.): Grundzüge des US-amerikanischen Steuerrechts, Stuttgart 1990, S. 175-196.

Havermann, Hans [Entwicklungen, 1994]: Internationale Entwicklungen in der Rechnungslegung, in: Ballwieser, Wolfgang/Böcking, Hans-Joachim/Drukarczyk, Jochen/Schmidt, Reinhard H. (Hrsg.): Bilanzrecht und Kapitalmarkt, FS Moxter, Düsseldorf 1994, S. 655-677.

Hazen, Thomas L. [Securities, 1996]: The Law of Securities Regulation, 3. Aufl., St. Paul, MN 1996.

Heidemann, Otto [Solidaritätszuschlag, 1993]: Ausschüttungspolitik und Solidaritätszuschlag, in: DB, 46. Jg. (1993), S. 2501-2502.

Heigl, Anton/Pickert, Gisela [Unternehmensbesteuerung, 1994]: Unternehmensbesteuerung, München, Wien 1994.

Heiman-Hoffman, Vicky B./Patton James M. [Judgements, 1994]: An Experimental Investigation of Deferred Tax Asset Judgements under SFAS 109, in: Accounting Horizons, Vol. 8, No. 1 (1994), S. 1-7.

Heinhold, Michael [Unternehmensbesteuerung, 1996]: Unternehmensbesteuerung, Rechtsform, Bd. 1, Stuttgart 1996.

Heinicke, Wolfgang [§ 10d EStG, 1999]: Kommentierung zu § 10d EStG, in: Schmidt, Ludwig (Hrsg.): Einkommensteuergesetz, Kommentar, 18. Aufl., München 1999.

Heintges, Sebastian [Bilanzkultur, 1996]: Bilanzkultur und Bilanzpolitik in den USA und in Deutschland, Berlin 1996.

Hendriksen, Eldon S./Breda, Michael F. v. [Accounting, 1991]: Accounting Theory, 5. Aufl., Homewood, Boston 1991.

Heni, Bernhard [Anmerkung, 1996]: Anmerkung zum EuGH-Urteil vom 27.6.1996 C-234/94, in: DStR, 34. Jg. (1996), S. 1095.

Hennig, Bettina [Steuern, 1982]: Bilanzierung latenter Steuern, Bochum 1982.

Henning, Michael A./Arcady, Alex T./Sigler, Mary A. [Implications, 1992]: New Accounting Statement for Income Taxes Has Broad Implications for Practitioners, in: The Journal of Taxation, Vol. 77, Iss. 3 (1992), S. 142-149.

Hennrichs, Joachim [EG-Bilanz-Richtlinie, 1999]: Wahlrechte im Bilanzrecht der Kapitalgesellschaften unter besonderer Berücksichtigung der EG-Bilanz-Richtlinie, Köln 1999.

Hennrichs, Joachim [Handelsbilanzrecht, 1997]: Die Bedeutung der EG-Bilanzrichtlinie für das deutsche Handelsbilanzrecht, in: ZGR, 26. Jg. (1997), S. 66-88.

Herber, Rolf [Bilanzrichtlinien-Gesetz, 1988]: Hat der deutsche Richter das Bilanzrichtlinien-Gesetz an den ihm zugrundeliegenden EG-Richtlinien zu messen?, in: Knoppe-Keuk, Brigitte/Klein, Franz/Moxter, Adolf (Hrsg.): Handelsrecht und Steuerrecht, FS Döllerer, Düsseldorf 1988, S. 225-244.

Herring, Hartwell C./Jacobs, Fred A. [Behavior, 1976]: The Expected Behavior of Deferred Tax Credits, in: Journal of Accountancy, Vol. 142, No. 2 (1976), S. 52-56.

Herzig, Norbert [Steuersatzänderungen, 1999]: Steuersatzänderungen des Steuerentlastungsgesetzes 1999/2000/2002 – Auswirkungen auf die Unternehmensbesteuerung (Teil I), in: DB, 52. Jg. (1999), S. 969-974.

Herzig, Norbert/Rieck, Ulrich [Europäisierung, 1998]: Europäisierung der handels- und steuerrechtlichen Gewinnermittlung im Gefolge der Tomberger-Entscheidung, in: IStR, 7. Jg. (1998), S. 309-320.

Herzog, Peter [Rechtssystem, 1989]: Einführung in das Rechtssystem der Vereinigten Staaten, in: Sonnemann, Erik (Hrsg.): Rechnungslegung, Prüfung, Wirtschaftrecht und Steuern in den USA, Wiesbaden 1989, S. 169-204.

Heydkamp, Werner F. [Steuerabgrenzung, 1986]: Grundsätzliche Überlegungen zur Steuerabgrenzung im Einzelabschluß nach dem neuen Bilanzrecht, in: DB, 39. Jg. (1986), S. 1345-1347.

Heynitz, Harald v. [Comprehensive Income, 1997]: Zur Darstellung von *Comprehensive Income* im Jahresabschluß (FAS 130), in: KPMG (Hrsg.): USA-Mitteilungen, September 1997, New York 1997, S. 16-22.

Hill, Lee [Local Taxation, 1972]: Business Appraisal of New Developments in Local Taxation, in: Tax Institute of America (Hrsg.): Business Taxes in State and Local Governments, Lexington, Massachusetts 1972, S. 105-115.

Hill, Thomas M. [Arguments, 1957]: Some Arguments Against the Inter-Period Allocation of Income Taxes, in: The Accounting Review, Vol. 32 (1957), S. 357-361.

Hille, Klaus [Steuern, 1982]: Latente Steuern im Einzel- und Konzernabschluß, Frankfurt a.M., Bern 1982.

Hirsch, Thomas/Schiereck, Dirk [Handel, 1999]: Der Handel deutscher Aktien in New York: Einige empirische Erkenntnisse, in: ZfB, Ergänzungsheft 3/99, 67. Jg. (1999), S. 195-211.

Hirst, Eric/Hopkins, Patrick [Judgements, 1998]: Comprehensive Income Reporting and Analysts' Valuation Judgements, in: Journal of Accounting Research, Vol. 36, Supplement (1998), S. 47-75.

Hötzel, Oliver [Unternehmenskauf, 1993]: Die steuerliche Relevanz des verwendbaren Eigenkapitals beim Unternehmenskauf, in: DStR, 31. Jg. (1993), S. 712-714.

Hoffmann, Wolf-Dieter [Vereinnahmung, 1997]: Phasengleiche Vereinnahmung von Dividenden – Bestandsaufnahme zur Rechtslage nach der Entscheidung des EuGH, in: Herzig, Norbert (Hrsg.): Europäisierung des Bilanzrechts, Konsequenzen der Tomberger-Entscheidung des EuGH für die handelsrechtliche Rechnungslegung und die steuerliche Gewinnermittlung, Köln 1997, S. 1-24.

Holzer, Peter/Ernst, Christian [Comprehensive Income, 1999]: (Other) Comprehensive Income und Non-Ownership Movements in Equity – Erfassung und Ausweis des Jahresergebnisses und des Eigenkapitals nach US-GAAP und IAS, in: WPg, 52. Jg. (1999), S. 353-370.

Hommel, Michael [Anlagewerte, 1998]: Bilanzierung immaterieller Anlagewerte, Stuttgart 1998.

Horngren, Charles T./Sundem, Gary L./Elliott, John A. [Accounting, 1996]: Introduction to Financial Accounting, 6. Aufl., Upper Saddle River, New Jersey 1996.

Horschitz, Harald/Groß, Walter/Weidner, Werner [Bilanzsteuerrecht, 1997]: Bilanzsteuerrecht und Buchführung, 7. Aufl., Stuttgart 1997.

Hoskin, Robert E. [Perspective, 1994]: Financial Accounting: A User Perspective, New York u.a. 1994.

Hoyle, Joe [Accounting, 1994]: Advanced Accounting, 4. Aufl., Burr Ridge u.a. 1994.

Hoyos, Martin/Fischer, Norbert [§ 274 HGB, 1999]: Kommentierung zu § 274 HGB, in: Budde, Wolfgang D. u.a. (Hrsg.): Beck'scher Bilanz-Kommentar: Der Jahresabschluß nach Handels- und Steuerrecht: Konzernabschluß, Prüfung, Offenlegung: §§ 238 und 339 HGB, 4. Aufl., München 1999.

Hoyos, Martin/Lechner, Harald [§ 292a HGB, 1999]: Kommentierung zu § 292a HGB, in: Budde, Wolfgang D. u.a. (Hrsg.): Beck'scher Bilanz-Kommentar: Der Jahresabschluß nach Handels- und Steuerrecht: Konzernabschluß, Prüfung, Offenlegung: §§ 238 und 339 HGB, 4. Aufl., München 1999.

Hulle, Karel v. [Fortentwicklung, 1996]: Fortentwicklung des Europäischen Bilanzrechts aus Sicht der EU, in: Schruff, Lothar (Hrsg.): Bilanzrecht unter dem Einfluß internationaler Reformzwänge, Bericht über die Göttinger Bilanztage „10 Jahre BiRiLiG: Bilanzrecht vor Neuen Reformzwängen" am 7. und 8. Dezember 1995, Düsseldorf 1996, S. 7-25.

Hulle, Karel v. [Rechnungslegung, 1998]: Die Zukunft der europäischen Rechnungslegung im Rahmen einer sich ändernden internationalen Rechnungslegung, in: WPg, 51. Jg. (1998), S. 138-153.

Hulle, Karel v. [True and Fair View, 1995]: „True and Fair View", im Sinne der 4. Richtlinie, in: Förschle, Gerhart/Kaiser, Klaus/Moxter, Adolf (Hrsg.): Rechenschaftslegung im Wandel, FS Budde, München 1995, S. 313-326.

Hulle, Karel v./Tas, Leo v.d. [European Union, 1995]: European Union – Individual Accounts, in: Ordelheide, Dieter/KPMG (Hrsg.): Transnational Accounting, Bd. 1, London 1995, S. 921-1045.

Hundsdoerfer, Jochen [Investitionszuschüsse, 1999]: Instrumente der Standortförderung im Vergleich: Ein Plädoyer für (steuerpflichtige) Investitionszuschüsse, in: ZfbF, 51. Jg. (1999), S. 379-404.

Hütten, Christoph/Brakensiek, Sonja [US-GAAP, 2000]: „Deutsche US-GAAP" – Ein Auto ohne Bremse, in: BB, 55. Jg. (2000), S. 870-872.

IASC [IAS 1, 1997] (Hrsg.): International Accounting Standard IAS 1 (revised 1997): Presentation of Financial Statements, in: IASC (Hrsg.): International Accounting Standards 2000, London 2000.

IASC [IAS 12, 1996] (Hrsg.): International Accounting Standard IAS 12 (revised 1996): Income Taxes, in: IASC (Hrsg.): International Accounting Standards 2000, London 2000.

IDW [Abweichungen, 1998]: Praktisch relevante Abweichungen zwischen den Rechnungslegungsstandards des IASC und der 4. und 7. EG-Richtlinie, in: WPg, 51. Jg. (1998), S. 183-188.

IDW [EG-Bilanzrichtlinien, 1999]: Entwurf Deutscher Rechnungslegungsstandard Nr. 1 (DRS 1) – Besonderer Teil „Einklang einzelner IAS und SFAS mit den EG-Bilanzrichtlinien", in: WPg, 52. Jg. (1999), S. 662-668.

IDW [RS HFA 2, 1999]: IDW Stellungnahme zur Rechnungslegung: Einzelfragen zur Anwendung von IAS (IDW RS HFA 2), in: IDW-Fachnachrichten, o.Jg. (1999), S. 260-275.

IDW-HFA [Körperschaftsteuerreform, 1977]: HFA 2/1977 i.d.F. 1990: Zu den Auswirkungen der Körperschaftsteuerreform auf die Rechnungslegung, in: IDW (Hrsg.): Die Fachgutachten und Stellungnahmen des Instituts der Wirtschaftsprüfer auf dem Gebiet der Rechnungslegung und Prüfung, Düsseldorf 1998 (Stand: Oktober 1998).

IDW-HFA [Unternehmensbewertungen, 1983]: HFA 2/1983: Grundsätze zur Durchführung von Unternehmensbewertungen, in: WPg, 36. Jg. (1983), S. 468-480.

Ingram, Robert W. [Accounting, 1996]: Financial Accounting: Information for Decisions, 2. Aufl., Cincinnati 1996.

Jacobs, Otto H. [Belastung, 1998]: Die Belastung von Unternehmen mit Steuern und Sozialabgaben in Europa und den USA – Eine quantitative Analyse der relevanten Einflußfaktoren, in: Meffert, Heribert/Krawitz, Norbert (Hrsg.): Unternehmensrechnung und -besteuerung, FS Börner, Wiesbaden 1998, S. 451-487.

Jacobs, Otto H./Rupp, Reinhard [Geschäftsjahre, 1986]: Voraussichtliche Steuerbelastung oder Steuerentlastung nachfolgender Geschäftsjahre, in: Leffson, Ulrich/Rückle, Dieter/Großfeld, Bernhard

(Hrsg.): Handwörterbuch unbestimmter Rechtsbegriffe im Bilanzrecht des HGB, Köln 1986, S. 386-394.

Jeter, Debra C./Chaney, Paul K. [Approach, 1988]: A Financial Statement Analysis Approach to Deferred Taxes, in: Accouting Horizons, Vol. 2, Nr. 4 (1988), S. 41-49.

Johnson, Roxanne T. [History, 1993]: A History of Accounting for Income Taxes, in: Coffman, Edward N./Tondkar, Rasoul H./Previts, Gary J. (Hrsg.): Historical Perspectives of Selected Financial Accounting Topics, Homewood, Boston 1993, S. 271-285.

Kahle, Holger [Ertragsbesteuerung, 1996]: Die Ertragsbesteuerung der Beteiligung an einer US-Limited Partnership, Stuttgart 1996.

Karrenbrock, Holger [Steuern, 1991]: Latente Steuern in Bilanz und Anhang, Düsseldorf 1991.

Keitz, Isabel v. [Güter, 1997]: Immaterielle Güter in der internationalen Rechnungslegung, Düsseldorf 1997.

Keller, Thomas F. [Corporate Income Taxes, 1961]: Accounting for Corporate Income Taxes, Michigan 1961.

Kersting, Mark O. [Neuer Markt, 1997]: Der Neue Markt der Deutsche Börse AG, in: AG, 42. Jg. (1997), S. 222-228.

Kieso, Donald E./Weygandt, Jerry J. [Accounting, 1995]: Intermediate Accounting, 8. Aufl., New York u.a. 1995.

Kieso, Donald E./Weygandt, Jerry J. [Accounting, 1998]: Intermediate Accounting, 9. Aufl., New York u.a. 1998.

Kloos, Gerhard [Transformation, 1993]: Die Transformation der 4. EG-Richtlinie (Bilanzrichtlinie) in den Mitgliedstaaten der Europäischen Gemeinschaft, Berlin 1993.

Knobbe-Keuk, Brigitte [Unternehmenssteuerrecht, 1993]: Bilanz- und Unternehmenssteuerrecht, 9. Aufl., Köln 1993.

Koeppen, David R. [Framework, 1998]: Using the FASB's Conceptual Framework: Fitting the Pieces Together, in: Schroeder, Richard G./Myrtle, Clark W. (Hrsg.): Accounting Theory, 6. Aufl., New York u.a. 1998, S. 34-45.

Köhler, Andreas/Rotter, Norbert [Rechnungslegung, 1994]: Britische Rechnungslegung, in: Gräfer, Horst/Demming, Claudia (Hrsg.): Internationale Rechnungslegung, Stuttgart 1994, S. 371-444.

König, Wolfgang/Zeidler, Gernot W. [Steuern, 1996]: Die Behandlung von Steuern bei der Unternehmensbewertung, in: DStR, 34. Jg. (1996), S. 1098-1103.

Kontaktausschuß für Richtlinien der Rechnungslegung [Konformität, 1998]: Eine Überprüfung der Konformität der Internationalen Rechnungslegungsgrundsätze (IAS) mit den europäischen Richtlinien der Rechnungslegung, Luxemburg 1998.

KPMG [Rechnungslegung, 1999] (Hrsg.): Rechnungslegung nach US-amerikanischen Grundsätzen, 2. Aufl., Düsseldorf 1999.

KPMG Peat Marwick [Income Taxes, 1992] (Hrsg.): Accounting for Income Taxes: An Analysis of FASB Statement 109, Norwalk, CT 1992.

KPMG Peat Marwick [Securities, 1995] (Hrsg.): Selling Securities in the United States, o.O. 1995.

Kraft, Cornelia [Steuergerechtigkeit, 1991]: Steuergerechtigkeit und Gewinnermittlung: Eine vergleichende Analyse des deutschen und US-amerikanischen Steuerrechts, Wiesbaden 1991.

Kramer, Jörg D. [Finanzverfassungen, 1990]: Die Finanzverfassungen der Vereinigten Staaten von Amerika und der Bundesrepublik Deutschland im Vergleich, in: Kramer, Jörg D. (Hrsg.): Grundzüge des US-amerikanischen Steuerrechts, Stuttgart 1990, S. 35-54.

Krog, Markus [Rechnungslegungspolitik, 1998]: Rechnungslegungspolitik im internationalen Vergleich: eine modellorientierte Analyse, Landsberg a. Lech, 1998.

Kronstein, Heinrich/Claussen, Carsten P. [Aktienrecht, 1960]: Publizität und Gewinnverteilung im neuen Aktienrecht, Frankfurt a.M. 1960.

Kropff, Bruno [Gewinnvereinnahmung, 1997]: Phasengleiche Gewinnvereinnahmung aus der Sicht des Europäischen Gerichtshofs, in: ZGR, 26. Jg. (1997), S. 114-128.

Kruhl, Alfred [Reform, 2000]: Bundesregierung stellt Pläne zur Reform der Unternehmensbesteuerung und des Einkommensteuertarifs vor, in: BB, 55. Jg. (2000), S. 173-175.

Kruse, Heinrich W. [Grundsätze, 1978]: Grundsätze ordnungsmäßiger Buchführung, 3. Aufl., Köln 1978.

Kuhlewind, Andreas-Markus [Bilanzrechtstheorie, 1997]: Grundlagen einer Bilanzrechtstheorie in den USA, Frankfurt a.M. u.a. 1997.

Kuhlewind, Andreas-Markus [Ergebnisrechnung, 2000]: Die amerikanische Ergebnisrechnung: Ausweis des Unternehmenserfolgs im Abschluß nach US-GAAP, in: Ballwieser, Wolfgang (Hrsg.): US-amerikanische Rechnungslegung, 4. Aufl., Stuttgart 2000, S. 283-328.

Kupsch, Peter [Rückstellungen, 2000]: Ansatz und Bewertung von Rückstellungen im amerikanischen Jahresabschluß – eine vergleichende Betrachtung aus deutscher Sicht, in: Ballwieser, Wolfgang (Hrsg.): US-amerikanische Rechnungslegung, 4. Aufl., Stuttgart 2000, S. 115-138.

Kupsch, Peter/Achtert, Frank/Göckeritz, Britta [Unternehmensbesteuerung, 1997]: Unternehmensbesteuerung, München 1997.

Küster, Utz/Köhler, Hansjoachim [Verlustvorträge, 1998]: Zur Nutzung körperschaftsteuerlicher Verlustvorträge in Organschaftsfällen, in: BB, 53. Jg. (1998), S. 2401-2404.

Küting, Karlheinz [Ausstrahlung, 1997]: Ausstrahlung der EuGH-Entscheidung auf die handelsrechtliche Rechnungslegung, in: Herzig, Norbert (Hrsg.): Europäisierung des Bilanzrechts, Konsequenzen der Tomberger-Entscheidung des EuGH für die handelsrechtliche Rechnungslegung und die steuerliche Gewinnermittlung, Köln 1997, S. 51-62.

Küting, Karlheinz [Deutschland, 2000]: Die Rechnungslegung in Deutschland an der Schwelle zu einem neuen Jahrtausend, in: DStR, 38. Jg. (2000), S. 38-44.

Küting, Karlheinz [Kapitalkonsolidierung, 1999]: Die Kapitalkonsolidierung nach HGB im Vergleich zu IAS- und US-GAAP-Normen, in: Küting, Karlheinz/Langenbucher, Günther (Hrsg.): Internationale Rechnungslegung, FS Weber, Stuttgart 1999, S. 359-389.

Küting, Karlheinz/Brakensiek, Sonja [DRSC, 1999]: IASC, FASB und DRSC – Ein Kurzporträt dreier Standard Setter, in: BB, 54. Jg. (1999), S. 678-682.

Küting, Karlheinz/Hütten, Christoph [Konzernlagebericht, 1999]: Der befreiende Konzernlagebericht nach internationalen Vorschriften, in: WPg, 52. Jg. (1999), S. 12-19.

Lachnit, Laurenz/Ammann, Helmut/Müller, Stefan/Wulf, Inge [Jahresabschlußanalyse, 1998]: Probleme einer international ausgerichteten Jahresabschlußanalyse, in: DB, 51. Jg. (1998), S. 2177-2184.

Lamers, Alfons [Aktivierungsfähigkeit, 1981]: Aktivierungsfähigkeit und Aktivierungspflicht immaterieller Werte, München 1981.

Laupenmühlen, Michael/Münz, Sandra [SEC-Berichtsvorschrift, 1998]: Die neue SEC-Berichtsvorschrift zum Marktrisiko, in: DB, 51. Jg. (1998), S. 2025-2032.

Lemke, Kenneth W./Graul, Paul R. [Explicit Cost, 1981]: Deferred Taxes – an ‚Explicit Cost': Solution to the Discounting Problem, in: Accounting and Research, Vol. 11 (1981), S. 309-315.

Lent, George E. [Income, 1962]: Accounting Principles and Taxable Income, in: The Accounting Review, Vol. 37 (1962), S. 479-487.

Li, David H. [Entity Concept, 1961]: Income Taxes and Income Tax Allocation under the Entity Concept, in: The Accounting Review, Vol. 36 (1961), S. 265-268.

Lindberg, Klaus [SolZG, 1999]: Solidaritätszuschlaggesetz 1995, in: Ebling, Klaus (Hrsg.): Blümich: Einkommensteuergesetz – Körperschaftsteuergesetz – Gewerbeertragsteuergesetz, Kommentar, Bd. 5, München 1999 (Stand: Juni 1999).

Lischer, Henry J./Märkl, Peter N. [Conformity, 1997]: Conformity Between Financial Accounting and Tax Accounting in the United States and Germany, in: WPK-Mitt., Sonderheft Juni 1997, 36. Jg. (1997), S. 91-119.

Lochner, Stefan [Steuern, 1989]: Latente Steuern im Einzel- und Konzernabschluß, in: BB, 44. Jg. (1989), S. 2289-2300.

Loss, Louis [Regulation, 1988]: Fundamentals of Securities Regulation, 2. Aufl., Boston, Toronto 1988.

Loss, Louis [Securities, 1961]: Securities Regulation, Vol. 1, 2. Aufl., Boston, Toronto 1961.

Luecke, Randall W./Meeting, David T. [Income, 1998]: How Companies Report Income, in: Journal of Accountancy, Vol. 185, No. 5 (1998), S. 45-52.

Lührmann, Volker [Bilanzierungs-Standards, 1996]: Bericht über die Podiumsdiskussion zum Thema: Wege zu globalen Bilanzierungs-Standards, in: Schruff, Lothar (Hrsg.): Bilanzrecht unter dem Einfluß internationaler Reformzwänge, Bericht über die Göttinger Bilanztage „10 Jahre BiRiLiG: Bilanzrecht vor Neuen Reformzwängen" am 7. und 8. Dezember 1995, Düsseldorf 1996, S. 85-94.

Lührmann, Volker [Steuern, 1997]: Latente Steuern im Konzernabschluß, Düsseldorf 1997.

Lukawitz, James M./Manes, Rene P./Schaefer, Thomas F. [Classification, 1990]: An Assessment of the Liability Classification of Noncurrent Deferred Taxes, in: Advances in Accounting, Vol. 8 (1990), S. 79-95.

Luttermann, Claus [Bilanzrecht, 1999]: Bilanzrecht in den USA und internationale Konzernrechnungslegung, Tübingen 1999.

Maclaughlin, Debra/Hambleton, Wendy [SEC, 1999]: SEC Reporting Requirements, in: Carmichael, Douglas R./Lilien, Steven B./Mellman, Martin (Hrsg.): Accountants' Handbook, Bd. 1, 9. Aufl., New York u.a. 1999, Ch. 3.

Maloney, David M./Sanborn, Robert H. [Interactions, 1988]: Interactions Between Financial and Tax Accounting Caused by the Tax Reform Act of 1986, in: Accounting Horizons, Vol. 2, No. 4 (1988), S. 21-28.

Mandl, Gerwald/Rabel, Klaus [Unternehmensbewertung, 1997]: Unternehmensbewertung: eine praxisorientierte Einführung, Wien 1997.

Mann, Gerhard [Modelle, 1991]: Steuerökonomische Modelle in der Steuerberatung, in: Herzig, Norbert (Hrsg.): Betriebswirtschaftliche Steuerlehre und Steuerberatung, FS Rose, Wiesbaden 1991, S. 55-71.

Mathiak, Walter [Handelsbilanzansätze, 1987]: Maßgeblichkeit der tatsächlichen Handelsbilanzansätze für die Steuerbilanz und umgekehrte Maßgeblichkeit, in: Curtius-Hartung, Rudolf/Herzig, Norbert/Niemann, Ursula (Hrsg.): Steuerberater-Jahrbuch 1986/87, Köln 1987, S. 79-107.

Matschke, Manfred J. [§ 274 HGB, 1987]: Kommentierung zu § 274 HGB, in: Hofbauer, Max A./ Kupsch, Peter (Hrsg.): Bonner Handbuch der Rechnungslegung, Aufstellung, Prüfung und Offenlegung des Jahresabschlusses, Bd. II, Bonn 1986 (Stand: März 1999).

Mautz, R. K. [Principles, 1983]: Accounting Concepts and Principles and Auditing Standards and Opinions, in: Davidson, Sidney/Weil, Roman L. (Hrsg.): Handbook of Modern Accounting, 3. Aufl., New York u.a. 1983, Ch. 1.

Mayer-Wegelin, Eberhard [Eigenkapital, 1985]: Das verwendbare Eigenkapital: Eine Zwangsjacke für körperschaftsteuerpflichtige Unternehmen, in: DB, 38. Jg. (1985), S. 1757-1760.

Mayer-Wegelin, Eberhard [Konzernabschlüsse, 1999]: Weiterentwicklung des deutschen Bilanzrechts für Konzernabschlüsse, in: Küting, Karlheinz/Langenbucher, Günther (Hrsg.): Internationale Rechnungslegung, FS Weber, Stuttgart 1999, S. 525-541.

Mayer-Wegelin, Eberhard [Rückwirkungen, 1997]: Internationalisierung der deutschen Rechnungslegung: Rückwirkungen auf das Steuerrecht, in: Kley, Max D./Sünner, Ekkart/Willemsen, Arnold (Hrsg.): Steuerrecht, Steuer- und Rechtspolitik, Wirtschaftsrecht und Unternehmensverfassung, Umweltrecht, FS Ritter, Köln 1997, S. 713-729.

McEnroe, John E. [GAAP, 1991]: Attitudes Towards the Term ‚Generally Accepted Accounting Principles', in: Accounting and Business Research, Vol. 21, No. 82 (1991), S. 157-162.

McEwen, Ruth A./Hunton, James E. [Forecast, 1999]: Is Analyst Forecast Accuracy Associated with Accounting Information Use?, in: Accounting Horizons, Vol. 13, No. 1 (1999), S. 1-16.

McNulty, John [Taxation, 1978]: Federal Income Taxation of Individuals, 2. Aufl., St. Paul, MN 1978.

Meek, Gary K. [Accounting, 1998]: Accounting in the United States, in: Walton, Peter/Haller, Axel/ Raffournier, Bernard (Hrsg.): International Accounting, London u.a. 1998, S. 56-77.

Meilicke, Heinz [Tarifbelastung, 1991]: Ist die Tarifbelastung des verwendbaren Eigenkapitals im Jahresabschluß der AG und gegenüber dem Aktionär offenzulegen?, in: BB, 46. Jg. (1991), S. 241-242.

Meilicke, Wienand [Auslegung, 1992]: Zur Bedeutung der richtlinienkonformen Auslegung für das Steuerrecht, in: BB, 47. Jg. (1992), S. 969-975.

Merkt, Hanno [Gesellschaftsrecht, 1991]: US-amerikanisches Gesellschaftsrecht, Heidelberg 1991.

Merl, Franz [Steuerverpflichtungen, 1979]: Die Bilanzierung latenter Steuerverpflichtungen als Problem bei der Trennung von Handels- und Steuerbilanz, Diss., München 1979.

Meyer-Arndt, Lüder [Zuständigkeit, 1993]: Die Zuständigkeit des Europäischen Gerichtshofs für das Bilanzrecht, in: BB, 48. Jg. (1993), S. 1623-1627.

Mielke, Axel [Ausschüttungen, 1998]: Ausschüttungen von Kapitalgesellschaften unter Berücksichtigung des neuen Solidaritätszuschlages, in: DStR, 36. Jg. (1998), S. 656.

Mielke, Axel [Ausschüttungsbemessung, 1995]: Vollausschüttung und Ausschüttungsbemessung unter Berücksichtigung des Solidaritätszuschlages, in: DStR, 33. Jg. (1995), S. 386-390.

Mielke, Axel P. [Teilsteuerrechnung, 1997]: Steuerorientierte Rechtsformwahl: Teilsteuerrechnung und Teilsteuerartenrechnung im Mittelstand, Wiesbaden 1997.

Miller, Gregory S./Skinner, Douglas J. [Determinants, 1998]: Determinants of the Valuation Allowance for Deferred Tax Assets Under SFAS No. 109, in: The Accounting Review, Vol. 73 (1998), S. 213-233.

Miller, Paul B. W. [Regulations, 1999]: Financial Accounting Regulations and Organizations, in: Carmichael, Douglas R./Lilien, Steven B./Mellman, Martin (Hrsg.): Accountants' Handbook, Bd. 1, 9. Aufl., New York u.a. 1999, Ch. 2.

Moonitz, Maurice [Taxes, 1957]: Income Taxes in Financial Statements, in: The Accounting Review, Vol. 32 (1957), S. 175-183.

Moxter, Adolf [Bilanzlehre I, 1984]: Bilanzlehre, Band I: Einführung in die Bilanztheorie, 3. Aufl., Wiesbaden 1984.

Moxter, Adolf [Bilanzrechtsprechung, 1999]: Bilanzrechtsprechung, 5. Aufl., Tübingen 1999.

Moxter, Adolf [Bilanztheorie, 1966]: Die Grundsätze ordnungsmäßiger Bilanzierung und der Stand der Bilanztheorie, in: ZfbF, 18. Jg. (1966), S. 28-59.

Moxter, Adolf [Gewinnermittlung, 1982]: Betriebswirtschaftliche Gewinnermittlung, Tübingen 1982.

Moxter, Adolf [Sinn und Zweck, 1987]: Zum Sinn und Zweck des handelsrechtlichen Jahresabschlusses nach neuem Recht, in: Havermann, Hans (Hrsg.): Bilanz- und Konzernrecht, FS Goerdeler, Düsseldorf 1987, S. 361-374.

Moxter, Adolf [true and fair view, 1996]: Zur Prüfung des „true and fair view“, in: Baetge, Jörg/Börner, Dietrich/Forster, Karl-Heinz/Schruff, Lothar (Hrsg.): Rechnungslegung, Prüfung und Beratung, FS Ludewig, Düsseldorf 1996, S. 671-682.

Moxter, Adolf [Unternehmensbewertung, 1983]: Grundsätze ordnungsmäßiger Unternehmensbewertung, 2. Aufl., Wiesbaden 1983.

Moxter, Adolf [Verhältnis, 1995]: Zum Verhältnis von handelsrechtlichen Grundsätzen ordnungsmäßiger Bilanzierung und True-and-fair-view-Gebot bei Kapitalgesellschaf-ten, in: Förschle, Gerhart/ Kaiser, Klaus/Moxter, Adolf (Hrsg.): Rechenschaftslegung im Wandel, FS Budde, München 1995, S. 419-429.

Mujkanovic, Robin [Konzernabschlüsse, 1999]: Befreiende Konzernabschlüsse und Konzernlageberichte, in: BB, 54. Jg. (1999), S. 999-1005.

Munter, Paul/Ratcliffe, Thomas A. [GAAP, 1993]: Applying GAAP and GAAS, Vol. 1, New York, Oakland 1993 (Stand: Februar 1993).

Müssener, Ingo [USA, 1998]: USA, in: Mennel, Annemarie/Förster, Jutta (Hrsg.): Steuern in Europa, Amerika und Asien, Herne, Berlin 1980 (Stand: 1998).

Nair, R. D./Weygandt, Jerry J. [Taxes, 1981]: Let's Fix Deferred Taxes, in: Journal of Accountancy, Vol. 152, No. 5 (1981), S. 87-102.

Needles, Belverd E./Anderson, Henry R./Caldwell, James C./Mills, Sherry K. [Principles, 1996]: Principles of Accounting, 6. Aufl., Boston u.a. 1996.

Neumann, Patrik [Steuerabgrenzung, 1992]: Die Steuerabgrenzung im handelsrechtlichen Jahresabschluß, Frankfurt a.M. u.a. 1992.

Neyer, Wolfgang [Solidaritätszuschlag, 1999]: Solidaritätszuschlag bei Verlustnutzung im Konzern: Ein Schwarzes Loch im System des Anrechnungsverfahrens, in: DStR, 37. Jg. (1999), S. 308-311.

Niemann, Ursula [KapAEG, 1998]: Befreiende Konzernbilanzen nach dem Kapitalaufnahmeerleichterungsgesetz – Probleme, Lösungen und mögliche Folgen, Bonn 1998.

Niessen, Hermann [Angleichung, 1992]: Zur Angleichung des Bilanzrechtes in der EG, in: STH, 66. Jg. (1992), S. 768-771.

Nikolai, Loren A./Bazley, John D. [Accounting, 1994]: Intermediate Accounting, 6. Aufl., Cincinnati, Ohio 1994.

Nobes, Christopher [Differences, 1998]: Causes of International Differences, in: Nobes, Christopher/ Parker, Robert (Hrsg.): Comparative International Accounting, 5. Aufl., London 1998, S. 15-29.

Nobes, Christopher [United States, 1998]: Financial Reporting in the United States, in: Nobes, Christopher/Parker, Robert (Hrsg.): Comparative International Accounting, 5. Aufl., London 1998, S. 125-152.

Nurnberg, Hugo [Analysis, 1971]: Cash Movements Analysis for the Accounting for Corporate Income Taxes, East Lansing, MI 1971.

Nurnberg, Hugo [Changes, 1987]: Changes in Tax Rates Under the Deferred and Liability Methods of Interperiod Tax Allocation, in: Accounting Horizons, Vol. 1, No. 2 (1987), S. 59-68.

Nurnberg, Hugo [Discounting, 1972]: Discounting Deferred Tax Liabilities, in: The Accounting Review, Vol. 47 (1972), S. 655-665.

o.V. [Anmerkung, 1999]: Anmerkung zum EuGH-Urteil vom 14.9.1999 C-275/97, in: DB, 52. Jg. (1999), S. 2036-2037.

o.V. [Referentenentwurf, 2000]: Referentenentwurf eines Gesetzes zur Reform der Unternehmensbesteuerung und zur Senkung der Steuersätze (Unternehmenssteuerreform- und Steuersenkungsgesetz – UrefSenkG), in: IDW-Fachnachrichten, o.Jg. (2000), S. 29-30.

o.V. [Schlußanträge, 1996]: Schlußanträge des Generalanwalts Tesauro in der Rechtssache Tomberger/v. der Wettern GmbH (25.1.1996 – Rs C-234/94), in: ZIP, 17. Jg. (1996), S. 397-400.

Oestreicher, Andreas/Spengel, Christoph [Besteuerung, 1997]: Rechnungslegungspolitik, Besteuerung und Analyse von Jahresabschlüssen im internationalen Vergleich, in: ZfB, 67. Jg. (1997), S. 1027-1055.

Oppermann, Thomas [Europarecht, 1999]: Europarecht, 2. Aufl., München 1999.

Ordelheide, Dieter [Entwurf, 1996]: Internationalisierung der Rechnungslegung deutscher Unternehmen, Anmerkungen zum Entwurf eines Kapitalaufnahmeerleichterungsgesetzes, in: WPg, 49. Jg. (1996), S. 545-552.

Ordelheide, Dieter [EU-Kommission, 1995]: Entwicklung und Arbeit des Accounting Advisory Forums der EU-Kommission, in: Förschle, Gerhart/Kaiser, Klaus/Moxter, Adolf (Hrsg.): Rechenschaftslegung im Wandel, FS Budde, München 1995, S. 483-504.

Ordelheide, Dieter [True and Fair View, 1993]: True and Fair View: A European and a German Perspective, in: European Accounting Review, Vol. 2 (1993), S. 81-90.

Ordelheide, Dieter [Verlustvortrag, 1995]: Aktivische latente Steuern bei Verlustvorträgen im Einzel- und Konzernabschluß – HGB, SFAS und IAS, in: Lanfermann, Josef (Hrsg.): Internationale Wirtschaftsprüfung, FS Havermann, Düsseldorf 1995, S. 601-623.

Ordelheide, Dieter [Weiterentwicklung, 1994]: Notwendigkeiten und Probleme der Weiterentwicklung der EG-Bilanzrichtlinien und des deutschen Konzernabschlußrechts, in: Baetge, Jörg (Hrsg.): Die deutsche Rechnungslegung vor dem Hintergrund internationaler Entwicklungen, Vorträge und Diskussion aus nationaler und internationaler Sicht zum 10. Münsterischen Tagesgespräch „Haben die deutschen Rechnungslegungsvorschriften noch eine Chance?“, Düsseldorf 1994, S. 11-39.

Orth, Manfred [Solidaritätszuschlag, 1991]: Solidaritätszuschlag: Renaissance einer Doppelbelastung von Dividenden, in: DB, 44. Jg. (1991), S. 779-782.

Pacter, Paul [Consolidations, 1994]: Consolidations and Deferred Income Taxes, in: Journal of Accounting, Auditing and Finance, Vol. 9 (1994), S. 607-618.

Parks, James T. [Guide, 1988]: A Guide to FASB's Overhaul of Income Tax Accounting, in: Journal of Accountancy, Vol. 165, No. 4 (1988), S. 24-34.

Peavey, Dennis E./Nurnberg, Hugo [Auditing, 1993]: FASB 109: Auditing Considerations of Deferred Tax Assets, in: Journal of Accountancy, Vol. 175, No. 5 (1993), S. 77-81.

Pellens, Bernhard [Rechnungslegung, 1999]: Internationale Rechnungslegung, 3. Aufl., Stuttgart 1999.

Pellens, Bernhard/Bonse, Andreas/Gassen, Joachim [Perspektiven, 1998]: Perspektiven der deutschen Konzernrechnungslegung, in: DB, 51. Jg. (1998), S. 785-792.

Pellens, Bernhard/Bonse, Andreas/Schremper, Ralf [Körperschaftsteuersätze, 1998]: Auswirkungen gespaltener Körperschaftsteuersätze im Konzernabschluß nach HGB, IAS und US-GAAP, in: WPg, 51. Jg. (1998), S. 899-907.

Perry, Raymond E. [Allocation, 1966]: Comprehensive Income Tax Allocation, in: Journal of Accountancy, Vol. 121, No. 2 (1966), S. 23-32.

Perry, Raymond E./Simpson, Raymond E. [Implementation, 1992]: A Guide to Implementation of Statement 109 on Accounting for Income Taxes, Special Report, Norwalk, CT 1992.

Peter, Alexander F./Eichhoff, Tanja [Anmerkung, 1999]: Anmerkung zum EuGH-Urteil vom 14.9.1999 C-275/97, in: EWS, 10. Jg. (1999), S. 436-440.

Petree, Thomas R./Gregory, George J./Vitray, Randall J. [Evaluating, 1995]: Evaluating Deferred Tax Assets, in: Journal of Accountancy, Vol. 179, No. 3 (1995), S. 71-77.

Petzold, Günter [GewSt, 1991]: Gewerbesteuer, 4. Aufl., München 1991.

Piltz, Klaus [Gewinnverwendungspolitik, 1988]: Gewinnverwendungspolitik der Aktiengesellschaft, in: Christians, Wilhelm F. (Hrsg.): Finanzierungshandbuch, 2. Aufl., Wiesbaden, 1988, S. 627-660.

Pohlmann, Bettina [Systematik, 1983]: Systematik und Probleme latenter Steuern, in: ZfbF, 35. Jg. (1983), S. 1094-1105.

Popoff, Boris [Postulates, 1972]: Postulates, Principles and Rules, in: Accounting and Business Research, Vol. 2 (1972), S. 182-193.

Popp, Matthias [Verlustvorträge, 1997]: Bewertung ertragsteuerlicher Verlustvorträge im Rahmen der entscheidungsorientierten Unternehmensbewertungslehre, München 1997.

Porcano, Thomas M./Tran, Alfred V. [Relationship, 1998]: Relationship of Tax and Financial Accounting Rules in Anglo-Saxon Countries, in: The International Journal of Accounting, Vol. 33, No. 4 (1998), S. 433-454.

Powell, Weldon [Principles, 1959]: Accounting Principles and Income-Tax Allocation, in: New York Certified Public Accountant, Vol. 29, No. 1 (1959), S. 21-31.

Raber, Hans G. [Körperschaftsteuerreform, 1999]: Zur Umsetzung der Körperschaftsteuerreform – Europarechtliche und verfassungsrechtliche Aspekte, in: DB, 52. Jg. (1999), S. 2596-2600.

Raby, William L./Richter, Robert F. [Conformity, 1975]: Conformity of Tax and Financial Accounting, in: Journal of Accountancy, Vol. 139, No. 3 (1975), S. 42-48.

Rappaport, Alfred [Shareholder Value, 1998]: Creating Shareholder Value: A Guide for Managers and Investors, 2. Aufl., New York u.a. 1998.

Rautenberg, Hans G. [Bilanzanalyse, 1982]: Probleme und bilanzanalytische Möglichkeiten beim Ausweis ertragsabhängiger Steuern nach dem Bilanzrichtlinie-Gesetz, in: WPg, 35. Jg. (1982), S. 303-312.

Rayburn, Frank R. [Review, 1986]: A Chronological Review of the Authoritative Literature on Interperiod Tax Allocation: 1940-1985, in: The Accounting Historians Journal, Vol. 13, No. 2 (1986), S. 89-108.

Rayburn, Judy [Accruals, 1986]: The Association of Operating Cash Flow and Accruals with Security Returns, in: Journal of Accounting Research, Vol. 23, Supplement (1986), S. 112-133.

Read, William J. [Rules, 1992]: The FASB's New Rules: Here We Go Again?, in: Business Credit, Vol. 94, Iss. 4 (1992), S. 14-16.

Read, William J./Bartsch, Robert A. J. [Deferred Taxes, 1992]: Accounting for Deferred Taxes under FASB 109, in: Journal of Accountancy, Vol. 174, No. 12 (1992), S. 36-41.

Read, William J./Bartsch, Robert A. J. [Rules, 1991]: The FASB's Proposed Rules for Deferred Taxes, in: Journal of Accountancy, Vol. 172, No. 2 (1991), S. 44-53.

Reinstein, Alan/Carmichael, Bobby J./Spaulding Jr., Albert D. [Accounting, 1994]: Implications of New Accounting Rules for Income Taxes, in: Healthcare Financial Management, Vol. 48, No. 2 (1994), S. 46-55.

Reinstein, Alan/Husband, George R./Carmichael, Bobby J. [Rules, 1997]: New Rules for Accounting for Income Taxes, in: National Public Accountant, Vol. 42, Iss. 6 (1997), S. 24-28 u. S. 38-39.

Reker, Jürgen/Pahl, Andreas/Löcke, Jürgen [Konzernabschluß, 1998]: Aufstellung eines befreienden Konzernabschlusses und -lageberichtes nach International Accounting Standards durch Kreditinstitute, in: WPg, 51. Jg. (1998), S. 527-538.

Rekow, Erich [§ 27 KStG, 1999]: Kommentierung zu § 27 KStG, in: Arthur Andersen (Hrsg.): Körperschaftsteuergesetz, Kommentar, Bd. 2, Bonn 1999 (Stand: Januar 1999).

Rekow, Erich [SolZG, 1999]: Solidaritätszuschlaggesetz 1995, in: Arthur Andersen (Hrsg.): Körperschaftsteuergesetz, Kommentar, Bd. 2, Bonn 1999 (Stand: Januar 1999).

Ritchie, P. C./Rowcroft, J. E./Trenholm, B. A. [Treatment, 1988]: An Analytical Basis for the Treatment of Corporate Income Tax, in: Accounting Horizons, Vol. 2, No. 4 (1988), S. 29-40.

Robbins, Barry P. [Perspectives, 1985]: Perspectives on Tax Basis Financial Statements, in: Journal of Accountancy, Vol. 160, No. 2 (1985), S. 89-100.

Roberts, Clare/Weetman, Pauline/Gordon, Paul [Accounting, 1998]: International Financial Accounting: A Comparative Approach, London 1998.

Robertson, Darroch [Tax, 1996]: Tax Talk, in: CA Magazine, Vol. 129, No. 3 (1996), S. 39-41.

Rödder, Thomas/Schumacher, Andreas [Unternehmenssteuerreform, 2000]: Unternehmenssteuerreform 2001 – Eine erste Analyse des Regierungsentwurfs aus Beratersicht, in: DStR, 38. Jg. (2000), S. 353-368.

Roese, Bernd [Verbindlichkeiten, 1999]: Bilanzielle Verbindlichkeiten nach HGB und US-GAAP, Wiesbaden 1999.

Rose, Gerd [Ertragsteuern, 1994]: Die Ertragsteuern: Grundlagen der betriebswirtschaftlichen Steuerlehre, 13. Aufl., Wiesbaden 1994.

Rose, Gerd [Steuerlehre, 1992]: Betriebswirtschaftliche Steuerlehre, 3. Aufl., Wiesbaden 1992.

Rosenfield, Paul/Dent, William C. [Taxes, 1983]: No More Deferred Taxes, in: Journal of Accountancy, Vol. 155, No. 2 (1983), S. 44-55.

Rubin, Steven [House, 1984]: The House of GAAP, in: Journal of Accountancy, Vol. 157, No. 6 (1984), S. 122-129.

Rudden, John T. [Besteuerung, 1994]: Besteuerung deutscher Unternehmen in den USA, Herne, Berlin 1994.

Rüter, Monika [Belastungswirkungen, 1994]: Die Belastungswirkungen des Solidaritätszuschlages 1995, in: DStR, 32. Jg. (1994), S. 1023-1026.

Salzberger, Wolfgang [Konzernunternehmung, 1994]: Die steuerliche Gewinnermittlung einer Konzernunternehmung in der Europäischen Union, Köln 1994.

Sauter, Douglas [Remodeling, 1991]: Remodeling the House of GAAP, in: Journal of Accountancy, Vol. 172, No. 7 (1991), S. 30-37.

Schäfer, Wolf [Rechenschaftsberichte, 1970]: Die Rechenschaftsberichte nach den Vorschriften der Securities and Exchange Commission, Düsseldorf 1970.

Schaufenberg, Stefan [Verwendungsreihenfolge, 1996]: Berechnung des Solidaritätszuschlags bei Ausschüttungen unter Beachtung der Verwendungsreihenfolge gem. § 28 Abs. 3 KStG, in: DB, 49. Jg. (1996), S. 589-591.

Scheffler, Eberhard [Rechnungslegung, 1999]: Internationale Rechnungslegung und deutsches Bilanzrecht, in: DStR, 37. Jg. (1999), S. 1285-1292.

Scheffler, Wolfram [Besteuerung, 1998]: Besteuerung von Unternehmen, Bd. 1, 3. Aufl., Heidelberg 1998.

Scheffler, Wolfram [Veranlagungssimulation, 1991]: Veranlagungssimulation versus Teilsteuerrechnung, in: WiSt, 20. Jg. (1991), S. 69-75.

Schildbach, Thomas [Differenzen, 1998]: Latente Steuern auf permanente Differenzen und andere Kuriositäten – Ein Blick in das gelobte Land jenseits der Maßgeblichkeit, in: WPg, 51. Jg. (1998), S. 939-947.

Schildbach, Thomas [Jahresabschluß, 1997]: Der handelsrechtliche Jahresabschluß, 5. Aufl., Herne, Berlin 1997.

Schildbach, Thomas [Rechnungslegung, 1998]: Rechnungslegung nach US-GAAP – ein Fortschritt für Deutschland?, in: ZfbF, Sonderheft 40 (1998), S. 55-81.

Schildbach, Thomas [Wirklichkeit, 1999]: Rechnungslegung nach US-GAAP: Hoffnung und Wirklichkeit (Teil I), in: BB, 54. Jg. (1999), S. 359-365.

Schindler, Joachim [Konzernbilanzrichtlinie, 1984]: Latente Steuern im konsolidierten Abschluß nach der Konzernbilanzrichtlinie, in: BB, 39. Jg. (1984), S. 1654-1660.

Schmitz, Rudolf [Harmonisierung, 1988]: Die Bilanzrichtlinie und ihr Beitrag zur Harmonisierung der Rechnungslegung in den EG-Staaten, in: Albach, Horst/Klein, Günter (Hrsg.): Harmonisierung der Rechnungslegung in Europa: Die Umsetzung der 4. EG-Richtlinie in das nationale Recht der Mitgliedstaaten der EG: ein Überblick, Wiesbaden 1988, S. 1-35.

Schneider, Dieter [Gewinn, 1968]: Ausschüttungsfähiger Gewinn und das Minimum an Selbstfinanzierung, in: ZfbF, 20. Jg. (1968), S. 1-29.

Schneider, Dieter [Gewinnermittlung, 1983]: Betriebswirtschaftliche Gewinnermittlung oder ökonomische Analyse des Bilanzrechts?, in: ZfbF, 35. Jg. (1983), S. 1040-1065.

Schneider, Dieter [Meßkonzepte, 1990]: Meßkonzepte zur Steuerbelastung von Unternehmen, in: WiSt, 19. Jg. (1990), S. 497-502.

Schneider, Dieter [Rechnungswesen, 1997]: Betriebswirtschaftslehre, Bd. 2: Rechnungswesen, 2. Aufl., München, Wien 1997.

Schneider, Dieter [Unternehmensbesteuerung, 1994]: Grundzüge der Unternehmensbesteuerung, 6. Aufl., Wiesbaden 1994.

Schreiber, Ulrich [Besteuerung, 2000]: Die Bedeutung der US-amerikanischen Rechnungslegung für die Besteuerung von Gewinnen und Ausschüttungen, in: Ballwieser, Wolfgang (Hrsg.): US-amerikanische Rechnungslegung, 4. Aufl., Stuttgart 2000, S. 49-98.

Schreiber, Ulrich [Maßgeblichkeitsprinzip, 1997]: Hat das Maßgeblichkeitsprinzip noch eine Zukunft?, in: Budde, Wolfgang D./Moxter, Adolf/Offerhaus, Klaus (Hrsg.): Handelsbilanz und Steuerbilanz, FS Beisse, Düsseldorf 1997, S. 491-509.

Schreiber, Ulrich [Steuerwettbewerb, 1998]: Steuerwettbewerb, Steuerharmonisierung und neutrale Unternehmensbesteuerung, in: ZfbF, Sonderheft 40 (1998), S. 105-144.

Schroeder, Richard G./Myrtle, Clark W. [Theory, 1998] (Hrsg.): Accounting Theory, 6. Aufl., New York u.a. 1998, S. 534-569.

Schruff, Wienand [Konzernabschluß, 1984]: Einflüsse der 7. EG-Richtlinie auf die Aussagefähigkeit des Konzernabschlusses, Berlin 1984.

SEC [FRR, 1998]: Financial Reporting Releases, in: KPMG (Hrsg.): 1998 SEC Rules and Regulations, Boston, Massachusetts 1998, Ch. FRR.

SEC [Reg S-X, 1998]: Regulation S-X, in: KPMG (Hrsg.): 1998 SEC Rules and Regulations, Boston, Massachusetts 1998.

SEC [SAB, 1998]: Staff Accounting Bulletins, in: KPMG (Hrsg.): 1998 SEC Rules and Regulations, Boston, Massachusetts 1998, Ch. SAB.

Seeberg, Thomas [Entwicklungstendenzen, 1998]: Entwicklungstendenzen in der nationalen und internationalen Rechnungslegungspublizität, in: Möller, Hans P./Schmidt, Franz (Hrsg.): Rechnungswesen als Instrument für Führungsentscheidungen, FS Coenenberg, Stuttgart 1998, S. 597-616.

Selchert, Friedrich [Teilgewinnrealisierung, 1990]: Das Realisationsprinzip – Teilgewinnrealisierung bei langfristiger Auftragsfertigung, in: DB, 43. Jg. (1990), S. 797-805.

Selchert, Friedrich W. [Konzernabschlußpolitik, 1994]: Latente Steuern in der Konzernabschlußpolitik, in: DStR, 32. Jg. (1994), S. 34-40.

Selchert, Friedrich W. [Schätzung, 1978]: Möglichkeiten einer Schätzung des Steuerbilanzgewinns anhand des handelsrechtlichen Jahresabschlusses einer Aktiengesellschaft nach der Körperschaftsteuerreform, in: BB, 33. Jg. (1978), S. 509-516.

Seligman, Joel [Disclosure System, 1983]: The Historical Need for a Mandatory Corporate Disclosure System, in: The Journal of Corporate Law, Vol. 9, No. 1 (1983), S. 1-61.

Siebert, Henning [Grundlagen, 1996]: Grundlagen der US-amerikanischen Rechnungslegung, Köln 1996.

Siegel, Arthur/Stepp, James O./Roche, Robert P./Tomlin, Jacquline M. [Analysis, 1988]: Accounting for Income Taxes: Analysis and Commentary, Boston, New York 1988.

Siegel, Theodor [Konzeptionsprobleme, 1987]: Latente Steuern: Konzeptionsprobleme und Anwendungsfragen zur Bilanzierung nach § 274 HGB, in: ZfB-Ergänzungsheft 1/87, Bilanzrichtlinien-Gesetz, Wiesbaden 1987, S. 137-174.

Siegel, Theodor [Latente Steuern, 1985]: Latente Steuern, 4. EG-Richtlinie und Bilanzrichtlinie-Gesetz, in: BB, 40. Jg. (1985), S. 495-502.

Siegel, Theodor [Probleme, 1984]: Probleme latenter Steuern im Entwurf des Bilanzrichtlinie-Gesetzes, in: BB, 39. Jg. (1984), S. 1909-1915.

Simonetti, Gilbert [Challenge, 1968]: A Challenge: Can the Accounting Profession Lead the Tax System?, in: Journal of Accountancy, Vol. 126, No. 3 (1968), S. 66-70.

Simpson, Raymond E. [Comparative Analysis, 1999]: Comparative Analysis of IAS 12 (Revised), *Income Taxes*, and US GAAP including, FASB Statement No. 109, *Accounting for Income Taxes*, http://www.rutgers.edu/Accounting/raw/fasb/IASC/iasc12.htm (Stand: 24.08.1999).

Simpson, Raymond E. [Taxes, 1999]: Accounting for Income Taxes, in: Carmichael, Douglas R./Lilien, Steven B./Mellman, Martin (Hrsg.): Accountants' Handbook, Bd. 1, 9. Aufl., New York u.a. 1999, Ch. 19.

Skousen, Fred K. [SEC, 1983]: SEC Procedures and Regulations, in: Davidson, Sidney/Weil, Roman L. (Hrsg.): Handbook of Modern Accounting, 3. Aufl., New York u.a. 1983, Ch. 37.

Smith, Darlene A./Freeman, Gary R. [Accounting, 1992]: Accounting for Income Taxes – SFAS 109, in: The CPA Journal, Vol. 62, Iss. 4 (1992), S. 16-25.

Smith, James K. [Vergleich, 1991]: Analyse und Vergleich der Besteuerung von Kapitalgesellschaften nach deutschem und amerikanischem Steuerrecht, Frankfurt a.M. 1991.

Smith, Pamela A./Reither, Cheri L. [Effect, 1996]: Comprehensive Income and the Effect of Reporting It, in: Financial Analysts Journal, Vol. 52, No. 6 (1996), S. 14-19.

Sonnemann, Erik [Grundlagen, 1989]: Institutionelle und konzeptionelle Grundlagen der externen Rechnungslegung, in: Sonnemann, Erik (Hrsg.): Rechnungslegung, Prüfung, Wirtschaftsrecht und Steuern in den USA, Wiesbaden 1989, S. 17-52.

Sprouse, Robert T. [Developing, 1993]: Developing a Conceptual Framework for Financial Reporting, in: Coffman, Edward N./Tondkar, Rasoul H./Previts, Gary J. (Hrsg.): Historical Perspectives of Selected Financial Accounting Topics, Homewood, Boston 1993, S. 46-56.

Stamm, Friedrich H. [Bundesfinanzen, 1969]: Die Bundesfinanzen der Vereinigten Staaten von Amerika, Stuttgart 1969.

Stewart, Bennett G., III. [Value, 1991]: The Quest of Value, New York 1991.

Stickney, Clyde P. [Disclosure, 1979]: Current Issues in the Measurement and Disclosure of Corporate Income Taxes, in: The Accounting Review, Vol. 54 (1979), S. 421-433.

Stolterfoht, Joachim N. [Verhältnis, 1993]: Zum Verhältnis der Körperschaftsteuer zur Einkommensteuer, in: Raupach, Arndt/Uelner, Adalbert (Hrsg.): Ertragsbesteuerung: Zurechnung – Ermittlung – Gestaltung, FS Schmidt, München 1993, S. 497-522.

Storey, Reed K. [Framework, 1999]: The Framework of Financial Accounting Concepts and Standards, in: Carmichael, Douglas R./Lilien, Steven B./Mellman, Martin (Hrsg.): Accountants' Handbook, Bd. 1, 9. Aufl., New York u.a. 1999, Ch. 1.

Strobel, Wilhelm [Entwurf, 1999]: Entwurf eines DRS 1 zur Konzernrechnungslegung nach § 292a HGB, in: DB, 52. Jg. (1999), S. 1127-1130.

Strobel, Wilhelm [KapCoRiLiG, 2000]: Die Neuerungen des KapCoRiLiG für den Einzel- und Konzernabschluß, in: DB, 53. Jg. (2000), S. 53-59.

Strobl, Elisabeth [Matching Principle, 1994]: Matching Principle und deutsches Bilanzrecht, in: Ballwieser, Wolfgang/Böcking, Hans-Joachim/Drukarczyk, Jochen/Schmidt, Reinhard H. (Hrsg.): Bilanzrecht und Kapitalmarkt, FS Moxter, Düsseldorf 1994, S. 407-432.

Studenski, Paul/Krooss, Herman E. [History, 1963]: Financial History of the United States, 2. Aufl., New York u.a. 1963.

Theisen, Manuel R. [Konzern, 1991]: Der Konzern: Betriebswirtschaftliche und rechtliche Grundlagen der Konzernunternehmung, Stuttgart 1991.

Theisen, Manuel R. [Standortwahl, 1991]: Besteuerung und nationale Standortwahl, in: DB, 44. Jg. (1991), S. 2197-2200.

Thiele, Clemens [Steuerrecht, 1997]: Einführung in das US-amerikanische Steuerrecht, Wien 1997.

Tillich, Peggy/Schaufenberg, Stefan [Körperschaftsteuertarif, 1999]: Berechnung des Solidaritätszuschlags bei Ausschüttungen aus Kapitalgesellschaften unter Beachtung des neuen Körperschaftsteuertarifs, in: DB, 52. Jg. (1999), S. 1718-1719.

Tipke, Klaus [Steuerrechtsordnung, 1993]: Die Steuerrechtsordnung: Wissenschaftsorganisatorische, systematische und grundrechtlich-rechtsstaatliche Grundlagen, Köln 1993.

Tipke, Klaus/Lang, Joachim [Steuerrecht, 1998]: Steuerrecht, 16. Aufl., Köln 1998.

Tracy, John A. [Nature and Function, 1970]: Nature and Function of Accounting, in: Wixon, Rufus/ Kell, Walter G./Bedrode, Norton M. (Hrsg.): Accountant's Handbook, 5. Aufl., New York 1970, Ch. 1.

Velten, Peter [§ 23 KStG, 1999]: Kommentierung zu § 23 KStG, in: Arthur Andersen (Hrsg.): Körperschaftsteuergesetz, Kommentar, Bd. 2, Bonn 1999 (Stand: Juni 1999).

Visvanathan, Gnanakumar [Valuation Allowances, 1998]: Deferred Tax Valuation Allowances and Earnings Management, in: Financial Statement Analysis, Vol. 3, Iss. 4 (1998), S. 6-15.

Vogel, Frank [Bilanzrichtlinie, 1993]: Die Rechnungslegungsvorschriften des HGB für Kapitalgesellschaften und die 4. EG-Richtlinie (Bilanzrichtlinie), Berlin 1993.

Volkert, Linda A. [Payments, 1996]: Accounting for Tax Credits Related to Dividend Payments in Accordance with FASB Statement No. 109, in: Journal of Accountancy, Vol. 181, No. 5 (1996), S. 100-101.

Volkert, Linda A. [Implications, 1994]: FASB 109 Implications of the 1993 Tax Act, in: Journal of Accountancy, Vol. 177, No. 1 (1994), S. 108-110.

Wagenhofer, Alfred [IAS, 1999]: International Accounting Standards, 2. Aufl., Wien 1999.

Wagner, Franz W. [Prognoseverfahren, 1994]: Periodenabgrenzung als Prognoseverfahren – Konzeption und Anwendungsbereich der „einkommensapproximativen Bilanzierung“, in: Ballwieser, Wolfgang/Böcking, Hans-Joachim/Drukarczyk, Jochen/Schmidt, Reinhard H. (Hrsg.): Bilanzrecht und Kapitalmarkt, FS Moxter, Düsseldorf 1994, S. 1175-1197.

Wagner, Franz W./Dirrigl, Hans [Steuerplanung, 1980]: Die Steuerplanung der Unternehmung, Stuttgart 1980.

Walter, Otto L./Stiefel, Ernst C. [Amerika, 1963]: Vereinigte Staaten von Amerika, 2. Aufl., Mondorf 1963.

Weber, Richard P./Wheeler, James E. [Disclosure, 1992]: Using Income Tax Disclosure to Explore Significant Economic Transactions, in: Accounting Horizons, Vol. 6, No. 3 (1992), S. 14-29.

Weber-Grellet, Heinrich [Anmerkung, 1999]: Anmerkung zum EuGH-Urteil vom 14.9.1999 C-275/97, in: DStR, 37. Jg. (1999), S. 1648.

Weber-Grellet, Heinrich [Bilanzrecht, 1996]: Bilanzrecht im Lichte, Bilanzsteuerrecht im Schatten des EuGH, in: DB, 49. Jg. (1996), S. 2089-2092.

Weber-Grellet, Heinrich [Europäisierung, 1997]: Europäisierung des deutschen Bilanzrechts, in: Herzig, Norbert (Hrsg.): Europäisierung des Bilanzrechts, Konsequenzen der Tomberger-Entscheidung des EuGH für die handelsrechtliche Rechnungslegung und die steuerliche Gewinnermittlung, Köln 1997, S. 95-104.

Weiss, Judith [GAAP, 1998]: Miller GAAP from the Emerging Issues Task Force 1998, San Diego u.a. 1998.

Westermann, Bernhard [Weltabschlüsse, 1989]: Amerikanische latente Steuern in deutschen Weltabschlüssen, in: WPg, 42. Jg. (1989), S. 257-264.

Wheeler, James E./Galliart, Willard H. [Allocation, 1974]: An Appraisal of Interperiod Income Tax Allocation, Financial Executives Research Foundation, New York 1974.

Wheeler, James E./Outslay, Edmund [Phantom, 1986]: The Phantom Federal Income Taxes of General Dynamics Corporation, in: Accounting Review, Vol. 61, No. 4 (1986), S. 760-774.

White, Gerald I./Sondhi, Ashwinpaul C./Fried, Dov [Analysis, 1994]: The Analysis and Use of Financial Statements, New York u.a. 1994.

Wiegand, Klaus [Steuern, 1990]: Bilanzierung latenter Steuern im Einzel- und Konzernabschluß, Diss., Mannheim 1990.

Wieschermann, Hans-Otto [Unternehmensbewertung, 1985]: Unternehmensbewertung – Stellungsnahme zur Auswirkung der Körperschaftsteuer auf die Zukunftserfolge, in: WPg, 38. Jg. (1985), S. 251-255.

Wilburn, Nancy L./Carpenter, Janice L. [Effects, 1992]: Effects of New Accounting Rules on Financial Statements, in: Journal of Commercial Lending, Vol. 75, Iss. 3 (1992), S. 42-52.

Wilhelm, Christiane [Kapitalmarkt, 1998]: Die Registrierungs- und Publizitätspflichten bei der Emission und dem Handel von Wertpapieren auf dem US-amerikanischen Kapitalmarkt, in: WPg, 51. Jg. (1998), S. 364-375.

Williams, Jan R. [GAAP Guide, 1999]: Miller GAAP Guide 1999, San Diego u.a. 1999.

Wilson, Arlette C. [Technical Examples, 1992]: Understanding SFAS 109: Other Technical Examples, in: The Practical Accountant, Vol. 25, Iss. 7 (1992), S. 42-46.

Wilson, Peter G. [Earnings, 1987]: The Incremental Information Content of the Accrual and Funds Components of Earnings After Controlling for Earnings, in: The Accounting Review, Vol. 62 (1987), S. 293-322.

Winter, Willi [§ 49 KStG, 1993]: Kommentierung zu § 49 KStG, in: Herrmann, Carl/Heuer, Gerhard/ Raupach, Arndt (Hrsg.): Einkommensteuer- und Körperschaftsteuer, Kommentar, Bd. 18, 21. Aufl., Köln 1996 (Stand: April 1999).

Wolk, Harry I./Francis, Jere R./Tearney, Michael G. [Accounting Theory, 1992]: Accounting Theory: A Conceptual and Institutional Approach, 3. Aufl., Cincinnati, Ohio 1992.

Wolk, Harry I./Martin, Dale R./Nichols, Virginia A. [Problems, 1989]: Statement of Financial Accounting Standards No. 96: Some Theoretical Problems, in: Accounting Horizons, Vol. 3, No. 2 (1989), S. 1-5.

Wolk, Harry I./Tearney, Michael G. [Carryforward, 1973]: Income Tax Allocation and Loss Carryforwards: Exploring Uncharted Ground, in: The Accounting Review, Vol. 48 (1973), S. 292-299.

Wollmert, Peter [Steuern, 1995]: Gegenwärtige und künftige Behandlung latenter Steuern im IASC-Abschluß, in: Dörner, Dietrich/Wollmert, Peter (Hrsg.): IASC-Rechnungslegung – Beiträge zu aktuellen Themen, Düsseldorf 1995, S. 83-98.

Wollmert, Peter/Oser, Peter [Konzernabschluß, 1997]: Der IAS-Abschluß als befreiender Konzernabschluß, in: Baetge, Jörg/Dörner, Dietrich/Kleekämper, Heinz/Wollmert, Peter (Hrsg.): Rechnungslegung nach International Accounting Standards (IAS), Stuttgart 1997, S. 81-97.

Wood, Robert [State Corporate Taxation, 1991]: An Overview of State Corporate Taxation for Foreign Investors in the United States, in: Management International Review, Vol. 31, No. 2 (1991), S. 173-184.

Wrede, Friedrich [Vor § 27 KStG, 1996]: Vorbemerkungen vor § 27 KStG: Einführung in das Anrechnungsverfahren, in: Herrmann, Carl/Heuer, Gerhard/Raupach, Arndt (Hrsg.): Einkommensteuer- und Körperschaftsteuer, Kommentar, 21. Aufl., Köln (Stand: Dezember 1998).

Wundernitz, Brigitte [Konzernbesteuerung, 1996]: Entwicklung der Konzernbesteuerung in den USA, Wien 1996.

Wüstemann, Jens [GAAP, 1999]: Generally Accepted Accounting Principles, Frankfurt a.M. 1999.

Wysocki, Klaus v. [Körperschaftsteuerreform, 1985]: Einflüsse der Körperschaftsteuerreform 1977 auf die aktienrechtliche Rechnungslegung (Teil I), in: DB, 38. Jg. (1985), S. 1909-1913.

Zapf, Bernhard/Krumme, Gerhard [Steuerpolitik, 1977]: Auswirkungen der Körperschaftsteuerreform auf die Steuerpolitik der Konzerne, in: Goetzke, Wolfgang/Sieben Günter (Hrsg.): Betriebswirtschaftliche Auswirkungen der Körperschaftsteuerreform, Köln 1977, S. 155-167.

Zeff, Stephen A./Keller, Thomas F. [Accounting, 1985]: Financial Accounting Theory, 3. Aufl., New York u.a. 1985.

Zitzelsberger, Heribert [Gewerbesteuer, 1989]: Grundlagen der Gewerbesteuer, Regensburg 1989.

Zitzelsberger, Siegfried [EG-Richtlinie, 1998]: Ist die 4. EG-Richtlinie noch zeitgemäß?, in: WPg, 51. Jg. (1998), S. 799-808.

Zschiegner, Hans [Steueränderungsgesetz, 1998]: Steueränderungsgesetz 1997 in den USA, in: IWB, Fach 8 USA Gruppe 2, Herne, Berlin 1998, S. 903-916.

Zschiegner, Hans [Steuerrecht, 1990]: Überblick über das amerikanische Steuerrecht, in: Kramer, Jörg D. (Hrsg.): Grundzüge des US-amerikanischen Steuerrechts, Stuttgart 1990, S. 57-91.

Zschiegner, Hans [US-Einkommensteuerrecht, 1998]: Das Einkommensteuerrecht der USA – Teil IV, in: IWB, Fach 8 USA Gruppe 2, Herne, Berlin 1998, S. 985-996.

Rechtsprechungsverzeichnis

US Supreme Court

Lyon Frank Co. v. US [USTC, Par. 9370, 1978], in: Commerce Clearing House (Hrsg.): US Tax Cases, Vol. 78-1, o.O. 1978, Par. 9370, S. 83.874-83.885.

Thor Power Tool Co. v. Commissioner [USTC, Par. 9139, 1979], in: Commerce Clearing House (Hrsg.): US Tax Cases, Vol. 79-1, o.O. 1979, Par. 9139, S. 86.126-86.138.

US v. Hughes Properties [USTC, Par. 9440, 1986], in: Commerce Clearing House (Hrsg.): US Tax Cases, Vol. 86-1, o.O. 1986, Par. 9440, S. 84.045-84.051.

Europäischer Gerichtshof

EuGH [Urt. v. 27.6.1996 C-234/94]: Urteil vom 27.6.1996 C-234/94, in: DStR, 34. Jg. (1996), S. 1093.

EuGH [Urt. v. 14.9.1999 C-275/97]: Urteil vom 14.9.1999 C-275/97, in: EWS, 10. Jg. (1999), S. 385-387.

BETRIEBSWIRTSCHAFTLICHE STUDIEN
RECHNUNGS- UND FINANZWESEN, ORGANISATION UND INSTITUTION

Die Herausgeber wollen in dieser Schriftenreihe Forschungsarbeiten aus dem Rechnungswesen, dem Finanzwesen, der Organisation und der institutionellen Betriebswirtschaftslehre zusammenfassen. Über den Kreis der eigenen Schüler hinaus soll originellen betriebswirtschaftlichen Arbeiten auf diesem Gebiet eine größere Verbreitung ermöglicht werden. Jüngere Wissenschaftler werden gebeten, ihre Arbeiten, insbesondere auch Dissertationen, an die Herausgeber einzusenden.

Band 1 Joachim Hartle: Möglichkeiten der Entobjektivierung der Bilanz - Eine ökonomische Analyse. 1984.

Band 2 Peter Wachendorff: Alternative Vertragsgestaltung bei öffentlichen Aufträgen - Eine ökonomische Analyse. 1984.

Band 3 Doris Zimmermann: Schmalenbachs Aktivierungsgrundsätze. 1985.

Band 4 Elke Michaelis: Organisation unternehmerischer Aufgaben - Transaktionskosten als Beurteilungskriterium. 1985.

Band 5 Arno Schuppert: Die Überwachung betrieblicher Routinetätigkeiten. Ein Erklärungs-Entscheidungsmodell. 1985.

Band 6 Bonaventura Lehertshuber: Unternehmensvertragsrecht und Konzernhandelsbilanz. 1986.

Band 7 Joachim Schindler: Kapitalkonsolidierung nach dem Bilanzrichtlinien-Gesetz. 1986.

Band 8 Gerhard R. Schell: Die Ertragsermittlung für Bankbewertungen. 1988.

Band 9 Ulrich Hein: Analyse der Neubewertungsverfahren im belgischen und französischen Bilanzrecht. 1988.

Band 10 Rainer Leuthier: Das Interdependenzproblem bei der Unternehmensbewertung. 1988.

Band 11 Dieter Pfaff: Gewinnverwendungsregelungen als Instrument zur Lösung von Agency-Problemen. Ein Beitrag zur Diskussion um die Reformierung der Ausschüttungskompetenz in Aktiengesellschaften. 1989.

Band 12 Christian Debus: Haftungsregelungen im Konzernrecht. Eine ökonomische Analyse. 1990.

Band 13 Ralph Otte: Konzernabschlüsse im öffentlichen Bereich. Notwendigkeit und Zwecke konsolidierter Jahresabschlüsse von Gebietskörperschaften dargestellt am Beispiel der Bundesverwaltung der Bundesrepublik Deutschland. 1990.

Band 14 Rüdiger Zaczyk: Interdisziplinarität im Bilanzrecht. Rechtsfindung im Spannungsfeld zwischen Betriebswirtschaftslehre und dogmatischer Rechtswissenschaft. 1991.

Band 15 Oliver Fliess: Konzernabschluß in Großbritannien – Grundlagen, Stufenkonzeption und Kapitalkonsolidierung. 1991.

Band 16 Joachim Faß: Konzernierung und konsolidierte Rechnungslegung. Eine Analyse der Eignung des Konzernabschlusses als Informationsinstrument und als Grundlage der Ausschüttungsbemessung konzernverbundener Unternehmen. 1992.

Band 17 Michael Feldhoff: Die Regulierung der Rechnungslegung. Eine systematische Darstellung der Grundlagen mit einer Anwendung auf die Frage der Publizität. 1992.

Band 18 Uwe Jüttner: GoB-System, Einzelbewertungsgrundsatz und Imparitätsprinzip. 1993.

Band 19 Ralf Häger: Das Publizitätsverhalten mittelgroßer Kapitalgesellschaften. 1993.

Band 20 Jutta Menninger: Financial Futures und deren bilanzielle Behandlung. 1993.

Band 21 Stefan Lange: Die Kompatibilität von Abschlußprüfung und Beratung. Eine ökonomische Analyse. 1994.

Band 22 Hans Klaus: Gesellschafterfremdfinanzierung und Eigenkapitalersatzrecht bei der Aktiengesellschaft und der GmbH. 1994.

Band 23 Vera Marcelle Krisement: Ansätze zur Messung des Harmonisierungs- und Standardisierungsgrades der externen Rechnungslegung. 1994.

Band 24 Helmut Schmid: Leveraged Management Buy-Out. Begriff, Gestaltungen, optimale Kapitalstruktur und ökonomische Bewertung. 1994.

Band 25 Carsten Carstensen: Vermögensverwaltung, Vermögenserhaltung und Rechnungslegung gemeinnütziger Stiftungen. 1994. 2., unveränderte Auflage 1996.

Band 26 Dirk Hachmeister: Der Discounted Cash Flow als Maß der Unternehmenswertsteigerung. 1995. 2., durchgesehene Auflage 1998. 3., korrigierte Auflage 1999. 4., durchgesehene Auflage 2000.

Band 27 Christine E. Lauer: Interdependenzen zwischen Gewinnermittlungsverfahren, Risiken sowie Aktivitätsniveau und Berichtsverhalten des Managers. Eine ökonomische Analyse. 1995.

Band 28 Ulrich Becker: Das Überleben multinationaler Unternehmungen. Generierung und Transfer von Wissen im internationalen Wettbewerb. 1996.

Band 29 Torsten Ganske: Mitbestimmung, Property-Rights-Ansatz und Transaktionskostentheorie. Eine ökonomische Analyse. 1996.

Band 30 Angelika Thies: Rückstellungen als Problem der wirtschaftlichen Betrachtungsweise. 1996.

Band 31 Hans Peter Willert: Das französische Konzernbilanzrecht. Vergleichende Analyse zum deutschen Recht im Hinblick auf die Konzernbilanzzwecke und deren Grundkonzeption. 1996.

Band 32 Christian Leuz: Rechnungslegung und Kreditfinanzierung. Zum Zusammenhang von Ausschüttungsbegrenzung, bilanzieller Gewinnermittlung und vorsichtiger Rechnungslegung. 1996.

Band 33 Gerald Schenk: Konzernbildung, Interessenkonflikte und ökonomische Effizienz. Ansätze zur Theorie des Konzerns und ihre Relevanz für rechtspolitische Schlußfolgerungen. 1997.

Band 34 Johannes G. Schmidt: Unternehmensbewertung mit Hilfe strategischer Erfolgsfaktoren. 1997.

Band 35 Cornelia Ballwießer: Die handelsrechtliche Konzernrechnungslegung als Informationsinstrument. Eine Zweckmäßigkeitsanalyse. 1997.

Band 36 Bert Böttcher: Eigenkapitalausstattung und Rechnungslegung. US-amerikanische und deutsche Unternehmen im Vergleich. 1997.

Band 37 Andreas-Markus Kuhlewind: Grundlagen einer Bilanzrechtstheorie in den USA. 1997.

Band 38 Maximilian Jung: Zum Konzept der Wesentlichkeit bei Jahresabschlußerstellung und -prüfung. Eine theoretische Untersuchung. 1997.

Band 39 Mathias Babel: Ansatz und Bewertung von Nutzungsrechten. 1997.

Band 40 Georg Hax: Informationsintermediation durch Finanzanalysten. Eine ökonomische Analyse. 1998.

Band 41 Georg Schultze: Der spin-off als Konzernspaltungsform. 1998.

Band 42 Christian Aders: Unternehmensbewertung bei Preisinstabilität und Inflation. 1998.

Band 43 Thomas Schröer: Das Realisationsprinzip in Deutschland und Großbritannien. Eine systematische Untersuchung und ihre Anwendung auf langfristige Auftragsfertigung und Währungsumrechnung. 1998.

Band 44 Anne d'Arcy: Gibt es eine anglo-amerikanische oder eine kontinentaleuropäische Rechnungslegung? Klassen nationaler Rechnungslegungssysteme zwischen Politik und statistischer Überprüfbarkeit. 1999.

Band 45 Christian Back: Richtlinienkonforme Interpretation des Handelsbilanzrechts. Abstrakte Vorgehensweise und konkrete Anwendung am Beispiel des EuGH-Urteils vom 27. Juni 1996. 1999.

Band 46 Cornelia Flury: Gewinnerläuterungsprinzipien. 1999.

Band 47 Hanne Böckem: Die Durchsetzung von Rechnungslegungsstandards. Eine kapitalmarktorientierte Untersuchung. 2000.

Band 48 Jens Kengelbach: Unternehmensbewertung bei internationalen Transaktionen. 2000.

Band 49 Ursula Schäffeler: Latente Steuern nach US-GAAP für deutsche Unternehmen. 2000.

Band 51 Brigitte Strasser: Informationsasymmetrien bei Unternehmensakquisitionen. 2000.

Peter Lang · Europäischer Verlag der Wissenschaften

Heinz Bolsenkötter

Rechnungslegung nach der Elektrizitätsbinnenmarkt-Richtlinie und nach § 9 EnWG

Unter Mitarbeit von Torsten Hauert, Michael Poullie und Klaus Windloff

2. Auflage

Frankfurt/M., Berlin, Bern, Bruxelles, New York, Wien, 2000. 92 S.
Kommunalwirtschaftliche Forschung und Praxis.
Herausgegeben von Prof. Dr. Wolf Gottschalk. Bd. 2
ISBN 3-631-36347-8 · br. DM 34.–*

Europäisches Recht zwingt in der Elektrizitätswirtschaft zur Segmentrechnungslegung für Erzeugung, Übertragung, Verteilung und sonstige Aktivitäten. Die Segmentabschlüsse sind prüfungspflichtig und publizitätspflichtig. Die Schrift stellt die rechtlichen Anforderungen, das Vorgehen der Segmentierung – insbesondere die Abgrenzung der Aktivitäten, die Anforderungen an das Rechnungswesen sowie wesentliche Einzelfragen dar; sie ist zugleich systematischer Grundriß und Leitfaden für die Praxis.

Aus dem Inhalt: Rechtliche Anforderungen · Verfahren der Segmentierung · Abgrenzung der Aktivitäten · Möglichkeiten der Zuordnung · Anforderungen an das Rechnungswesen · Behandlung von Eigen- und Fremdkapital · Steuern

Frankfurt/M · Berlin · Bern · Bruxelles · New York · Oxford · Wien
Auslieferung: Verlag Peter Lang AG
Jupiterstr. 15, CH-3000 Bern 15
Telefax (004131) 9402131
*inklusive Mehrwertsteuer
Preisänderungen vorbehalten

For the avoidance of doubt, input of the whole or any part of this publication
into any generative artificial intelligence model, chatbot, program, software or technology
is expressly prohibited without the prior written consent of the publisher.

Printed by
CPI books GmbH, Leck

FSC
www.fsc.org
MIX
Papier | Fördert
gute Waldnutzung
FSC® C083411

Kolibri 360 GmbH
Ferdinand-Jühlke-Straße 7
99095 Erfurt, Deutschland
produktsicherheit@kolibri360.de